KB124717

교육과정 및 교육평가

5판

Curriculum & Educational Evaluation

| 김대현 · 김석우 공저 |

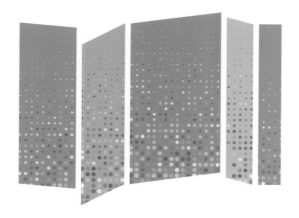

학지사

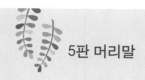

5판 머리말

중국에서 새로운 바이러스에 의한 폐렴 환자가 발생한 이후, 접촉 감염의 위험에 전 세계가 혼란의 상태에 접어들었다. 나날이 늘어나는 환자의 수와 함께 사망자 수도 급속도로 늘어나서 세상은 불안의 단계를 지나 타인과의 접촉에 극도의 공포감을 드러내는 곳으로 변하고 있다.

교육은 언제나 지적인 성장뿐만 아니라 궁극적으로는 잘 사는 것(well-being)을 지향해 왔는데, 불안과 공포의 시대에는 아무런 힘을 쓰지 못하는 장식에 불과한 것 같다. 심리적·신체적 건강은 오랫동안 교육의 주요한 목표였음에도 불구하고, 혼란과 혼돈의 시대에 그 역할은 매우 제한된 것으로 보인다.

교육과정은 기르고자 하는 사람과 만들고자 하는 사회의 모습을 그리고, 거기에 도달하는 과정을 구체적으로 작성하고 실천하는 과정을 가리킨다. 이런 점에서 생태계의 조그마한 변화에도 크게 놀라고, 움츠리고, 이리저리 허둥대는 모습을 보며, 우리 교육과정의 성과는 참으로 미진하다는 생각이 든다.

교육은 교육과정에서 출발한다. 목표 없는 교육, 내용 없는 교육, 방법 없는 교육, 평가 없는 교육이란 상상할 수 없다. 교육과정은 교육목표, 내용, 방법, 평가 등과 이런 일들이 제대로 이루어지기 위하여 구축되어야 할 환경에 대한 그림이다. 집을 짓는 데 제대로 된 설계도가 필요하듯이, 교육 활동은 교육과정을 만드는 데서 시작한다.

교육은 교육평가를 통해서 방향을 구체화하고, 성과를 알 수 있을 뿐만 아니라, 그것을 바탕으로 개선 방안을 마련한다. 교육평가는 교육목표, 내용, 방법과 맞물리고, 사회의 이념과 시민의 믿음, 학교의 현실과 연결된다. 집을 짓는 데 감리가 필요하듯이, 교육의 전 과정에서 평가를 통한 환류와 개선이 필요하다.

이 책은 교육과정과 교육평가 분야의 기본 개념과 기초 이론을 소개하는 데 목적을 둔다. 하지만 탈맥락적인 보편적 상황이 아니라, 우리 교육의 현실과 연계하여 개념의 의미를 구체화하고, 실제에 맞추어 이론의 타당성을 검토할 수 있도록 하였다.

이 책은 1996년 초판 발간 이후 네 번의 개정 과정을 거쳤다. 24년에 걸친 세월 동안에 우리 교육의 모습은 많이 달라졌으며, 교육과정과 교육평가 분야의 정책 변화도 적지 않았다. 이 책은 그러한 변화의 과정과 함께 2015 개정 교육과정, 교육과정-수업-평가-기록의 일체화, 과정중심평가 등 지금의 교육 현실과 관련된 사항을 반영하고자 하였다.

이 책은 교육과정 영역 7개 장, 교육평가 영역 7개 장 등 총 14개의 장으로 구성하였다. 각 장은 저자들이 집필한 『교육과정의 이해』(2판)와 『교육평가의 이해』(2판)에서 교사양성기관의 학생과 현직교사를 위하여 필요한 내용만을 발췌하였다. 발췌한 부분은 다음 쪽에 표시하였다.

세상살이가 흉흉하다. 아프리카에서 의료봉사를 하다가 돌아가신 이태석 신부님을 기리는 행사가 줄을 잇는다는 미담도 전해지지만, 뉴스의 대부분은 화나고 불편한 내용으로 가득 차 있다. 이런 시대에 전염병까지 겹쳤으니 사는 것이 버거운 세상이다. 이런 힘든 세상에서 오직 출판이라는 한길만 걸어오신 학지사 김진환 사장님께 존경을 표한다. 또한 영업부의 김은석 이사님과 편집부의 김순호 이사님, 이영봉 과장님을 비롯한 여러 분의 노고에 감사드리며, 건강하시기를 바란다.

2020. 2.

김대현 · 김석우

장별 출처

이 책의 제1~7장은 김대현(2017), 『교육과정의 이해』(2판)의 내용 중 일부를 발췌하였음.

이 책의 1장은 교육과정의 이해(2판) 1장에서 발췌함
이 책의 2장은 교육과정의 이해(2판) 2장과 3장에서 발췌함
이 책의 3장은 교육과정의 이해(2판) 4장과 5장에서 발췌함
이 책의 4장은 교육과정의 이해(2판) 9장에서 발췌함
이 책의 5장은 교육과정의 이해(2판) 6장, 8장, 13장에서 발췌함
이 책의 6장은 교육과정의 이해(2판) 7장과 10장에서 발췌함
이 책의 7장은 교육과정의 이해(2판) 8장과 11장에서 발췌함

이 책의 제8~14장은 김석우(2015), 『교육평가의 이해』(2판)의 내용 중 일부를 발췌하였음.

이 책의 8장은 교육평가의 이해(2판) 1장과 4장에서 발췌함
이 책의 9장은 교육평가의 이해(2판) 5장에서 발췌함
이 책의 10장은 교육평가의 이해(2판) 6장에서 발췌함
이 책의 11장은 교육평가의 이해(2판) 7장에서 발췌함
이 책의 12장은 교육평가의 이해(2판) 10장과 11장에서 발췌함
이 책의 13장은 교육평가의 이해(2판) 8장에서 발췌함
이 책의 14장은 교육평가의 이해(2판) 12장에서 발췌함

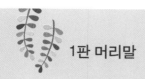

1판 머리말

이 책은 교사가 되고자 하는 분들과 현장에서 학생들을 가르치고 있는 교사들을 위하여 쓰였다. 이 책의 내용은 대학이나 대학원에서 교육학을 전공하는 학생들에게도 도움이 되겠지만, 그들에게는 이 책보다 더욱 전문적인 학술서적이 필요하리라 생각된다.

이 책은 교사양성대학의 학생들과 현직교사들이 국가, 지역, 학교 등에서 개발한 교육과정 문서를 올바로 해석할 줄 알고, 수업이나 학생평가와 연관지어 그 의미를 풀어 갈 수 있는 능력을 개발하는 데 초점을 두었다. 따라서 교육과정과 교육평가에 관한 이론적 논쟁은 가급적 피하고, 교육과정과 교육평가에 관한 기본 개념, 원리, 활용 지침 등을 주요 내용으로 삼았다.

이 책은 교육과정 분야와 교육평가 분야로 구성하였으며, 각각 9개 장과 5개 장을 배당하였다. 교육과정 분야가 교육평가보다 지면이 많은 것은 이론적 중요성 때문이 아니라 현장의 실제적인 요구를 반영하고자 했기 때문이다. 이 책은 한 주에 한 장씩 수업하면 한 학기에 마칠 수 있도록 14개 장으로 구성되어 있다.

이 책을 쓰는 과정에서 많은 분의 도움을 받았다. 성병창 선생은 제11장 교육과정평가 부분을 써 주었다. 김원희, 변영계 두 교수님의 지도와 격려가 없었다면 출간이 어려웠을 것이다. 대학원의 박소영, 이은화 선생은 원고를 읽고 꼼꼼히 검토해 주었다. 이번 학기에 '교육과정 연구'를 수강한 대학원생들과 '교과구조론'을 수강한 학부 3학년 학생들도 그들의 관점에서 필요하고 유익한 지적을 해 주었다. 이분들 모두에게 감사드린다.

그리고 책을 쓸 수 있는 환경을 꾸며 준 가족들께도 고마움을 표하며, 어려운 여건에서도 출판을 맡아 준 학지사의 김진환 사장님과 여러 분에게도 감사드린다.

1996. 8. 김대현 · 김석우

차례

제5장   학교수준 교육과정 편성과 운영   155

제6장   교실수준 교육과정과 창의적 체험활동   189

제14장 평가 결과의 분석   399

제1장
교육과 교육과정

　학생들이 새로운 분야의 학문을 처음으로 접할 때 가장 힘들어하는 것은 그 학문 분야의 성격을 이해하는 일이다. 실지로 학생들이 학문 분야의 성격을 파악하는 것은 학기 초가 아니라 수업이 한참 진행된 학기 중간이나 아니면 학기 말이라고 볼 수 있다. 따라서 교재의 첫 장에 해당 학문 분야의 성격을 상세히 기술하는 것은 이해가 되지도 않을 내용을 학생들에게 제시함으로써 그들에게 부담이 될 뿐이다. 이런 점에서 여기서는 교육과정 분야에서 다루게 될 주요한 주제들을 대략적으로 소개하고자 한다.

　교육과정학은 교육목적, 교육내용, 교육방법을 결정하는 것과 관련된 교육학의 한 학문 분야다. 이 장에서는 교육에서의 교육과정의 위치, 교육과정의 개념과 유형, 교육과정의 주요 활동과 수업계획의 관계 등을 살펴본다. 그중에서 교육과정의 주요 활동은 제2장에서 제7장까지 깊이 있고 상세하게 다루게 된다.

학습 과제

- 교육과정의 다양한 의미를 이해한다.
- 교육과정의 유형과 유형별 특성을 파악한다.
- 교육과정의 주요 활동과 그들 간의 관계를 알아본다.

1. 교육과정의 위치

1) 교육의 의미

교육(education)이란 농사 또는 정치처럼 실제적인 활동을 가리키는 말이다. 실제적인 활동은 실제적인 결과를 얻으려고 노력하는 활동으로, 사물이 존재하는 방식을 발견하는 데 관심을 기울이는 이론적인 활동과는 다르다.

또한 교육은 학교를 다니는 것(schooling)과도 구별된다. 오늘날 자녀 세대는 그들의 부모 세대보다 학교를 오래 다닌다. 자녀 세대의 학력(學歷: 학교를 다닌 이력)이 부모 세대보다 높다는 뜻이다. 하지만 학교를 다닌 기간이 길다고 하여 지적인 안목과 바람직한 가치관을 가지게 되었다고 단정하기 어렵다.

이런 점에서 영국의 교육철학자 Peters는 교육과 학교 교육을 구분하고, 어떤 활동이 교육활동으로 불리기 위해서는 다음 세 가지 조건을 만족시켜야 한다고 보았다(이홍우, 조영태 공역, 2003).

첫째, 교육활동은 학습자가 가치 있는 삶을 살게 만드는 활동으로, 만일 학습자가 학교를 다녔지만 가치 있는 삶을 살지 못한다면 학교를 다닌 것이지 교육을 받은 것은 아니라는 것이다.

둘째, 교육활동은 지적인 안목을 갖도록 해야 하는데, 만일 학습자가 단편적인 지식이나 기능만을 습득했을 뿐 사물이나 현상에 대한 총체적인 이해가 부족하다면 학교를 다닌 것이지 교육을 받은 것은 아니라는 것이다.

셋째, 교육자는 교육활동을 할 때 도덕적으로 온당한 방법을 사용해야 하는데, 만일 교육자가 어떤 내용을 가르칠 때 근거를 제시하지 않고 믿도록 강요하거나 반복적인 연습을 통하여 세뇌(洗腦)시키려고 한다면 교육활동으로 보기 어렵다는 것이다. 결국 Peters가 말하는 교육이라는 활동은 학습자에게 가치 있는 삶을 살게 하고, 지적인 안목을 갖추도록 해 주며, 도덕적으로 온당하게 실시되어야 한다는 것이다.

2) 교육과 교육기관

교육활동은 대개 교육기관(敎育機關)에서 이루어진다. 교육기관이란 교육에 관한 일을 맡아 하는 곳이라는 의미를 지니며, 우리 사회에서 교육기관이라고 하면 학교를 쉽게 떠올리게 된다. 학교는 말 그대로 학생을 가르치는 교육기관이며, 법률적으로는 이러한 역할을 수행하는 유치원, 초등학교, 중학교, 고등학교, 대학교와 특수학교 등을 가리킨다.

그러면 학원(學院)은 교육기관인가? 학원은 학생들이 어떤 것을 배우는[學] 집 [院]이라는 의미를 갖고 있지만, 실질적으로는 국가가 정한 학교의 설치 기준에 해당하는 여러 조건을 충족하지 않은 사립기관을 가리킨다. 「학원의 설립·운영 및 과외교습에 관한 법률」에 따르면, 사인(私人)이 대통령령이 정하는 수 이상의 학습자에게 30일 이상의 교습과정에 따라 지식과 기능을 포함한 기술 및 예능을 교습하거나, 30일 이상 학습장소로 제공되는 시설을 학원이라고 한다.

교육기관이 교육에 관한 역할을 담당하는 곳이라면, 국가나 지방자치단체가 설립하거나 인정하는 공적(公的)인 교육기관은 아니지만, 학원도 교육기관임은 부인할 수 없는 사실이다.

학원은 그동안 고입 또는 대입 준비교육을 위한 입시계 학원이 주류를 이루었으나, 최근에는 취업준비와 직업을 바꾸는 데 도움을 주는 직업기술교육, 건전한 여가생활을 위한 취미교육 등으로 그 영역을 넓혀 가고 있다. 또한 사회가 발전함에 따라 교육욕구가 다양화하여 학원교육이 담당하는 영역은 더욱 넓어질 전망이다(네이버 백과사전, 2011).

그러면 도서관, 미술관, 박물관 등의 공공시설, 소속직원의 연수를 위한 사업장 시설, 「평생교육법」에 따라 설립된 평생교육시설, 「근로자직업능력개발법」에 따른 직업능력개발 훈련시설, 「도로교통법」에 따른 자동차운전학원 등의 시설도 교육기관에 속하는가? 이들 기관도 교육을 목적으로 설립되었거나 기관 운영의 주요 목적 중의 하나를 교육에 둔다면 교육기관으로 볼 수 있다.

하지만 직업능력을 개발하거나 운전기능을 향상시키는 것을 교육이라고 부

를 수 있을까? 앞에서 Peters는 어떤 활동이 교육활동으로 불리려면 학습자에게
가치 있는 삶을 살게 하고, 지적인 안목을 갖추도록 해 주며, 도덕적으로 온당하
게 실시되어야 한다고 하였다. 그의 기준에 따르면 직업능력의 개발이나 운전
기능의 향상을 위한 훈련은 교육활동이라고 할 수 없을 것이며, 이러한 훈련을
실시하는 곳을 교육기관이라고 부를 수 없을 것이다.

마찬가지로, 대학 입학 준비를 돕는 학원이나 댄스나 수영, 꽃꽂이 등을 가르
치는 평생교육시설도 교육기관이라고 할 수 없다. 또한 전문계 학교에서 실시
하는 직업 훈련이나 일반학교에서도 교육활동의 기준을 충족시킬 수 없는 영역
이 존재하기 때문에 학교도 교육기관인가 하는 의문이 생길 수 있다.

따라서 Peters가 제시한 교육활동의 기준을 각종 기관에서 실시하는 모든 형
태의 교육에 무차별적으로 적용하는 것은 문제가 있다. 사람들은 Peters가 제시
한 기준이 **자유교양교육**(liberal education)에 적용되는 기준이라고 생각한다. 자
유교양교육은 사람이 교육을 통하여 다방면의 교양을 쌓게 되면 온갖 상식과 편
견으로부터 벗어날 수 있다(자유롭게 된다)는 것을 목적으로 한다. 자유교양교육
은 학교 교육의 유일한 목적은 아니지만, 유치원에서 대학교에 이르기까지 공적
인 교육기관이 추구해야 할 가장 핵심적인 교육의 형태임에 틀림없다.

하지만 학교는 자유교양교육만을 실시하는 곳이 아니며 직업 탐색 및 훈련을
포함한 다양한 형태의 교육을 동시에 실시하는 곳이다. 또한 학원을 비롯한 사
설 기관이나 도서관을 포함한 공공시설 등에서도 각기 기관의 설립 목적을 달성
하기 위하여 자신에 맞는 다양한 형태의 교육을 실시하고 있다는 점에서 교육기
관에 속한다고 말할 수 있다.

3) 교육기관과 교육과정

교육과정은 교육을 실시하는 기관 속에 존재한다. '어떤 특정 개인의 교육과
정'이나 '어느 가정의 교육과정'이라는 말을 사용할 수 없는 것은 아니지만 어색
하기 이를 데 없다(하지만 교육과정 분야의 최근 연구 동향은 오히려 이러한 의미의

교육과정을 강조하고 있다). 교육과정은 교육을 실시할 목적으로 설립되거나 교육을 중요한 기능으로 삼고 있는 교육기관에서 갖는 것이다. 이 말은 교육기관이 자신의 설립 목적을 달성하거나 교육적 기능을 수행하기 위해서 교육과정을 갖게 된다는 뜻이다. 교육과정이 무엇인가에 대해서는 다음 절에서 구체적으로 논의할 예정이므로, 여기서는 교육과정을 간단히 '교육목적을 달성하기 위한 교육목표와 내용에 대한 계획'이라는 통상적 의미로 규정하고, 기관 속에서 교육과정이 갖는 역할을 제시하고자 한다.

교육목적은 궁극적으로 그것이 지적이든, 정의적이든, 신체적이든, 도덕적이든 아니면 이들을 모두 합친 것이든 간에 학습자의 변화로 나타나야 한다. 학습자에게 어떠한 변화도 찾아볼 수 없다면 그들이 교육을 받았다고 말하기는 어렵다. 교육기관에서 학습자에게 영향을 주어 변화를 일으키는 주요한 힘으로는 교수자(敎授者), 교재, 교육환경 등을 들 수 있다. 그런데 인간 학습자는 수동적인 존재가 아니므로 자신에게 영향을 주는 이러한 힘들과 끊임없이 교류한다는 점에서 학습자도 변화를 일으키는 힘 중의 하나로 볼 수 있다.

이러한 힘들이 학습자에게 개별적으로 영향을 주어 변화를 일으키기도 하지만, 대개는 수업이나 평가와 같은 복합적인 활동을 통하여 영향을 미친다. 수업은 교수자가 교재와 교육환경을 조작하고 학습자를 동기화시켜서 학습자가 배움을 통하여 변화의 기회를 가질 수 있도록 돕는 활동을 가리키며, 평가는 교육에 영향을 미치는 교수자, 학습자, 교재, 교육환경 등 제반 힘들과 수업과 같은 교육활동 등에 대한 정보를 수집하여 교육적 의사결정을 돕고 성과를 사정하는 활동을 가리킨다.

그렇다면 교육과정은 학습자의 변화에 어떤 영향을 미치는가? 교육과정은 학습자에게 직접적인 영향을 미친다기보다는 수업을 통하여 영향력을 행사한다고 볼 수 있다. 교육과정은 기관이 결정한 교육목적을 달성하기 위한 목표와 내용에 대한 계획으로서 수업의 방향, 내용, 전략 등의 선택에 영향을 미친다. 또한 교육과정은 교육평가의 방향, 목적, 준거와 기준, 방법 등을 결정하는 데 지침의 역할을 함으로써 학습자의 변화에 관여한다. 이와 같이 교육과정은 수업

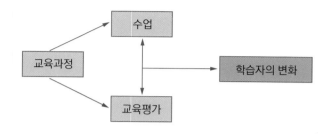

[그림 1-1] 교육과정과 학습자 변화의 관계

과 교육평가 활동을 통하여 학습자의 변화라는 궁극적인 교육목적을 성취하는데 기여한다.

　학교라는 교육기관을 사례로 들어 보면, 학교에서 교사가 하는 가장 중요한활동은 수업, 생활지도, 학급경영, 교육평가라고 할 수 있다. 앞에서 말한 바와같이, 교육과정은 수업과 교육평가의 방향과 기준, 전략과 방법을 결정하는 큰틀의 역할을 한다. 생활지도는 당면한 일상생활의 문제를 학생 스스로가 해결할 수 있도록 돕는 교사의 전문적인 활동이며, 학급경영은 학급의 교육목적을효과적이고 효율적으로 달성하기 위하여 학급 내 인적·물적 요소들을 계획, 조직, 지도, 통제하는 활동을 의미한다. 교육과정은 교육의 목표와 내용에 대한 계획이라는 점에서 생활지도와 연계되고, 학급경영과 통합되어야 한다.

　기관에서 설정한 목적을 효과적이고 효율적으로 달성하기 위해서는 상기한여러 교육활동들이 서로 고립되지 않고 유기적인 연관성을 가지면서 순환되어

[그림 1-2] 교육의 영역

야 한다. 즉, 기관의 교육목적 달성은 교육과정, 수업, 생활지도, 학급경영, 교육평가 활동들이 공통의 목적을 지니고 상호 간에 연계성을 지니면서 운영될 때 실현될 가능성이 높아지는 것이다.

2. 교육과정의 개념

정의(定意)란 말 그대로 어떤 주어진 용어의 다양한 뜻 중에서 '어떤 하나의 뜻(意)을 선택하여 정(定)한다.'는 의미를 담고 있다. 교육과정 분야의 문헌을 살펴보면 교육과정이 무엇인가 하는 정의는 문헌의 수만큼 다양하기 때문에 교육과정 분야를 처음 공부하는 사람들은 그 실체를 파악하지 못하여 혼란을 겪게 된다.

이런 점에서 교육과정에 대하여 단일하고 적절한 정의를 내릴 필요가 있다고 생각할 수 있으나, 이런 일은 Zais(1976)의 말처럼 '생산적이지 못한 일'로 보인다. 왜냐하면 용어에 대한 정의는 정의를 내리는 사람의 신념에 따라 용어의 다양한 뜻 중에서 하나를 선택한 것이어서, 어떤 정의가 옳다거나 그르다고 말할 수 없기 때문이다. 또한 용어에 대한 단일한 정의를 채택하는 것이 무엇보다 생산적이지 못한 이유는 그 용어가 사용된 시대적 · 역사적 맥락을 무시함으로써, 용어가 지닌 풍부한 의미를 살필 수 있는 기회를 잃게 되기 때문이다.

따라서 여기서는 교육과정의 정의라는 말 대신에 교육이나 교육학 분야에 종사해 온 사람들이 교육과정에 대하여 지닌 생각, 즉 **교육과정의 개념**(conceptualization)을 실제적 입장과 이론적 입장으로 구분하여 살펴보고자 한다.

1) 실제적 입장

(1) 교육과정: 교육내용

교육과정의 개정 작업이 있을 때 신문이나 방송에서 보도하는 교육과정의 일반적인 의미는 각급 학교에서 배우는 교과들의 종류, 중요도, 시간 배당 등이다. 즉, 언론 기관에서 고등학교 교육과정이 바뀌었다고 보도하는 것은 고등학생들이 배우게 될 교과목의 종류, 필수와 선택의 구분, 각 교과에 배당된 단위 수가 달라진다는 것을 말한다. 이러한 의미의 교육과정은 학교에서 배우게 될 **교과들의 목록**(course of study)을 가리킨다.

또한 중학교에서 국어를 가르치는 어떤 교사에게 교육과정을 보여 달라고 요구할 때, 국어 교과에 포함되는 언어 기능, 문법, 문학 등에 관한 주요 주제를 열거한다면, 그는 교육과정을 해당 교과의 강의요목으로 생각하는 것이다. 이런 의미의 교육과정은 한 강좌에서 가르칠 내용을 요약해 적어 놓은 **교수요목**(syllabus)과 같은 것이다.

이와 같이 교육과정을 교과들의 목록이나 교과들의 강의요목인 교육내용으로 생각하는 입장은 역사적으로 가장 오래되었고 널리 알려져 있다. 만일 일반인들에게 학교에서 하는 일을 대략적으로 알리고자 할 때, "우리 학교는 이러이러한 교과들을 통하여 학생들을 교육하고 있습니다."와 같이 교육내용으로 답하는 것은 쉽고 편안한 일이다.

(2) 교육과정: 학습경험

교육목적이 학생들의 바람직한 행동 변화에 있다는 것은 널리 알려진 사실이다. 만일 어떤 학생이 학교를 다니면서 주요한 교과들을 배웠지만 나은 방향으로 조금도 달라지지 않았다면, 학습에 문제가 있다고 생각한다. 이 말은 아무리 주요한 내용으로 구성된 교과라 하더라도 학생에게 학습되지 않는다면 교육적으로 아무런 가치가 없다는 것이다.

교육과정을 학습경험으로 보는 입장은 이러한 취지에서 제안되었다. 학생들의 바람직한 행동 변화가 교육목적이라면, 교육과정은 학교의 시간표에 제시된 교과들의 목록이나 교사가 나누어 주는 교수계획표에 나타나는 것이 아니라 학생들이 갖는 경험 속에 있다는 것이다.

하지만 학생들이 학교에서 생활하는 동안에 갖는 모든 경험이 교육적인 가치가 있다고 보기는 어렵기 때문에, 교육과정을 '학교에서 제공하는 경험 중에서 계획된 경험'으로 한정짓는 것이 좋다는 견해들이 있다. Doll(1995)이 교육과정을 "학교의 지원 또는 감독 아래 학생들에게 제공하는 모든 경험"이라고 한 것은 이러한 의미다.

그러나 학교가 계획하는 경험이란 어떤 것인가? 경험이란 Kliebard(1975)의 지적처럼 교육과정 분야에서 사용하기에는 너무나 주관적이고 애매한 말이므로, 학교가 경험을 계획한다는 말은 학생의 능동적 경향을 파악하고 그들에게 작용하는 환경 조건을 계획·조작하여 가치 있는 경험을 적시에 할 수 있도록 도와주는 역할을 한다는 것을 가리킨다.

(3) 교육과정: 문서 속에 담긴 교육계획

교육과정을 문서 속에 담긴 교육계획으로 보는 이러한 정의는 오해의 소지가 있다. 교육과정 문서 속에 담긴 내용이 교과들의 목록이나 교과 속에 포함되는 주요 주제들이라면 교육과정의 의미는 교육내용으로 생각되고, 학교에서 학생들이 갖는 학습경험의 총체라면 교육과정은 학습경험으로 간주되기 때문이다. 따라서 교육과정을 문서 속에 담긴 교육계획이라고 보는 입장은 교육과정에 관하여 아무것도 알려 주는 것이 없는 '빈말'에 불과한 것으로 비칠 수 있다.

그러나 교사를 비롯한 교육 관계자들에게는 사정이 다르다. 그들은 교육과정이라는 이름을 가진 문서를 만들거나 실행에 옮기며 평가하는 기회를 갖는다. 물론 그들이 만들거나 취급하는 문서의 내용이 교육내용이나 학습경험 또는 학습성과만으로 구성된 것도 있어서 교육과정의 의미를 그와 같이 생각하는 경우도 있지만, 일반적으로 교육과정 문서는 이들 요소들 중의 어느 하나가 아닌 전부를 포함하고 있다.

이런 의미에서의 교육과정은 '문서 속에 담긴 교육목적과 교육내용의 체계, 그리고 이를 효과적으로 전달하기 위한 교육방법, 교육평가, 교육운영 등에 대한 종합계획'을 가리킨다. 즉, '교육과정은 학교 교육을 통해서 도달해야 할 교육목표들의 체계와 배워야 할 교육내용들의 범위와 위계로 구성되며, 학생들이 이와 관련된 학습경험을 가질 수 있도록 기회를 제공하는 교육방법, 교육평가, 기관운영의 일반적 지침들'로 구성된다. 우리나라의 국가수준 교육과정, 시·도 교육청의 교육과정 편성·운영 지침, 학교수준 교육과정이 이에 해당한다고 볼 수 있다.

교육과정을 문서 속에 담긴 계획으로 보는 것은 교육과정을 학습내용, 학습경험, 학습성과보다는 학습을 위한 종합계획으로 본다는 점에서 포괄적이며, 예비교사들이나 현직 교사들이 교육부, 교육청, 학교에서 만든 문서에 들어 있는 내용을 이해하는 데 도움을 준다는 점에서 실용적이다.

2) 이론적 입장

1970년대를 전후하여 교육과정의 현상과 실제를 종전과 다른 관점에서 이해하고자 하는 노력이 있었다. 교육과정 분야에서 이러한 입장을 지닌 학자들을 재개념주의자(reconceptualists: 같은 현상을 '다시' 보자고 하는 것은 '새롭게' 보자는 것을 의미한다)로 부른다. 그들은 Schwab(1969)이 발표한 논문을 계기로 삼아서 교육과정 개발은 1918년에 출생하여 1969년에 사망하였으며, 이제 교육과정 '개발'의 시대가 끝나고 '이해'의 시대가 열렸다고 선언한다(Pinar et al., 1995).

재개념주의자들의 입장을 이해하기 위하여 미국에서 전개된 세 가지 방향의 연구 동향을 살펴볼 필요가 있다.

첫째, 19세기 말부터 시작하여 현재에 이르기까지 학교 교육에 적합한 교육과정을 개발하는 효과적인 방법을 찾는 데 초점을 둔 입장, 둘째, 1960년대 전후 논리적이고 경험적인 측면에서 교육과정학이라는 하나의 학문 분야를 형성하는 데 관심을 둔 입장, 셋째, 1970년대를 전후하여 비실증주의적 사회과학과

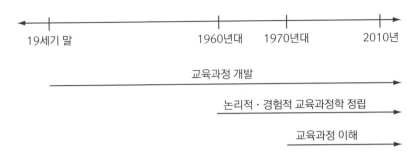

[그림 1-3] **교육과정의 연구 동향**

인문학의 전통을 바탕으로 교육과정 현상에 대한 이해를 목적으로 하는 입장이다. 이러한 연구 동향은 [그림 1-3]과 같이 제시할 수 있다.

[그림 1-3]에서 보듯이, 재개념주의자들의 입장은 비교적 최근에 형성된 것으로서, 인문학과 비실증주의적 사회과학의 이념, 논리, 방법론, 성과를 바탕으로 교육과정 현상을 이해하는 데 목적을 두고 있다. 그들은 교육과정을 현상학, 해석학, 정신분석학, 포스트모더니즘, 미학, 신학 등의 다양한 이론적 관점에서 해석하며, 자서전, 생애사, **쿠레레**(currere), **감식안과 비평** 등의 다양한 방법들을 적용하고, 인종주의, 성차별주의, 정치적 억압과 저항 등의 다양한 주제를 다룬다.

교육과정에 대한 그들의 입장은 Pinar 등(1995)이 편집한 『교육과정의 이해(Understanding Curriculum)』에 잘 나타나 있다. 교육과정(curriculum)의 어원은 라틴어의 'currere'다. currere는 경주에서 사람들이 '달려가야 할 정해진 길'(course)과 '달리는 과정'(course)이라는 두 가지 의미가 있는데, Pinar는 달리는 과정이라는 동사(動詞)의 의미에 주목하였다. 그는 교육과정 분야가 개발의 문제에 매몰되어 '인간 존재'의 문제를 잊었다는 점을 비판하고, 사람들이 살아가는 과정에서 알고, 생각하며, 고민하고, 느끼며, 다시 생각해 보면서 자신을 변화시키는 '과정'에 초점을 맞추어야 한다고 하였다. 그는 교육과정을 '이전과는 다른 새로운 관점(reconceptualize)인 currere의 동사적 의미를 되살린 것'이라고 하였다. 교육과정을 이러한 관점으로 보는 것은 '교육자나 학습자가 살아

오면서 갖게 된 교육 체험들을 자신의 존재 의미와 연관 지어서 해석하고 반성 (self-reflection)하면서 자신의 삶과 사회를 개조하는 것을 목적'으로 한다.

이와 같이 교육과정을 쿠레레로 보는 것에는 자서전적인 방법을 필요로 한다. 자신이 겪었던 교육이나 학교에서의 교육에 관계된 체험은 본인이 아니고서는 정확히 알 수 없다는 점에서 자서전을 통한 연구방법이 활용된다.

또한 쿠레레의 방법은 문화적이고 정치적인 관점과 연계되어 있다. **개인의 전기적 상황**(biographic situation)은 시대와 사회 그리고 역사적 전통 속에서 이루어지므로, 사람들이 교육이나 학교를 다니는 과정에서 느끼고 생각하고 고민하고 행동하고 다시 생각한 것을 스스로 검토하는 것(self-reflection)은 자신의 의식과 행위의 잘못된 점을 고칠 기회를 주고, 다른 한편으로는 문제로 인식된 교육제도와 교육실천을 바로잡고자 하는 의식을 길러 준다는 점에서 문화적이고 정치적인 실천의 과정이라는 것이다.

이와 같이 교육과정은 보는 관점에 따라 매우 다양하게 정의된다. 마치 하나의 사물이 보는 각도에 따라 달리 보이는 것과 같이, 교육과정에 대한 정의는 각기 나름대로의 근거를 가지고 있다. 따라서 교육과정의 경우에 어떤 정의가 옳고 어떤 정의가 틀렸다고 말할 수 없다.

Posner(2003)는 교육과정에 대한 정의가 이와 같이 다양하게 존재하는 것을 윤리적 · 정치적 시각에서 해석하고 있다. 이 말은 교육과정을 보는 관점에 따라 관련 기관과 인사들의 역할과 책임이 달라지며 권력관계도 바뀐다는 것이다.

예를 들어, 교육과정을 교육내용으로 볼 때와 학습경험으로 볼 때 학교와 교사의 역할과 책임은 달라질 수밖에 없다. 교육과정을 교육내용으로 본다면 학교와 교사는 가르칠 교과들의 목록을 점검하거나 만들고, 각 교과 속에 들어갈 내용을 위계적으로 조직하는 것으로 역할과 책임이 완수된다. 더욱이, 교육부가 교과들의 목록과 교과내용의 결정권을 가지고 있다면 교육과정과 관련된 학교와 교사의 역할은 매우 제한되며 교육과정의 운영에 있어서 교육부의 통제를 강하게 받게 된다.

그러나 교육과정을 학습경험으로 본다면 학생들의 흥미, 관심, 필요 등의 조사를 바탕으로 학생들의 삶을 살피고, 학교를 하나의 생태계로 파악하려는 노력이 학교와 교사들에게 요구된다. 학생들의 학습권이 강조되는 것은 말할 것도 없고, 학교와 교사는 교육과정의 개발, 운영, 평가에 관한 막중한 과업을 수행해야 한다. 물론 학교와 교사들의 교육과정 관련 자율성은 높아지고 교육부의 통제력은 약해진다.

3. 교육과정의 유형

유형(類型)은 '닮은 꼴'이라는 뜻을 지니는데, 유형을 구분할 때는 그 이유와 방식이 있게 마련이다. 특히 학문을 하는 과정에서 유형의 구분은 현재 관심을 가지고 있는 현상이나 사태를 파악하는 데 도움을 준다. 교육과정의 유형을 구분하는 것은 교육과정과 관련된 현상이나 사태를 닮은 것끼리 묶어 봄으로써, 현상이나 사태들의 공통점과 차이점을 파악할 수 있고, 나아가 다양한 형태들이 존재한다는 것을 알게 됨으로써 현상이나 사태의 종합적인 파악에 유용하다.

또한 유형을 구분할 때는 유형 구분의 목적에 알맞은 방식을 선택하게 되는데, 방식에 따라 구분되는 유형이 다르게 나타난다. 예를 들어, 앞에서 제시한 교육과정에 대한 네 가지 견해를 '사전에 계획을 얼마나 치밀하게 했는가'의 정도에 따라 구분한다면, 문서 속에 담긴 교육계획, 교육내용, 학습경험, 체험과 그 반성의 순서가 되겠지만, '교수자 중심 대 학생 중심'의 잣대를 생각하면 '문서 속에 담긴 교육계획' 및 '교육내용' 그리고 '학습경험'과 '체험과 그 반성'의 두 가지로 구분할 수 있다.

여기서는 교육과정과 관련된 현상이나 사태를 종합적이면서 심도 있게 파악하기 위해서 교육의 궁극적 목적, 교육과정 전개의 과정, 교육의 결과와 이데올로기라는 차원에서 교육과정 유형들을 구분하고자 한다.

1) 공식적 교육과정

공식적 교육과정(official curriculum)이란 공적인 문서 속에 담긴 교육계획을 말한다. 우리나라에서는 국가수준의 교육과정, 시 · 도 교육청의 교육과정 편성 · 운영 지침, 교육지원청의 장학자료, 학교 교육과정 등이 공식적 교육과정에 속한다고 할 수 있다.

2) 영 교육과정

Eisner(1994)는 영 교육과정이라는 이름을 최초로 사용한 학자로서 공식적 교육과정에 속하지 않는 교육내용을 영 교육과정이라고 불렀다. 그는 사람이 세상을 인식하거나 인식한 것을 표현하는 **사고의 양식**(forms of representation)에 관심이 많았다. 사람은 시각, 청각, 은유, 공감, 문자 및 숫자 등의 다양한 양식으로 세상을 인식하거나 인식한 것을 표현하는데, 학교의 공식적 교육과정이 문자나 숫자 위주의 사고 양식만을 지나치게 강조한다면 다른 것들을 학습할 기회를 잃게 된다. 그는 공식적 교육과정에 포함되지 않는 이러한 사고 양식들을 **영 교육과정**(null curriculum)이라고 부르고, 학교의 교육적인 영향력은 그만큼 위축되거나 왜곡될 것이라고 주장하였다.

나는 Eisner가 제시한 영 교육과정의 의미를 확장하여 개발의 측면과 운영의 측면으로 나누어 살펴보고자 한다. 먼저, 교육과정 개발의 측면에서 볼 때 영 교육과정은 다음과 같은 성격을 갖는다. 영어로 영(null)에는 여러 가지 뜻이 있지만, 영 교육과정에서 영의 의미는 '법적인 구속력이 거의 없는'(zero에 가까운)이라는 뜻을 지닌다. 따라서 영 교육과정이란 '법적인 구속력이 있는 공적인 문서에 들어 있지 않아서 학교에서 학생들이 배울 기회가 없는 교육내용'을 가리킨다.

이것을 우리나라 교육과정에 적용한다면, 중학교 교육과정에서 사회 교과가 없는 경우 사회 교과가 영 교육과정이 된다. 사회 교과는 있는데 역사 과목이 없다면 역사 과목이 영 교육과정이 되고, 역사 과목은 있지만 조선시대라는 영역이 없으면 조선시대가 영 교육과정이 된다. 조선시대라는 영역은 있는데 조선시대의 경제정책이라는 주제가 없으면 이러한 경제정책이 영 교육과정이 되고, 조선시대의 경제정책 속에 토지제도에 대한 역사적 사실이 빠져 있다면 이러한 역사적 사실이 영 교육과정이 된다는 것이다.

그러나 학교에서 배울 기회가 없는 모든 내용을 영 교육과정으로 부르는 것은 잘못된 일인 것 같다. 우리나라 중학교 교육과정에서 '필리핀의 역사'가 빠져 있다고 해서 '필리핀의 역사'가 영 교육과정이 되는 것은 아니며, 유치원 교육과정에서 '수학의 방정식' 영역이 빠져 있다고 해서 방정식의 내용이 영 교육과정이라고 볼 수 없다. 마찬가지로, 사범대학의 영어교육과 교육과정에 '분석화학'이라는 과목이 없다고 해서 이를 영 교육과정이라고 부르지는 않는다. 따라서 나는 영 교육과정을 ① 교육적으로 학습할 만한 가치가 있는 내용이면서, ② 학습자의 발달 수준에 적합하고, ③ 학교가 설정한 교육목적에 부합됨에도 불구하고 학생들이 배울 기회를 갖지 못하는 내용을 가리킨다고 본다.

하지만 어떤 내용이 학생들의 발달 수준에 적합한지, 기관의 목적에 부합하는지, 그리고 학습할 만한 가치가 있는지 어떻게 알 수 있는가? 심리학과 행정학 등 사회과학적 지식의 도움으로 어떤 내용이 발달 수준에 적합하고 목표 달성에 필요한 것이라는 증거를 갖는다고 하더라도, 학습할 만한 가치가 있는지 없는지를 어떻게 판정할 것인가?

이 문제는 교육과정 개발이라는 장에서 다루기로 하고, 여기서는 교육과정을 개발하는 사람들이 영 교육과정의 존재를 염두에 두고 그들이 개발하는 교육과정 속에 학습할 만한 가치가 있는 주요한 내용이 빠지지 않았는지를 살피는 일을 해야 한다고 본다. 교육과정 속에 모든 내용을 담을 수는 없다. 어떤 것은 선택이 되고, 또 다른 내용은 배제될 수밖에 없는 것이 교육과정의 현실이다. 우리가 영 교육과정에 관심을 갖는 것은, 교육과정을 개발할 때 학생들이 배워야 할 내용 중에서 정작 필요하고 중요한 것이 빠지지 않았는지를 살펴보기 위해서다.

이런 점에서 교육과정 개발자와 교사는 인지적 영역 이외에도(우리나라의 학교 수업은 대체로 인지적 영역을 가르치는 데 온 힘을 쏟고 있는 것처럼 보인다) 정의적 영역, 운동기능적 영역, 도덕적 영역 등의 다양한 교육 영역과 각각의 영역들을 구성하는 하위 요소들 중에서 어떤 중요한 것이 빠져 있는지에 늘 관심을 가져야 한다.

이와 같이 영 교육과정은 대개 개발의 측면에서 논의된다. 그러나 영 교육과정의 의미를 확장하여 교육과정 운영의 측면에서 살펴보는 것도 가치 있는 일이다. 교육과정 운영의 측면에서 영 교육과정의 영의 의미는 '학습할 기회가 없는'(zero에 가까운)이라는 뜻이다. 어떤 내용이 공식적 교육과정에 포함되어 있다 하더라도 학습할 기회가 없었다면 영 교육과정에 속한다. 이러한 관점에 따르면, 영 교육과정은 공식적 교육과정에 포함되어 있는가와는 상관없이 학습할 만한 가치 있는 내용 중에서 학생들이 학습할 기회를 갖지 못하는 내용을 가리킨다.

교육과정 운영에서 영 교육과정은 공식적 교육과정의 내용을 교사가 의도적으로 배제하거나, 실수로 빠뜨리거나, 교재나 교구·시설 등의 수업 환경이 적합하지 않거나, 학교 행사 때문에 수업 시간이 부족하거나 하는 등의 다양한 원인에 의하여 일어날 수 있다. 예를 들면, '조선시대의 토지제도'에 관한 내용이 교육과정과 교과서에 실려 있지만, 시험에 나오지 않는다든지, 다른 반과 진도를 맞추어야 한다는 이유로 가르치지 않는다면, 이 부분이 영 교육과정이 된다. 따라서 학교 관리자와 교사들은 영 교육과정이 발생하지 않도록 교육과정 운영 환경을 최적화할 필요가 있다.

3) 실제적 교육과정

공식적 교육과정은 교육과정의 의미를 매우 축소시킨다. 아무리 계획이 훌륭하다 할지라도 그 계획을 실행에 옮기지 않는다면 쓸모없는 휴지 조각에 불과하기 때문이다.

Glatthorn(1987)이 행한 교육과정의 유형 분류에 따르면, 공식적 교육과정은 문서화된 교육과정(written curriculum)으로서, 국가·지역·학교 수준의 교육과정 지침이나 교육계획을 담고 있다. 이에 반하여 실제적 교육과정은 '가르친 교육과정(taught curriculum), 학습된 교육과정(learned curriculum), 평가된 교육과정(tested curriculum)' 등으로 나눌 수 있다.

'가르친 교육과정'은 교사들이 교실에서 실제로 가르친 교육내용을 의미하며, 학습된 교육과정은 학생들이 실제로 학습한 교육내용을 말한다.

'학습된 교육과정'은 교육과정의 모든 유형 중에서 가장 중요하지만 가장 통제하기 어려운 부분이다. 예를 들어, 수학 교사가 한 시간 내내 함수 개념(가르친 교육과정)을 가르쳤는데, 학생들이 개념에 대한 이해는 하지 못하고 선생님의 말씀을 바른 자세로 듣는 참을성(학습된 교육과정)을 배웠다면, 가르친 교육과정과 학습된 교육과정은 판이하게 다른 것이다.

'평가된 교육과정'은 중간고사나 기말고사, 지필평가나 관찰평가, 서술식 평가나 객관식 평가, 자격고사나 선발고사 등의 평가를 통하여 사정되는 교육내용을 가리킨다. 평가된 교육과정은 공식적 교육과정보다 가르친 교육과정과 학습된 교육과정에 영향을 미칠 때가 많다. 예를 들어, 대학수학능력시험에 출제되는 문제는 공식적 교육과정에 관계없이 고등학교 교사들이 가르치게 되고, 학생들은 이에 대한 학습을 철저히 하게 된다.

이런 점에서 교육과정 개발자나 교육행정가는 공식적 교육과정, 가르친 교육과정, 학습된 교육과정, 평가된 교육과정을 더욱 긴밀하게 연결하기 위하여 노력해야 하지만, 교육과정 유형들 사이에 있는 거리를 완전히 없애기는 어렵다.

김호권 등(1982)이 제안한 교육과정의 개념 모형은 Glatthorn이 제시한 교육과정의 유형과 비슷한 점이 많다. 그는 세 가지 수준의 교육과정과 그들 간의 관계를 제시하고 있다. 이 개념 모형에 의하면 따르면, 교육과정은 ① 공약된 목표로서의 교육과정, ② 수업 속에 반영된 교육과정, ③ 학습성과로서의 교육과정이라는 세 가지 수준을 갖는다.

첫째, 공약된 목표로서의 교육과정이란 의도된 교육과정을 가리킨다. 국가수준이나 지역 및 학교수준에서 개발된 교육과정이 이에 속한다. 이 수준의 교육과정은 학교현장에서 전개되거나 실천되기 이전의, 아직도 하나의 '교육적 의도'로서 머물러 있는 상태의 교육과정을 의미한다.

　둘째, 수업 속에 반영된 교육과정이란 전개된 교육과정을 가리킨다. 공약으로서 또는 규범으로서의 교육과정은 어차피 교사에 의해서 재해석되고, 교사의 손에 의하여 수업 행위 속에서 재현되지 않으면 안 된다. 말하자면 의도에 머물러 있던 교육과정이 수업이라고 하는 실천적 현상으로 번역되고 변형된다. '머릿속에 그리고 있는' 교육과정이 아니라 '실지로 가르치는' 수준의 교육과정을 말한다.

　셋째, 학습성과로서의 교육과정이란 수업을 통하여 실현된 교육과정을 가리킨다. '학생들이 실지로 무엇을 배웠는가?'라는 물음을 제기한다면, 우리는 첫째 수준도 둘째 수준도 아닌 셋째 수준의 교육과정을 문제삼는 것이다. 학생들의 학습능력이나 경험 배경이나 교육적 필요에 의해 커다란 개인차가 있을 수 있다는 점을 고려할 때, 동일한 교육과정에 의하여 전개된 수업에서도 우리는 천차만별의 셋째 수준의 교육과정을 기대할 수 있다.

　Marsh와 Willis(2006; 이경진, 2005: 60-61) 또한 교육과정을 단일한 것으로 이해하기보다는 교실에서 의도된 것(의도된 교육과정), 교실에서 일어난 것(전개된 교육과정), 교실에서 일어난 것이 학생에게 미친 영향(실현된 교육과정)의 합성물로 이해하는 것이 적합하다고 주장했다. 그리고 이러한 교육과정은 단지 잘 계

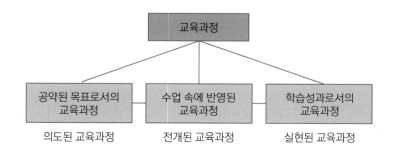

[그림 1-4] 교육과정의 개념 모형

획했다는 것만으로는 의미를 가질 수 없고 교실에서 실행되었을 때 의미를 갖는 다고 하였다.

이와 같이 교육과정에 대한 최근의 흐름은 교육과정을 단지 계획된 교육과정 또는 실행된 교육과정 또는 경험된 교육과정으로 단정 지을 것이 아니라, 이들 이 서로 연관된 합성물로 이해하는 것이다. 즉, 교육과정은 계획이나 개발 수준 의 의미에 머무는 것이 아니라 교육과정이 실행되는 '장'에서, 교육과정이 실행 되는 '과정'에서 그리고 얻어진 '성과'의 차원에서 종합적으로 이해되어야 한다 는 것이다.

4) 잠재적 교육과정

잠재적 교육과정(latent curriculum)은 명시적(明示的: 눈에 보이는) 교육과정과 비 교되는 개념이다. 명시적 교육과정은 앞에서 말한 바와 같이 학교 교육의 목표 와 내용에 대한 계획이 바깥으로 드러난 것을 가리키며, 일반적으로 공적인 기 관에 의해서 공포된 문서 속에 제시되므로, 대개 공적인 교육과정 또는 문서로 된 교육과정과 같은 의미를 지니게 된다.

이에 반하여 잠재적 교육과정은 공적인 문서에 명시되지 않은 교육과정을 가 리킨다. 여기서 교육과정이라는 말은 편의상 붙인 것으로, 잠재적 교육과정이 란 명시되어 있지는 않지만 학교에서의 교육실천과 교육환경 등이 학생들의 삶 에 미치는 영향을 의미한다. 또한 잠재적 교육과정은 학교를 단순한 교육의 장 이 아니라 학생들이 생활하는 공간으로 간주한다. 학생들의 인지 · 태도 · 행동 변화는 공식적 교육과정을 통해서뿐만 아니라, 학교 안의 눈에 띄지 않는 교육 실천과, 학교의 물리적 조건, 제도 및 행정 조직, 사회 및 심리 상황 등의 교육환 경에 의하여 일어나기 때문이다.

Jackson(1968)은 『교실에서의 생활(Life in classroom)』이라는 저서를 통하여 잠 재적 교육과정이라는 말을 처음으로 사용하였으며, 아동이 학교 안에서 겪는 일 과 그 일이 아동의 삶에 미치는 영향력을 기술하였다. 그는 학교에서 잠재적 교육과정에 해당하는 현상을 관찰하고, 상찬(賞讚), 평가, 군집 등의 학교 특성이 학생들의 삶에 미치는 영향력을 제시하였다. 여기서 상찬과 평가는 학생들이 학교에서 교사와 동료 학생들에 의하여 부단히 평가되고, 그것을 기준으로 상벌이 주어지는 현상을 가리킨다. 교사들이 계획하지도 의식하지도 않았지만 교사와 학생들의 평가와 그에 따른 보상과 처벌은 학생들의 삶에 영향을 미친다. 또한 군집은 많은 학생이 좁은 공간에서 생활하는 학교가 지닌 독특한 현상을 가리킨다. 이러한 교실의 물리적 환경은 교사의 의도와 상관없이 학생들의 삶에 영향을 미친다. 이와 같이 잠재적 교육과정은 교사가 계획하거나 의식하지 못하는 가운데 교육 실천과 환경이 학생들의 삶에 미치는 영향력을 가리킨다.

이러한 잠재적 교육과정은 두 가지 의미를 지닌다. 먼저, 잠재적 교육과정은 교육과정을 결정하는 권력자나 집단이 의도하지 않았으며 교사가 이를 의식하지 않은 가운데, 학생들의 지식, 태도, 행동에 영향을 미치는 '교육 실천 및 환경'과 '그 결과'를 의미한다. 이와 같은 잠재적 교육과정을 보다 구체적으로 살펴보면, 학교에서의 사회적 관계, 사회적 실천, 교육환경 등이 학생들의 삶에 매우 큰 영향을 미친다는 것이다.

학교에서의 사회적 관계는 학교 관리자와 교사, 교사와 학생, 학교 관리자와 학생, 교사와 교사, 학생과 학생의 관계 등으로 다양하게 나타난다. 그중에서 대표적인 사회적 관계는 교사와 학생의 관계로서 지배, 복종, 저항 등의 형태를 띤다. Apple(1979)은 유치원 아동들이 '공부'와 '놀이'를 어떻게 구별하는가를 연구하여 사회적 관계가 학생들의 삶에 미치는 영향을 밝혀 주었다. 유치원에 다니는 아동들은 처음에는 공부와 놀이를 구별하지 않았다. 하지만 일정한 기간이 지난 후에 그들은 공부와 놀이를 구분하였는데, 그것은 교사의 개입과 주도가 있으면 공부로, 그렇지 않으면 놀이로 생각한다는 것이다. 예를 들어, 인형을 가지고 하는 행위도 교사가 개입하고 주도하면 공부로, 학생들끼리 하면 놀이로 생각한다는 것이다. 공부와 놀이의 이러한 구분은 공부가 교사의 개입과 주도로 시작되고 운영된다는 인식을 교사의 의도와 무관하게 아동에게 심어 준다. 자기주도적 학습이라는 구호가 난무함에도 불구하고, 학생들이 공부가 누군가에 의해서 시작되고 주도된다는 타율적 인식을 갖게 되는 것은 유치원 교육에서 시작된다. 이와 같이 교사와 학생의 사회적 관계는 공식적 교육과정과는 무관하게 아동의 삶에 영향을 미치는 잠재적 교육과정의 역할을 한다.

학교에서 학생들의 삶에 영향을 미치는 가장 대표적인 사회적 실천은 수업을 통해서 나타난다. 수준별 수업 운영에 관한 정미경(2000)의 연구에 따르면, 수준별 수업 운영은 성적이 상, 중, 하의 모든 학급에 도움을 되는 것이 아니라는 점을 보여 준다. 특히 성적이 하인 학급의 경우에, 교사들은 이들 학생들이 학습동기가 약하고 생활태도에 문제가 있다고 판단하여 배당된 수업 시간(50분) 중 적지 않은 시간을 학생들의 생활지도에 할애함으로써, 교과내용의 교수와 학습 시간은 오히려 줄어들게 된다. 학생들의 능력 수준에 맞추어 수준별 수업을 함으로써 상, 중, 하 모든 집단의 학생들에게 도움이 될 것이라는 공식적 교육과정의 공표와 달리, 성적이 낮은 학생 집단의 학습기회가 오히려 축소된다는 것은, 수준별 수업이 교육정책의 의도와 달리 상반된 결과를 초래할 수 있다는 사실을 알려 준다.

학교의 교육환경은 교재, 교구, 시설 등을 포함하는 물리적 환경, 학교와 학급의 문화 풍토와 심리적 환경 등 다양한 것들로 구성된다. 그중에서 교실이라는 물리적 환경이 학생들의 삶에 미치는 영향력을 살펴보자. 예를 들어, 학교에는 많은 학생들이 교실이라는 매우 좁은 공간에서 매일 생활한다. 출산율의 저하로 학령 아동 수가 감소하고 있기는 하지만, 대부분의 도시 학교에서는 대략 20여 평의 교실에서 20~30명의 학생들이 함께 생활을 한다. 우리에게는 너무나 익숙한 장면이어서 이와 같이 좁은 공간에 많은 사람이 모여 있는 학교생활에 어떠한 문제의식도 느끼지 못하지만, 같은 평형(20여 평)대의 주택에서 3~4명의 가족이 사는 모습을 생각하면 학교는 매우 이질적인 곳으로 생각될 것이다. 만일 교실 크기만한 주택에서 20~30명의 가족들이 함께 생활한다면 어떤 일이 생길까? 상상만 해도 끔찍한 일이다. 누군가 해코지를 하지 않아도 운동 부족과 과중한 심리적 스트레스로 신체와 정신에 병이 생길 가능성이 높다. 이와 같이 협소한 교실에서 많은 학생들이 함께 생활하는 것은 그들에게 신체적으로나 정신적으로 해로운 일일 수 있다. 이와 같이 학교의 물리적 환경은 그 속에서 생활하는 아동들의 신체적 · 정신적 발달에 영향을 주는 잠재적 교육과정의 또 다른 원천이 된다.

다음으로, 잠재적 교육과정은 교육과정을 결정하는 권력자나 집단이 의도하였거나 또는 관행에 의하여 계획하였는데, 교사들이 이에 동조하여 수용하거나 아니면 의도나 관행을 간파하지 못하는 가운데, 학생들의 지식, 태도, 행동에 영향을 미치는 '학교의 교육 실천 및 환경'과 '그 결과'를 의미하기도 한다.

근래 잠재적 교육과정에 대한 논의가 성별, 계급, 인종, 권력 등과 지식, 수업, 평가 등의 관계를 밝히는 방향으로 확대되고 있는 것은 이와 관련이 있다. 학교에서 일어나는 일들은 학교의 안만 들여다보는 것만으로는 이해에 한계가 있으며, 사회와의 관계 속에서 학교 교육을 파악해야 한다는 것이다. 예를 들어, 노동계급 학생들에게는 시간엄수, 용모단정, 권위존중 등 노동자의 역할 수행에 관련된 내용을 가르치고, 상류계급의 학생들에게는 지적 개방성, 문제해결력, 융통성 등 관리자나 전문가의 역할 수행에 필요한 내용을 가르친다면, 학교는 학부모의 경제적 계급에 따라 학생들에게 교육내용을 차별적으로 제공하게 된다(이규환 역, 1986). 또한 학교에서 여성을 가정주부, 간호사, 유치원 교사 등으로 묘사하고, 남성을 정치지도자, 의사, 기업인 등으로 기술하는 등 직업적 수행 능력과 지위에 있어서 성차별적 내용을 담고 있는 교육용 자료를 가르친다면, 학생들은 성(사회적 성)에 대한 편향된 시각을 갖게 된다.

이와 같이 사회에서 권력을 쥐고 있는 집단이 자신들의 이익을 유지하기 위하여 학교의 교육 실천 및 환경을 의도적으로 조직하고 통제하는 행위와 그 결과를 잠재적 교육과정이라고 부르기도 한다. 이때 잠재적이라는 말은 권력자의 편에서 보면 '의도적으로 숨긴'(hidden)이라는 뜻이 되며, 교육실천에 종사하는 교사나 교육을 받는 학생들이 이를 의식하지 못한다면 '의식을 하지 못했기 때문에 숨어 있는'(latent)이라는 의미를 지니게 된다.

잠재적 교육과정이 학교에서 이루어지는 '교육 실천 및 환경'이 '학생들에게 미치는 영향력과 그 결과'를 의미한다면, 영 교육과정은 배울 만한 가치가 있는 데도 불구하고 공식적 교육과정이나 수업에서 빠져 있는 '교육내용'을 가리킨다는 점에서 구별할 필요가 있다.

4. 교육과정 활동

교육과정 활동은 교육과정 개발, 운영, 평가의 세 가지 활동으로 구성된다. 이들 활동들이 유기적인 연관성을 가지고 계속적으로 순환할 때 학교 교육의 성과가 높아진다.

1) 교육과정 개발

엄격한 의미에서 본다면 교육과정 개발은 '교육목적과 교육내용의 체계 그리고 이를 효과적으로 전달하기 위한 교육방법, 교육평가, 교육운영 등에 대한 종합적인 계획이 담긴 문서를 만드는 활동'을 가리킨다. 하지만 교육과정을 어떤 방식으로 생각하는가에 따라서 특정한 교과들의 목록이 담긴 문서, 학습경험의 계획에 관한 문서, 의도된 학습성과 목록을 적은 문서를 만드는 활동들도 교육과정 개발 활동이라 부를 수 있다.

또한 교육과정 개발은 여러 수준에서 이루어지는데, 가장 광범위한 수준에 적용되는 교육과정 문서에서부터 특정 학교에만 적용되는 문서에 이르기까지 매우 다양하다. 예를 들어, 전체 초등학교에 적용되는 교육과정에서 어떤 하나의 초등학교에만 적용되는 문서까지 그 적용 범위가 다양한 문서들이 개발된다.

이러한 교육과정 개발은 여러 단계를 거쳐서 이루어진다. 먼저, 참여 기관과 인사가 선정되고, 그들에 의해 프로그램에 담기는 주요 항목들이 결정된다. 대개 교육목적의 설정, 교육내용의 선정과 조직, 학습경험의 선정과 조직, 교육평가의 내용과 방법 등에 관한 주요 항목들이 결정되며, 이는 문서 형태로 출판·보급된다.

2) 교육과정 운영

교육과정 분야에서 발생하는 가장 큰 낭비는 개발된 교육과정이 학교현장에서 실행되지 않고 방치될 때 일어난다. 고도의 전문 인력과 많은 비용을 들여 만든 교육과정이 교육적으로 의미 있는 성과를 얻지 못하고 휴지 조각처럼 버려질 때가 있다. 교육과정 연구자들이 교육과정의 운영에 관심을 갖는 것은 이 때문이다. 교육과정 운영이란 '개발된 교육과정을 학교현장에서 채택하고 실행에 옮기는 과정'을 뜻한다.

교육과정 개발은 여러 수준에서 행해지지만 운영은 대개 학교에서 이루어진다. 학교는 상급 기관에서 개발한 교육과정을 원형에 가깝게 운영하기도 하며, 학교의 사정에 맞게 변형하여 운영하기도 한다. 최근에는 상급 기관에서 개발된 교육과정의 주요 의도를 훼손하지 않는 범위에서 학교의 실정을 고려한 운영 방식이 강조되고 있다.

교육과정 운영에 영향을 미치는 요인들은 다양하다. 요인들은 인적 환경과 물적 환경으로 구분할 수도 있으며, 학교 내 요인과 학교 외 요인으로 나눌 수도 있다. 이들 요인들이 교육과정 운영을 성공으로 이끌기도 하지만 실패로 몰아넣기도 한다. 이들 요인 중에서 영향력이 가장 큰 요인이 교사라는 점을 부인할 사람은 없다.

교육과정 운영에서 수업은 중심적인 위치를 차지한다. 교육과정 문서에 담긴 내용이 수업을 통해서 전개되지 않는다면 교육과정 운영의 성공은 기대할 수 없다. 따라서 교육과정 운영을 위한 계획은 효과적인 수업 활동이 일어나기 위한 여러 조건들의 조성과 관련이 있다. 그러나 교육과정 운영계획은 수업계획을 포함하여 교장의 지도성, 교사 연수, 교육과정 자료의 구비, 교육시설, 장치, 기구의 정비 등을 포함하는 여러 내용으로 구성된다.

3) 교육과정 평가

교육과정 평가는 '교육과정의 값을 매기는 활동, 즉 교육과정의 가치를 판단하는 활동'이다. 교육과정 평가는 교육과정 계획의 수립에 해당하는 교육과정 개발 평가, 계획된 교육과정을 행동으로 옮기는 교육과정 운영 평가, 교육과정 운영의 결과적 산물에 대한 교육과정 성과 평가를 포함한다.

교육과정을 평가하는 목적은 교육과정 개발이나 운영 활동이 효과적으로 이루어지도록 하고, 교육과정 운영의 결과를 사정하여 교육과정의 유지와 수정 및 폐기 여부를 판단하는 데 있다.

교육과정을 평가할 때는 판단, 관찰, 실험의 방법으로 자료를 수집하고, 양적 방법과 질적 방법으로 수집된 자료를 기술하고 분석한다.

4) 교육과정 활동과 수업계획

교육과정과 수업계획의 구별은 교육과정과 수업의 전문가들이 오랫동안 곤란을 겪어 왔던 문제다. 교육과정을 교육내용들의 목록으로 생각하면 교육과정과 수업은 간단히 구별된다. 교육과정은 가르칠 내용을 중심으로 하는 활동이며, 수업은 가르치는 방법에 관한 활동이 되기 때문이다.

그러나 교육과정을 실존적 체험과 그 반성으로 볼 때는 사태가 달라진다. 학습자에게 어떤 경험과 반성적 과정을 거치도록 할 것인가 하는 것은 교육내용뿐만 아니라 교사, 학습자, 학습자의 심리적·물리적 환경 등의 제반 요인을 고려해야 하므로 교육과정과 수업계획을 구별하기는 어렵다.

공식적 교육을 실시하는 기관에서 이루어지는 교육의 과정을 교육과정과 수업 활동을 중심으로 살펴보면 [그림 1-5]와 같이 나타낼 수 있다. 이때 교육과정은 교육에 대한 계획의 의미를 지닌다.

[그림 1-5]에서 화살표는 과정을, 네모 칸은 산물을 가리킨다. 그림의 왼쪽에서 오른쪽으로 가면 실행의 문제가 해결된다. 예컨대, 가치는 교육목표를 설정

함으로써 구현되며, 교육목표는 교육과정을 개발함으로써 성취되고, 교육과정은 수업계획을 수립함으로써 가능하게 된다. 반면에 오른쪽에서 왼쪽으로 옮아가게 되면 '정당성의 문제'가 해결된다. 수업계획안을 이와 같이 만든 이유는 교육과정의 성격이 그러하기 때문이며, 교육과정의 이러한 성격은 지향하는 교육목표의 성격이 그와 같기 때문이다.

그리고 [그림 1-5]에 제시된 교육의 과정은 순차적으로 진행되는 것이 아니다. 순차적으로 진행된다는 것은 반드시 한 과정이 완결된 이후에 그다음 단계가 시작되는 것을 말한다. 하지만 교육의 과정에서 그 어느 과정도 한번에 종결되는 것은 없다. 대개 선행과정에서 대략적인 윤곽을 결정하고 다음 과정으로 넘어가면 이러한 후속과정에서의 직감과 통찰력을 통하여 이전 과정들이 계속적으로 수정되고 보완된다. 따라서 [그림 1-5]에 제시된 각 과정은 순차적이라기보다는 상호 역동적인 방식으로 전개된다고 보아야 한다.

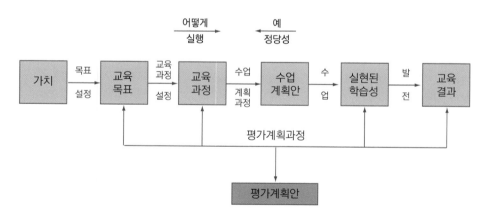

[그림 1-5] **교육과정 및 수업의 모형(Johnson, 1967)**

출처: 최호성 외 공역, 2007: 13.

참고문헌

김대현, 김석우(2005). 교육과정 및 교육평가(개정 2판). 서울: 학지사.

김영천(2009). 교육과정 I. 서울: 아카데미프레스.

김호권, 이돈희, 이홍우(1982). 현대교육과정론. 서울: 교육출판사.

네이버 백과사전(2011). 학원.

이경진(2005). '실행'을 중심으로 본 교육과정의 의미와 교사의 역할. 교육과정연구, 23(3), 57-80.

이규환 역(1986). 자본주의와 학교 교육. 서울: 사계절.

이홍우, 조영태 공역(2003). 윤리학과 교육(수정판). 서울: 교육과학사.

정미경(2000). 수준별 수업과 교육기회의 평등화 문제. 교육과정연구, 18(1), 275-297.

최호성, 강현석, 이원희, 박창언, 이순옥, 김무정, 유제순 공역(2007). 교육과정 설계의 이론과 실제. 서울: 시그마프레스.

Apple, M. W. (1979). *Ideology and curriculum*. Boston: Routledge.

Doll, R. C. (1995). *Curriculum improvement: Decision making and process* (9th ed.). Boston: Allyn and Bacon.

Eisner, E. W. (1994). *The Educational imagination* (2nd ed.). New York: Macmillan Flinders.

Flinders, D. J., Noddings, N., & Thornton, S. J. (1986). The null curriculum: Its theoretical basis and practical implications. *Curriculum Inquiry*, 6(1), 33-42.

Glatthorn, A. A. (1987). *Curriculum renewal*. Alexandria, VA: ASCD.

Jackson, P. W. (1968). *Life in classroom*. New York: Holt, Rinehart and Winston.

Kliebard, H. M. (1975). Persistent curriculum issues in historical perspective. In *Curriculum theorizing: The reconceptualists by William Pinar* (Ed.), California: McCutchan Publishing Corporation.

Marsh, C. J., & Willis, G. (2006). *Curriculum: Alternative approaches, ongoing issues* (4th ed.). Prentice-Hall.

Pinar, W. F. (1975a). Currere: Toward reconceptualization. *In Curriculum theorizing: The reconceptualists by William Pinar* (Ed.), California: McCutchan Publishing Corporation.

Pinar, W. F. (1975b). The Method of "Currere". Paper presented at Annual Meeting of American Research Association(Ed 104766).

Pinar, W. F., Reynolds, W. M., Slattery, P., & Taubman, P. M. (1995). *Understanding curriculum*. New York: Peter Lang.

Posner, G. J. (2003). *Analyzing the curriculum* (3rd ed.). New York: McGraw-Hill.

Schwab, J. J. (1969). The practical: A language for curriculum. *School Review*, *78*, 1-23.

제2장
교육과정 개발과 활동의 기반

　교육과정 개발 활동은 교육에 대한 계획을 세우는 활동이다. 교육과정 학자나 실천가들은 자신의 교육관에 따라 다양한 모형을 제시해 왔다. Tyler의 개발 모형은 교육과정 개발의 구성요소와 따라야 할 절차를 제시했다는 점에서 널리 알려져 있으며, 그 외에도 다양한 개발 모형들이 있다.

　이 장에서는 교육과정 개발의 개념, 개발 수준, 그리고 교육과정 개발 모형, 개발 활동을 하는 집단과 그들의 역할, 그들의 주요 관점을 알아보려고 한다.

학습 과제

- 교육과정 개발의 개념을 이해한다.
- 교육과정 개발이 다양한 수준에서 이루어지고 있음을 파악한다.
- 교육과정 개발 모형의 특성과 그 장단점을 알아본다.
- 교육과정 개발 활동을 하는 집단의 성격을 파악한다.
- 교육과정 개발 활동의 기반이 되는 주요 관점을 이해한다.

1. 교육과정 개발의 개념

교육과정 개발의 의미를 매우 단순화하여 말한다면, 교육목적과 교육내용의 체계, 그리고 이를 효과적으로 전달하기 위하여 교육방법, 교육평가, 교육운영 등에 대한 종합적인 계획을 세우는 활동을 가리킨다.

그러나 엄밀한 의미에서 볼 때, 교육과정 개발은 ① 사회의 요구와 학생의 요구에 부응하는 교육목적을 달성하기 위하여, ② 참여집단을 선별하고 조직하며 물적 자원을 갖추고, ③ 그런 다음 교육과정 구성요소의 성격을 규정하고 이들을 유기적으로 조직하여, 교육과정 산출물(교육과정, 교과서, 교사용 지도서 등)을 생산해 내는 일련의 과정을 가리킨다.

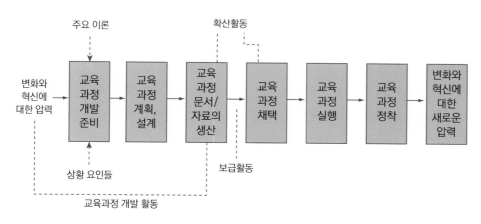

[그림 2-1] 교육과정 개발 활동의 위상

교육과정 개발활동은 Marsh와 Willis(2006)가 제시한 교육과정 연속체에서 [그림 2-1]과 같은 위치를 차지한다.

[그림 2-1]에서 보는 바와 같이, 교육과정 개발은 교육에 대한 변화와 혁신에 대한 요구에 응하여 교육과정 개발 참여집단을 선정·조직하고 물적 조건을 완

비한다. 그리고 참여집단은 자신이 지니고 있는 인간, 사회, 지식 등을 바탕으로 하는 교육관과 상황에 대한 지각을 토대로 교육과정을 준비하고 설계하며 종국적으로는 교육과정 산물들(교육과정, 교과서, 교수-학습자료 등)을 생산한다.

이러한 논리에 따르면, 교육과정 개발은 교육과정 설계를 포함하는 좀 더 광범위한 개념이 된다. 교육과정 설계는 교육과정 구성요소들의 성격을 규명하고 이들을 적합한 원칙과 원리에 의하여 조직하는 활동을 가리키는 반면에, 교육과정 개발은 교육과정 설계를 포함하여 교육과정 산물을 생산하기 위하여 인적·물적 자원을 선발, 배치, 활용하고 절차를 마련하고 전개해 가는 활동을 의미한다.

이러한 교육과정 개발은 사회적·정치적 맥락 속에서 다양한 이해관계를 가진 집단들의 복합적이고 역동적인 의사결정과정을 거쳐 이루어지므로, 교육목적이나 교과의 선정과 조직 등에 영향을 미치는 여러 세력들 간의 갈등과 타협 등 정치적 협상 과정을 거치게 된다.

그러므로 교육과정 개발 분야에서는 다음과 같은 질문에 답하는 데 관심을 갖는다.

- 교육과정 개발에 참여하거나 관련되어 있는 기관과 인사(집단)는 누구인가?
- 그들은 문제가 된 교육 상황을 어떻게 지각하고 있으며, 어떤 교육적 신념을 지니고 행동하는가?
- 교육과정 개발은 어떤 절차나 과정을 통하여 이루어지며, 역사적으로 관심의 대상이 되어 온 개발 모형은 무엇인가?
- 교육과정 개발이 이루어지는 곳(수준)은 어디이며, 시대와 함께 개발이 이루어지는 수준의 강조점에 변화가 있어 왔는가?

2. 교육과정 개발의 수준

교육과정 개발에서 우선 생각해야 할 점은 개발의 대상과 수준을 확정하는 일이다. 교육과정 개발의 대상은 교육과정을 무엇으로 보는가에 따라 다르다. 일반적으로 교육과정 개발은 교육과정 문서를 개발하는 것을 의미한다. 하지만 때에 따라서는 교과서 및 교사용 지도서 개발, 교수-학습자료 개발, 평가 자료 개발 그리고 참고서 및 문제집 개발을 포함하기도 한다. 여기서는 교육과정 개발의 주 대상을 교육과정 설계가 담긴 문서 개발로 한정하여 살펴보고자 한다.

교육과정 개발은 여러 수준에서 이루어지는데, 각각의 수준에서 개발되는 교육과정의 기능은 그 나라의 교육체제가 어떠한가에 따라 달라진다. 즉, 국가에서 교육과정을 개발하고 평가하며, 지역이나 학교에서 교육과정 운영 역할을 담당하는 중앙집권적인 교육과정 체제와 교육과정의 개발, 운영, 평가의 모든 활동이 지역이나 학교에서 이루어지는 지방분권적인 교육과정 체제가 있다. 한 나라의 교육과정 체제가 어떠한가에 따라 국가, 지역 및 학교 수준의 교육과정이 갖는 기능 및 역할에 차이가 생긴다.

먼저, 중앙집권적인 교육과정 체제와 지방분권적인 교육과정 체제의 차이점을 살펴보면, 중앙집권적인 교육과정 체제는 다음과 같은 장점을 가진다.

- 전국적으로 통일된 교육과정을 가진다.
- 학교급 그리고 학교 간 교육과정의 연계성을 충족시킨다.
- 풍부한 전문 인력을 활용하고 물적 자원을 투입하여 질 높은 수준의 교육과정을 개발할 수 있다.
- 국가와 사회의 대변혁 시기에 총체적으로 대응하는 데 도움을 준다.

이와 같은 장점에도 불구하고, 중앙집권적인 교육과정 체제는 교육과정의 운영이 획일화·경직화되기 쉬우며, 권위주의적 교육 풍토를 조성할 가능성이 높고, 한번 제정된 교육과정은 법적인 권위 때문에 즉각적인 수정이 어렵다. 또한 교사가 교육과정 문제로부터 소외되어 전문성 향상이 저해될 가능성이 있으며, 지역, 학교, 학습자의 특수성에 부합되는 다양한 교육과정의 운영이 어렵게 된다.

이와 달리 지방분권적인 교육과정 체제는 다음과 같은 장점을 지닌다.

- 지역과 학교의 특수한 상황에 부응하는 교육과정을 개발하게 된다.
- 교사들이 교육과정에 대한 주인의식을 가지고 개발·운영하게 된다.
- 주변 상황의 급속한 변화에 대응하여 교육과정을 신속하고 유연하게 수정하고 운영할 수 있으며, 교육과정의 맥락적 특성으로 인하여 학습자들의 자발적 학습기회가 촉진된다.

그러나 전문가, 예산, 시간, 인식의 부족으로 수준 높은 교육과정의 개발이 어려우며, 학교급 그리고 학교 간 교육과정의 연계가 힘들고, 지역 중심, 학교 중심, 교사 중심에 치우쳐 교육개혁의 전파가 어렵다는 문제점이 있다.

이런 점에서 오늘날 많은 국가들은 중앙집권적인 교육과정 체제나 지방분권적인 교육과정 체제가 갖는 결함을 최소화하기 위하여 이들의 절충 형태를 취하고 있다. 국가는 교육과정의 일반적인 지침을 발표하고, 이러한 지침의 준수 여부를 가리기 위한 최소한의 평가활동을 수행하며, 지역과 학교는 국가수준의 교육과정 지침을 지역이나 학교의 특수성에 비추어 재개발, 운영, 평가하는 역할을 맡는다.

우리나라의 경우도 1995년부터 적용된 제6차 교육과정과 2000년부터 적용되기 시작한 제7차 교육과정에서 이러한 교육과정 체제를 채택하였으며, 2009 개정 교육과정과 2015 개정 교육과정에서 지역과 학교의 자율적 운영 권한을 더욱 강화하였다. 즉, 중앙집권적인 교육과정 체제의 기본 틀 위에서 교육의 분권화와 학교의 자율적 운영을 더욱 확대한 것이다.

중앙집권적인 교육과정 체제를 운영해 온 여러 나라에서 교육과정 분권화를 강화하는 것은, '교육과정의 적합성' 차원에서 지역의 독특한 사회·문화적 특성과 학교의 교육적 요구에 부합하고, '교육과정의 효율성' 차원에서 국가수준 교육과정을 보다 생산적으로 운영하려고 하기 때문이다.

우리나라에서도 지역이나 학교 나름의 특성을 살린 교육과정을 개발하고 운영하는 동시에 국가수준의 교육과정을 효과적으로 운영하려는 두 가지 목적을 가지고 교육과정의 분권화를 추진하고 있다. 그러나 국가수준 교육과정 지침의 상세화와 교과별 내용 중심 체계 그리고 검인정 교과서 제도 등에서 나타나는 바와 같이, 적합성보다는 교육과정 운영의 효율성에 무게 중심이 놓인 것처럼 보인다.

1) 국가수준 교육과정

국가수준 교육과정이란 교육에 대한 국가의 의도를 담은 문서 내용을 말한다. 국가수준 교육과정은 국가의 교육목적, 내용 기준, 학생의 성취기준, 교육기관 및 교육행정기관의 교육과정 운영 기준 등을 포함한다(Smith, Fuhrman, & O'Day, 1994). 우리나라에서는 교육부장관이 교육 관계법령에 의거하여 결정·고시하며, 초·중등학교에서 편성·운영해야 할 교육과정의 목표(교육목적), 내용(내용 및 성취 기준), 방법·평가·운영(교육과정 운영) 등에 관한 기준 및 기본 지침을 담고 있다.

국가수준 교육과정의 필요성에 대해서는 찬반양론이 있다. 국가수준 교육과정은 정치적·사회적·문화적 통합과 국가의 시대·사회적 요구를 충족시키며, 전문 인력, 막대한 비용, 장시간의 투자로 만들어진다. 그리고 교육과정의 표준화로 학교 교육의 질 관리가 용이하며, 학생들이 진학하거나 학교를 옮겼을 때도 교육과정의 일관성과 연속성을 보장할 수 있다는 이점이 있다. 하지만 국가수준 교육과정은 각 지역이나 학교의 특성을 반영하지 못하며, 너무 구체적이거나 상세하게 규정되면 지역이나 학교의 자율성과 교사의 전문성을 해치게 된다.

따라서 국가수준 교육과정은 기본적이고 필수적인 최소한의 기준만을 담아야 하며, 국가수준 교육과정 개발에서 지역이나 학교현장의 목소리를 많이 담아낼 수 있도록 다양한 의견을 조사하고 반영해야 한다.

2) 지역수준 교육과정

지역수준 교육과정은 교육에 대한 지역의 의도를 담은 문서 내용을 말하며, 국가수준의 기준과 학교의 교육과정을 연결하는 교량 역할을 한다. 다시 말하면, 지역수준 교육과정은 각 시·도와 지역의 특성, 필요, 요구, 교육기반, 여건 등의 제 요인을 조사·분석하여 전국 공통의 일반적 기준인 국가수준 교육과정을 조정하고 보완하며, 그 결과를 학교 교육과정에 반영하는 데 목적이 있다.

지역수준 교육과정의 개발과 운영은 지역의 특수성을 반영하며, 지역 교육청(시·도 교육청과 시·군·구 교육지원청)의 교육문제 해결 능력을 신장하고, 교육 관련 전문성을 키울 수 있다는 장점을 가진다. 반면에 시간, 인력, 비용 등의 부족으로 질이 낮아지고, 지역 간의 교육격차가 심화될 수 있다는 위험도 갖는다.

우리나라에서 지역수준 교육과정은 「지방교육자치에 관한 법률」 제20조로 규정하고 있으며, 대개 국가수준 교육과정으로부터 위임받은 사항의 수행과 관련된다. 시·도 교육청에서는 교육과정 편성·운영 지침을 작성하며, 시·군·구 교육지원청에서는 장학자료를 개발하여 학교 교육과정을 안내하고 통제한다.

3) 학교수준 교육과정

학교수준 교육과정은 학교의 실태를 반영하며 학부모와 학생들의 특성과 요구를 고려하여 교육에 대한 학교의 의도를 담은 문서 내용을 말한다. 이러한 학교수준 교육과정은 교육목표, 교육내용, 교육방법, 교육평가, 운영방식 등을 핵심으로 구성된다. 우리나라 2015 개정 교육과정에서 강조하는 학교수준 교육과정은 국가와 지역이 결정한 교육목적을 실현하기 위하여 지침을 바탕으로 교육과정을 구성한다.

　학교수준 교육과정은 교육의 효율성, 교육의 적합성, 교사의 자율성과 전문성, 교육의 다양성, 학습자 중심 교육의 실현 등을 위해서 필요하다(교육과학기술부, 2008).

　이를 위하여 국가수준 교육과정 문서와 시·도 교육청이 작성한 교육과정 편성 지침에는 교육과정과 관련되어 학교가 해야 할 일을 편성, 운영, 평가의 세 영역으로 나누어 제시하며, 교육부와 시·도 교육청은 학교가 이러한 일을 제대로 추진할 수 있도록 그 방법과 절차를 사례연구와 함께 제시하고 있다.

　현재 학교수준 교육과정은 학교가 교육과정의 형태와 내용을 결정하는 실질적인 권한을 갖는 것이 아니라, 중앙정부에서 개발한 교육과정을 채택, 변용, 재구조화하는 권한 행사에 머무르고 있는 것으로 보인다.

　따라서 학교수준 교육과정이 원래 의도한 목적을 달성하기 위해서는 교육과정 관련 권한을 학교에 대폭 이양하고, 교장 및 교사가 교육과정 개발에 대한 관심과 지식과 능력을 지니며, 이를 발휘할 수 있는 여건이 마련되어 있어야 한다.

　국가수준, 지역수준, 학교수준 교육과정은 [그림 2-2]와 같은 관계를 갖는다.

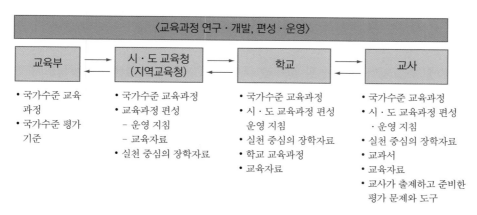

[그림 2-2] 국가 · 지역 · 학교수준 교육과정의 관계

출처: 교육부, 2015.

3. 교육과정 개발 모형

교육과정 활동에 참여하는 사람들은 자신이 선택한 교육과정의 관점에 따라 교육과정을 개발하고 운영하며 평가하게 된다. 성공적인 교육활동은 이들 세 활동의 유기적인 결합을 통해서 이루어지지만, 교육과정 개발은 운영과 평가활동의 기초를 제공한다는 점에서 교육과정 연구자들의 가장 큰 주목을 받아 왔다.

교육과정 개발 모형은 교육과정 개발 과정에 개재하는 요인들이 많고 다양하며 요인들의 관계도 복잡하다는 점에서 제시되었다. Posner(1998)는 교육과정 개발 모형을 절차적 모형, 서술적 모형, 개념적 모형, 비판적 모형 네 가지로 나누었다. 절차적 모형은 교육과정 개발의 절차를 제시하며, 서술적 모형은 교육과정이 개발되는 실제의 현실을 기술한다. 개념적 모형은 교육과정 개발 요소들의 의미와 그들의 관련성을 제시하며, 비판적 모형은 교육과정이 누구의 이익에 기여하는가 하는 문제를 초점으로 다룬다. 그는 Tyler 모형, Walker 모형, Johnson 모형, Freiere 모형 등을 각각의 사례로 제시하고 있다.

또한 교육과정 개발 모형을 성격에 따라 처방적–기술적, 연역적–귀납적, 순차적–상호작용적 등으로 나눌 수 있다. 처방적 모형은 교육과정 개발자들이 고려해야 할 요인과 따라야 할 절차를 규정하며, 기술적 모형은 교육과정을 개발할 때 참여자들이 하는 활동을 있는 그대로 묘사한다. 연역적 모형은 교육과정을 전체 교육과정, 교과, 단원, 과(lesson) 등의 순으로 개발하며, 귀납적 모형은 학과, 단원, 교과, 전체 교육과정의 순으로 개발활동이 일어난다. 순차적 모형은 교육과정을 개발하는 절차가 고정되어 하나의 방향으로 진행되지만, 상호작용적 모형은 학교가 처한 상황에 따라 개발활동의 절차가 역동적으로 바뀌게 된다.

사실상, 교육과정을 개발하고자 하는 사람들은 여러 교육과정 개발 모형 중에서 하나를 선택하거나 자신에 맞는 모형을 만들기 위하여 기존 모형들을 참고

하기도 한다. 교육과정 학자들이 만들어 온 여러 교육과정 개발 모형들은 각기 다른 장점과 단점을 지니고 있으므로 한 가지 잣대로 좋은 모형과 나쁜 모형을 구별할 수 없다.

1) 기술 · 절차 모형

Tyler는 교육과정과 평가 분야에서 큰 업적을 남긴 미국의 교육자다. 그는 1902년 미국의 시카고에서 출생하였으며, 1994년 암으로 사망하였다. 그는 고등학교에서의 진보주의 교육의 효과를 전통적 교육과 비교한 8년 연구(1933~1941년)에서 평가 책임자로 활동하였다. 8년 연구 동안에 학교의 교육과정과 수업을 분석한 체험을 바탕으로 1949년 교육과정 개발 분야의 고전(古典)이라고 할 수 있는 『교육과정과 수업의 기본 원리(Basic Principles of Curriculum and Instruction)』라는 저서를 출간하였다. 이 저서는 오늘날 전 세계 많은 국가에서 현지 언어로 번역되어 읽히고 있다.

Tyler는 이 저서에서 교사들이 교육과정과 수업을 계획할 때 수행해야 할 네 가지 과제를 제시하였다.

- 학교가 달성해야 할 교육목표는 무엇인가?
- 목표를 달성하기 위하여 어떤 학습경험을 제공해야 하는가?
- 학습경험을 효과적으로 조직하는 방법은 무엇인가?
- 목표가 달성되었는지를 어떻게 알 수 있는가?

Tyler는 네 가지 과제 중에서 교육목표의 설정에 대하여 매우 상세하게 기술하였다. 실지로 교육목표의 설정이 차지하는 분량은 책의 전체 쪽수의 절반에 이른다. 그는 교육목표를 설정할 때는 현대사회의 분석, 학습자의 요구, 교과전문가의 견해를 수집하고, 이렇게 수집된 정보를 교육철학과 학습심리학의 기반 위에서 검토하여 정해야 한다고 기술하고 있다.

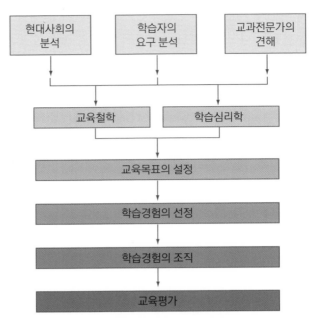

[그림 2-3] 교육과정 개발자들의 과제

이와 같이 교육목표가 설정되면, 이러한 목표 달성을 위해서 학생들이 어떤 경험을 해야 하는가를 결정하고. 이들 경험들이 누적된 효과를 갖기 위해서는 계속성, 계열성, 통합성의 원리에 따라 조직되어야 한다고 하였다. 마지막으로 이러한 일련의 과제 수행과 더불어 교육과정과 수업을 계획하는 사람은 설정된 목표들이 얼마나 달성되었는가를 평가해야 한다고 하였다. 그가 교육과정과 수업을 계획할 때 개발자들이 해야 할 과제들을 제시한 것은 [그림 2-3]과 같다.

이와 같이 Tyler는 교육과정과 수업을 계획할 때, 교육목표를 설정하고, 이를 달성하기 위하여 학습경험을 선정하고 조직하며, 마지막으로 교육평가를 실시해야 한다고 하였다. 따라서 교육과정과 수업에 대한 Tyler의 견해(rationale)는 교육과정 개발자들이 따라야 할 절차를 제시한다는 점에서 처방적 모형이고, 교과에서 단원으로 진행한다는 점에서 연역적 모형이며, 목표에서 평가로 진행하는 일정 방향을 가진다는 점에서 순차적 모형으로 여겨지고 있다.

이러한 견해는 Tyler가 1949년에 집필한『교육과정과 수업의 기본 원리』라는 소책자 속에 포함된 내용이 반영된 것으로 그 이후에 그가 제시한 견해를 무시하고 있다. 더욱이, 엄밀하게 보자면 그 책자에서도 저자의 집필 의도가 드러나 있는 머리말과 교사들의 역할을 다룬 마지막 5장은 철저히 외면되었다고 볼 수 있다. Tyler는 그 책의 머리말과 마지막 5장에서 다음과 같이 말한 바 있다.

　"학교 교육과정의 개편에서 제기되는 또 하나의 문제는 교육과정 개편의 절차가 이 책에 제시된 순서를 따라가야 하는가 하는 것이다. 그 대답은 분명히 '그렇지 않다'는 것이다. …… 이 책에서 제시되고 있는 원리는 학습계획의 구성과 관련된 요소(교육목표 설정, 학습경험 선정, 학습경험 조직, 평가의 과정)가 무엇이며, 그것들이 서로 어떤 관계를 갖고 있는가를 보여 주는 것이다."(Tyler, 1949)

이와 같은 Tyler의 강변에도 불구하고, 앞에서 지적했던 바와 같이, 그의 모형은 교육목표 설정, 학습경험 선정, 학습경험 조직, 학습경험 평가로 이어지는 순차적 개발 모형으로 알려져 왔다. 이에 대하여 Tyler는 1975년에 쓴 논문에서 상기한 네 가지 주요 과제 중에서 어떤 것이 먼저 취급되는가 하는 것은 문제가 되지 않는다고 하였다. 즉, 그의 말은 교육과정 개발에서 이 네 가지 과업이 반드시 수행되어야 하지만, 그 순서는 항간에 알려진 것과 달리 미리 정해져 있지 않으며 상황에 따라 달라질 수 있다는 것이다. 예를 들어, 문학 분야의 교육과정을 설계할 때 가장 먼저 하는 일은 학생들에게 새로운 경험을 다양하게 제공하기 위하여 문학작품을 선정하는 일이며(교육내용의 선정), 그런 다음에 학습자에게 중요하다고 판단되는 자료를 읽게 함으로써 무엇을 학습할 수 있는가를 결정한다(교육목표의 설정)고 하였다(Tyler, 1981).

　또한 Tyler는 1975년에 쓴 논문에서 상기한 네 가지 과제를 수행하기에 앞서 교육적 문제나 요구 분석이 실시되어야 하며, 이러한 분석을 위하여 학습집단의 특성, 교육환경의 검토, 교사의 요구와 역할, 학교의 기능과 역할을 재고할 필요가 있다고 하였다. 이제 그가 제시한 교육과정 개발의 절차를 간추리면 [그림

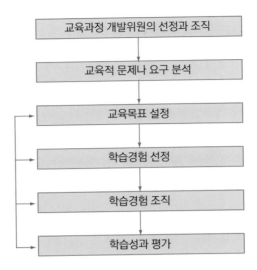

[그림 2-4] Tyler의 교육과정 개발 모형

2-4]와 같다.

Tyler의 교육과정 모형은 국가수준 교육과정에서부터 학교수준 교육과정 개발에 이르기까지 폭넓게 적용될 수 있다. 원래 Tyler는 교육과정 개발의 무대를 학교에 두고 교사들을 개발의 주체로 보고 있다. 이런 까닭으로 Tyler의 교육과정 개발 모형을 '탈맥락적'이라고 하는 것은 지나친 감이 없지 않다. 교사들이 학습자, 교사, 학교, 교육환경의 특성에 대한 연구를 하고 이를 바탕으로 목표를 설정해야 한다고 한 것과 교육내용이라는 말 대신에 학습경험이라는 용어를 의도적으로 사용한 것은, 교육과정 개발이 학교와 교실의 특수한 맥락을 고려하면서 이루어져야 한다는 것을 강조한 것이기 때문이다.

물론 Tyler는 제한된 자원 속에서 가장 효과적인 실천성과를 거두기 위한 실용적 접근에 관심을 두고 이에 따른 단계적 절차를 강조하였다. 이런 과정에서 Tyler는 특정 가치를 주장하기보다는 올바른 가치판단을 위한 기준을 제시하는 데 노력하였다. 이러한 점에서 Tyler의 모형은 '탈정치적'이라는 비판을 받는다. 교육과정 개발은 시발자, 실행자, 관계자들의 합의보다는 갈등, 협상, 타협 등

권력이 작용하는 정치적 과정 속에서 이루어지는 경우가 많은데, 이 점을 교육과정 개발의 주요 의제로 다루지 않았기 때문이다.

1970년대부터 시작된 Tyler의 모형에 대한 본격적인 비판은 이와 같은 정치적 관점이 중심이 되었다. 비판자들은 Tyler의 개발 모형이 개발을 위한 절차적 원리를 강조하는 기술적 합리성(technical rationality)에 치우쳐 있어서 교육과정이 개발되는 정치적 현실을 제대로 반영하지 못할 뿐만 아니라, 계급, 인종, 성별 등 사회불평등 문제의 해소와는 거리가 있다고 하였다.

또한 Tyler의 모형은 그의 논리를 따르는 후배 학자들에 의해서도 비판을 받았다. Tyler는 교육목표를 설정할 때 반드시 거쳐야 할 이론적 토대로 교육철학을 강조하였지만, Tanner와 Tanner(2006)는 교육과정의 계획에서 교육철학의 기능이 더욱 확충되어야 한다고 보았다. 그들은 교육철학을 교육과정 구성의 네 가지 요소인 교육목표 설정, 학습경험 선정, 학습경험 조직, 교육평가의 개별적 의미를 밝혀 줄 뿐만 아니라 그들의 상호관계적 속성이 어떠하며, 어떠해야 하는가를 보여 주는 기준으로 보았다. Tanner와 Tanner가 제시한 교육철학과 교육과정의 네 가지 구성요소 간의 상호관계는 [그림 2-5]와 같다.

그림에서 보는 것처럼, 교육철학은 교육목표를 결정할 때뿐만 아니라, 교과(학습경험), 교육방법 및 조직(학습경험의 조직), 교육평가의 장면을 계획할 때에도 이론적 바탕으로서의 역할을 하게 된다. 개발자들이 교육과정 계획의 전 과정에서 교육철학적 활동을 하게 된다는 것은 교육과정의 계획이 목표 설정에서 학습경험의 선정과 조직 그리고 교육평가로 앞으로만 나아가는 것이 아니라, 각 단계에서 교육철학의 검증을 거쳐야 한다는 점에서, 순차적 모형의 한계를 극복하는 이점이 있다.

Tyler는 이와 같은 안팎의 비판에 대하여 적극적으로 자신을 방어한 적이 없었다. 그는 교육과정과 수업 그리고 교육평가와 관련된 자신의 모든 활동이 미국의 학교 교육 개선에 도움이 되기를 바랐고 그렇게 되었을 것으로 믿었다. 그는 학문적인 논쟁보다는 미국 교육의 개선을 중요하게 생각하는 실용적인 입장을 철저히 견지하였다.

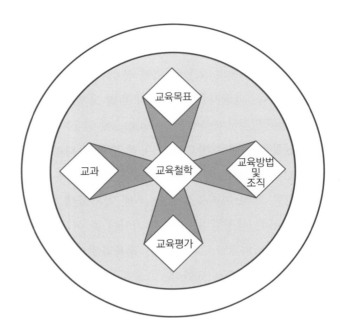

[그림 2-5] 교육철학과 교육과정 구성요소 간의 관계

2) 숙의 모형

숙의는 영어의 'deliberation'을 번역한 말이다. 'deliberation'을 우리말로 풀이하면 '주의 깊게 생각함' '주의 깊게 생각하여 결정함' 등의 의미를 지니는데, 하나의 단어로 요약하면 숙고(熟考)나 숙의(熟議)라는 한자어에 해당한다.

숙고와 숙의에서 숙(熟)은 '익다' 또는 '삶아서 익히다'라는 뜻을 지니고 있으며, 고(考)는 '살펴보다' 또는 '곰곰이 생각하다'는 의미가 있고, 의(議)는 '의논하다' 또는 '상의하다'는 뜻을 가진다. 따라서 숙고는 '푹 익힐 정도로 곰곰이 생각하다.'는 의미를 지니며, 숙의는 '푹 익을 정도로 의논하다.'는 뜻을 지닌다. 국내 학자들 중에는 'deliberation'을 숙고로 풀이하기도 하지만, 교육과정 분야에서 이루어지는 deliberation이 대개 집단 차원에서 이루어진다는 점에서 여기서는 숙의라는 말을 선택하였다.

교육과정 분야에서 숙의는 실제적 문제를 해결하기 위한 과정으로서, 집단적으로 문제를 이해하고, 문제에 대한 알맞은 대안적 해결책을 창출하여 비교 검토하고, 그러한 대안의 결과를 고려하여 가장 최고의 행동 방향을 선택하거나 밝혀 가는 과정을 의미한다. 교육과정 분야에서 숙의의 중요성을 일깨운 사람은 Schwab이다.

Schwab은 과학 철학과 과학 교육 그리고 교육과정 분야에 큰 업적을 남긴 미국인이다. 그는 1908년에 태어나서, 시카고 대학에서 공부를 마치고, 40년 가까이 모교에서 학생들을 가르친 후, 1988년 80세의 나이로 사망했다. 그는 1969년부터 1983년까지 '실제적인 것(the practical)'으로 이름을 붙인 네 편의 논문을 출간했는데, 교육과정의 개발과 연구 분야에 큰 영향을 주었다. 그는 교육과정 연구 분야가 이론적 탐구에 치우쳐서 교육현장의 실제와 괴리가 있음을 지적하고, 교육과정을 실제의 문제로 인식할 것과 그 방법론으로 숙의를 제안하였다(김대현, 2006).

Schwab(1969)은 **이론적 탐구와 실제적 탐구**를 문제의 성격, 탐구의 대상, 문제해결 방법, 문제해결의 결과물에 의하여 구별하였다. Reid(1999)는 Schwab의 논문 속에 소개되어 있는 이론적 탐구와 실제적 탐구를 다음과 같이 깔끔하게 정리하였다.

첫째, 이론적 탐구는 이해라는 마음 상태(state of mind)와 관련되며, 우리가 이해하지 못하지만, 이해하기를 원하는 문제를 취급하는 반면에, 실제적 탐구는 개선이 필요하다고 믿는 실제 사태(state of affairs)의 해결과 관련된 문제를 다룬다.

둘째, 이론적 탐구는 이해와 관련된 문제가 되는 대상의 일반적이고 보편적인 특성을 탐구하는 반면에, 실제적 탐구는 개선이 필요한 문제가 일어나는 특정한 상황 속에서 대상의 개별적 특성을 탐구의 대상으로 삼는다.

셋째, 이론적 탐구는 문제를 해결하기 위하여 일반적인 자료를 찾고 학문적인 원리에 따라 자료를 연역적이거나 귀납적으로 분석하는 반면에, 실제적 탐구는 문제를 해결하기 위하여 따라야 할 일반적인 규칙이나 원리가 없으므로, 개인이나 혹은 집단이 논의를 통하여 판단을 내리는 숙의의 과정을 필요로 한다.

넷째, 이론적 탐구는 탐구의 결과로서 관심의 대상이 되는 문제에 대한 설명을 얻는 반면에, 실제적 탐구는 문제해결을 위한 실제적 행위를 최종 결과로서 얻게 된다.

앞의 설명을 요약하면 〈표 2-1〉과 같다.

〈표 2-1〉 이론적 탐구와 실제적 탐구의 차이점

	이론적 탐구	실제적 탐구
문제의 성격	마음의 상태	실제 문제
탐구의 대상	대상의 일반적/보편적 특성	대상의 상황적/개별적 특성
탐구의 방법	연역적/귀납적 방법	숙의
탐구의 산물	지식과 설명	문제해결 행위의 그 결과

Schwab은 교육과정의 문제가 해결을 필요로 하는 실제적 문제이며 실제적인 탐구 원리와 방법을 적용하는 것이 마땅함에도 불구하고, 이론적 문제를 해결하는 탐구 원리와 방법을 적용하는 잘못을 범해 왔다는 것이다.

그는 교육과정 개발의 과정을 숙의의 과정으로 보았다. 그는 교육과정 개발의 과정이 개발자들이 모여서 문제를 발견하고, 문제해결을 위하여 발견한 것을 모으고, 이를 활용하여 새로운 교육의 목표나 자료를 만들어 가는 과정이며, 이러한 과정은 단계적으로 일어나는 것이 아니라 동시에 일어나며 나선형 방식으로 전개된다고 하였다.

교육과정 개발에서 숙의 과정이 일어난다는 것을 실증적으로 제시한 사람은 Walker(1971)였다. 그는 현재 미국 스탠퍼드 대학교의 명예 교수로 재직하고 있으며, 우리에게는 『교육과정과 목적(Curriculum and Aims)』의 공동 저자로 알려져 있다. 그는 교육과정이 실제로 개발되는 과정을 관찰하여 '**자연주의적 교육과정 개발 모형**(naturalistic model for curriculum development)'을 제시하였다.

이 모형은 출발점(platform), 교육과정 설계(curriculum design), 숙의로 구성된다. 출발점은 교육과정을 개발하는 사람(숙의자)이 지닌 신념과 가치체계를 가리키며, 교육과정 설계는 교육과정 구성요소들의 관계로 구성된다. 숙의는 출발점에서 시작하여 교육과정 설계에 대한 결정에 이르는 과정에서 이루어지는 행위들로 구성되는데, Walker는 Schwab이 제시한 숙의의 개념을 따르고 있다.

이 모형을 보다 구체적으로 살펴보면, 먼저 출발점은 교육과정 개발자들이 지닌 신념과 가치체계로서, 개념, 이론, 목적, 이미지, 절차들로 구성된다. 개념, 이론, 목적은 교육과 인생에 대한 깊은 사고의 산물이고, 이미지와 절차는 개발자들이 분명히 밝히지는 못하지만 그들이 지닌 신념과 가치체계가 반영되어 있다.

교육과정 개발자들은 자신의 출발점에 기초하여 현행 교육과정에 대한 여러 가지 대안을 제시한다. 하지만 대안의 정당성을 입증하기 위해서는 정보의 탐색이 필요하다. 즉, 개발자들은 제안된 대안이 출발점과 일치하거나 정보와 합치될 때 긍지를 느낀다. 하지만 출발점이 정보와 일치하지 않을 때 출발점을 변경하거나 새로운 정보를 찾으며 그 과정에서 대안을 수정하기도 한다. 교육과정 개발 상황이 이전과 동일할 때는 새로운 상황을 출발점 원리에서 정당화시키려고 노력할 필요 없이 단지 전 단계에서 만들어진 요소인 정책을 활용하면 된다.

요약하면, 숙의자는 개별 출발점으로 시작하여 때때로 주요한 쟁점에 대하여 자료를 찾고 이를 활용하면서 교육과정 문제에 대하여 숙의를 한다. 숙의를 통하여 일부 문제에 대하여 합의하고 기존의 정책들과 연계하여 정합성 있는 교육과정을 만들어 간다는 것이다. 이를 도식화하면 [그림 2-6]과 같다.

Walker의 교육과정 개발 모형은 교육과정이 개발되는 동안 실지로 일어나는 일을 정확하게 묘사해 주는 이점이 있다. 그리고 그 과정이 숙의 과정(대화와 갈등의 장)이라는 점을 보여 준다. 올바른 의미에서 숙의는 주어진 교육과정 문제를 가장 설득력 있고 타당한 방법으로 논의하며, 가장 유망한 교육과정 실천 대안을 검토하는 일이다. 그러나 숙의 과정은 종종 특정 집단의 견해를 반영하거나(파당적 숙의), 몇몇 요인만 과도하게 부각되거나(제한적 숙의), 숙의의 대상에

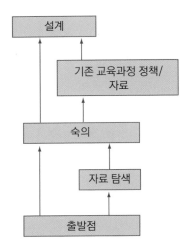

[그림 2-6] Walker의 자연주의적 교육과정 개발 모형

대한 근본적인 재검토 내지 재규정이 불가능하거나(한정적 숙의), 구체적인 실천계획은 사라지고 목적, 이상, 기본 원칙, 철학 등만 늘어놓는 결과를 낳거나(유사적 숙의), 숙의와 결정에 앞서 의사결정자를 위한 거친 수준의 정보와 의견을 다양하게 제공하는 수준(공청회)으로 전락하기도 한다(홍후조, 2002).

이러한 Walker의 교육과정 개발 모형은 교육과정 전문가들이 참여하며 개발을 위한 자금과 시간이 풍부한 비교적 대규모의 교육과정 개발 프로젝트를 참여 관찰하고 평가한 결과를 통하여 형성되었다. 그러므로 국가와 지역 수준의 교육과정 개발에서 찾아볼 수 있는 현상이지만, 전문가, 자금, 인력이 부족한 학교에서는 적용되지 않는다는 지적을 받고 있다(Marsh & Willis, 2006).

그러나 학교수준 교육과정 개발의 과정이 교사들에 의해 이루어지고 시간과 자금이 부족하기는 하지만, 교사들은 교육과정에 대한 자신의 신념과 가치체계에 바탕을 두고 정보를 탐색하고, 기존의 교육과정 정책을 바탕으로 다른 교사들과 협의와 대립 그리고 조정 과정을 거치면서 교육과정을 개발한다고 볼 수 있으므로 Walker가 제시한 과정을 학교에서도 찾아볼 수 있다.

이러한 자연주의적 개발 모형은 다음과 같은 두 가지의 문제점이 있다고 생각한다.

첫째, 이 모형에서 화살표가 한쪽 방향만을 가리키는 것은 오해의 여지를 제공한다. 예를 들어, 사람들이 숙의를 하고 교육과정안을 검토하며 요구한 자료를 살피는 과정에서 자신이 원래 가진 출발점을 고치는 일이 흔히 있다. 따라서 화살표는 상호 순환 내지 점진적 발달을 나타내는 나선형 방향으로 수정되어야 한다.

둘째, 이 모형에서는 숙의의 결과가 교육과정 설계로 묘사되어 있지만, 숙의자의 출발점이 변화하고 숙의 과정에서 교육과정 결정의 성격과 과정을 이해하게 되는 것도 산물이 된다. 즉, 교육과정의 설계가 이 모형의 유일한 산물인 것처럼 묘사되는 것은 잘못이다.

또한 Walker의 모형은 종종 앞서 제시한 Tyler의 모형과 비교되며, 대립 관계에 놓여 있는 것처럼 말해지기도 한다. Tyler는 교육과정 개발에서 교육과정의 설계활동에 관심을 두고 설계를 위한 네 가지 과제와 과제 수행의 원리를 처방한다. 반면에 Walker는 교육과정 개발에서 개발자들이 갖는 신념과 활동 그리고 역동적인 상호작용 행위의 묘사에 관심을 두었기 때문이다.

그러나 개발자들이 어떤 신념을 갖고 상호작용 활동을 하건 간에 그들은 교육과정과 관련된 과제를 수행할 수밖에 없으며, 이는 분명 Tyler가 제시한 교육목표 설정, 학습경험 선정과 조직, 학습성과 평가를 통해 이루어질 것이다. 이런 점에서 Tyler와 Walker의 모형이 각기 교육과정 개발 과정의 처방적 측면과 사실의 기술에 초점을 두었다는 점에서 차이가 있지만 상호 대립적인 관계로 볼 수 없다는 견해도 있다. Walker의 모형이 Tyler의 모형을 벗어나지 못했다고 Posner(1998)가 말한 것은 이와 같은 이유 때문일 것이다.

4. 개발활동의 참여 집단

교육과정 활동에 참여하거나 영향을 미치는 기관과 인사는 교육과정 체제 (중앙집권적 교육과정 체제와 지방분권적 교육과정 체제)와 교육과정 수준(국가 · 지역 · 학교 수준)에 따라 달리 선정되며, 그 역할도 달라진다. 교육과정 체제가 중앙집권인가 지방분권인가 그리고 어느 수준에서의 결정인가에 따라 교육과정 활동에 참여하는 기관과 인사들의 활동에 차이가 있다. 여기서는 교육과정 활동 중에서 주로 개발활동에 참여하는 기관과 인사들의 역할을 살펴보고자 한다.

엄밀한 의미에서 교육과정 개발자는 **교육과정 개발의 시발자**(curriculum initiator)와 **교육과정 개발의 실행자**(curriculum developer)로 구분할 수 있다. 미국의 경우를 예로 들면, 20세기 초기에는 Bobbitt과 Charters와 같은 교육행정가들이 교육과정 개발의 시발자이며 동시에 실행자의 역할을 한 것으로 생각된다. 그러나 20세기 중엽 이후의 교육과정 개발은 교육기관의 내적인 요구보다는 학교 바깥의 정치와 경제적 환경에 의하여 시작되는 경우가 적지 않았다. 특히 미국에서 일어난 1960년대의 학문중심 교육과정 개혁과 1980년대의 기초교육강화 운동은 모두 당시의 정치와 경제적 배경을 업고 시작된 것이다. 이러한 과정에서는 교육과정 개발의 시발과 실행이 분리되며, 실행자는 시발자의 이데올로기를 실행 프로그램으로 전환하는 일을 담당한다.

지방분권적 전통이 강한 미국과 달리, 중앙집권적 교육과정 체제를 가진 국가의 경우에는 국가의 최고 정치권력이 교육과정 개발의 시발자 역할을 하는 경향이 높은 것 같다. 예를 들어, 우리나라에서 제7차 교육과정 개발은 제6차 교육과정의 내적인 문제점이나 운영상의 문제점에서 비롯되었다기보다는 국가권력자의 상황인식이 개정의 주요한 배경이 되었다고 할 수 있다.

"이번 교육과정 개정의 배경 요인은 세계화 · 정보화 · 다양화를 지향하는 교육

체제의 변화와 급속한 사회변동, 과학 · 기술과 학문의 급격한 발전, 경제 · 산업 ·
취업 구조의 변혁, 교육 수요자의 요구와 필요의 변화, 교육 여건 및 환경의 변화
등 교육을 둘러싸고 있는 내 · 외적인 체제 및 환경, 수요의 대폭적인 변화라고 할
수 있다."(교육인적자원부, 2000)

한편, 교육과정 개발을 두고 전문가 집단과 교사 집단 중에 어느 쪽이 더욱 중
요한 역할을 하는가를 둘러싸고 논쟁이 있어 왔다. Pratt(Marsh & Willis, 2006에
서 재인용)은 교육과정 개발에서 전문가의 활동을 강조하고 있다. 그는 교육과
정 개발이 적어도 6개 영역의 전문인으로 구성된 팀에 의하여 수행되어야 한다
고 보았다.

- 첫째, 교과의 특성과 한계를 알고 있는 교과전문가
- 둘째, 교사, 학생, 학습환경, 교수(teaching)에 대한 전문적 지식을 가진 교
  육방법 전문가
- 셋째, 목표와 학습경험을 선정하고 조직할 수 있는 기술을 가진 교육과정
  설계자
- 넷째, 교육과정 활동 및 그 결과를 평가할 수 있는 평가전문가
- 다섯째, 교육과정 활동을 위하여 인적 · 물적 자원을 조직하고 운용할 수
  있는 행정가
- 여섯째, 명석함과 신념을 가지고 문서작성능력을 지닌 문서작성가

반면, 학교중심 교육과정 개발을 주장하는 사람들은 교육과정 개발에서 교사
의 중심적 역할을 강조하고 있으며, 최근의 구성주의 관점을 취하는 사람들 중
일부는 교사와 학생의 주도적 역할을 강조하고 있다.

그러나 이러한 논쟁은 교육과정 개발 수준을 두고 생각하면 대립과 갈등의
문제는 아니라고 본다. 즉, 국가나 시 · 도 수준의 교육과정 개발은 교육전문가
(교육과정, 교육방법, 교육평가 전문가 등)와 교과전문가들이 주된 역할을 하지만,

지역과 학교의 교육과정 개발에서는 교사들이 중심적인 역할을 맡아야 한다는 것이다. 그들은 주로 외부에서 주어진 교육과정을 학교 및 학급 상황에 맞추어 재구성하는 일을 하고, 부분적으로는 학교나 학급 고유의 교육과정을 창안(創案)하는 일을 해야 한다.

여기서는 교육과정 개발의 주요 기관을 살펴보고 관련 집단의 참여방식을 간략하게 제시하고자 한다. 먼저, 교육과정 개발의 주요 기관은 교육과정 개발의 수준에 따라 차이가 있다. 국가수준의 교육과정 개발에는 교육행정기관의 주무 부서(교육부의 교육과정 담당 실과 국), 대통령 및 정부 자문기관으로서의 각종 위원회, 국가지원 교육과정 정책연구기관(한국교육과정평가원, 한국교육개발원 등) 등이 참여하고 있다. 시·도 수준의 교육과정 개발에는 교육청의 교육과정 담당 부서 및 요원과 교육과정위원회 등이 참여하며, 학교수준 교육과정은 학교장, 교육과정부장, 학교 교육과정 편성·운영위원회가 주도하지만, 이상적으로는 모든 교사가 참여한다. 교육과정 개발의 질적 수준은 이러한 기관들 중에서 책임 있는 부서가 관련 부서를 통합하면서 교육과정을 개발할 수 있도록 행정 체계의 일관성, 연속성, 체계성, 책무성 등을 확보하고, 부서 요원들의 의지, 지식, 경험, 노력을 얼마나 이끌어 낼 수 있는가에 따라 달라진다.

교육과정 개발의 참여집단은 다음과 같이 크게 세 가지로 구분할 수 있다. 이러한 구분은 집단의 일반적인 성격을 기반으로 한 것으로, 현실에서는 한 집단이 여러 가지 역할을 맡는다고 할 수 있다. 예를 들면, 학문영역 대표자는 교과 교육과정 개발의 주체가 되기도 하지만, 새로운 교육과정 개발을 촉구하는 시발자의 역할을 할 때도 있다.

- 첫째, 교육과정 개발의 주체 집단으로 교육전문가, 교과전문가, 교사, 학문영역 대표집단, 교육 관료 집단, 학교행정가, 학부모 및 시민, 학생 등을 들 수 있다.
- 둘째, 교육과정 개발의 주된 시발 집단으로 정부와 언론매체를 들 수 있다.
- 셋째, 실제적 교육과정(1장에서 언급한 가르친 교육과정, 학습된 교육과정, 평

가된 교육과정)에 영향을 미치는 관련 집단으로 교사, 학생, 교과서 출판사와 저자, 학교행정가, 시민 등을 들 수 있다.

이들 집단의 참여 수준과 방식을 대략적으로 살펴보면 다음과 같다.

(1) 교육전문가는 교육과정 전문가, 교육방법 전문가, 교육평가 전문가, 문서 작성 기술자 등을 포함한다. 이 중에서 교육과정 전문가는 교육과정 개발에서 가장 중요한 역할을 하는데, 교육과정에 관심을 가지고 연구를 하며, 연구결과를 현장 개선을 위해 활용한다. 이들은 일반적으로 교육과정의 개발, 운영, 평가 등의 활동에서 지도적인 역할을 하며, 대개 교육부와 교육청에서 위촉한 교육과정 편성·운영위원회의 위원으로 활동한다. 그러면서 교육과정 활동에 함께 참여할 인사를 선정하고 조직하며, 그들에게 과업을 분담시키고, 교육과정을 직접 설계한다.

(2) 교과전문가들은 대학과 학교 그리고 한국교육과정평가원(KICE) 등에서 근무하며, 교과교육학회, 연구회, 연구기관을 통해서 활동한다. 그들은 개별 교과의 성격을 규명하며 교과 교육과정을 개발한다. 또한 교과별 교과서 및 지도서의 개발, 교과별 수업의 효과적인 운영방식 그리고 교과의 특성에 맞는 타당한 평가 방식과 도구 개발에 관한 권위 있는 견해를 제시한다.

(3) 교사들이 교육과정에 참여하는 방식은 다양하다. 국가와 지역 수준에서는 총론이나 교과 교육과정의 개발에 참여하거나, 교과서나 교사용 지도서를 연구, 집필, 실험, 수정하며, 교육청의 장학 지침 및 자료 제작에 참여한다. 학교와 교실 수준에서는 교육과정을 재구성하고 운영한다. 즉, 학교와 교실 수준의 교육과정을 개발하고 운영하며 평가하는 데 참여한다. 또한 교사들은 교원단체를 통해서 교육과정 개발에 영향을 미칠 수 있다. 한국교원단체총연합회나 전국교직원노동조합과 같은 단체에서 개정 교육과정의 문제점을 지적하거나 일부 내

용의 실행을 유보하거나 연기시킨 일련의 사례(예를 들면, 2015 개정 교육과정의 경우에 초등학교 교과서의 한자 병기가 교원 단체의 강력한 주장에 의하여 유보되었다)는 교육과정 개발 과정에서 교사들의 영향력이 증대하였음을 나타낸다.

(4) 학문영역 대표집단은 자기가 연구하고 있는 전공 분야의 권위자들이다. 학자들은 전공 학문의 기본 성격을 잘 알고 있으므로, 교육과정을 구성하는 기본 단위인 교과의 구성에 대하여 믿을 만한 견해를 제시한다. 학문영역 대표자는 대학이나 연구소에 근무하면서 교육과정 개발 업무를 주도하거나 도움을 제공한다. 1960년대 미국을 비롯한 선진국을 중심으로 전개되었던 학문중심 교육과정 개혁은 미국의 **생물학교육과정연구회**(BSCS: Biological Sciences Curriculum Study), **물리학연구위원회**(PSSC: The Physical Science Study Committee), **학교수학연구회**(SMSG: The School Mathematics Study Group) 등이 주도하였다.

(5) 교육 관료 집단은 교육부나 교육청 소속의 교육과정 관련 및 장학업무 부서에 근무하고 있는 장학 및 연구진으로 볼 수 있다. 그들은 국가와 지역 수준의 교육과정 지침을 마련하고 학교의 교육과정 운영을 통제하며 그 산물을 평가하는 활동에 참여한다. 이들 기관의 장학 담당자는 교육과정 활동에 참여할 인사를 선발하고 조직하며, 그들이 업무를 성공적으로 수행하는 데 도움을 주는 역할을 맡는다.

(6) 학교행정가, 특히 교장은 학교의 최고 관리자로서 학교에서 운영되는 교육과정을 감독하고 통제하는 책임을 진다. 교장은 학교의 전반적인 사정을 알고 있으며, 교직원의 인사, 시설, 재정에 대한 권한이 있으므로, 교육과정의 재구성, 운영, 평가활동에 큰 영향력을 행사한다. 학교의 최고 행정가인 교장은 교육과정 개발의 리더가 될 수도 있고, 아랫사람에게 맡기는 경우도 있지만 교장의 지원 없이는 교육과정 개발이 이루어질 수 없는 중요한 위치에 있다.

(7) 학부모를 포함한 일반 시민은 지역사회의 여론을 전달하여 지역이나 학교 수준의 교육과정 개발의 방향을 설정하는 데 도움을 준다. 지역 인사와 학부모 대표는 대개 교육과정위원회의 위원으로 위촉되며 교육감이나 학교장이 임명한다. 예를 들면, 다른 시도와 차이는 없지만, 서울특별시교육청 교육과정위원회규칙 1~3조를 보면, 지역사회 인사와 학부모의 참여 상황을 알 수 있다.

(8) 학생은 교육과정의 수혜자이며 때로는 피해자가 되기도 하는 교육과정의 최종 소비자다. 따라서 교육과정 개발은 학습자에 관한 여러 사실적 정보들을 바탕으로 하고, 그들의 학습권을 존중하는 방향으로 이루어져야 한다. 하지만 학습자가 교육과정 개발에 얼마나 또 어느 정도 참여해야 하는가는 학습자의 연령이나 다니는 학교에 따라 차이가 있다. 학생의 참여 범위와 정도를 결정하는 데 가장 중요한 요인은 '성숙'으로, 대개 학년이 높으면 참여할 가능성이 높아진다. 역사를 통해서 볼 때 미국에서는 1960년대 말 대학과 고등학교 학생들이 단순한 청중으로서의 역할을 거부하고 '전쟁' '인종차별' '정치적 억압' 등의 문제를 다루는 사회적 교육과정과 자신을 발견하는 데 도움을 주는 개인적 교육과정을 요구하기도 하였다.

(9) 언론매체는 교육과정 개발에 영향을 미친다. 언론은 사실 보도를 원칙으로 하지만 사회가 급변하고 복잡해짐에 따라 전달할 수 있는 많고 다양한 사실들 중에서 선택과 배제의 논리에 의하여 자신의 이데올로기를 독자들에게 전달하기도 한다. 예를 들어, 미국의 경우에 1960년대 국방의 위기와 1980년대 경제 위기는 자국 언론들에 의하여 그 사실이 과장되었을 가능성도 있다. 위기의 원인을 교육에서 찾거나 그 책임을 교육에 돌려서 교육개혁을 촉구함으로써 언론이 교육과정 개발의 시발자로서의 역할을 수행하였다고 본다.

(10) 정부는 교육과정 개발, 운영, 평가의 전 영역에 걸쳐 큰 영향력을 행사한다. 우리나라와 같이 중앙집권적 교육과정 체제의 성격이 강한 경우에는 정부

가 국가수준 교육과정 개정을 주도할 뿐만 아니라 운영을 통제하고 평가를 통하여 질을 관리한다. 우리나라 교육과정의 역사를 살펴보면, 정권이 교체되면 국가수준의 교육과정이 개정되는 경우가 많았다는 사실을 생각할 때, 정부가 교육과정 전반에 걸쳐 미치는 영향력이 얼마나 큰지를 짐작할 수 있다.

(11) 교과서 출판사는 교과서가 수업에서 차지하는 중심적 위치로 인하여 교육과정의 실제적 운영에 큰 영향력을 발휘한다. 미국의 조사연구에 따르면, 수업 시간의 약 75%와 학교 숙제의 약 90%가 교과서와 연관된다고 한다(McNeil, 2006). 우리나라는 검인정제도를 통하여 국가수준 교육과정의 핵심적인 요소가 교과서에 반영되도록 통제를 가하지만, 교과서 자체가 가진 내용과 형식은 공식적 교육과정 문서에서는 의도하지 않았던 결과를 낳기도 한다. 더구나 검인정을 거친 교과서는 해당 교과서에 딸린 참고서와 함께 팔림으로써 참고서의 내용과 그 속에 들어 있는 평가문항이 학교 수업을 지배하기도 한다. 이러한 점에서 교과서 출판사와 참고서 개발자는 학교 교육과정의 실제에 큰 영향을 미친다고 볼 수 있다.

이와 같이 교육과정 개발에는 여러 집단들이 참여하거나 관여하며, 그들의 영향력은 교육과정 개발 체제와 개발 수준에 따라 차이가 있다고 볼 수 있다.

5. 교육과정 개발 집단의 주요 관점

교육과정 활동은 이에 참여하는 사람들이 인간, 사회, 지식 등에 관하여 가진 생각을 기반으로 이루어진다. 즉, 교육과정 활동에 참여하는 사람들이 인간, 사회, 지식을 어떻게 보는가에 따라 교육과정 활동과 그 산물의 모습은 달라지게 된다. 즉, 교육자들이 인간과 사회를 보는 관점은 교육목적, 교육내용, 교육방법, 교육평가 등에 절대적인 영향을 미친다.

　여기서는 교육과정 활동에 가장 큰 영향을 미친 것으로 생각되어 온 몇 가지 관점들만을 간략하게 살펴보고자 한다. 교육과정 참여집단의 관점은 교육과정에 관해 사고하고 서술하며 활동하는 방식에 영향을 주는데, 역사적으로 이들 관점은 여러 형태의 교육과정을 만들어 왔다. 여기서는 교육과정에 대한 다음 세 가지 관점을 교육목적, 교육내용, 교육방법, 교육평가의 측면에서 살펴본다.

1) 학문적 합리주의자의 관점

　학문적 합리주의는 학문에 바탕을 둔 교과를 통하여 학생들의 지적 능력을 신장하는 데 목적을 둔다. 학문은 인류가 쌓아 온 지식의 저장고로 연구 분야에 따라 조직된 지식체다. 학생들은 학문 속에 들어 있는 내용을 통하여 지식, 기능, 가치 등 지적 능력을 발달시킨다.

　학문적 합리주의자의 관점을 따르는 교육과정은 전형적으로 다양한 학문 속에 들어 있는 지식, 기능, 가치에 관한 내용들로 구성된다. 목적과 내용은 분리되지 않으며 내용을 배우는 것이 바로 목적을 달성하는 것이 된다. 때때로 교육내용은 교과의 구조, 학문의 구조, 지식의 형식 등 다양한 이름으로 불리기도 한다.

　학문적 합리주의자들은 교사중심의 수업방식을 선호한다. 이 입장은 지식과 기능 전달을 위해 강의법과 설명법을 강조한다. 하지만 학문적 전통에서 다루는 수업방법은 학문구조를 발견하기 위한 탐구방법이다.

　학문적 합리주의에서는 지식과 지적 기능을 검사한다. 이 검사를 통하여 학생들의 지적 능력의 변화 정도를 알려고 한다. 그러나 때때로 평가 자체를 목적시하는 폐단을 낳기도 한다.

2) 인본주의자의 관점

　인본주의 관점은 의미 있는 교육과정을 통하여 학생들의 자아 성장과 실현을 돕는 데 목적을 둔다. 의미 있는 교육과정이란 학생들 스스로가 자아를 발견하여 삶의 의미를 깨닫도록 도움을 주는 교육과정을 말한다.

인본주의 관점에 따르는 학교 교육과정은 자아의 성장과 실현에 도움을 주는 내용들로 구성된다. 학문도 내용이 될 수 있으나 그 자체로 가치를 지니는 것이 아니라 목적 달성을 위한 수단으로서 활용되며, 죽음, 불안, 무, 자유, 선택, 전쟁 등이 목적을 달성하는 데 도움을 주는 주제들로 추천된다. 인간을 전체적인 맥락에서 보기 때문에 지·정·의를 분리하지 않으며 교과의 연계나 통합을 강조한다.

인본주의 교육과정의 관점에서 필수적인 것은 학습자 스스로 학습할 수 있게끔 교사가 환경을 마련하고 지원하는 것이다. 자주 이용하는 수업방법은 경험(자기 감각을 통한 경험)에 의한 학습이다. 참만남 집단(encounter groups), 명상 및 소집단 토론과 같은 기법들은 개인의 성장을 촉진하기 위하여 사용된다.

인본주의 교육자는 임의로 설정한 기준에 근거하여 학생의 행동을 정확히 측정하는 것보다 학습자의 개인적 성장을 중시한다. 학습결과보다 과정을 강조하는 질적 평가가 학생 개개인의 발달을 점검하기 위하여 자주 활용된다. 따라서 관찰, 면담, 개인의 일기, 참여, 반성, 일화기록 등의 기법들이 사용된다.

3) 사회적응 · 재건주의자의 관점

사회적응 · 재건주의자들은 학생들의 사회적응, 지역사회 개조, 미래 사회 준비 등의 목적을 가지고 있다. 사회적응을 강조하는 인사들은 사회의 요구를 분석하여 학교 교육의 목적으로 삼는다. 또 다른 인사들은 학교가 지역사회를 개선하는 데 중요한 역할을 담당해야 한다고 본다. 미래학자들은 학교 교육의 목적을 미래를 대비하고 만들어 가는 데서 찾는다.

사회적응 · 재건주의 교육과정을 지지하는 사람들은 사회의 요구, 쟁점, 미래의 열망을 검토하여 내용을 추출한다. 그래서 직업교육, 환경문제, 세계 평화, 제한된 자원의 활용 등을 주요한 학습 주제로 삼는다. 학생들이 문제를 잘 파악하고 유용한 비판적 의견을 제시할 수 있는 과정과 기능을 중요시하여 분석, 추론, 정보처리, 탐구방법 등의 개발에 후한 점수를 부여한다.

사회적응・재건주의자들은 학생들의 문제해결 능력을 강조한다. 이 접근에서 가장 필요로 하는 방법은 집단활동이다. 사회문제에 대한 집단탐구, 사회적 합의를 얻기 위한 토론, 지역사회 참여활동 등이 주된 방법이다.

사회적응・재건주의자들은 시험과 검사와 같은 전통적 평가기법을 이용하지만, 검사의 제작과 실시에 학생들을 참여시키려고 한다. 또한 집단탐구, 토론, 참여활동 등을 통한 문제해결 과정과 능력에 대한 평가도 중요시한다.

교육과정 활동에 참여하는 인사들은 흔히 두 개 또는 그 이상의 관점을 연합하여 그들의 입장으로 삼는다. 예컨대, 어떤 교사가 초등학교 교육과정을 개발하려고 할 때 학문적 관점과 인본주의 관점을 절충하는 관점을 내보일 수 있다. 또 중등학교 수학교사가 학문적 관점에 근거를 두면서도 인본주의 입장을 반영하려고 시도할 수도 있다.

이와 같이 둘 또는 그 이상의 관점을 관련짓는 것은 논리적으로나 실제적으로 가능하지만, 각각의 관점들을 서로 구별하는 것이 좋다. 만일 교육과정 개발자가 교육과정을 개발할 때 여러 가지 관점을 이해하면 그들의 아이디어를 보다 잘 조직할 수 있다. 분명히 교육과정 개발에 참여하는 인사들 중 책임자는 개발 참여자들이 굳게 믿고 있는 상이한 관점으로 말미암아 파생되는 여러 가지 난점을 잘 이해할 필요가 있다. 그리고 개발된 교육과정에 그 교육과정의 개발 배경에 대한 설명을 덧붙여 보급한다면 그 교육과정을 잘 이해하고 성공적으로 받아들일 가능성이 높아진다.

참고문헌

교육과학기술부(2007). 2007 개정 교육과정.

교육과학기술부(2008). 중학교 교육과정 해설 (Ⅰ).

교육과학기술부(2009). 2009 개정 교육과정.

김경자, 김아영, 조석희(1997). 창의적 문제해결능력 신장을 위한 교육과정 개발의 기초-창
　　의적 문제해결의 개념모형 탐색. 교육과정연구, 15(2), 129-153.

김대현(2006). Schwab의 교육과정의 실제성 탐구원리와 그에 대한 비판의 타당성 검토. 중
　　등교육연구, 54(2), 307-330.

김대현, 박경미, 정성아, 김아영(2004). 교사주도 교육과정 개발에서 숙의의 성격. 교육과정
　　연구, 22(4), 83-112.

김아영, 김대현(2006). Schwab의 숙의 이론의 쟁점에 관한 연구. 교육사상연구, 20, 43-60.

박충일(1999). 사회적 구성주의와 교실대화: 아동의 지식구성에 대한 함의. 진주산업대 논문
　　집, 38, 277-294.

신옥순(1998). 구성주의와 교육. 인천교육대학교 교육논총, 15, 207-221.

양미경(2002). 교육과정의 성격에 대한 구성주의 관점의 시사. 교육과정연구, 20(1), 1-26.

이경섭 감역(1987). 최신교육과정. 서울: 교육과학사.

홍후조(2002). 교육과정의 이해와 개발. 서울: 문음사.

Marsh, C. J., & Willis, G. (2006). *Curriculum: Alternative approaches, ongoing issues*
　　(2nd ed.). New Jersey: Merrill an imprint of Prentice Hall.

McCutcheon, G. (1995). *Developing the curriculum-solo and group deliberation*.
　　Longman Publishers USA.

McNeil, J. (1995). *Curriculum: The teacher's initiative*. New Jersey: Prentice-Hall Inc.

Posner, G. F. (1998). Models of Curriculum Planning. In L. E. Beyer, & M. W. Apple,
　　The Curriculum: Problems, politics, and possibilities. Albany: State University of
　　New York.

Reid, W. A. (1988). The institutional context of curriculum deliberation. *Journal of
　　Curriculum and Supervision*, 4(1), 3-16.

Reid, W. A. (1999). *Curriculum as institution and practice: Essays in the deliberative
　　tradition*. Lawrence Erlbaum Associates, Inc.

Schwab, J. J. (1969). The practical: A language for Curriculum. *School Review, 78*, 1-23.

Schwab, J. J. (1971). The practical: Arts of Eclectic. *School Review, 79*, 493-542.

Schwab, J. J. (1973). The Practical: Translation into curriculum. *School Review, 81*, 501-522.

Schwab, J. J. (1983). The practical 4: Something for curriculum professors to do. *Curriculum Inquiry, 13*(3), 239-265.

Smith, M. S., Fuhrman, S. H., & O'Day, J. (1994). National curriculum standards: Are They Desirable & Feasible? in the Governance of curriculum. *Yearbook of the ASCD*, 12-29.

Tanner, D., & Tanner, L. (2006). *Curriculum development: Theory into practice* (4th ed.). New Jersey: Merrill, an imprint of Prentice-Hall.

Tyler, R. W. (1949). *Basic principles of curriculum and instruction*. Chicago: University of Chicago Press.

Tyler, R. W. (1981). Specific approaches to curriculum development. In H. A. Giroux (Eds.), *Curriculum & Instruction*. California: McCutchan Publishing Corporation.

Walker, D. F. (1971). A naturalistic model for curriculum development. *School Review, 80*, 51-65.

Westbury, I., & Wilkof, N. J. (1978). *Science, curriculum and liberal education: Schwab's selected essays*. Chicago: University of Chicago Press.

제3장
교육목적, 핵심역량, 성취기준

　교육과정을 설계함에 있어서 교육목적을 정하는 것보다 중요한 일은 없다. 교육목적은 교육과정 설계에서 이루어지는 여러 활동들(교육내용과 학습경험의 선택과 조직, 교육평가의 방법과 도구의 결정 등)의 방향을 잡아 주고 구체화하는 데 도움을 주기 때문이다. 그러므로 교육과정 분야에서 이루어진 많은 연구가 교육목적을 그 주제로 하고 있는 것은 당연한 일이다. 이 장에서는 교육목적의 개념, 핵심역량, 성취기준 등을 차례로 소개한다.

학습 과제

- 교육의 목적, 일반적 목표, 구체적 목표의 개념과 그들 서로 간의 관계를 알아본다.
- 교육목적의 주요 영역들을 알아본다.
- 교육목적으로서의 핵심역량을 알아본다.
- 성취기준의 의미와 진술에 대하여 알아본다.

1. 교육목적의 개념

교육목적과 관련하여 매우 다양한 용어가 사용되고 있다. 교육과정 문헌들을 살펴보면, 교육목적을 가리키는 말로 교육이념, 교육목적, 교육결과, 교육산물, 교육목표, 교육의 일반적 목표, 교육의 구체적 목표, 단원목표, 수업목표, 행동목표 등 헤아릴 수 없을 만큼 다양한 용어가 사용되고 있으며, 저자에 따라 그것들의 뜻에 약간씩 차이를 두고 있다.

여기서는 교육과정 분야에 종사하는 모든 학자들의 동의를 얻기는 어렵지만, 다수가 승인할 수 있으며 교사와 예비교사들에게 실질적인 도움을 줄 수 있는 방향으로 교육목적의 개념을 규정해 본다. 교육목적은 교육의 목적, 교육의 일반적 목표, 교육의 구체적 목표의 세 가지로 나눌 수 있다. 이는 교육목적을 나타내는 용어들을 적용 범위의 포괄성, 적용 기간의 길이, 수단의 구체화 등에 따라 분류한 것이다. 교육의 목적, 교육의 일반적 목표, 교육의 구체적 목표들의 관계를 그림으로 나타내면 [그림 3-1]과 같다.

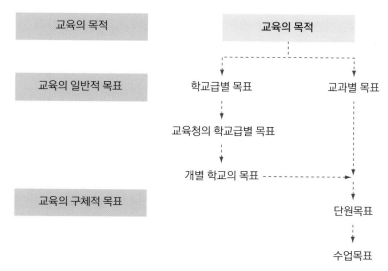

[그림 3-1] **교육의 목적, 일반적 목표, 구체적 목표의 관계**

[그림 3-1]에서 교육의 목적, 교육의 일반적 목표, 교육의 구체적 목표를 점선으로 연결한 데에는 이유가 있다. 점선은 실선과 달리 관련되는 내용들이 논리적이고 경험적인 관계는 있지만, 인과적인 관계는 아니라는 것을 나타낸다.

교육의 목적은 교육의 일반적 목표를 설정하는 데 근거와 기준이 되며, 교육의 일반적 목표는 교육의 구체적 목표를 설정하는 데 근거와 기준의 역할을 한다. 이때 상위 목적이 하위 목표의 근거와 기준이 된다는 것은 상위 목적과 하위 목표 간에 논리적 일관성이 있어야 하고 경험적인 관련성이 높아야 한다는 것을 의미한다.

예를 들어, '비판적 사고력을 개발한다'는 교육목적을 설정하였다면 '관례에 따라 생각하기'와 같이 논리적으로 모순되는 교육목표를 세울 수 없으며, '체력을 향상시킨다'와 같이 경험적으로 무관한 목표도 내세울 수 없다는 것을 말한다.

그러나 교육의 목적, 교육의 일반적 목표, 교육의 구체적 목표의 관계를 인과적인 관계로 생각하는 것은 잘못된 일이다. 가솔린 기관의 본체를 분해하면 실린더 블록, 실린더 헤드, 피스톤, 커넥팅 로드와 크랭크 축, 밸브 구조가 나오듯이, 교육의 목적을 분해하면 교육의 일반적 목표들이 나오고, 교육의 일반적 목표를 분해하면 교육의 구체적 목표들이 나온다고 생각하는 것은 곤란한 일이다. 실린더 블록, 실린더 헤드, 피스톤, 커넥팅 로드와 크랭크 축, 밸브 구조가 모여서 가솔린 기관의 본체를 형성하는 것과는 달리, 교육의 일반적 목표를 모으면 교육의 목적이 되고, 교육의 구체적 목표를 모으면 교육의 일반적 목표가 된다고 생각할 수 없기 때문이다.

예를 들어, '사물이나 사건의 인과관계를 찾아보기' '권위자나 권력자의 견해를 뒤집어 생각해 보기' '독서를 할 때 저자의 생각에 모순점이 없는지를 살펴보기' 등은 '비판적 사고력의 개발'이라는 교육의 목적과 논리적으로 모순되지 않으며 경험적인 관련성이 있으므로 비판적 사고력의 개발 가능성을 높이지만, 이들만으로 비판적 사고력이 개발된다고 단정할 수 없기 때문이다.

이와 같이 교육의 목적과 일반적 목표, 교육의 일반적 목표와 구체적 목표 간에는 논리적인 일관성이 있어야 하며 경험적인 관련성이 높아야 하지만, 그들의 관계가 인과관계가 아니라는 점에서 실선보다는 점선으로 나타내는 것이 적합하다고 본다.

즉, 교육의 목적은 교육의 일반적 목표와 구체적 목표의 설정 기준으로서의 역할을 하며, 교육의 일반적 목표는 구체적 목표 설정의 기준으로서 기능을 할 뿐이다.

1) 교육의 목적

교육의 목적은 일반적으로 교육에 대한 국가나 사회 일반의 요구를 담고 있으며, 장기간의 교육을 통해 개발되는 인간의 다양한 특성들로 진술된다. 우리나라 교육의 목적은 교육법으로 규정하고 있는데, 「교육기본법」 제2조는 우리나라 교육 전반에 걸쳐 추구해야 할 교육의 목적을 제시한 것으로, 유치원, 초등학교, 중학교, 고등학교의 교육과정을 구성하는 기저의 역할을 한다. 또한 각급 학교(유치원, 초등학교, 중학교, 고등학교)의 국가수준 교육과정 문서 서두에 제시된 교육적 인간상도 교육의 목적을 나타낸다.

〈표 3-1〉 「교육기본법」 제2조

교육기본법 제2조(교육이념): 교육은 홍익인간의 이념 아래 모든 국민으로 하여금 인격을 도야하고 자주적 생활 능력과 민주시민으로서의 자질을 갖추게 하여 인간다운 삶을 영위하게 하고 민주 국가의 발전과 인류 공영의 이상을 실현하는 데 이바지하게 함을 목적으로 한다.

〈표 3-2〉 2015 개정 국가수준 교육과정이 추구하는 인간상

추구하는 인간상
2015 개정 교육과정에서는 「교육기본법」 제2조에 근거를 두고 추구하는 인간상을 다음과 같이 제시하고 있다.
가. 전인적 성장을 바탕으로 자아정체성을 확립하고 자신의 진로와 삶을 개척하는 자주적인 사람 나. 기초 능력의 바탕 위에 다양한 발상과 도전으로 새로운 것을 창출하는 창의적인 사람 다. 문화적 소양과 다원적 가치에 대한 이해를 바탕으로 인류 문화를 향유하고 발전시키는 교양 있는 사람 라. 공동체 의식을 가지고 세계와 소통하는 민주 시민으로서 배려와 나눔을 실천하는 더불어 사는 사람

교육의 역사를 통해서 볼 때 교육의 목적은 지적 능력의 개발, 사회의 유지와 개선, 개인의 성장과 행복 등으로 규정되어 왔다. 이들 세 가지 교육목적은 각각 교육의 한 측면에 대한 진실을 포함하고 있으므로, 좋은 교육의 목적은 어느 한 입장을 택하고 다른 것을 버리는 것이 아니라, 이 목적들 모두를 포함하는 것이다.

그러나 교육의 목적은 공개 선언문과 마찬가지로, 구체적인 행동 방침까지 제시하지는 않는다. 앞서 제시한 목적들도 이를 달성하는 데 어떤 내용과 활동이 필요한지를 포괄적으로 나타낼 뿐이다. 예를 들어, 지력의 개발, 민주적 태도의 형성, 자아실현 등의 목적은 교육과정 문서에 어떤 교육내용과 활동을 담아야 하는지를 구체적으로 지시하지는 않는다.

하지만 교육의 목적의 이러한 특성이 교육의 목적이 필요 없다는 쪽으로 비약되어서는 곤란하다. 마치 3·1 독립선언문이 활동의 구체적인 방향은 제시하지 않지만 우리 민족에게 독립의 필요성과 정당성을 일깨워 주고 독립을 위해 분발을 촉구하는 메시지를 전하듯이, 교육의 목적은 국가와 사회가 지닌 교육적 의도를 알려 주고 교육활동의 일반적인 방향을 드러내는 구실을 한다.

2) 교육의 일반적 목표

교육의 일반적 목표는 교육의 목적으로부터 도출되며, 교육의 목적에 비해 덜 포괄적이고, 적용 기간이 짧다. 대개 교육의 일반적 목표에 해당하는 것으로 학교급별, 기관별, 교과별 목표를 들 수 있다.

(1) 학교급별 목표

학교급별 목표는 국가수준에서 결정하는 유치원, 초등학교, 중학교, 고등학교 등의 교육목표를 가리킨다. 학교급별 목표는 학생들의 발달 특성과 사회적 요구가 어우러진 학교의 단계별 특성을 염두에 두고 결정되며 각급 학교의 학생들에게만 적용된다는 점에서 교육의 목적에 비하여 덜 포괄적이고 적용 기간이 짧다. 또한 항상 그런 것은 아니지만 많은 경우 이러한 교육목표를 달성하기 위한 수단을 일반적인 수준에서나마 제시한다는 점에서 교육의 목적과 구별된다.

예컨대, 중학교의 교육목표는 중학교를 졸업하는 학생들이 갖추어야 될 여러 가지 특성과 이들을 개발하는 데 필요한 수단(교과들에 해당하는 것 등)을 규정하고 있다. 〈표 3-3〉과 〈표 3-4〉에는 중학교와 고등학교 교육의 일반적 목표를 제시하였다.

〈표 3-3〉 **중학교 교육의 목표**

중학교 교육은 초등학교 교육의 성과를 바탕으로, 학생의 일상생활과 학습에 필요한 기본 능력을 기르고 바른 인성 및 민주 시민의 자질을 함양하는 데에 중점을 둔다.

1) 심신의 조화로운 발달을 바탕으로 자아존중감을 기르고, 다양한 지식과 경험을 통해 적극적으로 삶의 방향과 진로를 탐색한다.
2) 학습과 생활에 필요한 기본 능력 및 문제해결력을 바탕으로, 도전정신과 창의적 사고력을 기른다.
3) 자신을 둘러싼 세계에서 경험한 내용을 토대로 우리나라와 세계의 다양한 문화를 이해하고 공감하는 태도를 기른다.
4) 공동체 의식을 바탕으로 타인을 존중하고 서로 소통하는 민주 시민의 자질과 태도를 기른다.

〈표 3-4〉 **고등학교 교육의 목표**

고등학교 교육은 중학교 교육의 성과를 바탕으로, 학생의 적성과 소질에 맞게 진로를 개척하며 세계와 소통하는 민주 시민으로서의 자질을 함양하는 데에 중점을 둔다.

1) 성숙한 자아의식과 바른 품성을 갖추고, 자신의 진로에 맞는 지식과 기능을 익히며 평생학습의 기본 능력을 기른다.
2) 다양한 분야의 지식과 경험을 융합하여 창의적으로 문제를 해결하고, 새로운 상황에 능동적으로 대처하는 능력을 기른다.
3) 인문·사회·과학기술 소양과 다양한 문화에 대한 이해를 바탕으로 새로운 문화 창출에 기여할 수 있는 자질과 태도를 기른다.
4) 국가 공동체에 대한 책임감을 바탕으로 배려와 나눔을 실천하며 세계와 소통하는 민주 시민으로서의 자질과 태도를 기른다.

(2) 기관별 교육목표

기관별 교육목표는 현재 각 교육청이나 개별 학교에서 설정하는 교육목표들을 가리킨다. 교육청과 개별 학교는 자체의 교육목표를 설정하고 있는데, 이들 기관은 교육의 목적이나 상기한 학교급별 교육목표를 토대로 하고 해당 지역이나 학교의 특수한 여건과 요구에 대한 분석 결과를 참고하여 교육목표를 결정한다.

예를 들어, ○○광역시 중학교 학생들의 영어 회화 능력이 타 시·도에 비하여 뒤떨어진다는 객관적인 조사 결과가 있다면, ○○광역시 교육청은 영어 회화 능력의 신장을 주요한 교육의 목표로 정할 수 있다. 마찬가지로 ○○지역 변두리에 있는 어느 초등학교가 한국교육과정평가원이 전국적으로 실시한 수학 학력고사에서 평균 이하의 점수를 얻었다면, 이 학교의 교육목표에는 수학 교과의 성취도를 향상시키고자 하는 항목이 포함될 수 있다.

이와 같이 기관별 교육목표는 기관이 처한 특수한 사정에 따라 특정한 교육목적을 구체화하거나 학교급별 목표 중 일부를 선택함으로써 만들어지는데, 적용 범위와 적용 기간의 한정 그리고 목표를 달성하기 위한 수단의 암시 등이 상기한 교육의 목적이나 학교급별 교육목표와 구별된다.

기관별 교육목표는 기관 나름의 교육에 대한 비전과 중점 과업, 교육에 대한 철학적 진술, 교육의 목적 및 목표 등으로 다양하게 표현된다.

교육에 대한 비전은 흔히 기관의 정책 방향으로 표현된다. 예를 들어, 부산광역시 교육청에서는 안전한 교육환경과 청렴한 교육행정의 바탕 위에서 꿈을 키우는 신나는 교육, 감성을 가꾸는 건강한 교육, 함께 만드는 행복한 교육의 정책 방향을 설정하고 있다.

기관의 중점 과업은 기관이 정한 비전이나 목표를 달성하기 위하여 해야 할 주요한 과업들로 구성된다. 부산광역시 교육청의 경우 상기한 세 가지의 정책 방향에 대응하여 각기 세 가지의 중점 과업을 제시하고 있다([그림 3-3]).

교육에 대한 철학적 진술은 학교 설립의 이념 등에 종종 제시된다. 경기도에 있는 이우학교의 설립 이념은 〈표 3-5〉와 같다.

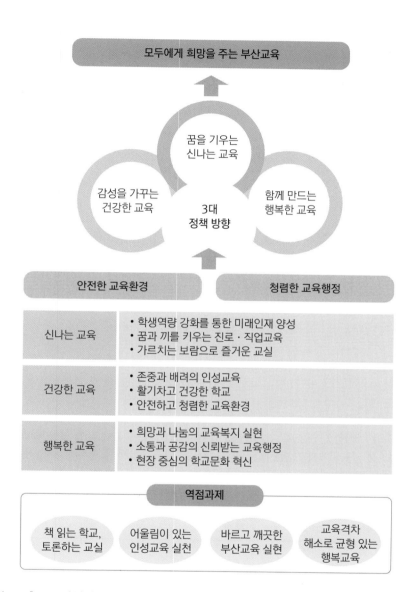

[그림 3-2] ○○광역시 교육청의 기본 목표 실현을 위한 9개의 기본 과제(부산광역시 교육청 홈페이지)

〈표 3-5〉 이우학교의 설립 기념(21세기의 더불어 사는 삶을 실천하는 인간)

당면한 인류 문명의 위기는 인간과 인간 그리고 인간과 자연이 공존할 수 없다는 점에 있습니다. 따라서 상생(相生)의 정신과 그 생활 양식을 '21세기의 현실' 속에 부단히 접목시키고 확산시켜야 합니다. 이를 위해서는 상생의 지혜와 창조적 지성, 전문 지식과 기술을 겸비한 인재들이 이 사회에 다수 배출되어야 합니다. 以友학교에서는 청소년들이 '21세기의 더불어 사는 삶'을 준비하는 대들보로 자랄 수 있도록 돕고자 합니다. 以友학교에서 길러 내고자 하는 이상적 인간상은 다음과 같습니다.

• 첫째, 더불어 사는 사람
  성, 계급, 인종, 종교, 장애 여부를 떠나 인간을 존중하고, 생명과 환경을 소중히 여기며, 21세기의 현실 속에서 나와 다른 '남'과 더불어 살아갈 수 있는 상생(相生)의 지혜를 터득한 사람
• 둘째, 자주적이고 자율적인 사람
  자신과 세계에 대해 반성적으로 사유할 수 있으며, 그에 기초하여 자신의 삶을 주체적으로 꾸려 나가는 사람
• 셋째, 창조적 지성인
  틀에 박힌 생각, 기성의 지식에서 벗어나 새로운 아이디어와 지식을 창조해 낼 수 있는 사람
• 넷째, 머리, 가슴, 손발이 조화롭게 발달된 사람
  창조적 지성, 따뜻한 마음, 잘 발달된 오감과 섬세한 손, 굳센 의지, 튼튼한 몸을 조화롭게 갖춘 전인적(全人的) 인격체

청소년들을 이러한 인간상으로 키워 나가기 위해서는 기존의 틀에 박힌 교육 방식을 뛰어넘어 새로운 교육철학과 방법론으로 접근해야 합니다. 교실 안에 갇힌 교육이 아니라 지역사회에서 '21세기의 더불어 사는 삶'의 구체적 전형들을 실현하는 '산 교육'이어야 합니다. 저희는 그 일환으로 졸업생 및 학부모들, 지역의 시민·사회 단체와 힘을 합쳐 신협, 생협, 마을 도서관, 생태적 주거단지, 지역 언론, 인터넷을 이용한 커뮤니티, 생산협동조합 운동을 전개하는 등 지역사회에서 더불어 사는 삶을 확산시키기 위해 노력하겠습니다.

우리나라 일선 학교의 교육계획서나 경영계획서, 학교 교육과정 문서를 살펴보면 본교 교육목적이나 본교 교육목표가 반드시 제시되어 있다. 개별 학교의 교육목적을 본교 교육의 목적이나 본교 교육의 목표 중 어느 것으로 표현해도 무방하며, 본교 교육의 목적을 제시한 다음 이를 교육의 목표로 구체화하여 제시하는 방식도 잘못된 것은 아니다.

다만, 이 책에서는 학교와 같은 기관의 교육목적을 적용 범위의 포괄성, 적용 기간의 길이, 수단의 구체화 등에서 국가 전체의 교육목적과 구별하기 위해 교육의 목표라는 말을 계속해서 사용하고자 한다.

그런데 학교에서 교육의 목표를 제시할 때, 기관의 비전이나 중점 과업, 학교의 교육철학, 학교의 교육목표를 직접적으로 제시하는 방식은 각기 다음과 같은 장점과 단점을 지닌다.

먼저, 학교의 교육목표에 대해 비전과 중점 과업을 중심으로 제시하는 것은 학교를 둘러싸고 있는 사회 변화에 순발력 있게 대처할 수 있을 뿐만 아니라 장기적인 전망 속에서 학교 안팎의 인력과 물자와 예산을 체계적으로 조직하고 활용할 수 있는 장점이 있다. 반면에 교육활동을 통하여 달성해야 할 교육목표보다는 사회의 요구나 압력에 적극적으로 대응하기 위하여 교육과 무관하거나 또는 상반되는 목표를 설정하고 이를 달성하는 데 관계되는 환경 조성에 무게 중심을 둘 가능성이 있다. 왜냐하면 비전과 중점 과업은 원래 영리를 목적으로 하는 기업체가 고객이나 시장의 요구를 충족시키기 위하여 과업과 서비스의 내용과 질을 설정하고 이를 달성할 수 있는 방법을 모색하는 과정에서 설정하기 때문이다(Peeke, 1994). 학교 교육은 기업체의 영업 활동과 다르기 때문에, 학교 교육의 일반적 목표를 비전과 중점 과업의 방식으로 설정할 때는 그 내용이 얼마나 교육적인가 하는 점에 유의할 필요가 있다.

학교의 교육목표를 학교의 교육철학으로 진술하는 것은 이론적 토대 위에서 학교 교육의 기본 방향을 제시한다는 장점이 있다. 교육철학은 교육적으로 가치 있는 교육목적을 제시하며, 교육목표와 학습활동을 명확히 해 주고, 교직원의 역할을 규명해 주며, 학습지도에 관한 전략과 전술을 정하는 데 안내 역할을 한다(Wiles & Bondi, 2010). 반면에 Glatthorn(1994)의 지적처럼 학교 교육의 기대 성과를 분명히 할 수 없기 때문에 비전과 중점 과업의 제시 방식보다 효율성이 떨어질 가능성이 있다.

학교의 교육목표를 본교의 교육목적과 교육목표로 나타내는 것은 교육을 통하여 성취해야 할 것을 명백히 표현한다는 점에서 장점이 있지만, 이를 달성하기 위해서 계획을 치밀하게 세우고 효율적으로 실행하지 않는다면 성과를 기대하기 어려우며, 사회의 급속한 변화에 능동적으로 대처하기 어려운 한계점이 있다.

따라서 비전과 중점 과업을 중심으로 기관의 교육목표를 제시하되 교육을 통하여 달성해야 할 교육적 가치가 있는 목표인가를 검토한 다음, 설정하는 것이 바람직할 것이다.

(3) 교과별 교육목표

교과별 교육목표는 교과의 성격에 바탕을 두고 설정된다. 각급 학교와 각개 교육청과 개별 학교의 교육목표는 대개의 경우 교과의 목표들을 달성함으로써 실현된다. 국가수준 교육과정 문서에는 교과별 교육목표가 일반적인 수준으로 제시되어 있으며, 각개 교육청과 개별 학교의 교육과정 문서에는 각 기관의 특수성을 감안한 교과별 교육목표가 제시된다.

교과별 교육목표는 특정 영역에 한정된 목표라는 점과 이를 달성하기 위한 수단을 비교적 구체적으로 제시한다는 점에서 상기한 교육의 목적이나 교육목표들과 구별된다. 교과별 교육목표는 학년별로 나누어 제시할 수도 있지만, 학생들의 능력차를 고려하여 학년목표를 설정하지 않을 수도 있다. 〈표 3-6〉과 〈표 3-7〉은 교과별 교육목표의 사례로서 국어 교과와 수학 교과의 목표를 보여 준다.

〈표 3-6〉 2015 개정 국어과 교육과정의 목표

국어로 이루어지는 이해 · 표현 활동 및 문법과 문학의 본질을 이해하고, 의사소통이 이루어지는 맥락의 다양한 요소를 고려하여 품위 있고 개성 있는 국어를 사용하며, 국어문화를 향유하면서 국어의 발전과 국어문화 창조에 이바지하는 능력과 태도를 기른다. 가. 다양한 유형의 담화, 글, 작품을 정확하고 비판적으로 이해하고, 효과적이고 창의적으로 표현하며 소통하는 데 필요한 기능을 익힌다. 나. 듣기 · 말하기 · 읽기 · 쓰기 활동 및 문법 탐구와 문학 향유에 도움이 되는 기본 지식을 갖춘다. 다. 국어의 가치와 국어 능력의 중요성을 인식하고 주체적으로 국어생활을 하는 태도를 기른다.

〈표 3-7〉 2015 개정 수학과 교육과정의 목표

수학의 개념, 원리, 법칙을 이해하고 기능을 습득하며 수학적으로 추론하고 의사소통하는 능력을 길러, 생활 주변과 사회 및 자연 현상을 수학적으로 이해하고 문제를 합리적이고 창의적으로 해결하며, 수학 학습자로서 바람직한 태도와 실천 능력을 기른다.

가. 사회 및 자연 현상을 수학적으로 관찰, 분석, 조직, 표현하는 경험을 통하여 문자와 식, 기하, 수와 연산, 함수, 확률과 통계에 관련된 개념, 원리, 법칙과 이들 사이의 관계를 이해하고 수학의 기능을 습득한다.

나. 수학적으로 추론하고 의사소통하며, 창의·융합적 사고와 정보처리 능력을 바탕으로 사회 및 자연 현상을 수학적으로 이해하고 문제를 합리적이고 창의적으로 해결한다.

다. 수학에 대한 흥미와 자신감을 갖고 수학의 역할과 가치를 이해하며 수학 학습자로서 바람직한 태도와 실천 능력을 기른다.

3) 교육의 구체적 목표

교육의 구체적 목표는 비교적 단기간의 수업을 통하여 학생들이 성취해야 하는 것들을 상세하게 진술한 것으로서 이를 달성하기 위한 수단들(학습내용과 활동 등)을 구체적으로 제시하고 있다. 교육의 구체적 목표는 교과의 학년별 내용을 분석하여 찾아내며, 여러 날이나 여러 주에 걸치는 **단원목표**나 단시 또는 하루의 **수업목표**로 구분할 수 있다.

단원목표는 교과의 내용을 분석하여 설정되며, 수업목표를 설정하는 기반이 되고, 수업목표에 의하여 실현된다. 교육과정 문서와 교사용 지도서에는 단원별로 이와 같은 단원목표들을 제시하고 있다. 수업목표는 단시 수업이나 하루의 교수활동을 위한 목표이다. 국가교육과정 내의 교과별 성취기준은 그 자체로 단시 수업목표가 되기도 하며 수 차시에 걸쳐 달성해야 할 단원목표가 되기도 한다.

〈표 3-8〉 2015 개정 교육과정 중학교 사회과의 단원목표

[9사(일사)06-01] 인권 보장의 중요성을 이해하고, 우리나라 헌법에서 보장하고 있는 기본권의 종류, 기본권 제한의 내용과 한계를 탐구한다. [9사(일사)06-02] 일상생활에서 인권이 침해되는 사례를 분석하고, 국가기관에 의한 구제 방법을 조사한다. [9사(일사)06-03] 헌법에 보장된 근로자의 권리를 이해하고, 노동권 침해 사례와 구제 방법을 조사한다.

교사들 중에는 수업목표를 달성하면 단원목표가 달성되고, 단원목표가 달성되면 학년목표가 달성되며, 학년목표가 달성되면 교과목표가 달성된다고 생각하는 분도 있다. 그러나 목적, 일반적 목표, 구체적 목표의 관계를 설명하는 자리에서 밝혔듯이 부분을 모은다고 해서 전체가 되는 것은 아니다. 목적이나 목표는 수업이나 학습의 방향을 제시하고 안내하며 규제하는 기준으로서의 역할을 한다. 따라서 교사는 수업 시간에 차시 목표와 함께 단원목표, 교과목표 및 교육목적을 의식하면서 수업을 진행하는 것이 바람직하다. 예를 들어, 도덕과 수업에서 교사는 차시별 목표와 함께 중학교 도덕과 목표를 의식하면서 수업을 진행할 필요가 있다.

대부분의 교사들은 교육의 목적이나 교육의 일반적 목표 설정과는 관계가 없다. 제6차 교육과정 개정 이후에 학교별 교육목표 설정이 강조되고 있지만, 일부 학교를 제외하면 학교의 교육목표 설정에 교사들이 적극적으로 참여하고 있는 사례는 많지 않으며, 국가나 지역 교육청 수준에서 이루어지는 교육목적이나 교육목표의 설정에 참여하는 교사의 수도 크게 늘어나지 않을 것으로 예상된다. 따라서 교사와 가장 가까운 것은 교육의 구체적 목표라고 할 수 있다.

2. 교육목적의 주요 영역

교육의 목적과 교육의 일반적 목표는 어떠한 내용을 담고 있어야 하는가? 교

육철학의 관점에 비추어 볼 때, 교육의 목적과 교육의 일반적 목표는 변하는 것이 아니라는 주장도 있고, 시대와 사회의 요구에 따라 달라지는 것이 당연하다고 여기는 입장도 있다. 우리나라 조선시대 교육의 목적은 선비 정신을 기르는 것이었으며, 근세 영국 교육의 목적이 신사를 기르는 데 있었다면, 교육의 목적이나 목표는 그 근본정신에는 변하지 않는 것이 있을지 몰라도 시대와 사회의 요구를 도외시하고 설정하기는 어렵다고 본다.

1918년 미국의 중등교육재건위원회가 제시한 '중등교육의 기본 원리'는 학교 교육의 목적이나 목표의 영역 설정에 큰 영향을 미쳐 왔다. 위원회는 건강, 읽기, 쓰기, 산수, 말하기 등의 기초 능력, 가족 구성원으로서의 역할, 직업 교육, 민주시민 교육, 여가의 가치 있는 활용 능력, 도덕성 등을 제시하였는데, 이후 학교 교육의 목적이나 목표 설정의 기반이 되었다.

교육목적과 목표의 영역을 찾을 때 '교육목표 분류학'이 도움이 된다. 교육의 일반적 목표가 학교급별 목표, 기관별 목표, 교과별 목표로 나뉜다는 것은 앞에서 여러 차례 이야기한 바 있다. 교육목표 분류학은 이들 모두의 목표 설정에 적용될 수 있다. 예를 들어, 전국의 모든 초등학교에 적용되는 교육목표를 설정할 때, 인지적 · 정의적 · 신체적 영역의 목표가 모두 포함되었는지 그리고 각 영역별 하위 목표들의 배치가 학생들의 발달과 학습 수준에 맞는지 등을 따져 보는 것은 가치 있는 일이다. 또한 개별 학교가 자체 교육목표를 수립할 때도 교육목표 분류학을 이용하면 도움이 될 수 있다. 관련성은 다소 적지만, 교과목표를 설정할 때도 교육목표 분류학이 이용되기도 한다.

전통적인 교육목표 분류학에서는 교육목표를 크게 인지적 · 정의적 · 신체적 영역으로 나눈다.

인지적 학습에서는 합리적 · 지적 사고작용이 일어난다. 역사, 화학, 영어 등과 같은 전통적인 학문 내용을 학습하는 것은 인지적 학습에 속한다. Bloom (1956)은 인지적 학습을 가장 단순한 것에서 가장 복잡한 수준까지 여섯 가지 수준으로 나누었다(Armstrong, 1989: 82-84).

- 지식: 지식 수준의 학습은 독립된 정보를 회상할 것을 요구한다. '할로겐족의 구성 원소는 무엇인가?' '이 이야기의 주인공은 누구인가?' 이는 지식 수준의 질문이다.

- 이해: 이해 수준에서는 학습자가 정보들 간의 관계를 알 것을 요구한다. '선거에서 젊은 유권자, 중년층 유권자, 노인 유권자가 어떻게 투표했는지를 말해 주는 도표로 알 수 있는 것은 무엇인가?' '이 이야기 다음에 이어져야 하는 것은 어떤 내용일까?' 이는 이해 수준의 질문이다.

- 적용: 적용 수준에서는 학습자가 하나의 상황에서 학습한 정보를 다른 상황에 적용할 수 있다. '백만 이상의 인구를 가진 도시를 지도 기호를 사용해서 표시하라.' '두운을 사용한 7행시 한 편을 써라.' 이는 적용 수준의 질문이다.

- 분석: 분석 수준에서 학습자는 대규모 현상을 부분으로 나누어 검토하고 추론함으로써 그 현상을 이해할 수 있어야 한다. '정량·정성 분석기법을 이용하여 이 화학약품을 알아맞혀라.' '이 이야기에서 주인공이 다양한 상황에서 어떻게 행동하는지를 살펴본 뒤에 그의 성격을 기술하라.' 이는 분석 수준의 질문이다.

- 종합: 종합 수준에서는 학습자가 내용의 각 요소들을 모아서 새로운 전체를 만들어 내야 한다. '한반도 방위 계획을 마련하라.' '창의적인 단편 소설을 써라.' 이는 종합 수준의 사고를 요구하는 질문이다.

- 평가: 이 수준에서는 학습자가 규준에 비추어서 판단해야 한다. 학습자는 규준을 명확히 해야 하고 자신들의 결론을 지지하는 증거를 인용해야 한다. '논리적 오류라는 기준으로 다음을 비판하라.' '고전 소설의 정형성을 기준으로『춘향전』과『허생전』을 평가하라.' 이는 평가 수준의 사고가 필요한 질문이다.

정의적 학습은 태도나 가치에 관련된 것에 중점을 둔다. 태도와 가치 척도에 관한 여러 접근이 있지만, Armstrong과 Savage는 Krathwohl, Bloom 그리고 Masia(1964)와 Raths, Harmin 그리고 Simon(1978)의 분류를 참고로 하여 정의적 학습경험의 척도를 개발하였다. 이 척도는 네 가지 수준으로 분류된다 (Armstrong, 1989: 88-91).

- 수용: 수용은 열린 마음으로 새로운 내용을 학습하려는 학습자의 자발성을 말한다. 이는 내용에 대한 학습자의 선입견과 적대감에서 생기는 벽을 없애려는 것이다. 학습자가 새로운 내용을 편견 없이 기꺼운 마음으로 대한다. 이는 수용 수준에서 기대되는 행동의 예다.
- 접근: 수용이 내용을 기꺼이 받아들이려는 마음인 반면, 접근은 내용에 대한 판단을 유보하고 그 장점에 비중을 두려는 학습자의 자발성을 의미한다. 학습자는 개별 주제들의 장점을 생각하고, 내용에 대한 편견을 갖지 않으며 증거에 기초해서 판단하려고 한다. 이는 접근 수준에서 기대되는 행동의 예다.
- 결정: 결정 수준에서는 학습자가 판단을 유보해 두고, 개별 주제들의 장점을 고려한 뒤에 개인적 의사결정을 할 것을 기대한다. 학습자가 편견 없이 대안을 고려한 후에 최선의 판단에 기초한 선택을 할 것이다. 이는 결정 수준에서 기대되는 행동의 예다.
- 공유: 공유는 학습자가 내린 개인적 결정을 다른 사람과 공유하려는 의향을 가리킨다. 학습자는 자신과 마찬가지로 다른 사람들이 과학 소설을 읽는 것에 흥미를 갖도록 행동할 것이다. 이는 공유 수준 행동의 예다.

신체적 학습은 신체 근육의 사용과 관련된 학습이다. 모든 학습은 신체적 학습을 어느 정도 포함하고 있다. 예를 들어, 독서처럼 인지적 기능이 중요한 학습활동에도 크고 작은 근육이 사용된다. 책장을 넘겨야 하고, 눈으로는 책을 보아야 한다. 실제로 모든 학습은 세 가지 학습 형태—인지적 · 신체적 · 정의적 학습—가 모두 포함된다.

신체적 학습을 분류한 사람은 많다. 이들의 분류는 모두 장점과 약점을 가지고 있다. Armstrong과 Savage는 Simpson(1966), Jewett과 Mullan(1977)을 참고로 하여 신체적 학습을 4단계로 나누었다(Armstrong, 1989: 84-88).

- 지각: 지각 수준에서 학습자는 신체적 과제가 어떻게 수행되어야 하는지를 바르게 기술해야 한다. 이 수준은 인지적 학습의 지식 수준과 비슷하다. '볼링공을 던질 때 발의 위치가 어떠해야 하는지를 기술하라.' '회전판을 돌리기 전에 회전판 위에 진흙을 놓는 방법을 말하라.' 등은 지각 수준의 과제다.
- 개별적 구성요소: 복잡한 신체적 활동을 한꺼번에 학습자에게 요구한다면 학습자는 좌절을 겪을 것이다. 개별적 구성요소 수준에서는 학습자에게 복잡한 활동을 개별활동으로 나누어 한 번에 한 가지씩 해 보도록 하여 점진적으로 전체 활동을 학습하게 한다. '스윙을 시작할 때 방망이가 어디 있어야 하는지를 보여 봐. 좋아. 그럼 발의 위치를 잡아 봐라. 다음은 스윙을 한 다음 방망이가 어디 있어야 할까? 훌륭해.' 이것은 개별 구성요소 수준의 전형적인 예다.
- 통합: 신체적 기능을 학습하는 사람들은 각 부분을 학습하는 것에서 멈추지 않고 전체 활동을 통합한다. 활동이 매끄럽게 연속적으로 수행될 때 분리된 부분은 없어진다. '가능한 한 원반을 멀리 던져 봐. 던지는 매 단계마다 발 위치를 주의해. 내가 지켜볼게.' 이는 통합 수준의 과제다.
- 자유 연습: 자유 연습 수준에서는 교사의 지시나 감독 없이 학습자 혼자서 활동한다. 학습자에게 그 과정이 내면화되어 있다고 가정하고 지시는 거의 하지 않는다. 이 수준의 학습은 학습자 스스로 신체적 기능을 익히며 자신의 취향에 맞추어 행동을 수정한다. '오목 · 볼록 쐐기못을 사용하여 4단 서랍장을 만들어라.' 이는 자유 연습 수준의 과제다.

이와 같이 교육목표 분류학은 교육목표를 체계적으로 설정하고자 할 때 유용한 도구로 사용될 수 있다. 그러나 문제점이 없는 것은 아니다. 먼저, 인지, 정서, 신체는 서로 밀접히 연관되어 있기 때문에 교육목표를 이와 같이 세 가지로 분류하는 것은 상당히 인위적인 것이다. 또한 각 영역 내의 하위 목표들의 위계가 그다지 명확하지 않다.

따라서 교육목표 분류학은 교육목표를 설정할 때 세목까지 지켜야 할 지침이 아니라, 교육을 통하여 달성해야 할 영역들이 다양하기 때문에 어느 한 가지만 강조하고 다른 것들을 무시하거나 경시해서는 안 된다는 것을 알려 준다. 또한 각 영역 속의 목표도 여러 수준이 있기 때문에 어느 한 가지 수준의 목표 달성에 열중한 나머지 다른 수준의 목표들을 간과하는 실수를 범하지 말아야 한다는 의미로 받아들이는 것이 좋다.

3. 핵심역량의 개념과 구성

사전적으로 역량이란 어떤 일을 해낼 수 있는 힘을 뜻한다. 이러한 역량이라는 개념은 1920년대 과학적 경영운동을 주도한 Bobbitt의 인식, 즉 학교에서는 학생들이 성인이 되었을 때 해야 할 일을 제대로 할 수 있도록 능력을 길러 주어야 한다는 데서 출발한다. 보다 가까이는 직무능력의 개발과 관련이 있다. McClelland(1973)는 특정 직무의 성공은 개인의 지능검사 결과나 성적보다는 직무능력의 유무와 관련이 있다고 보았다(한국교육과정평가원, 2010: 16).

이와 같이 역량은 직업훈련 분야에서 강조되었다. 하지만 최근에 학교 교육에서 역량은 큰 관심을 받게 되었다. 경제개발협력기구(OECD)가 1997년부터 2005년에 걸쳐 수행한 DeSeCo(Definition and Selection of Competencies) 프로젝트에서는 미래 사회에서 학생이 학습해야 할 핵심역량을 제시하였다. OECD가 선정한 핵심역량은 인지적 지식 또는 특정 직업이나 직무에 초점을 둔 역량이라기보다는 삶의 전반에 필요한 기술, 태도, 가치를 포함하는 일반적인 역량이다. DeSeCo 프로젝트에서 제시한 핵심역량은 〈표 3-9〉와 같다.

〈표 3-9〉 OECD DeSeCo 프로젝트에서 제시한 핵심역량

범주	선정 이유	핵심역량
1. 자율적으로 행동하기	• 복잡한 세계에서 자신의 정체성과 목표를 실현할 필요성 • 권리를 행사하고 책임을 다할 필요성 • 자신의 환경과 그 기능을 이해할 필요성	1-1. 넓은 시각(big picture)에서 행동하는 능력 1-2. 인생의 계획과 개인적인 과제를 설정하고 실행하는 능력 1-3. 자신의 권리, 관심, 한계, 욕구를 옹호하고 주장하는 능력
2. 도구를 상호작용으로 활용하는 능력	• 새로운 기술을 가져야 할 필요성 • 도구를 자신의 목적에 맞게 선택할 필요성 • 세계와 적극적으로 대화할 필요성	2-1. 언어, 상징, 텍스트를 상호작용하도록 활용하는 능력 2-2. 지식과 정보를 상호작용하도록 활용하는 능력 2-3. 기술을 상호작용하도록 사용하는 능력
3. 사회적 이질집단에서 상호작용하기	• 다원화 사회에서 다양성을 다룰 필요성 • 공감의 중요성 • 사회적 자본의 필요성	3-1. 다른 사람들과의 관계를 잘하는 능력 3-2. 협동하는 능력 3-3. 갈등을 관리하고 해결하는 능력

우리나라 초·중등학교 교육에서 역량에 관한 논의가 시작된 것은 DeSeCo 프로젝트와 이를 바탕으로 영국, 호주, 캐나다, 독일 등지에서 이루어진 역량기반 교육과정 개발과 관련이 있다. 하지만 다른 한편으로 역량기반 교육이 우리 교육의 고질적인 여러 문제들을 해결하는 중요한 열쇠가 될 수 있다는 기대가 있었기 때문이기도 하다. 김경자(2016: 7-10)는 핵심역량의 특성을 다음과 같이 여섯 가지로 제시하였다.

첫째, 핵심역량은 수행능력을 강조한다. 핵심역량은 교사가 가르친 것보다는 학생이 배운 것을 강조한다. 그리고 단순히 많이 알게 하는 것이 아니라 학생이 무엇을 할 수 있는가에 중점을 둔다.

둘째, 핵심역량은 지식, 기능, 가치 및 태도의 여러 능력들이 복합적으로 발현되어 나타나는 총체적인 성격을 갖는다.

셋째, 핵심역량은 사회와의 관련 속에서 그리고 학생의 삶과의 관련 속에서 길러지므로 사회적 맥락을 중시한다.

넷째, 핵심역량은 개인의 능력이라는 점에서 발달적 특징을 갖는다. 학생은 다양한 수준과 맥락 속에서 역량을 습득한다.

다섯째, 핵심역량은 인지 기능, 실천 기능, 창의적 능력뿐만 아니라 다른 심리적 자원, 즉 태도, 동기, 가치를 동원할 것을 요청한다.

여섯째, 핵심역량에서 핵심은 '중요한'이라는 의미와 '모두'가 갖추어야 할 '일반적'이라는 의미를 갖는다. 그리고 핵심역량은 선정할 당시의 시대 · 사회적 가치, 요구, 상황을 반영한다.

이상과 같은 급속하게 변화하는 지식기반사회에서 암기 중심과 교사 주도의 전통적인 교육 방식은 더 이상 시대에 맞지 않다. 지식과 이해의 획득에만 치우친 교육으로는 학생들이 삶에서 실질적으로 필요한 능력과 직업 생활과 관련된 실천적 지식을 학습할 기회를 갖지 못하기 때문이다. 이러한 반성의 과정을 거쳐 미래 사회가 요구하는 역량을 도출하여 이를 반영한 교육을 통해 학생들의 능력을 기른다는 역량기반 교육이 해결책으로 강조되고 있다.

우리나라의 경우에 2000년대부터 교육과정 분야에서 역량을 논의하는 움직임이 본격적으로 등장하였다(이광우, 2015). 2008년 한국교육과정평가원에서는 미래 사회의 특성을 진단하고, 이에 따라 초 · 중등학교, 고등교육, 직업세계/평생학습사회에서 각각 요구되는 핵심역량을 제안하였다. 이 중 초 · 중등학교에서 강조해야 할 핵심역량의 영역과 요소는 〈표 3-10〉과 같다.

〈표 3-10〉 핵심역량의 영역과 요소

핵심역량 영역	요소	
창의력	• 창의적 사고 기능	• 창의적 사고 성향
문제해결능력	• 문제 인식 • 해결 방안의 탐색 • 해결 방안의 실행과 평가	• 논리적 사고력 • 비판적 사고력

의사소통능력	• 말하기 • 듣기	• 쓰기 • 읽기
정보처리능력	• 정보 수집 • 정보 분석 • 매체활용능력	• 정보 활용 • 정보 윤리
대인관계능력	• 타인 이해 및 존중 관리 • 갈등 • 리더십	• 협동 • 관계 형성
자기관리능력	• 자아정체성 확립 • 여가 선용 • 건강 관리	• 합리적 경제생활 • 기본생활습관 • 자기주도적 학습능력
기초학습능력	• 기초적 읽기 • 수리력	• 기초적 쓰기
시민의식	• 공동체 의식 • 환경의식 • 봉사정신	• 준법정신 • 윤리의식
국제사회문화이해	• 우리문화이해 • 문화향유능력 • 외국어 소양	• 다문화이해 • 국제사회이해
진로개발능력	• 진로 인식 • 진로 설계	• 진로 탐색

이와 같이 우리나라에서는 교육을 역량기반으로 전환하고자 하는 데 대한 관심과 노력을 꾸준히 기울여 왔다. 최근에는 이러한 과정을 거쳐서 2015 개정 교육과정 총론 문서에 학교 교육의 전 과정을 통해서 중점적으로 길러야 할 핵심역량을 〈표 3-11〉과 같이 제시하였다(교육부, 2015b).

한편, 역량은 일반역량과 교과특수역량으로 구분할 수 있다. 2015 개정 교육과정 총론에서 제시하고 있는 역량은 '일반역량'으로, 각 교과 교육과정에서 기르고자 하는 역량은 '교과특수역량'으로 볼 수 있다. 소경희 등(2013)은 일반역량을 "여러 교과를 아우르는 범교과적인 역량 혹은 일반적인 역량"으로 간주하고, 교과특수역량을 "구체적인 각 내용 분야와 교과 혹은 영역에서 요구되는 역량"으

〈표 3-11〉 2015 개정 교육과정 총론에서 제시하고 있는 핵심역량

> 가. 자아정체성과 자신감을 가지고 자신의 삶과 진로에 필요한 기초 능력과 자질을 갖추어 자기주도적으로 살아갈 수 있는 '자기관리 역량'
> 나. 문제를 합리적으로 해결하기 위하여 다양한 영역의 지식과 정보를 처리하고 활용할 수 있는 '지식정보처리 역량'
> 다. 폭넓은 기초 지식을 바탕으로 다양한 전문 분야의 지식, 기술, 경험을 융합적으로 활용하여 새로운 것을 창출하는 '창의적 사고 역량'
> 라. 인간에 대한 공감적 이해와 문화적 감수성을 바탕으로 삶의 의미와 가치를 발견하고 향유하는 '심미적 감성 역량'
> 마. 다양한 상황에서 자신의 생각과 감정을 효과적으로 표현하고 다른 사람의 의견을 경청하며 존중하는 '의사소통 역량'
> 바. 지역·국가·세계 공동체의 구성원에게 요구되는 가치와 태도를 가지고 공동체 발전에 적극적으로 참여하는 '공동체 역량'

로 규정하였다. 예를 들어, 교육과정 총론에서 제시한 여섯 가지 역량이 일반역량이라면, 이를 달성하기 위해 국어과에서 추구하는 의사소통능력, 문제해결능력, 대인관계능력, 기초학습능력, 비판적·창의적 사고 능력, 정보처리능력, 문화예술향유능력(한국교육과정평가원, 2013: 190)은 교과특수역량이라는 것이다.

그렇다면 역량기반 교육과정의 체제와 교과 교육과정의 체제는 어떻게 연계를 해야 하는가? 역량과 교과교육을 연계하는 방안은 크게 세 가지로 정리해 볼 수 있다(한국교육과정평가원, 2009: 104). 첫째, 역량 중심적인 접근으로, 역량이 전통적인 교과를 대체하거나 상당 정도 바꾸는 기제로 작용하는 경우이다. 둘째, 교과 중심적인 접근으로, 역량의 중요성을 언급하되 기존 교과의 내용과 구성에는 거의 변화가 없는 경우이다. 마지막으로, 이를 절충한 접근방안으로 총론에서 역량을 제시하고, 기존 교과의 구조와 틀을 존중하는 범위에서 역량을 개발하는 방식이다. 2015 개정 교육과정 총론의 지침을 살펴보면, 현재 우리나라 교육과정에서는 여러 교과를 아우르는 범교과 차원의 핵심역량을 선정하고, 이를 각 교과 교육, 생활지도, 학급경영의 전반적인 과정에 반영하도록 하는 방식을 택하고 있다.

이렇게 역량을 기반으로 한 교육과정이 도입되었을 때, 학교 교육에 미칠 영

향을 예상해 보면 다음과 같다. 기존의 교육이 '~을 안다'는 인지 중심의 암기 위주 교육이었다면, 역량기반 교육은 학생들이 '~을 할 수 있다'는 수행으로까지 나아가는 교육이 될 수 있다. 이는 인지적 요소와 비인지적 요소가 결합되어 특정한 맥락 속에서 학습자가 스스로 산출물을 만들어 내는 과정에 주목할 가능성을 제공한다. 또한 교사의 일반적인 전달을 위주로 하는 교과 중심적인 수업의 변화에도 영향을 줄 것이다. 학습자들이 실제 생활에 필요로 하는 역량을 가지기 위해서는, 기존 교과의 틀을 벗어나 교과의 경계를 가로지르거나 교과의 틀을 넘어서는 수업방식이 도입될 가능성이 높을 것으로 예상된다. 그리고 수업방식에 있어서도 교과서 중심의 교사 주도 수업으로 흘러가기보다는 학습자 개인 또는 집단 지성을 활용한 학습방법으로의 변화를 이끌 가능성이 있다.

역량은 전통적인 교육이 가지고 있었던 문제를 극복하는 대안이 될 수 있지만, 그 개념이나 특성에 대한 반성 없이 성급하게 도입하는 것은 현장에 혼란을 초래할 가능성이 있다. 따라서 역량을 중심으로 교육과정을 개편할 때 우리가 고려해 봐야 할 몇 가지 쟁점은 다음과 같다.

첫째, 본격적으로 역량기반 교육과정을 도입하기 전에 현재 우리나라 교육환경이 이를 수용할 수 있을지에 대한 의문이다. 미래 사회가 요구하는 역량을 배우고, 이를 학습자들이 실제로 수행하는 과정에서 입시제도를 비롯한 각종 평가제도와 평가방식, 교과를 중심으로 강한 독립성을 유지하고 있는 교직 문화, 교과서 중심의 수업과 평가 관행 등은 적지 않은 방해를 할 것으로 예상된다. 그렇기 때문에 역량기반 교육이 문서상의 변화에서 그치는 것이 아니라 실제 학교 현장의 변화로 이어지기 위해서는 현장의 여건을 제대로 진단하고, 간극이 있다면 이를 개선하기 위한 방안을 마련하는 것이 우선적이라 볼 수 있다.

둘째, 역량을 중심으로 교육과정을 개발한다고 할 때, 기존의 교과와 역량 간의 위상에 대해서 고민해 보아야 한다. 소경희(2007)는 역량 중심의 교육이 기존에 오랫동안 가르쳐 온 교과를 대체한다고 보는 것은 현실적이지 않다고 보았다. 이보다는 학교 교육에서 학생들에게 필요한 역량에 관심을 두고, 이를 강화하는 방향으로 교과를 경험하게 한다고 보는 것이 더 적합하다고 주장하고 있다. 따라서 역량기반 교육과정은 기존 교과 교육과정과 대립하는 관계이기보다는 기존 교과의 틀을 벗어나 학생들에게 보다 다양한 경험을 제공하는 데 그 의미를 가진다.

　셋째, 역량의 구조와 특성을 고려할 때, 교육은 학생들이 지식이나 기술을 습득하는 것에서 나아가 궁극적으로는 학생의 잠재적인 부분인 자아개념, 동기, 특질의 변화에까지 관심을 가져야 한다. 자칫 역량에 대한 심층적인 이해가 부족하여, 지식이나 기술의 습득만을 강조한다면 수행중심, 행위중심 교육이라는 비판을 받을 여지가 있다(윤정일 외, 2007). 그렇기 때문에 학생들이 본인에게 요구되는 역량에 대해 스스로 이해하고, 이를 체계적으로 내면화하여 표현할 수 있도록 지원하는 접근이 필요할 것이다.

4. 성취기준의 의미와 진술

　성취기준이란 교수-학습 및 평가에서의 실질적인 근거로서, 각 교과목에서 학생들이 학습을 통해 성취해야 할 지식, 기능, 태도의 능력과 특성을 기술한 것이다(한국교육과정평가원 홈페이지). 성취기준과 교수-학습 및 평가의 관계는 [그림 3-3]과 같다.

　성취기준은 미국의 **기준운동**(standards movement)에서 시작되었다. 1980년대

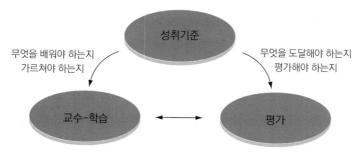

[그림 3-3] 성취기준과 교수-학습 및 평가의 관계

미국에서 경제적 위기를 타개하기 위한 방책 중의 하나로 교육을 혁신하려는 다양한 노력이 있었으며, '국가의 위기(A Nation at Risk)'를 포함한 각종 보고서들이 간행되었다. 교육에서 국가적 수월성을 갖는 것에 목표를 두고 학교급별, 교과별 기준을 설정한 것이다.

여기서 기준이란 학생들이 학교 교육을 받고 난 이후에 무엇을 반드시 알고 있어야 하는가를 정하는 것을 말한다. 우리는 이것을 내용 기준(content standards)이라고 부른다. 이러한 내용 기준의 설정은 학생들에게는 교과를 학습한 이후에 습득해야 할 내용의 범위와 수준을 정하는 것이 되고, 교사들에게는 이러한 범위와 수준에 학생들이 도달하는 데 대한 책임을 갖게 하며, 지역이나 개별 학교의 특성에 관계없이 공통적으로 도달하게 해야 지점을 명확히 설정하는 것이 된다.

하지만 요즘 성취기준은 내용보다는 수행을 강조하고 있다. 학생이 무엇을 얼마나 어느 정도로 알고 있는가도 중요하지만, 무엇을 할 수 있는가가 교육의 초점이 되어야 한다는 것이다. 즉, 학생들이 수업에서 배워야 할 내용보다 배운 것을 적용하여 할 수 있는 능력을 중요하게 생각하는 것이다. 우리는 이러한 기준을 수행 기준(performance standards)이라고 부른다. 물론 내용 기준은 내용 기준 이후에 개발되는 수행 기준 개발의 기반이 된다는 점에서 그 중요성을 무시할 수 없다.

우리나라에서 성취기준이라는 말이 사용되기 시작한 것은 7차 교육과정 시기로 보고 있다. 이때는 성취기준에 대해 '학습성취기준'으로 이름 붙이고, 학습성취기준을 "교과별로 설정된 교육과정상의 교육목표와 교육내용을 분석하여 학생이 달성해야 할 능력 또는 특성의 형태로 진술한 것"으로 규정하였다(이돈희 외, 1997: 40-41). 하지만 이 시기에 성취기준은 교과 교육과정 구성을 위해서가 아니라 국가 교육과정의 질 관리 차원에서 평가를 위한 자료 개발을 위한 것이었다(김진숙, 1999). 7차 교육과정에서의 성취기준과 평가기준의 사례는 〈표 3-12〉와 같다.

〈표 3-12〉 **7차 교육과정 국사의 성취기준과 평가기준**

〈성취기준〉

교육과정		성취기준	학습활동의 예
대영역	중영역		
2. 선사시대의 문화와 국가의 형성	2-1. 선사시대의 전개	2-1-1. 선사시대 도구의 발달이 선사시대인의 생활에 미친 영향을 설명할 수 있다.	• 찰흙이나 돌, 나무처럼 주변에서 쉽게 구할 수 있는 물건으로 도구를 만들어 직접 사용해 본다. • 선사시대의 생활 모습을 추정하여 글이나 그림으로 표현한다. • 선사시대와 관련된 영화나 영상물을 보고 당시의 생활에 대해 이야기한다.
	2-2. 국가의 형성	2-2-1. 철기 문화가 보급되면서 나타난 정치적·사회적 변화를 설명할 수 있다.	• 박물관을 방문하거나 인터넷을 검색하여 철제 유물의 종류와 그 쓰임새를 조사한다. • 초기 여러 나라에 관한 문헌 자료를 조사하여 발전 정도와 생활 모습을 서로 비교한다.

〈평가기준〉

교육과정		성취기준	학습활동의 예		
대영역	중영역		상	중	하
2. 선사시대의 문화와 국가의 형성	2-1. 선사시대의 전개	2-1-1. 선사시대 도구의 발달이 선사시대인의 생활에 미친 영향을 설명할 수 있다.	선사시대의 생활 모습을 단계별로 구분하여 비교, 설명할 수 있다.	선사시대 도구의 발달을 생산력의 증대와 연관시켜 설명할 수 있다.	선사시대에 사용한 도구의 종류와 만드는 방법을 설명할 수 있다.
	2-2. 국가의 형성	2-2-1. 철기 문화가 보급되면서 나타난 정치적·사회적 변화를 설명할 수 있다.	철기 문화가 초기 여러 나라의 성립과 발전에 미친 영향을 설명할 수 있다.	철기 문화의 보급으로 정복 활동이 활발해지고, 생산력이 증대되었음을 설명할 수 있다.	철기 문화의 종류와 한반도에 철기 문화가 보급된 시기를 설명할 수 있다.

2009 개정 교육과정부터는 성취기준, 성취수준이라는 용어를 사용하고 있다. 하지만 교과별 교육과정을 살펴보면 영역 및 학습내용 성취기준이라는 표현을 사용하고 있다. 예를 들어, 중학교 사회과 일반사회 영역의 학습내용 성취기준은 〈표 3-13〉과 같다.

〈표 3-13〉 2009 개정 교육과정의 일반사회 영역의 학습내용 성취기준

(1) 개인과 사회생활
인간은 사회의 구성원으로서 사회적 지위와 역할을 가지고 있으며 사회화를 통해서 성장한다는 것을 이해한다. 개인과 사회 집단 간의 관계를 이해하고 사례 분석을 통해 사회 집단이 지닌 특징을 탐구한다.

① 사회화의 의미와 과정을 이해하고, 사회화 과정에서 나타나는 청소년기의 특징을 탐구한다.
② 사회적 지위와 역할의 의미를 이해하고 역할 갈등의 특징을 사례를 통해 탐구한다.
③ 사회 집단의 의미를 이해하고, 사례 분석을 통해 사회 집단의 특징을 탐구한다.

2009 개정 교육과정이 적용되면서 학교현장에서 성취기준과 성취수준 중심의 수업과 평가가 가능할 수 있도록, 교육부에서는 2009 개정 교육과정의 학습내용 기준을 바탕으로 교과별로 성취기준과 성취수준을 개발하여 보급하였다.[1] 2009 개정 교육과정에서 성취기준의 의미는 다음과 같다. 성취기준이란 교수-학습의 실질적인 기준으로서, 각 교과목에서 가르치고 배워야 할 내용(지식, 기능, 태도)과 그러한 내용 학습을 통해 학생들이 성취해야 할 능력과 특성을 명료하게 제시한 것이다(교육과학기술부, 2009: 3).

성취수준에 대해서는 다음과 같이 규정하고 있다. 성취수준이란 학생들이 교과별 성취기준에 도달한 정도를 몇 개의 수준으로 구분하고, 각 성취수준에 속한 학생들이 무엇을 알고 할 수 있는가를 기술한 것이다(교육과학기술부, 2009: 4).

---

1) 홍미영 등(2012)은 2009 개정 교육과정에 제시된 내용 성취기준을 학습의 효율성 제고를 위하여 성취기준과 성취수준으로 재구성하여 보급한다고 하며, 2012년에 개발된 교과별 성취기준은 성취기준 개발 방향, 교과 교육과정 분석, 성취기준 개발 방안 도출, 성취기준 개발, 현장적합성의 검토, 성취기준 확정 등의 절차로 진행되었다는 점을 밝히고 있다.

〈표 3-14〉는 2009 개정 교육과정에서 제시한 교육과정 내용(학습내용 성취기준)과 이후 학교현장에 보급한 성취기준 및 성취수준의 관계를 나타낸 것이다.

〈표 3-14〉 2009 개정 교육과정 내용, 성취기준, 성취수준의 관계: 2009 개정 사회과 일반사회 영역의 개인과 사회생활

교육과정 내용	성취기준		성취수준
사92011. 사회화의 의미와 과정을 이해하고, 사회화 과정에서 나타나는 청소년기의 특징을 탐구한다.	사92011. 사회화의 의미와 과정을 이해하고, 사회화 과정에서 나타나는 청소년기의 특징을 설명할 수 있다.	상	사례 분석을 통해 사회화의 의미와 과정을 이해하고, 사회화 과정에서 나타나는 청소년기의 특징을 탐구하여 구체적으로 설명할 수 있다.
		중	사회화의 이미와 과정을 이해하고, 사회화 과정에서 나타나는 청소년기의 특징을 설명할 수 있다.
		하	사회화의 의미와 과정을 말할 수 있다.
사92012. 사회적 지위와 역할의 의미를 이해하고 역할 갈등의 특징을 사례를 통해 탐구한다.	사92012. 사례를 통해 사회적 지위와 역할의 의미를 이해하고, 역할 갈등을 탐구할 수 있다.	상	사례 분석을 통해 사회적 지위와 역할의 의미를 이해하고, 역할 갈등을 탐구할 수 있다.
		중	사회적 지위와 역할의 의미를 이해하고, 역할 갈등을 설명할 수 있다.
		하	사회적 지위와 역할의 의미를 말할 수 있다.
사92013. 사회 집단의 의미를 이해하고, 사례 분석을 통해 사회 집단의 특징을 탐구한다.	사92013. 사례 분석을 통해 사회 집단의 의미와 특징을 탐구할 수 있다.	상	사례 분석을 통해 사회 집단의 의미와 특징을 탐구할 수 있다.
		중	사회 집단의 의미와 특징을 설명할 수 있다.
		하	사회 집단의 예를 제시할 수 있다.

2013년에는 교육부가 '핵심성취기준'을 개발하여 학교현장에 보급하였다. 핵심성취기준은 이미 개발된 성취기준의 수가 많아서 교수-학습 및 평가의 부담이 적지 않고, 중요도에 대한 정보가 제공되지 않아서 교수-학습 및 평가의 역점을 찾기 어렵다는 이유로 개발하였다. 따라서 핵심성취기준은 이미 개발된 교육과정과 성취기준을 대상으로 일종의 재구조화를 시도하는 것으로서, 각 교과목에서 학습을 통하여 성취해야 할 지식, 기능, 태도의 능력과 특성을 보다 명확하게 구조화한 것이다.

핵심성취기준의 선정 원리는 〈표 3-15〉와 같다.

〈표 3-15〉 핵심성취기준의 선정 원리

[기준 1] 교과 교육목표에의 부합성
• 학년군별 목표 달성에 적절한가?
• 내용 영역별 목표 달성에 적절한가?

[기준 2] 교과 교육내용의 충실성
• 교과 학습에 필수적인 내용(지식, 기능, 이해, 태도)을 다루고 있는가?
• 일반 성취기준을 다룰 수 있는 포괄적인 내용이 선정되었는가?
• 적용, 분석, 종합, 평가와 같은 고차적 수준의 내용이 포함되어 있는가?
• 특정 내용(영역, 주제)에 편중되거나, 일괄 배제되지 않도록 선정되었는가?

[기준 3] 교과 교육내용의 연계성
• 선수 학습을 확장시켜 줄 수 있는 성취기준이 선정되었는가?
• 후속 학습에 기초가 되는 성취기준이 선정되었는가?
• 핵심성취기준 간의 상호 연계와 논리적 위계가 고려되었는가?
  - 주제 간, 영역 간, 교과(목) 간
  - 학년군 간, 학교급 간

[기준 4] 교수-학습의 실행 가능성
• 학습자의 발단단계와 학습 가능성이 고려되었는가?
• 학습량과 학습 부담이 적정한가?
• 교수-학습활동의 실행 가능성이 높은가?

출처: 박순경 외, 2014: 23-24.

〈표 3-16〉은 교육과정 내용, 성취기준, 핵심성취기준의 관계를 나타낸다.

2015 개정 교육과정에서는 교과 교육과정의 문서에 영역별 성취기준을 제시하고 있다. 교과 교육과정은 교과의 성격, 목표, 내용 체계 및 성취기준, 교수-학습 및 평가의 방향으로 구성되며, 내용 체계는 핵심 개념, 일반화된 지식, 학년(군)별 요소, 기능으로 구조화되어 있다. 여기서 핵심 개념은 영역을 잘 대표하는 기초적인 아이디어를 가리키며, 일반화된 지식은 일반화 또는 원리의 성격을 띠는 문장으로서 학교급을 관통하는 학습내용이다. 학년(군)별 내용 요소는

〈표 3-16〉 교육과정 내용, 성취기준, 핵심성취기준의 관계: 중학교 역사과의 문명의 고조선의 성립

교육과정 내용	성취기준	핵심 성취 기준	성취수준		선정 논리 및 일반성취기준과의 관계
고조선의 성립을 단군 신화를 중심으로 파악하고, 고조선의 발전을 철기 문화의 발달과 연결하여 이해한다.	역9114. 고조선의 성립을 단군 신화를 중심으로 파악하고, 고조선의 발전을 철기 문화의 발달과 연결하여 설명할 수 있다.		상	단군 신화를 중심으로 고조선의 성립을 파악하고, 고조선의 발전을 청동기 문화 및 철기 문화의 발달과 연결하여 설명할 수 있다.	고조선의 성립은 우리 역사를 이해하는 출발점일 뿐만 아니라 국가 형성 과정을 파악할 수 있는 단원이며, 이후 부여, 고구려, 옥저, 동예, 삼한의 국가 형성 과정을 이해하는 바탕이 될 수 있다. 또한 중학교 역사교육과정은 우리나라와 세계 역사의 상호 연관성을 파악하는 것을 주요 목표로 삼는 만큼 역9113에서 학습한 세계 여러 문명의 국가 발생 과정과 고조선을 비교해 봄으로써 세계사적 맥락에서 우리 역사를 파악할 수 있는 중요한 부분이다. 아울러 주변 국가와의 역사 갈등이 빈번해지고 있는 현실적인 측면을 고려하여 역9114를 핵심성취기준으로 선정하였다.
			중	단군 신화를 중심으로 고조선의 성립을 파악하고, 고조선의 발전을 철기 문화의 발달과 연결하여 설명할 수 있다.	
			하	고조선의 성립을 단군 신화와 관련지어 말할 수 있다.	
고조선 이후 부여, 고구려, 옥저, 동예, 삼한 등 여러 나라가 철기 문화를 바탕으로 성장하였음을 설명한다.	역9115. 고조선 이후 부여, 고구려, 옥저, 동예, 삼한 등 여러 나라가 철기 문화를 바탕으로 성장하였음을 설명할 수 있다.		상	고조선 이후 등장한 여러 나라들이 철기 문화를 바탕으로 성장하였음을 이해하고, 각 나라의 생활 모습을 설명할 수 있다.	
			중	고조선 이후 등장한 여러 나라들이 철기 문화를 바탕으로 성장하였음을 설명할 수 있다.	
			하	고조선 이후 철기 문화를 바탕으로 출현한 여러 나라를 열거할 수 있다.	

출처: 박순경 외, 2014: 33.

일반화된 지식을 습득할 수 있도록 도와주는 구체적인 내용 요소이며, 기능은 교과 교육의 탐구 과정과 사고 기능을 가리킨다(김경자, 2016: 13-14). 다음 〈표 3-17〉은 2015 개정 과학과 교육과정 내용 체계표의 일부이다.

〈표 3-17〉 2015 개정 과학과 교육과정의 내용 체계표

영역	핵심 개념	일반화된 지식	내용 요소			기능
			초등학교		중학교	
			3~4학년	5~6학년	1~3학년	
힘과 운동	시공간과 운동	물체의 운동 변화는 뉴턴 운동 법칙으로 설명된다.		• 속력 • 속력과 안전	• 등속 운동 • 자유 낙하 운동	• 문제 인식 • 탐구 설계와 수행 • 자료의 수집·분석 및 해석 • 수학적 사고와 컴퓨터 활용 • 모형의 개발과 사용 • 증거에 기초한 토론과 논증 • 결론 도출 및 평가 • 의사소통
	힘	물체 사이에는 여러 가지 힘이 작용한다.	• 무게 • 수평 잡기 • 용수철 저울의 원리		• 중력 • 마찰력 • 탄성력 • 부력	
	역학적 에너지	마찰이 없는 계에서 역학적 에너지는 보존된다.			• 중력에 의한 위치 에너지 • 운동 에너지 • 역학적 에너지 보존	

성취기준은 앞서 제시한 내용 체계표를 바탕으로 구성한다. 예를 들어, 중학교 1~3학년(군)의 과학 교육과정에서의 '힘과 운동'이라는 영역 속에 '힘'이라는 핵심 개념과 관련된 성취기준은 〈표 3-18〉과 같이 제시된다.

〈표 3-18〉 2015년 개정 과학과 교육과정의 성취기준 예시

(2) 여러 가지 힘
이 단원에서는 물질세계에 존재하는 여러 가지 힘 중에서 중력, 탄성력, 마찰력, 부력을 이해하고 이러한 힘의 특징과 힘이 작용하여 나타나는 현상에 대하여 호기심과 흥미를 갖도록 한다. 질량과 무게를 구분하도록 하고, 일상생활에서 탄성을 이용하는 사례를 조사하여 탄성력의 특징을 이해하도록 한다. 또한 마찰력의 크기를 비교하고, 부력의 크기를 측정하도록 한다.

중력의 크기임을 알고, 질량과 무게를 구별할 수 있다.
[9과02-02] 일상생활에서 물체의 탄성을 이용하는 예를 조사하고, 그 예를 통하여 탄성력의 특징을 설명할 수 있다.

[9과02-03] 물체의 운동을 방해하는 원인으로서 마찰력을 알고, 빗면 실험을 통해 마찰력의 크기를 정성적으로 비교할 수 있다.
[9과02-04] 기체나 액체 속에 있는 물체에 부력이 작용함을 알고 용수철저울을 사용하여 부력의 크기를 측정할 수 있다.

　　이와 같이 2015 개정 교육과정에서 성취기준은 '일반화된 지식'을 이해하기 위하여 학습자가 다루어야 할 구체적인 내용 요소와 기능이 결합된 형태로 제시된다. 즉, 성취기준은 내용 체계를 바탕으로 한 학습결과로 학생들이 알고 할 수 있어야 할 것이며, 교사가 학습과 평가활동을 계획할 때 반영해야 할 기준이라고 할 수 있다(김경자, 2016: 17).

참고문헌

교육과학기술부(2007). 중학교 교육과정 해설 Ⅰ, Ⅱ, Ⅲ, Ⅳ.

교육과학기술부(2008a). 초 · 중등학교 교육과정 총론.

교육과학기술부(2008b). 중학교 교육과정 해설 Ⅰ, Ⅱ, Ⅲ, Ⅳ.

교육과학기술부(2009). 2009 개정 교육과정.

교육과학기술부(2012). 성취평가제 고교 보통교과 시범학교 '찾아가는 컨설팅' 자료집. 연구자료 ORM 2012-27. 한국교육과정평가원.

교육부(1997). 국민공통기본교육과정.

교육부(2015a). 초 · 중등 교육과정.

교육부(2015b). 초 · 중등학교 교육과정 총론. 교육부 고시 제2015-8-호, 별책 1.

김경자(2016). 2015 개정 교육과정과 미래 학교교육의 방향. 대구광역시 교육연수원 2016 중등 교육과정 전문가 양성 심화과정 직무연수자료, 1-25.

김명정(2013). 2009 개정 교육과정에 따른 초 · 중학교 사회과 핵심성취수준 개발 연구. 한국교육과정평가원 연구보고서 CRC 2013-6.

김진숙(1999). 미국의 기준 운동에 비추어 본 한국의 절대평가기준 개발. 교육과정연구, 17(2), 339-362.

모경환, 강대현(2012). 사회과 교육과정과 성취기준. 社會科敎育, 51(2), 61-76.

부산광역시 교육청(2016). 교육비전.

박순경 외(2014). 2009 개정 교육과정에 따른 고등학교 핵심 성취기준 개발 연구: 총론, 연구보고 CRC 2014-5-1. 한국교육과정평가원.

성열관(2005). 교육과정 성취기준 논쟁의 동향 및 평가. 한국교육학연구, 11(1), 215-235.

소경희(2006). 학교 지식의 변화 요구에 따른 대안적 교육과정 설계 방향 탐색. 교육과정 연구, 24(3), 39-59.

소경희(2007). 학교교육의 맥락에서 본 "역량(competency)"의 의미와 교육과정적 함의. 교육과정연구, 25(3), 1-21.

소경희(2013). 미국의 교과교육에 있어서 국가공통 기준 도입 운동의 역사적 맥락과 주요 쟁점. 교육과정연구, 31(1), 55-77.

소경희, 강지영, 한지희(2013). 교과교육과정 개발을 위한 역량 모델의 가능성 탐색-영국, 독일, 캐나다 교육과정 고찰을 중심으로-. 비교교육연구, 23(3), 153-175.

윤건영, 이남인, 황기숙, 하정혜, 김형철, 양정석, 육근성, 허남길, 조석영, 김상희, 강현주(2010). 중학교 도덕 1 교사용 지도서. 서울: 중앙교육진흥연구소.

윤정일, 김민성, 윤순경, 박민정(2007). 인간 능력으로서의 역량에 대한 고찰: 역량의 특성과 차원. 교육학연구, 45(3), 233-260.

이광우(2015). 핵심역량 계발을 위한 국가수준 교육과정의 구상. 학습자중심교과교육학회 공동학술대회 발표자료집, (2), 3-25.

이돈희 외(1997). 제7차 교육과정 개정안에 따른 교과 교육과정 개발 체제에 관한 연구. 연구 보고 CR 97-36. 한국교육개발원.

이삼형, 김중신, 김성룡, 김창원, 정재찬, 최지현, 김현, 오학진, 이목윤(2010). 중학교 국어 1-2. 서울: 도서출판 디딤돌.

이승미, 박순경(2014). 교과 교육과정의 성취기준 개발 실태와 개선 방안 탐색. 敎育學研究, 52(2), 53-79.

이종승(1987). Tyler의 교육과정과 수업의 기본 원리. 서울: 교육과학사.

진재관 외(2013). 2009 개정 교육과정에 따른 초·중학교 역사와 핵심 성취기준 개발연구. 연구보고(CRC 2013-7). 한국교육과정평가원.

한국교육과정평가원(2009). 미래 한국인의 핵심 역량 증진을 위한 초·중등학교 교육과정 설계 방안 연구. 연구보고 RRC 2009-1-1.

한국교육과정평가원(2010). 외국의 역량기반 교육과정 현장적용 사례연구: 호주와 뉴질랜드, 캐나다, 영국의 사례를 중심으로. 연구보고 RRC 2010-2.

한국교육과정평가원(2013). 미래 사회 대비 국가 수준 교육과정 방향 탐색-국어. 연구보고

CRC 2013-19.

허숙, 박승배 공역(2004). 교육과정과 목적(3판). 서울: 교육과학사.

홍미영 외(2012). 2009 개정 교육과정에 따른 성취기준 및 성취수준 개발 연구(1). 한국교육과정평가원 연구보고서 CRC 2012-1.

Armstrong, D. G. (1989). *Developing and documenting the curriculum*. Boston: Allyn and Bacon.

Bloom, B. S. (Ed.) (1956). *Taxonomy of educational objectives: book 1 cognitive domain*. New York: Longman.

Bruner, J. (1960). *The process of education*. New York: Vintage Books.

Dewey, J. (1902). *The child and the curriculum*. Chicago: University of Chicago press.

Dewey, J. (1916). *Democracy and education*. New York: Macmillan.

Foshay, A. W. (1991). Spiral curriculum. In *The international encyclopedia of curriculum* by Lewy, A. (Ed.). Oxford: Pergamon Press.

Hirst, P. H. (1974). *Knowledge and the curriculum*. London: Routledge & Kegan Paul.

Hyman, R. (1973). *Approaches in curriculum*. New Jersey: Prentice-Hall.

Jacobs, H. H. (Ed.) (1989). *Interdisciplinary curriculum: Design and implementation*. ASCD.

King, A. R., & Brownell, J. A. (1966). *The curriculum and the disciplines of knowledge: A theory of curriculum practice*. New York: John Wiley.

McClelland, D. C. (1973). Testing for competence rather than for "intelligence." *American Psychologist, 28*(1), 1-14.

McNeil, J. D. (2006). *Curriculum: A comprehensive introduction* (6th ed.). Boston: Little, Brown.

Peters, R. (1966). *Ethics and education*. London: George Allen & Unwin Ltd.

Ryle, G. (1949). *The concept of mind*. London: Macmillan.

Tanner, D., & Tanner, L. (2006). *Curriculum development: Theory into practice* (4th ed.). New Jersey: Merrill, an imprint of Prentice-Hall.

Tyler, R. W. (1949). *Basic principles of curriculum and instruction*. Chicago: University of Chicago Press.

부산광역시 교육청 홈페이지 http://www.pen.go.kr

이우학교 홈페이지 http://www.2woo.net

한국교육과정평가원 홈페이지 http://www.kice.re.kr

제4장

교과서의 성격, 구성 체제, 외형 체제, 제도

    교과서 없는 수업을 상상할 수 있을까? 교과서는 오랫동안 학교 교육에 없어서는 안 될 필수 요소로 간주되어 왔다. 하지만 모든 과목의 수업에 교과서가 필요할까? 간혹 교과서가 수업이나 학습의 흐름을 방해할 때도 있으며, 교과서는 단순한 교수-학습용 교재가 아니라 '교과서 제도'라는 틀 위에서 개발, 편찬, 발행, 채택되므로 이로 인해 교과서 제도의 타당성과 효율성을 둘러싸고 많은 논쟁이 있어 왔다. 또한 정보화 시대에 디지털 교과서를 비롯한 다양한 형태의 교과서도 나타나고 있다.

    이 장에서는 교과서와 관련된 주요한 주제들을 다룬다. 교과서의 성격과 교과서의 체제를 살펴본 다음, 교과서 제도의 실태와 문제점 그리고 개선 방안 등을 제시한다.

학습 과제

- 교과서의 개념과 성격, 유형과 기능 등을 파악한다.
- 교과서의 내용 체제와 외형 체제를 이해한다.
- 교과서의 편찬, 공급, 채택 제도를 알아보고, 디지털 교과서의 장점과 기능을 검토한다.

1. 교과서의 성격

교사로서 처음 교단에 서면 다양한 교직활동 중에서 가장 많은 시간과 노력을 기울이는 것이 교재 분석일 것이다. 당장 내일 가르칠 수업에서 어떤 내용을 다루게 될 것인지, 어떻게 하면 재미있게 활동을 조직할 것인지 고민한다. 그러나 막상 수업은 '진도'에 연연하여 교과서에 있는 내용 위주로 진행되며, 동일한 수업목표를 달성하기 위한 교과서 외의 다른 자료를 활용하려고 하다가도 '교과서에 없는 내용인데……' 싶어서 망설이게 된다.

교육과정을 연구하고 개발하는 사람들은 교과서를 각 과목의 교육과정 목적을 달성하기 위한 하나의 자료일 뿐이니 다양한 자료를 활용해서 수업을 하라고 권하고 있다. 이른바 교과서의 성전(聖典) 개념을 부정하고 있는 것이다. 하지만 말이 그렇지, 현실 속의 교과서는 학생들에게 제공되는 주된 교수-학습자료이며, 한 학기 동안 반드시 다루어져야 할 교수 혹은 학습내용으로 인식된다.

1) 교육과정과 교과서

교육과정은 정의하는 방식에 따라 다양한 의미를 포함하는 용어다. 그러나 일반적으로 문서 속에 담긴 교육목적과 교육내용 그리고 이를 효과적으로 전달하기 위한 교육방법, 교육평가, 교육운영 등에 대한 종합적인 교육계획으로 보는 데에는 큰 이의가 없어 보인다.

학교 교육은 정교하게 편성된 교육과정에 의거하여 실천된다. 제7차 교육과정 이후 2015 교육과정, 그리고 앞으로 계속적으로 교육과정 개정이 이루어져도 교육과정 편제의 큰 축이 교과활동, 즉, 교과 교육이 될 것임은 자명하다. 교과 교육은 교과서라는 주된 교재를 중심으로 전개된다. 학교 교육의 본체가 교과 교육이라고 볼 때 학생들은 그 많은 교과 학습 시간에 주로 교과서라는 도구와 수단을 통해서 학습하게 되는 것이다.

교과서는 교육과정의 내용을 구체화하고 해석한 내용으로 채워지며, 교수와 학습에 적합한 방식으로 구조화한 것이다. 교육과정과 교과서의 관계는 국가의 전반적인 정치, 문화, 교육목적, 교육과정과 관련된 정책, 교과서의 출판 과정 등에 따라 달라진다.

함수곤 등(2003)은 학교 교육에서 다루어지는 교육내용을 그것이 구체화되는 정도에 따라 '간략한 추상적 수준의 국가수준 교육과정의 교육내용'과 '구체적 수준의 단일 교과서의 내용'으로 요약하였다.

이 둘 중 앞의 것은 가장 상위의 교육내용을 가리키며 교육부가 법률에 의거해서 고시한 교육과정 문서에 포함되어 있는 내용이다. 이는 매우 추상적이고 일반적이며 거시적 수준의 요강이고, 전국 공통적인 대강의 기준을 제시하는 것이다. 즉, 언론기관에서 중학교 교육과정이 바뀌었다고 보도할 때 중학생이 배워야 할 교과목의 종류, 각 교과에 배당된 단위 수 등을 말한다. 이러한 대강의 기준의 교육내용은 다음 두 가지 수준을 포함한다. 하나는 국가의 교육이념과 목적을 달성하기 위해 선정된 수단으로 교과라는 이름으로 표현되며, 다른 하나는 교과의 목표나 학교급별 목표, 혹은 학년별 교육목표를 달성하는 수단으로 교과 속에 들어 있는 교과별 교육내용을 가리킨다. 그러나 이러한 대강의 기준에 해당되는 교육내용은 추상적이어서 교실 수준에서 어떤 내용을 어떤 방법으로 교육할 것인지를 계획하고 실천하는 데에는 직접적으로 활용하기 어렵다.

뒤의 것은 교육부 고시 교육과정에 의거해서 편찬, 보급된 교과서의 내용으로, 이는 교육과정 문서에 규정된 교육내용보다는 좀 더 구체적이고 미시적인 수준의 상세한 교육내용이다. 이는 교실에서 어떤 내용을 어떤 방법으로 교육할 것인지를 계획하고 실천하는 데 직접적으로 바로 사용할 수 있는 구체적인 것이라 할 수 있다. 그러나 이 경우에도 각 지역이나 학교, 학생 모두에게 적합한 형태로 구체화시키는 것이 불가능하기 때문에 교과서 편찬자를 선정하여 가장 일반적인 전형으로 여겨지는 내용을 담을 수밖에 없다. 따라서 교과서는 교육계획을 가장 잘 반영하도록 의도한 기본적인 교수-학습자료의 하나로 여겨지며, 그로 인해 교과서의 내용을 잘 가르치면 교육과정이 효과적으로 실현될

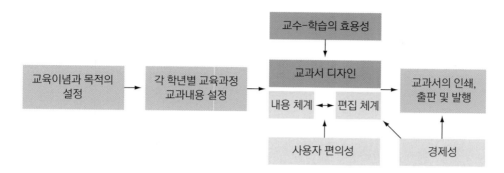

[그림 4-1] 교과서의 출판 흐름도(정찬섭 외, 1992: 8)

것으로 생각된다.

[그림 4-1]에 제시된 교과서의 출판 흐름도는 교육과정과 교과서의 관계를 이해하는 데 도움을 준다. [그림 4-1]에서 알 수 있듯이, 교과서의 내용은 교육과정에서 제시한 학년별 교육과정의 교과내용에 바탕을 두고 있으며, 교과서의 디자인이나 내용 체계 및 편집 체계는 교수-학습의 효용성과 사용자의 편의성에 근거하여 만들어진다. 따라서 교과서는 교육과정의 교육내용을 구현하는 동시에 수업에서 활용되는 교수-학습을 위한 하나의 자료로 볼 수 있다.

그러나 학교현장에서는 '교과서'에 대하여 반드시 한 학기 동안 끝까지 다루어야 한다는 절대적인 생각을 가지고 있다. 교과서를 첫 페이지부터 끝까지 다 끝내는 것으로 교육과정이 지향하는 복잡하고 다양한 교육목표들을 달성했다고 생각하는 경우가 대부분이다. 즉, 교사의 입장에서도 각종 학교 행사로 인하여 진도를 나갈 시간이 부족해서 중요하다고(혹은 시험에 나온다고) 생각되는 부분만 짚고 넘어갈 수밖에 없고, 학생은 학생대로 교과서에 나와 있으면 꼭 배우고 넘어가야 한다는 생각을 하고 있으며, 학부모 중에서는 국가가 만들어 준 교과서라서, 분명히 중요한 내용일 것인데(아마도 교사, 학생, 학부모들 중 교과서에 실린 내용의 진실성이나 가치에 대하여 한 번도 의심을 가져 보지 않은 사람들이 대다수일 것이다) 왜 가르치지 않고 그냥 넘어가느냐고 질문하는 경우도 종종 있다.

이제는 오직 교과서만을 유일무이한 학습도구로 삼아 교과서 안에 간추려진 지식 요소만을 단편적으로 받아들이던 교과서관에서 벗어나야 한다. 앞서도 말한 것처럼, 교사들이 교육현장에서 달성해야 하는 것은 교과서의 내용 숙지가 아니라 교육과정에서 지향하는 교육의 전체 목표 그리고 각 교과별로 성취해야 할 목표다. 교과서는 이러한 목표를 달성하기 위한 하나의 '교수-학습자료'라는 생각을 반드시 가져야 한다.

한편, 교사들이 수업을 계획하고 준비할 때 참고로 하는 자료 중의 하나가 교사용 지도서다. 이것은 교사들이 교과서를 효과적으로 활용할 수 있도록 도와주면서 동시에 교육과정을 알리기 위한 보조적인 수단이 된다. 교사용 지도서 내용의 구체화에 대한 여러 가지 입장이 있는데, 한편에서는 상세하게 교수-학습과정을 제시해 주어야 한다고 주장하고, 다른 한편에서는 상세한 활동 안내보다는 대략적인 지침만을 제시해 주어 교사의 교수 전문성을 펼칠 수 있도록 해야 한다고 주장한다. 그러나 현재의 교사용 지도서에는 해당 교과의 내용에 대한 관련 정보, 활동, 질문, 일정한 주제들뿐만 아니라 수준별 교수-학습자료도 첨부되어 있는 경우가 많다.

그러나 교사용 지도서가 어느 정도까지 구체화되어 교사들에게 보급되어야 하는가의 문제도 중요하겠지만 무엇보다 중요한 것은 국가수준 교육과정과 더불어 교사와 학생의 요구와 필요를 수용하여 교수활동이 잘 이루어질 수 있도록 도와주어야 한다는 것이다.

2) 교과서의 개념

무엇을 '교과서'라고 하는가? 교사와 학생이 수업 시간에 다루는 내용이 담긴 활자형의 서책만을 교과서라고 하는가? 교사가 활용하는 교사용 지도서 및 보완 자료로 제공되는 CD 등은 교과서의 범주에 포함이 되는가?

우리가 '교과서'를 떠올릴 때에는 우선 교실이라는 공간에서 학생과 교사가 책상에 올려놓고 보고, 필기하고, 읽기를 하는 전형적인 네모의 서책을 떠올릴 것이다. 과연 교과서란 무엇이며, 교수-학습을 위해 사용되는 여러 자료 중 어디까지를 교과서라고 하는지 살펴볼 필요가 있다.

교과서는 좁은 의미로는 교과서·지도서 및 인정도서를 말하며, 넓은 의미로는 학교에서 교육을 위하여 사용되는 학생용의 주된 교재와 그 교재를 보완하는 음반, 영상, 전자저작물 등(보완 교재)을 말한다. 교과서의 개념과 역할은 계속 변화해 왔는데, 가장 큰 변화는 교과서가 점점 '교재(敎材)'로부터 '학습재(學習材)'로 변화한다는 것이다. 즉, 교과서가 지금까지의 학습에 있어서 주된 교재의 기능보다는 학습재로서의 기능을 중시하는 방향으로 편찬되고 사용해야 한다는 점이 더욱 강조되는 것이다.

교과서를 정의 내릴 때 정부 부처나 학자들에 따라 다소 차이가 나는데, 함수곤 등(2003)이 제시한 교과서에 대한 정의를 부분 발췌하여 다음과 같이 정리하였다.

- 교과서는 어느 한 사회나 국가의 교육이념이나 교육목적을 달성하기 위해 교육과정의 기본 정신에 알맞게 편집된 학습자료로서 학생용 도서다.
- 교과서는 학교 교육의 장에서 사용되는 여러 가지 교재 중에서 가장 계통적으로 만들어진 중요한 교재의 하나다.
- 교과서는 학생들이 배우는 데 도움이 되도록 교과 영역의 학습내용을 책자로 담은 것이다.
- 교과서는 교육의 내용을 체계적으로, 포괄적으로, 균형 있게 담고 있는 공식화된 교수-학습자료다.
- 교과서는 교과가 지니는 지식과 경험의 체계를 쉽게 그리고 명확하고 간결하게 편집해서 학교에서 학생들이 학습의 기본 자료로 사용할 수 있도록 제작한 교재다.
- 학교 교육상 교육과정에 따라 주된 교재로 사용하기 위하여 편찬한 도서로서 교사용 도서와 국정 교과서, 검정 교과서, 인정 교과서 등이 있다.

이렇듯 다양한 정의가 있지만, 일반적으로 교과서란 '학생에게(대상) 교육을 위하여(목적), 사용되는 학생의 주된 교재와 그 교재를 보완하는 음반, 영상, 전자 저작물(종류)' 등을 말한다.

특히 앞에서 기술한 개념은 '교과용 도서'와도 거의 동일한 개념이다. 과거 교과용 도서에는 학생용 도서와 괘도, 지구의 등 교수용 교재가 포함되어 있었다. 1963년에 와서는 교과용 도서에 순전히 '학생용 도서'만을 포함하여 정의하였으나, 1977년부터 지도서 및 인정도서를, 다시 1988년에 와서는 주 교재와 보완 교재 개념으로 구분하여 교과서, 지도서, 인정도서를 모두 교과용 도서에 포함시키고 있다.

현재 우리나라 「초ㆍ중등교육법」(제29조)은 학교에서는 국가가 저작권을 가지고 있거나 교육부장관이 검정하거나 인정한 교과용 도서를 사용하여야 한다고 규정하고 있다. 이 법에 근거하여 「교과용 도서에 관한 규정」(대통령령 2026709호)에는 교과용 도서는 교과서와 지도서를 말하며, 교과서라 함은 학교에서 학생들의 교육을 위하여 사용하는 학생용의 서책ㆍ음반ㆍ영상 및 전자저작물을 가리키고, 지도서라 함은 학교에서 학생들의 교육을 위하여 사용하는 교사용의 서책ㆍ음반ㆍ영상 및 전자저작물을 말한다고 규정하고 있다.

3) 교과서의 역할

교과서는 교육과정의 복잡 다양한 교육목표를 달성하는 데 있어서 기본적이고 중심적이며 경제적이고 간편한 자료임에는 틀림없다. 학교 교육과정이 요구하고 있는 수많은 목표 중 대부분의 목표(특히 지식에 관한 목표)는 역시 교과서라는 도구를 사용하여 달성시키고 있는 것이 일반적인 경향이고 현실이라고 할 수 있다.

이러한 측면에서 생각할 수 있는 교과서의 주요 역할은 다음과 같이 정리할 수 있다(함수곤, 2000).

첫째, 교과서는 학습자의 학습동기와 학습의욕을 유발하는 역할을 한다. 교실 수업을 기존의 단편적인 지식을 전달하는 과정으로 보지 않고, 학습자가 교과서를 단서로 하여 스스로의 힘으로 지식을 형성하고 문화의 가치를 생산하는 하나의 창조적 활동을 돕는 과정으로 보는 것이다. 이러한 관점에서는 학습자가 새로운 학습 과제를 학습하게 될 때 교과서는 학습하고자 하는 동기와 의욕을 가지게 하는 친근하고 손쉬운 자료가 된다.

둘째, 교과서는 학습 과제의 기본 골격을 제시하고 학습에 필요한 자료와 정보를 제공하는 역할을 한다. 학습자의 주체적이고 창조적인 학습활동을 조직하고 전개하기 위해서는 학습 과제를 확실하게 인식시키고 자각시키는 것이 무엇보다도 중요하다. 따라서 교과서에는 학습 과제의 기본 골격이 기본 개념이나 중심 활동, 주요 가치 등의 형태로 제시되어 있고 이를 효과적으로 학습하는 데 필요한 각종 자료와 정보를 여러 형태로 제공하고 있다. [그림 4-2]에서처럼 사회 교과서에서 학습에 필요한 용어에 대한 설명이나 학습방법에 대한 설명을 삽화를 이용하여 제시한다든지, 좀 더 심도 깊은 학습에 필요한 참고 자료나 읽을거리를 자세히 수록해 놓은 것이 예라고 할 수 있다.

셋째, 교과서는 학습방법 및 순서, 절차 등을 암시하거나 안내하는 역할을 한다. [그림 4-3]처럼 중학교 1학년 사회 교과서에는 학생들이 대단원 혹은 소단

[그림 4-2] 초등 5학년 사회
교과서의 개념 설명

[그림 4-3] 중학교 1학년 사회 교과서 과제 제시

원을 학습하는 동안 해결해야 할 과제를 단원의 도입 부분에 순서대로 제시해 놓았다. 학생들은 수업이 이루어지는 동안 과제 해결에 필요한 학습내용에 초점을 맞춤으로써 본 단원의 목표를 달성할 수가 있다. 이처럼 학습자는 학습을 진행할 때 다양한 활동, 필요한 도구나 자료의 활용, 견학, 실습, 수집, 토론 등 여러 가지 학습방법을 이용한다. 이때 교과서는 학습해야 할 내용에 적합한 학습방법을 안내하고, 학습의 순서와 절차를 제시하여 학습자가 목표를 달성하는 데 있어 가장 효과적인 방법을 찾아갈 수 있도록 해 주는 역할을 한다.

넷째, 교과서는 학습자가 연습과 학습결과를 정리할 수 있게 해 주는 역할을 한다. 학습자가 기본 학습을 끝낸 후 반복 연습이 필요한 경우에 연습을 가능하게 하고, 학습결과를 정리하여 내면화시킬 수 있는 기회를 제공하는 것이다. 예를 들어, 초등학교 저학년 수학 교과서의 경우 기본 개념을 학습한 다음, 문제해결하기를 통해 배운 내용을 반복 연습하고, 탐구활동을 통해 학습한 내용을 자신의 의미로 받아들이고, 스스로 문제해결하는 방법을 내면화시키는 활동을 한다([그림 4-4]).

다섯째, 교과서는 학습자에게만이 아니라 교사에게도 학습 진행의 나침반 역할을 한다. 교사는 추상적인 학습 과제나 과제에 대하여 구체화, 가시화, 실상화되어 있는 교과서를 근거지로 삼아 수업을 설계하고 전개할 수 있게 되는 것이다. 현재 사용되고 있는 교과서의 앞표지 다음 장을 펼쳐 보면 교과서 곳곳에 사용되는 캐릭터가 무엇을 가리키는 것인지를 설명하면서, 학습해야 할 내용이 개

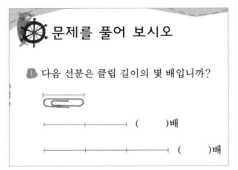
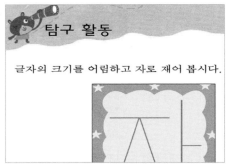

[그림 4-4] 연습과 학습결과 정리 및 내면화의 역할 사례(초등 저학년 수학 교과서)

념학습인지, 탐구학습인지 등을 파악할 수 있게 해 주며, 필요한 학습 과제 및 자료를 어떠한 형태로 제시한다는 것을 커다란 하나의 지도 읽기의 형태로 제시해 준다([그림 4-5]). 이는 교사 및 학습자가 교과서를 어떻게 활용해야 하는지에 대한 하나의 안내 역할을 하고 있음을 나타낸다.

요컨대, 오늘날의 교과서가 겪는 가장 큰 변화 중의 하나는 '교재'로부터 '학습재'로의 전환이 이루어지고 있다는 것이다. 즉, 교사와 학생 양자 모두에게 교수 및 학습이 진행되어 나갈 때 필요한 다양한 교육자료 중의 하나이고, 정선된 학습내용의 요약이며, 학생의 입장에서는 학습내용을 잘 이해하고 해결해 나아가기 위한 학습방법의 길잡이고, 교사의 입장에서는 효과적인 수업 절차의 지침으로서의 역할을 하고 있다고 볼 수 있다.

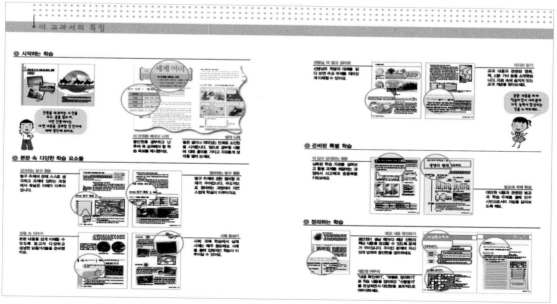

[그림 4-5] 연습과 학습결과 정리 및 내면화의 역할 사례(초등 저학년 수학 교과서)

4) 교과서의 유형과 기능

오늘날 교육목적의 변화, 교수-학습과정에 대한 인식의 변화 및 교육방법의 변화 등에 따라 전통적인 활자 중심의 '지식·개념 축약형'의 교과서 형태에서 탈피하게 되면서 다양한 기능을 가진 교과서가 강조되고 있다.

일반적으로 교과서는 교과서에 실린 내용, 부족하거나 강조하고 있는 점, 실제 수업에서 어떻게 작용하는가에 따라 '정보 중심형' '실험 중심형' '절충형'(정준섭, 1989), 혹은 '정보기능형' '구조화 기능형' '학습법 기능형'(함수곤, 2000)으로 구분한다. 여기서는 크게 '정보 제공형' '연습문제 및 탐구과제 제시형' '절충형'으로 나눈다.

첫째, '정보 제공형'은 학습자에게 가치 있는 진실된 정보를 제시하고 이를 전달하는 교과서 유형으로, 지식과 정보의 제약이 없어 많은 양을 다룰 수 있고, 교사는 지식을 전달만 하고 학생은 주로 수동적으로 암기하고 수용하는 수업 형태에서 이용된다. 따라서 교사는 지식과 정보를 이해하기만 하면 된다. 과거 사회 교과서에서 주요 평야, 지역별 산업 발달에 대한 암기 위주의 내용이 여기에 속한다.

둘째, '연습문제 및 탐구과제 제시형'은 구조화되고 정선된 지식, 능력, 수련에 도움이 되는 절차적 지식을 포함한 것으로, 학생 중심의 활동이 이루어지는 수업 형태에서 사용된다. 때문에 교사는 지식의 체계를 이해하고, 학생들이 학습 내용이나 절차, 해결 방법을 내면화할 수 있도록 그 과정을 구성할 수 있어야 한다. 보통 과학, 수학(수학익힘) 교과서가 여기에 해당된다.

셋째, '절충형'은 '연습문제 및 탐구과제 제시형'과 거의 유사하나 두 번째 유형이 학생 위주의 활동이 많았다고 한다면 여기서는 교사와 학생의 상호작용이 많은 부분을 차지한다. 예를 들어, 국어 교과서의 경우 스스로 혼자 읽고 교과서 안의 과제를 해결할 수 있지만, 교사의 절차적인 질문과 안내가 우선 이루어지고 난 후 학습자가 해결하도록 하는 것이다.

〈표 4-1〉 교과서의 기능과 그 특징

교과서의 기능	특징
교과내용의 제시	학생들이 학습할 내용을 선택하고 조직하여 배우기 쉬운 순서와 형태로 제시하는 기능
탐구과정의 유도	교과서에 제시된 학습내용은 산출된 결과로서의 지식 체계이므로 그 지식을 산출하게 된 탐구과정과 함께 학습하도록 유도하는 기능
학습내용의 구조화	내용을 체계적으로 제시하여 학생들이 계속해서 학습하는 내용을 스스로 검토하고 재조직할 수 있는 기회를 제공하는 기능
학습자료의 제시	학습내용의 이해를 돕기 위하여 많은 자료들을 명확한 관계 속에서 제시하고 그 관계 등을 설명해 주는 기능
학습동기 유발	학습자의 상태를 변화시켜 학습과제에 보다 많은 관심과 흥미를 갖도록 하는 기능
연습문제 및 탐구과제의 제시	한 단계의 학습이 끝난 뒤, 보다 심화된 학습을 유도하고 학습자의 자발적인 학습을 돕기 위한 기능

이러한 구분들은 다분히 기계적인 분류일 가능성이 있으며 현실적으로는 경중(輕重)의 차이지 어느 교과서가 한 가지 유형으로 구분되지는 않는다.

교과서는 일반적으로 ① 교과내용의 제시 기능, ② 탐구과정의 유도 기능, ③ 학습내용의 구조화 기능, ④ 학습자료의 제시 기능, ⑤ 학습동기 유발 기능, ⑥ 연습문제 및 탐구과제의 제시 기능(양혜정, 2003)을 가지고 있으며, 〈표 4-1〉에서 각각의 특징을 알 수 있다.

2. 교과서의 체제

교과서의 체제는 대체로 내용상의 체제와 외형상의 체제로 나뉜다. 내용상의 체제란 내용이 전개되는 방식을 말하고, 외형상의 체제는 판형, 활자, 지질, 색도, 쪽수 등을 말한다.

공급자 입장을 위주로 하여 활자 매체의 단순한 배치를 통한 지식 체계의 전수를 주 기능으로 삼았던 과거의 교과서에서는 체제가 크게 중요하지 않았으나, 다양한 시각 매체를 접하고 있는 오늘날의 학생들이 배우는 교과서에는 책자의 내용 구성 체제와 판형, 색도와 지질, 활자의 크기와 모양 등 외형 체제의 중요성이 날로 높아지고 있다.

1) 교과서의 내용 구성 체제

앞서 말한 것처럼 교과서의 내용상의 체계란 교과서에 담긴 내용을 전개하는 방식을 뜻한다. 우리는 교과서에 담기 위해 어떤 내용을 선정할 때 어떠한 구성 방향에 따라 선정·조직할 것인가, 교과서가 공인된 교재로서의 기능을 바르고도 효과적으로 수행하기 위해서 지녀야 할 요건은 무엇인가 등을 고려해야 한다.

(1) 교과서 구성 방향

좋은 교과서는 교육과정에 명시된 교육목표를 충실히 달성하기 위하여 필요한 교수-학습활동을 구체적으로 나타내는 자료이어야 한다. 따라서 교과서의 구성 방향은 다음과 같다(경상대학교 중등교육센터, 2001).

① 교육과정의 정신을 충실히 반영하는 교과서

대다수의 교사들에게 있어서 제1차적인 교육자료는 교과서이고, 그런 만큼 우리 교육의 현실에서 교과서가 갖는 의미는 크다. 따라서 우리 교육의 실제에 변화를 가져오기 위해서는 교육과정의 개정이 곧 교과서의 변화로 이어져야 하며, 특히 모든 교과서는 각 교육과정에서 추구하는 인간상, 교육목표, 내용, 교수-학습방법, 평가, 중점 사항 등을 반드시 반영하여야 한다.

② 자기주도적인 '학습재'로서의 교과서

교과서는 학습자가 교육내용에 대해 흥미를 가질 수 있도록 구성되어야 하며, 과제를 명확히 밝혀 학습자로 하여금 목표 의식을 가지고 학습에 임하도록 해야 한다. 뿐만 아니라 교과와 내용 영역에 따라 학습의 과정이나 절차가 달라 질 때 해당 교과서에 그에 알맞은 학습의 과정이 스며들어 있어야 한다. 특히 자 기주도적인 학습재로서의 교과서가 되기 위해서는 공통적인 학습내용뿐만 아 니라 개인별 혹은 집단별로 차별화된 학습이 가능한 부분도 포함되어 있어야 한다.

③ 학습자료로서의 교과서

제7차 교육과정 이후로 교과 교육을 위한 자료를 언급할 때, '교과서'가 아니 라 '교수-학습자료'라는 개념을 사용하고 있다. 이는 더 이상 교수-학습자료로 활자 위주의 서책 중심이 아닌 멀티미디어화된 다양한 자료들이 점차 활용되고 있으며, 더욱이 한번에 개발이 완결되는 교과서만으로는 시사성, 지역성, 학생 들의 다양한 능력과 흥미에 부합할 수가 없다는 것이다. 즉, 교과서와 더불어 그 것을 보완해 줄 수 있는 다양한 자료들, 예컨대 시사자료, 생활 주변 자료, 학습 지, 평가문항, 관련 교과의 부가적인 CD 자료 등과 같은 좀 더 융통성 있는 교 수-학습자료의 개발과 활용 방안을 구안할 필요가 있다. 이는 교과서라는 닫힌 개념이 아니라, 교수-학습자료라는 열린 개념을 요청한다고 볼 수 있다(조난심, 2007).

④ 교과서와 기존 자료와의 연계 모색

학생들이 교과 학습을 위해 접하는 자료는 교과서에 한정될 필요가 없다. 보다 풍부한 학습을 위해서는 교과서와 기존의 자료들을 연계하여 학생들이 풍 부하고 다양한 학습자료들을 마음껏 활용할 수 있게 해야 할 것이다. 따라서 교 과서와 원전(原典)을 연계시키도록 해야 하며, 이미 개발되어 나와 있는 다양한 자료들을 교과서와 병행하여 다양하게 활용할 수 있는 방안을 모색할 필요가 있다.

⑤ 교과서 활용 관행의 변화

제7차 교육과정 개정 이후로 지금까지 수시로 개정된 교육과정의 중점적인 개정 방향은 교사와 학생의 교수 및 학습 부담의 경감이다. 지금까지 우리 학교 현장은 여전히 모든 학생들에게 교과서의 전체 내용을 전부 가르쳐야 한다는 압박에 시달리고 있다. 그로 인해 학습량이 증가했다는 지적을 많이 받고 있는 것이 현실이다. 이를 위해 교수-학습자료의 풍부화와 다양화를 추구하되, 학생들의 학습 부담이 증가되지 않는 방안을 모색할 필요가 있다. 즉, 교과서는 다양화하되 교사와 학생의 선택이 가능하게 하는 방식으로 교과서를 개발·활용할 필요가 있는 것이다. 예컨대, 교과서에 풍부하고 다양한 내용을 수록하되, 모든 학생들이 그 내용을 전부 학습하는 것이 아니라 일부를 선택해서 배우도록 하는 방안이 있을 수 있다.

(2) 현행 교과서의 구성 체제

현행 교과서의 구성 체제는 단원의 전개 방식을 통해 살펴볼 수 있다. 그러나 교과서의 구성 체제는 학교급별, 과목별, 보조 책자(예를 들어, 수학익힘책, 실험관찰책)의 유무, 검정 교과서인 경우 출판사별로 약간씩 차이가 있을 수 있다.

[그림 4-6]의 A는 2007 개정 교육과정의 중학교 1학년 1학기 국어 교과서의 전체 구성이며, B는 2007 개정 교육과정의 중학교 1학년 1학기 사회 교과서의 전체 구성이다.

두 교과서 모두 순서상의 차이가 있지만 책의 표지 다음은 머리말로 시작하고 있으며, 차례가 제시되는 전후로 본 교과서들의 특징에 대하여 설명하고 있다. 즉, 각 아이콘들이 어떤 점을 설명하고 있으며, 단원별로 어떤 요소들이 어떠한 순서로 제시되는지를 한눈에 살펴볼 수 있도록 보여 주고 있다. 단원은 국어의 경우 7개의 대단원에 각 7개의 중단원을 두고, 그 아래 다시 3개 내외의 소단원을 두고 있다. 사회 교과서는 10개의 대단원에 2~3개의 소단원으로 구성된다. 그리고 두 교과서 모두 교과서의 뒷부분은 부록의 형식으로 교과서에 수록된 참고 작품의 출처와 사진 자료, 혹은 용어 찾기 색인 목록을 제시하고

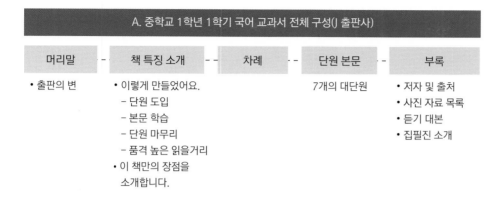

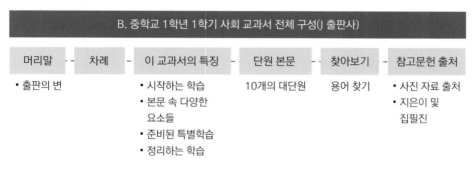

[그림 4-6] 2007 개정 교육과정에 따른 중학교 1학년 1학기 국어, 사회 교과서 전체 구성 (J 출판사)

있다.

〈표 4-2〉는 두 교과서의 한 단원에 초점을 두고 그 구성 체제를 살펴본 것이다.

물론 교과의 성격과 학교급 그리고 출판사 등에 따라 차이가 있지만, 〈표 4-2〉에서 확인할 수 있듯이 학습 주제의 구성은 소단원 단위로 이루어지고 있는데 한 주제당 다양한 활동(경험하기, 창의적 표현활동, 과제로 표현)으로 구성되어 있음을 알 수 있다.

〈표 4-2〉 중학교 1학년 1학기 국어, 사회 교과서 단원별 구성 체제

교과서 단원 전개	국어	사회
대단원	• 단원 안내 사진 • 대단원 명 • 단원 도입글	• 단원 안내 사진
중단원 (소단원)	• 소단원 명 • 학습 과제 • 소단원 1 도입글 • 생각 깨우기 • 학습내용	• 중단원 명
		• 소단원 명 생각나래 ※1
	• 작품 1 제시 • 창의적으로 표현하는 활동	• 본문
	• 작품 2 제시 • 창의적으로 표현하는 활동 • 경험하기	• 탐구활동 – 과제 제시

	• 소단원 2 제시
	  – 작품 1 제시
	• 경험하기
	  – 작품 2 제시
	• 경험하기
	  – 창의적으로 표현하는 활동
		• 더 깊이 생각하는 활동
		  ※2(※1~2는 소단원별로 반복된다.)

		• 범교과 주제 학습
대단원 (단원 정리)	• 단원학습 정리	• 내용 확인하기
	• 수준별 선택과제	• 퍼즐로 정리하기
	• 쉼터	• 수행평가

2) 교과서의 외형 체제

교과서에 마련된 여러 장치 중에서 독자의 시각을 가장 분명하게 자극하는 것이 바로 외형 체제다. 외형 체제는 교과서를 구성하는 물리적 요인으로서 판형, 글자 크기, 글자 및 낱말 사이의 간격, 글줄 길이와 글줄 사이의 띄기, 지질, 두께, 삽화 및 색도, 여백 처리 등을 말한다. 교과서의 내적 체제(體制)(예: 단원 구

성 체제)가 일종의 소프트웨어라면, 여기서 말하는 교과서의 외형 체제(體裁)는 교과서의 하드웨어라고 말할 수 있다. 일반 대중을 상대로 하는 서적과는 달리, 학생들이 사용하는 교과서는 학생들의 연령과 신체의 발달 수준에 따라 판형, 글자의 크기, 글줄의 길이, 삽화의 활용 등 편집 디자인에 다양한 변화를 요구한다. 교과서의 외형 체제 요인은 크게 판형, 글자의 크기와 모양, 종이의 질과 색상, 삽화, 편집 디자인으로 나눌 수 있다(한국교과서연구재단, 2004).

(1) 판형

판형은 교과서의 가로와 세로의 크기를 말한다. 판형은 교과서의 외형 체제를 결정하는 주요 요인이다. 판형은 학생들이 책을 읽을 수 있는 가독성과 밀접한 관계를 가지고 있으며, 학생의 신체적, 정서적 측면과 활용이라는 측면을 고려하여 활자의 크기와 사진·삽화 적정 규격의 적합성 등과 교과서 제작의 경제성과의 조화를 이루도록 선택되어야 한다. 교과서의 판형은 일반적으로 국판(148×201mm), 크라운판(167×236mm), 4×6배판(187×257mm)의 3대 판형으로 되어 있다. 현재 우리나라 교과서 중 국어과의 경우, 초등학교, 중학교, 고등학교 교과서 모두 4×6배판으로 바꾸었다.

(2) 글자의 크기와 모양

글자의 크기와 모양은 글자의 가독성(可讀性, legibility)과 변별성을 결정하는 중요한 요인이다. 글자의 가독성은 글자 그 자체를 빠르고 정확하게 읽는 정도를 말하고, 변별성은 한 글자와 다른 글자의 형태를 식별해 내는 정도를 말한다. 우리나라 교과서의 주활자 크기는 초등학교의 경우 학년에 따라 다르며, 중학교는 11pt(11~16pt), 고등학교는 10.5pt(11~16pt) 정도다.

(3) 종이의 질과 색상

종이의 질은 글자의 선명도에 그리고 색상은 글자 지각에서 오는 피로감에 영향을 미친다. 지질(紙質)은 종이의 품질을 뜻한다. 교과서 본문 지질로는 중질지, 모조지, 아트지(스노화이트지 포함) 등이 있다. 지질 선택 시에는 적정 중량, 사용자의 편이성 및 경제성, 색깔, 광택도 등을 고려해야 한다. 특히 지질은 적절한 무게, 사용자의 편이성 및 경제성뿐만 아니라 다양한 물리적 특성 등의 적절성을 고려하여 정하는데, 이것은 인쇄 효과와 사용상의 견고성, 시력 보호 등과 관련이 있다.

한편, 색상의 경우 학생들이 책에 쉽게 접근하게 하고, 많은 내용의 양을 짧은 시간 안에 읽게 하며, 지루함을 덜어 주어 오랜 시간 동안 책을 읽게 하기 위하여 고려된다. 그러므로 색도는 단색에서 벗어나 다색 또는 원색으로 되어야 한다.

현재 우리나라의 교과서 종이는 본문은 70g 미색 중질지, 표지는 엠보싱을 사용하고 있으며, 본문의 색도 역시 초등학교는 4도, 중 · 고등학교의 교과서는 2~4도를 사용하고 있다.

(4) 삽화

글과 함께 실린 **교과서 삽화**는 언어로 표현하기 어려운 내용을 나타내거나 글의 내용에 대한 흥미를 유발하고, 글의 내용을 좀 더 잘 이해하여 학습의 지루함을 덜어 주기 위하여 사용되는 보조 장치로서 매우 중요한 역할을 한다. 만약 삽화가 재미있으면 자연스럽게 글을 읽기도 하는데, 특히 국어 교과서의 경우 삽화는 극의 내용을 이해하기 위한 선행 지식으로도 활용된다.

교과서 삽화는 내용 이해와 관련하여 세 가지 기능으로 구분해 볼 수 있다. 첫째, 필수적인 기능으로서, 삽화 자체가 학습의 내용을 나타내는 것이다. 둘째, 보조 기능으로서 글 내용 이해에 도움을 주는 것이다. 셋째, 장식용 삽화다. 글 내용과 아무 관련 없이 단지 여백을 처리하기 위한 장식용 삽화가 이에 해당된다.

(5) 편집 디자인

편집 디자인은 그래픽 디자인의 한 분야로서 레이아웃(layout), 타이포그래피(typography), 일러스트레이션(illustration), 용지, 인쇄형식의 내용 요소들이 있으며, 서적인 경우에는 제책까지를 포함한다.

편집 레이아웃은 글자, 사진 및 일러스트레이션과 컷 따위를 어떻게 잘 배치, 구성하는가 그리고 어떻게 읽기 쉽게, 거기다가 조형적으로 아름답게 꾸미느냐에 관한 것이다. 편집 디자인 중에서 레이아웃 기술이나 감각은 커다란 비중을 차지한다.

3. 교과서 제도

교과서 제도란 교과를 편찬 · 발행하고 제작된 교과서를 제때에 공급하기 위한 과정 및 결과와 이에 대한 행정 조치를 의미한다. 한 나라의 교과서 제도는 크게 보아 두 가지 차원으로 나누어 살펴볼 수 있는데, 하나는 교과서가 담고 있는 내용을 연구 · 개발 · 심의하는 편찬 제도이고, 다른 하나는 그것을 서책과 같은 적절한 매체에 담아 발행 · 공급하는 제도다.

1) 교과서 편찬 제도(검정기준 포함)

편찬(編纂)이란 여러 자료를 수집하고 정리하여 책을 만들어 냄을 말한다. 국가 교육과정을 가진 우리나라 교과서 편찬 제도는 교과서 편찬 과정에 대한 국가의 관여 정도나 방식에 따라 분류하는 것이 가장 적절하다. 교과서 편찬에 대한 국가의 관여 방식 또는 관여의 정도라는 측면에서 교과서 편찬 제도를 다음과 같이 나누어 볼 수 있다.

첫째, 국정제는 교과서 저작에 국가가 직접 관여하는 방식으로, 교과서를 국가 기관이 직접 편찬하거나 특정 기관에 위탁하여 편찬하는 제도다. 즉, 편찬계획, 연구 · 개발, 심의, 발행과 공급에 이르기까지 국가에서 철저히 관장하는 교과서 제도다. 현재 우리나라는 국정의 전 도서를 특정 기관에 위탁하여 연구 · 개발 형으로 편찬하고 있으며, 일부 도서는 위탁 기관을 공모하고 있다.

〈표 4-3〉 **교과서 편찬 제도의 구분**

국가의 관여 형태에 따른 교과서 편찬 제도 구분	
• 교과서의 저작에 관여 • 교과서의 사용에 관여	• 국정제를 통한 직접적 관여 • 검정제를 통한 간접적 관여 • 인정제 • 자유발행제

출처: 경상대학교 중등교육센터, 2001.

둘째, 검정제는 교과서 제작에 국가가 간접적으로 관여하는 방식으로, 민간이 저작한 교과서를 국가 기관이 적합한지의 여부를 검정한 후 합격된 도서라 하더라도 부적합한 부분에 대해서는 저작자로 하여금 수정하게 하는 제도다. 검정제는 교과서의 저작에 국가가 관여한다는 점에서는 국정제와 같으나, 교과서의 저작 주체는 민간이며, 검정 결과 교과용 도서로서 부적합한 부분에 대하여만, 그것도 저작자로 하여금 수정하게 한다는 점에서 간접적 관여 방식이라고 할

〈표 4-4〉 **검정기준 개요**

검정기준 개요	
공통 기준	• 성격: 대한민국 법 질서, 교육과정 총론 및 편찬상의 유의점 등에 근거한 모든 교과에서 적용할 수 있는 보편적 기준 • 구성: 4개 영역으로 구분 제시 　- 헌법 정신과의 일치, 「교육기본법」 및 교육과정과의 일치, 지적 재산권의 존중, 내용의 보편타당성 • 판정: 각 영역별 '있음'과 '없음'으로 심사하여, 1개 영역이라도 '있음' 판정을 받으면 불합격
교과 기준	• 성격: 각 교과목별 특성에 부합하는 심사 기준 • 구성: 심사 영역과 심사 항목으로 구분 　- 교과서: 교육과정의 준수, 내용의 선정 및 조직, 창의성, 내용의 정확성 및 공정성, 교수-학습방법 및 평가, 표기 · 표현 및 편집 　- 지도서: 교육과정 · 교과서 안내, 구성 체제, 내용의 정확성 및 공정성, 교수-학습방법 및 평가, 자료의 제공 및 안내, 표기 · 표현 및 편집 등 • 판정: 각 영역별 점수가 해당 배점의 60% 이상이면서 총점이 80점 이상 (만점 100점)인 도서를 합격본으로 판정

수 있다. 초등학교의 실과, 예술(음악/미술), 체육, 영어와 중학교와 고등학교의
국어와 사회 등의 교과서가 이에 해당한다. 〈표 4-4〉는 교과서 검정기준이고,
〈표 4-5〉는 검정기준에 따른 심사표의 예시다.

〈표 4-5〉 **검정기준[공통기준] 심사표**

심사 영역	심사 관점	판정		비고
		있음	없음	
I. 헌법 정신과의 일치	1. 대한민국의 정통성과 기본 이념 및 국가 체제를 부정하거나 왜곡·비방하는 내용이 있는가?			
	2. 특정 국가, 인종, 민족에 대해 부당하게 선전·우대하거나, 왜곡·비방하는 내용이 있는가?			
	3. 성별, 종교, 사회적 신분 등에 따른 차별을 조장하는 내용이 있는가?			
이하 생략				

출처: 중학교 도덕 교과서 검정 기준(http://www.textbook.ac/mng/inc/download).

셋째, 인정제는 교과서의 사용에 국가가 관여하는 방식이기는 하나, 민간 저작
도서에 대하여 국가 기관이 사용 여부를 심사, 결정하는 제도다. 방송통신고등
학교 등 극히 일부의 도서만 교육부에서 관여하여 심사하고 대부분의 도서에 대
해서는 인정권을 시·도 교육감에게 위탁하고 있으며, 한 시·도에서 인정받는
도서는 다른 시·도의 학교에서도 자유롭게 사용할 수 있도록 하고 있다.

넷째, 자유발행제는 국가가 교과서의 저작이나 사용에 대하여 관여하지 않는
방식이나, 국가 또는 지방 정부에서 정한 교육과정 기준에 따라 교과서가 집필
된다는 점에서 제약이 전혀 없다는 의미의 자유발행제는 거의 없다. 〈표 4-6〉
은 편찬 주체별로 또는 검정 방법에 따라 국정, 검정, 인정 도서별 주요 특징을
정리한 것이다.

〈표 4-6〉 도서별 주요 특징

도서 구분	국정도서	검정도서	인정도서
정의	교육과학기술부 장관이 저작권을 가진 도서	민간에서 저작하여 교육과학기술부 장관의 검정을 받은 도서	국·검정 도서가 없거나 보충할 필요가 있는 경우에 사용하기 위하여 교육과학기술부 장관의 인정을 받은 도서
심의권자	장관(심의위원 위촉)	장관(한국교육과정 평가원장에게 위탁)	장관(시·도 교육감에게 위탁)
절차	편찬 심의	편찬 심의 선정	편찬 선정 심의
저작권자	교육과학기술부 장관	저작자	저작자
과목	유치원, 초등, 특수학교 교과	중등, 고등, 보통 교과 대부분	신설 및 교양 과목, 고교 전문 교과
장점	소수 선택 과목 교과서의 질 유지 가능	교사, 학생의 교과서 선택권 보장	현장 교원의 교과서 개발 참여 유도 용이
단점	내용의 획일성	검정 심사 비용 부담	질 관리 체제 부족 교과서 인정 업무 중복 예상

출처: 송인발, 2010: 5.

　　우리나라 교과용 도서 정책은 요약컨대 '다양하고 질 좋은 교과용 도서의 개발과 공급'에 있다. 종래의 획일화된 교과용 도서에 의해서는 21세기의 지식기반사회에서 요구되는 창의적이고 다양한 수월성을 지닌 인재를 길러 낼 수가 없고, 교육의 질적 향상을 위해서는 반드시 교과용 도서의 질적 개선이 필요하다. 뿐만 아니라 교과서의 위상이 '성전'과 같던 유일한 학습자료에서 '다양한 학습자료 중의 하나'로 변화한 만큼 이에 따른 교과서 정책이 변화될 필요가 있다.

　　그러나 우리나라의 현실에서 현재의 교과용 도서의 편찬 제도는 불가피한 점도 있고, 한편으로는 교과서 발행에 많은 기여를 한 것도 인정되지만, 교과서 발행에 국가가 너무 많이 관여하고 획일화하여 학생들의 창의성 및 다양성 계발을 어렵게 하고 있다는 학자들의 지적 또한 만만치 않다(정민택, 2005).

　　따라서 우리나라는 7차 교육과정 이후, 〈표 4-7〉에서 볼 수 있듯이 국정도서의 수는 점차 줄이고, 검인정도서, 특히 인정도서를 계속 확대해 나가는 추세다. 교육부에서는 2007 교육과정 개정 고시 이후 여러 번의 '교과용 도서 국·검·인정 구분 고시'를 하였다. 2007년 8월 7일 구분 수정 고시에 따라 교사용 지도서를 인정도서로 대거 전환하였고, 이에 따른 시·도 교육청 인정도서심의회 업무 부담의 가중으로, 2008년 8월 28일 구분 고시를 통해 대부분의 교사용 지도서(국어, 도덕, 사회, 역사 교과목의 지도서는 제외)를 시·도 교육청 인정도서심의회 심의를 거치지 않아도 되는 인정도서(일명 심의 없는 인정도서)로 전환하였다. 심의 없는 인정도서는 사용 학기 3개월 전까지 신청하면 되므로 학교에서는 교과서 채택(8월 말) 후 인정 신청에 필요한 기간을 확보할 수 있게 되었다.

〈표 4-7〉 교육과정 기별 교과서 편찬 제도별 종수

구분	국정도서	검정도서	인정도서	계
제7차 교육과정(1997)	721	187	134	1,042
2007 개정 교육과정 (2007)	537	181	239	957
2009 개정 교육과정 (2009)	334	136	382	852

출처: 송인발, 2010.

2) 교과서 공급 제도

우리나라 교과용 도서의 공급은 해방 직후부터 1977년 2월까지 발행사별 지정 공급인정제로 민간이 담당하여 왔다(이현일, 2000). 그러나 1977년 3월 신문 지상에 교과서의 발행사별 주문과 공급 과정에서의 채택 비리, 금품 수수 및 부교재 끼워 팔기 등의 부작용에 관한 사실이 알려지면서 같은 해 8월 당시 시행되어 오던 '교과용 도서 저작·검인정령'이 폐지되고, '교과용 도서에 관한 규정'이 제정되면서 당시의 공급 제도가 국정교과서(주)를 공급 대행 기관으로 지정하여 지금까지 유지되고 있다.

그러나 1998년 IMF 이후 정부의 공기업 민영화 계획의 일환으로 국정교과서 (주)가 민영화됨에 따라 교육부는 잠정적인 조치로 2년간(2000학년도 1학기 교과서 공급까지) 인수 기업인 대한교과서주식회사가 교과서 공급 업무를 대행하도록 하였다. 2001학년도 1학기부터는 새로운 공급 체제가 적용되었는데 그 주요 골자는 교과서 공급을 시장 기능에 의한 자율 공급 체제로 전환하고, 공급 경비를 절감하기 위해서 교과서 발행사가 공동으로 출자하여 설립한 재단법인 '한국교과서연구재단'을 일부 개편하여 중앙공급 총괄기관으로서 교과용 도서 공급 업무를 담당하도록 하였다.

일반적으로 교과서를 공급하는 방식은 크게 무상이냐 유상이냐 또 1인당 한 권씩 아예 주는 것이냐 빌려 주는 것이냐로 나뉜다.

유상제의 경우, 학생 본인이 교과서 값을 지불하는 것이므로, 자신이 가질 수 없는 대여제도 가능하지만 대개 학생 소유가 되도록 하는 급여제와 동일어로 사용한다. 무상제는 교과서 값을 학생이 지불하는 것이 아니라 국가, 시·도 교육청, 학교 등에서 지불하는 제도다.

무상제의 경우, 학교, 시·도 교육청, 국가 등에서 교과서를 산 후 학생들에게 나누어 주는 것이기 때문에 무상 급여제, 무상 대여제로 나뉜다. 세계 여러 나라에서는 의무교육 기간에 무상 급여제와 무상 대여제로 운영하는 경우가 많다. 우리나라의 경우 무상제와 유상제를 혼합하여 사용하고 있으며, 학생 개인이 교과서를 완전히 소지하는 급여제를 실시하고 있다.

(1) 교과서 급여제(教科書給與制)

교과서의 급여제는 학생에게 교과서를 직접 제공하여 개인이 교과서를 소유, 관리, 활용하게 하는 것을 말한다. 함수곤 등(2003)은 교과서의 급여제를 다음과 같이 나누고 있다. 교과서의 급여제는 무상 급여제와 유상 급여제로 나눌 수 있는데, 의무교육 단계의 학생에게는 무상 급여제, 의무교육 이외의 단계 학생에게는 유상 급여제, 또는 대부분의 일반 학생에게는 유상 급여제, 일부 저소득층 빈곤 학생에게는 무상 급여제를 적용하는 절충식 급여제 등으로 구분할 수 있다.

이상의 교과서 급여제의 장점은 다음과 같다.

- 사용 시기의 적이성: 교과서의 개인 소유를 보장하기 때문에 학습자가 학습 장소와 학습 시기에 구애받지 않고 필요한 경우 언제나 교과서를 유효적절하게 활용할 수 있다.
- 사용 방법의 적절성: 교과서가 개인 사유물이기 때문에 책에 메모, 밑줄, 색칠 등이 가능하여 자유롭게 활용할 수 있다.
- 교과서에 대한 개인적 애착감: 국가나 지역, 학교 등에 대한 소속감, 자부심 등과 같은 일체감과 연대 의식을 느낄 수 있고, 신선감과 기대감을 줄 수 있다.
- 위생적 활용: 교과서를 개인이 사용하고 보관하기 때문에 위생적이고 깨끗하게 사용할 수 있다.

이러한 장점이 있는 반면, 매년 전 학생에게 방대한 수량의 교과서를 개인 소유로 지급해야 하기 때문에 일회성 소모품적인 교과서를 대량으로 제작해야 한다는 점과 교과서 내용 구조의 개선이나 판형, 지질, 인쇄 등 외형 체제의 품질 향상에 막대한 재정 부담이 따르기 때문에 교과서의 질적 향상에 크게 제약을 받는 점은 급여제의 큰 단점이라 할 수 있다. 이러한 단점에 의해 급여제 아래에서는 고급 교과서를 만들기가 매우 어렵다. 교과서 대여제를 실시하고 있는 선진국의 교과서와 개인 급여제를 실시하고 있는 국가의 교과서를 비교해 보면 그 내용과 외형의 품질 면에서 차이를 발견할 수 있다.

교과서 급여제를 시행하고 있는 국가에는 우리나라를 비롯하여 북한, 중국, 대만, 일본, 말레이시아, 오스트리아, 이탈리아 등이 있다(함수곤, 2000).

(2) 교과서 대여제(敎科書代與制)

교과서 대여제란 교과서를 학생 개인 소유로 지급하지 않고 국가나 지방자치단체 또는 학교 등의 소유로 일정한 장소에 비치하여 선·후배 학생들이 일정한 기간 동안 대를 이어서 계속적으로 공동 관리, 활용하게 하는 제도를 말한다. 요컨대, 교과서의 사유화를 인정하지 않고 교과서를 공유물로 이용하게 하는 제도다.

교과서 대여제는 일단 제작된 교과서를 개인이 한 번 사용하고 폐기하는 급여제와는 달리 수년 동안 선후배가 계속하여 공동 사용하는 제도이기 때문에 투자 효과 면에서 상당한 이점이 있다. 교과서 대여제의 장점은 다음과 같다.

- 질 높은 교과서 제작 용이: 무엇보다 교과서를 교수-학습에서 요구되는 제 조건을 구비한 질이 높은 교과서로 만들기에 용이한 점이 큰 장점이라 할 수 있겠다.
- 교과서의 고급화: 장기간 물려 쓸 수 있도록 표지, 지질, 제본 등의 내구성과 견고성을 각별히 고려해야 하고, 활자, 삽화, 사진, 색도, 디자인 등의 선명도, 미려도 등에 주의를 기울여야 하기 때문에, 교과서의 내적 · 외적 질이 향상될 수밖에 없다.

그러나 학교 교육에서 교수-학습의 필요와 학습자의 요구를 충족시킬 수 있는 질 높은 교과서를 확보할 수 있다는 장점에도 불구하고, 교과서 대여제는 교과서 급여제가 가지고 있는 장점을 단점으로 안고 있다. 즉, 국가나 시 · 도 교육청 등에서는 고급 교과서를 제작하여, 이를 공급하고, 학교에서는 이를 보관하고, 활용에 필요한 시설과 인력 자원을 확보해야 한다는 재정적 부담을 안게 되고, 교과서를 생산하기 위한 우수한 연구진, 출판과 관련된 인력, 시설 등을 교체 보완해야 한다는 점이 큰 문제가 될 수 있다. 뿐만 아니라 새 학년, 새 학기가 되어 사용하게 되는 교과서가 아무리 내적 · 외형적 수준이 우수하고 고급이라 하여도 이미 누군가가 사용하던 것이라는 점에서 학습자의 기대감과 신선감은 반감되고 말 것이다. 또한 당해 연도에 사용하고 또 다른 후배에게 물려주어야 하기 때문에 개인의 학습하는 방법에 따라 자유로이 활용하지 못하고 제약을 받게 되는 단점도 있다.

현재 미국, 영국, 프랑스, 캐나다, 오스트레일리아, 네덜란드, 벨기에 등과 같은 선진국은 거의 교과서 대여제를 시행하고 있고, 독일, 스웨덴, 스위스 등과 같은 일부 국가는 급여제와 대여제의 혼합 방식을 채택하고 있다.

3) 교과서 채택 방법

앞서 살펴본 것처럼 정부의 검·인정 교과서 확대 정책으로 인하여 일선 학교의 교과서 선정 채택 활동이 더욱 활발해졌고, 교과서 선정을 위한 교사의 역할이 매우 중요해졌다. 즉, 교과서를 채택할 때 공정하고 투명하게 하고, 건전한 경쟁을 유도하는 것이 필수 조건이 되면서, 교과서를 선정하고 채택하는 데 교사의 권한이 더욱 강화되었다.

분명한 것은 교과서 선정 채택은 교과서 이외의 요인이 아니라 교과서의 질을 기준으로 이루어져야 한다는 것이다. 발행사 간의 교과서 질 향상을 위한 경쟁을 유도하고 이를 토대로 하여 우수한 교과서가 공급되고 채택됨으로써 국가교육의 수준도 향상될 수 있다.

우리나라의 경우, '교과용 도서에 관한 규정'(대통령령 제26709호)에 따르면, 학교의 장은 국정도서가 있을 때는 이를 사용하여야 하고, 국정도서가 없을 때는 검정도서를 선정·사용하여야 하며, 국정도서와 검정도서가 없는 경우 또는 이를 선정·사용하기 곤란하거나 보충할 필요가 있는 경우에 인정도서를 선정·사용할 수 있다(제3조). 이에 덧붙여 동령 제17조에는 학교의 장은 국정도서 또는 검정도서를 보충할 목적으로 인정을 받은 인정도서를 국정도서 또는 검정도서에 갈음하여 선정·사용하여서는 안 된다고 그 한계를 명확히 하고 있다.

학교의 장은 해당 학교에서 사용할 검정도서 또는 인정도서를 선정할 때는 해당 학교 소속 교원의 의견을 수렴한 후 해당 학교의 학교운영위원회의 심의(사립학교의 경우에는 자문)을 거쳐야 하고, 사용하고 있는 검정도서 또는 인정도서를 변경할 경우에는 해당 학교의 학교운영위원회의 심의를 거치고 재적위원 과반수의 출석과 출석위원 3분의 2 이상의 찬성으로 의결하도록 하고 있다.

이와 같은 과정을 거쳐서 학교의 장은 매 학기에 사용할 교과용 도서를 해당 학기 시작 4개월 전까지 「초·중등교육법」 제30조 4항에 따라 교육정보 시스템을 이용하여 해당 교과용 도서의 발행자 또는 그 대리인에게 주문하여야 한다 (제30조).

그러나 현실적으로 일선 교사들은 교과서를 선정 채택하는 데 상당한 곤란을 겪고 있다. 예컨대, 중학교의 경우 선정해야 할 교과서가 23과목 321종인데, 선정 채택을 담당할 교사들이 각 학교마다 1~2명씩 밖에 없는 경우도 많고, 교과서를 충분히 검토할 시간이 부족하며, 교육청에는 소속 학교 교과서 채택에 도움을 줄 수 있는 평가 자료가 부족한 실정이다. 따라서 일선 학교에서 우수한 교과서를 제대로 선정하고 채택하기 위해서는 필요한 교과서 평가 자료의 종류와 특징을 살펴보아야 한다.

교과서 평가 자료란 교과서 채택 과정에서 활용할 수 있는 여러 자료를 통칭하여 부르는 용어다. 교과서 선정과 채택을 목적으로 생산된 자료뿐만 아니라, 다른 목적으로 생산된 자료라도 교과서 채택 과정에서 활용할 수 있다면 교과서 평가 자료의 범주에 포함시킬 수 있다.

'교과용 도서에 관한 규정' 제3조에 따르면 시·도 교육감은 일선 학교 교사들에게 교과서 평가 자료를 제공하도록 명시하고 있다. 일반적으로 교과서 평가 자료는 교과서 검정 심사 자료, 교과서 발행사의 홍보 자료, 학회 및 교과 교사 모임 등의 교과서 평가 자료, 교과서 전문기관의 교과서 평가 자료 등 여러 가지를 들 수 있다.

(1) 검정 심사 자료

교과서 **검정 심사 자료**란 교과서의 자격 여부를 평가한 자료로, 검정에 합격한 교과서에 한해서 검정 과정에서 파악한 교과서 내용 검토 의견을 제공하여 교과서의 수정, 보완을 요구하고 있다. 따라서 심사본 교과서와 선정 채택용 교과서는 상당한 정도로 달라질 수 있기 때문에 심사본의 검정 심사 자료를 평가 자료로 사용하는 데 한계가 있다는 약점이 있다.

(2) 발행사 홍보 자료

발행사는 자기 회사가 만든 교과서가 채택될 수 있도록 홍보 자료를 제출하는데, 교과서 집필 계획서와 교과서 홍보용 설명 자료가 여기에 속한다. 이러한 자료는 대개 교과서의 특징 및 장점이 과장되어 서술되고 단점이나 미흡한 점에 대한 내용을 제시하지 않는 경향이 있다.

(3) 교사 모임 및 학회 자료

학회나 교과 교사 모임에서 교과서 채택에 도움이 되는 자료를 제공하기도 한다. 이러한 자료는 학회와 교과 교사 모임의 성격이나 평가자의 성향이 반영되므로 다양한 입장의 자료를 상호 비교 검토할 필요가 있다.

4. 교과서의 발전 방향

21세기는 정보화 사회로서 정보 수집과 처리 능력, 문제를 해결하는 능력, 창조적인 아이디어의 계발, 새로운 상황에 유연하게 대처하는 능력, 다른 사람과 상호작용하는 능력 등이 요구된다. 이런 사회에 대응하기 위하여 교육과정이 개정되고, 개정된 교육과정에 대응하여 교과서도 변해야만 한다.

좋은 교과서는 교육과정에 명시된 교육목표를 충실히 달성하기 위하여 필요한 교수-학습활동을 구체적으로 나타내는 자료이어야 한다. 일반적으로 좋은 교과서에 대하여 논의를 할 때는 외형 체제와 교과서 자체의 내재적 요건을 언급한다. 여기서는 앞으로 우리의 교과서가 나아가야 할 방향을 알아보고, 새로운 형태의 교과서인 디지털 교과서에 대하여 설명하고자 한다.

1) 좋은 교과서가 갖추어야 할 요건

교과서는 학교 교육을 정상화하는 기능을 가지고 있으며, 각 교과의 교수-학습과정이 개선되도록 선도하는 역할을 가지고 있다. 일반적으로 좋은 교과서가 갖추어야 할 요건은 다음과 같다.

교육과정의 정신을 반영하는 교과서

모든 교과서는 각 교육과정에서 추구하는 인간상을 반영해야 한다. 예를 들어, 2015 개정 교육과정에서 추구하는 인간상이 전인적인 성장의 기반 위에 개성을 추구하고, 기초 능력을 토대로 창의적인 능력을 발휘하는 것이라면 이와 같은 인간이 배출될 수 있도록 교과서에 반영해야 한다.

교육과정에 제시된 목표, 내용, 교수-학습방법, 평가를 반영하는 교과서

교과서는 각 교과의 성격과 목표에 충실한 내용을 선정하여야 한다. 내용은 교육과정에서 제시한 시간과 학생들의 발달 정도를 고려하여 양과 수준을 선정해야 한다. 뿐만 아니라 선정된 내용은 각 교과의 교수-학습방법과 학습자의 학습능력, 학습자의 심리를 최대한 고려하여 실제 수업 현장에서 실천할 수 있도록 해야 한다.

교육 수요자 중심의 교과서

교과서는 학생들의 개인차를 충분히 고려하여 학생들의 창의력과 사고력, 탐구력을 기를 수 있도록 학생 중심의 교과서가 되도록 해야 한다.

쉽고 재미있고 활동하기에 편리한 교과서

학생들의 발달단계를 고려하여 흥미와 동기유발이 가능하도록 해야 한다. 다양한 편집과 디자인 기법을 도입하여 가독성을 높이고 멀티미디어를 비롯하여 다양한 교수-학습자료가 제공되어야 한다.

미래 사회의 삶을 준비하는 교과서

　지금 학교에 다니는 학생들이 살아갈 미래 사회는 지금과는 전혀 다른 사회가 될 것이다. 미래 사회는 필요한 정보를 수집하고 처리하는 능력, 문제를 해결하는 능력, 창조적인 아이디어를 생성하는 능력, 새로운 상황에 대처하는 능력 등을 요구한다. 따라서 이러한 상황에 맞게 교과서도 변해야 하며, 교사가 현실의 자료를 가지고 미래에 대응하는 방법을 교육할 수 있고, 학생들이 미래를 준비하도록 도울 수 있는 교과서가 편찬되어야 한다.

2) 디지털 교과서의 전망과 한계

　교육부에서는 2018년에 초ㆍ중등학교에 디지털 교과서(digital textbook)를 전면 도입할 것을 발표하였다. 2016년 7월 기준, 한국교육학술정보원(http://www.keris.or.kr/index.jsp)에 따르면 디지털 교과서는 전국 128개의 초ㆍ중등 연구학교와 약 3,400여 개의 희망학교를 대상으로 서비스를 제공하였다.

　2015 교육과정의 개정과 함께 새로이 개발되는 디지털 교과서의 국ㆍ검정 구분 체제도 정비하고 있다. 초등학교 사회/도덕, 수학, 과학 등은 국정 체제로, 초등학교, 중학교, 고등학교의 영어와 중학교의 사회, 과학 디지털 교과서는 검정 체제로 개발할 것을 확정하였다.

〈표 4-8〉 2015 개정 교육과정에 따른 디지털교과서 개발 및 적용(안)

디지털 교과서 개발 교과/학교급	학년도 학년(군)	2017	2018	2019	2020	2021
초등학교 (국정: 사회, 과학) (검정: 영어)	3~4	개발	적용	→	→	→
	5~6	-	개발	적용	→	→

중학교 (검정: 사회, 과학, 영어)	1	개발	적용	→	→	→
	2	–	개발	적용	→	→
	3	–	–	개발	적용	→
고등학교 (검정: 영어)	영어, 영어회화, 영어I, 영어독해와 작문	개발	적용	→	→	→
	영어II	–	개발	적용	→	→

디지털 교과서는 2009 개정 교육과정 고시에 이어 이른바 2010년 교과서 선진화 방안의 발표로 시작되었다. 교육부에서는 2009 개정 교육과정 고시에 이어 이른바 '2010년 교과서 선진화 방안'을 발표하였다. 이 방안은 다음 두 가지 이유에서 발표되었다.

첫째, 우리 교과서가 그동안 질적 · 양적 측면에서 많은 발전을 거듭해 왔음에도 불구하고, 교과서 속에 압축된 많은 양의 지식을 이해하기 위해서는 별도의 참고서를 구입해야 했으며, 이는 고스란히 학부모의 경제적 부담이 됨과 함께 교과서는 따분하고 지루하다는 인식을 심어 주었다는 점 때문이다.

둘째, 현행 교과서 체제는 미래 사회의 변화를 선도해 나갈 창의적인 인재가 가져야 할 창의적 '산지식'을 교과서에 반영하기가 어렵다는 점 때문이다. 〈표 4-9〉는 '2010년 교과서 선진화 방안'을 발췌 · 요약한 것이다.

'교과서 선진화 방안'의 주요 골자 중의 하나는 앞으로 활자 중심의 교과서가 가지는 시 · 공간의 제한, 자료의 제한점을 뛰어넘는, 이른바 디지털 교과서를 일선 학교 현장에 도입하여 사용한다는 것이다.

디지털 교과서는 디지털 데이터를 이용하여 교과서 내용을 전자 매체에 수록한 뒤 유 · 무선 정보 통신망을 이용하여 그 내용을 읽고, 보고, 들을 수 있도록 한 교과서를 말한다(임광빈, 2007). 즉, 학교와 가정에서 시간과 공간의 제약을 받지 않고, 기존 서책용 교과서의 내용은 물론, 참고서, 문제집, 학습 사전 등 방대한 학습자료를 포함하며, 이를 동영상, 애니메이션, 가상현실, 하이퍼링크 등 첨단 멀티미디어의 기능과 통합을 제공하며, 더 나아가 사회 각 기관의 학습자료 데이터베이스와 연계하여 폭넓은 학습자료를 제공하는 교과서를 뜻하는 것이다.

이러한 디지털 교과서는 기존의 서책형 교과서와 몇 가지 차이점을 가지고 있다. 우선, 기존의 서책형 교과서가 텍스트와 이미지 중심의 평면적이고 선형

〈표 4-9〉 2010년 교과서 선진화 방안

- 2011년 국어, 영어, 수학 과목부터 가정에서도 활용 가능한 e-교과서를 기존 서책형(종이) 교과서와 함께 CD 등의 형태로 학생들에게 보급키로 하였다.
- 2011년부터 국정 도서 145종(특수 목적 고등학교 및 전문계 고등학교)과 검정 도서 39종(고교과학, 음악, 미술, 체육 등) 총 184종의 도서가 인정도서로 전환된다.
- 검정 교과서 출원 자격을 완화하여 민간 출판사(저작자)뿐만 아니라 학회나 공공기관도 검정 교과서 출원을 허용할 예정이다.
- 검정 심사 과정은 종래 폐쇄형 합숙 심사에서 개방형인 재택 심사로 전환하게 되며, 지금까지 공개하지 않았던 검정 심사 결과 보고서도 공개한다.
- 2011년 검정에 출원되는 교과서부터 가격을 사전에 심의하고 필요한 경우 교과서 가격의 조정을 출판사에 권고토록 함으로써 교과서 가격 안정화를 도모토록 하였다.
- 일선 학교에서의 교과서 채택 비리를 근절하고, 교과서 선정 및 채택 과정의 공정성, 투명성을 제고하기 위한 법률상 근거 규정을 새로이 마련키로 하였다.

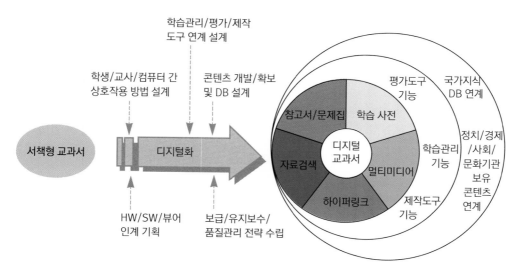

[그림 4-7] 디지털 교과서의 개념(임광빈, 2007: 7)

적인 학습자료이며, 자료가 고정되어 변환이 어렵고, 교과서 외의 자료를 찾기 위해서는 많은 시간과 비용이 요구되며, 교과 간 서로 단절된 개별 학습 교재였다면, 디지털 교과서는 서책형 자료 외에 소리, 동영상, 애니메이션, 가상현실 등 멀티미디어 학습자료이며, 새로운 사실과 지식을 신속하게 교과서에 반영할 수 있고, 사회에 존재하는 다양한 교육자료나 데이터베이스와 연계되어 있기 때문에 교과서 외의 자료에 대한 접근성이 용이하다. 뿐만 아니라 교과 내 학년 간, 타 교과와 연계한 학습이 가능하다.

이상에서 살펴본 바와 같이 디지털 교과서는 서책형 교과서를 단순히 디지털화하는 것이 아니라, 학습자가 학습을 함에 있어서 필요한 인쇄 및 멀티미디어 자료, 참고서와 문제집, 사전류 등과 각종 평가, 학습관리, 저작 도구 등을 포함하고 있다. 결국 디지털 교과서는 학습에 필요한 정보와 도구 및 교수-학습을 지원하고 운영함에 필요한 기능을 포괄하는 종합 체제라 할 수 있다.

조난심(2007)은 디지털 교과서의 주된 기능을 교수-학습 기능, 자원 연계 기능, 상호작용 기능, 학습 관리 기능, 교수-학습 보조 기능으로 구분하였다.

첫째, 교수-학습 기능은 수업의 도입뿐만 아니라 전 차시에 걸쳐 동기유발을 일으키며, 학습내용 및 다양한 자료를 제시하는 것이 가능하다. 뿐만 아니라 교과목 및 교과내용에 적합한 교수-학습방법을 제시해 주며 학습결과에 대한 평가와 피드백이 즉각적으로 이루어질 수 있다.

둘째, 자원 연계 기능으로, 기존의 서책 형태의 교과서는 학습내용과 관련된 자료를 미리 사전에 계획하고 준비하여 거의 완벽한 형태로 수업 시간에 가져와서 활용해야 하는 단점이 있었다. 때로는 학생 스스로의 힘으로 해결하기보다는 부모나 학원, 기타 컴퓨터 및 자원을 이용하는 경우가 많았는데, 디지털 교과서의 경우 하이퍼링크의 기능을 활용하여 자료 검색이 가능하고, 외부 자원과 실시간대 연결이 자유롭게 된다.

셋째, 기존의 교과서는 '교사-교과서-학생'이라는 일방적 형태의 관계를 가지고 있었다면, 디지털 교과서를 활용함으로써 학생과 콘텐츠 간, 학습자와 학습자 간, 학습자와 교사 간, 학습자와 외부 간의 상호작용이 가능해졌다.

〈표 4-10〉 디지털 교과서의 특징

구분	특징
자료 유형	서책형 자료, 소리, 동영상, 애니메이션, 가상현실 등 멀티미디어 자료
자료 변환	새로운 사실과 정보의 신속한 반영
자료의 접근성	사회에 존재하는 다양한 교육자료가 데이터베이스와 연계되어 있어 접근 용이
내용 전달 매체	정보 기기
연계 학습	같은 교과의 다른 학년 간, 다른 교과와의 연계 학습이 가능
학습방법	교사, 학생, 컴퓨터 간 다방향 학습 가능
교육의 효과	학생 중심 수업 활동과 자기주도적 학습 실현 가능
기능	① 교수-학습 기능 ② 자원 연계 기능 ③ 상호작용 기능 ④ 학습 관리 기능 ⑤ 교수-학습 보조 기능

넷째, 디지털 교과서 내에서는 개인의 학습 진도와 평가 및 성적 관리가 용이해졌고, 스스로가 학습 진행 정도 및 보안해야 할 점 등을 점검할 수 있다.

마지막으로, 일종의 보조적인 기능으로 공책 필기 대신 문서 작성 및 편집이 가능하고, 페이지를 이동한다든지, 교과목의 성격에 따라 필요한 각종 사전류를 참고할 수 있다.

하지만 디지털 교과서의 사용에 따라 해결해야 할 과제도 적지 않다(이경아, 2016).

첫째, 디지털 교과서를 둘러싼 가장 첨예한 논란은 저작권 문제라고 할 수 있다. 현재 교과서에 사용된 저작물은 일정 부분 저작권이 유예되거나 혹은 낮은 가격에 일괄 저작권료를 지불하도록 하고 있다. 교육목적이라는 공익적 특수성을 고려해 저작권 행사를 일정 부분 제한한 것이다. 그러나 디지털 교과서는 매체 특성상 동영상과 사진, 예술작품 등 다양한 저작물을 더 많이 필요로 하므로, 관련된 주체가 많은 만큼 더 정교한 저작권 지불 모델이 필요하며 적절한 수준의 저작권료를 정하는 것도 과제라고 볼 수 있다.

둘째, 학교현장에 디지털 교과서를 전면적으로 도입하기 위해서는 단말기 구입, 하드웨어 구축, 유지보수 체계 구축 등 일단 물리적인 환경이 조성되어야 하는데 그에 소요되는 예산은 천문학적인 수준이다. 디지털 교과서는 쓰기가 가능한 휴대용 컴퓨터에 교과서 내용을 별도 프로그램 형태로 설치해 이용하는 방식으로 높은 사양이 필요하므로, 전국 초·중·고등학생 약 600만 명에게 대당 200만 원을 기준으로 보급할 경우 소요되는 예산은 약 12조 원에 육박한다. 디지털 교과서의 개발과 사용을 위해서는 필요한 예산이 확보되어야 한다.

참고문헌

경상대학교 중등교육센터(2001). 제7차 교육과정과 교과서. 서울: 교육과학사.

김만곤(2003). 교과서 제도의 현황 및 발전 방향. 교과서연구, 41, 11.

배종수(2002). 좋은 교과서의 조건들. 교과서 연구, 39, 22-26.

송인발(2010). 우리나라 국검정 도서의 인정화와 전망. 교과서연구, 60, 4-10.

양혜정(2003). 제6차 및 제7차 교육과정에 따른 중학교 과학 교과서 비교 분석. 경상대학교 교육대학원 석사학위논문.

이경아(2016). 디지털교과서의 전면 도입의 문제점과 개선 방안. 이슈 브리핑, 29호, 1-6.

이현일(2000). 교과서 공급 제도 개선의 의의. 교과서연구, 35, 53-55.

임광빈(2007). 미래 교육과 디지털 교과서. 교과서연구, 51, 7-12.

정민택(2005). 교과용 도서 편찬 제도. 교과서연구, 44, 33-38.

정준섭(1989). 국어과 교과서의 편찬: 현행 교과서 제도를 중심으로. 배달말교육, 7(1), 1-29.

정찬섭, 권명광, 노명완, 전영표(1992). 교과용 도서 체제 개선을 위한 인간공학적 연구. '91 교육부 정책 과제.

조난심(2007). 미래의 교과서: 편찬의 자율화와 매체의 다양화. 교과서연구, 52, 7-12.

중학교 도덕 교과서 검정 기준(http://www.textbook.ac/mng/inc/download)

한국교과서연구재단(2004). 교과용도서 내적 체제 개선에 관한 연구.

함수곤(2000). 교육과정과 교과서. 서울: 대한교과서(주).

함수곤, 김종식, 권응환, 왕경순(2003). 교육과정 개발의 이론과 실제. 서울: 교육과학사.

제5장
학교수준 교육과정 편성과 운영

　오랫동안 우리나라는 국가에서 교육과정을 고시하고 교과서를 개발하여 보급하면, 학교는 이를 실행하는 곳으로 간주하였다. 국가기관에 소속을 두고 있거나 부름을 받은 전문가들이 교육과정과 교과서를 개발하면, 교사는 이를 학교에서 가르치거나 전달하는 사람으로 여겨졌다. 이와 같이 교육과정 개발과 실행의 장이 분리됨으로써 교육의 효율성이 저하되고 교원의 전문성 신장은 억제되었다.

　학교수준 교육과정은, 국가수준 교육과정 기준과 시·도의 교육과정 편성·운영 지침을 근거로, 지역의 특수성과 학교의 실정 및 실태에 알맞게 학교별로 마련한 의도적인 교육실천 계획이다(교육과학기술부, 2008: 15). 이러한 학교수준 교육과정은 국가가 정한 교육과정을 효과적으로 운영하는 데 도움을 줄 뿐만 아니라, 지역 및 학교의 실정을 반영하고 학생의 요구에 부응함으로써 교육의 적합성을 높이며, 교원들을 교육과정의 편성과 운영 과정에 참여시킴으로써 전문성 신장과 학내의 민주화에 기여하는 이점이 있다.

　이 장에서는 이러한 학교 교육과정의 개념과 필요성, 편성과 운영의 기본 원리, 평가의 목적과 방법 등을 차례로 살펴보고자 한다. 또한 학교수준 교육과정 편성에서 중요한 위치를 점하고 있는 교과의 통합 운영과 수준별 편성·운영에 대하여 알아보고자 한다.

학습 과제

- 학교수준 교육과정의 개념과 필요성을 알아본다.
- 학교수준 교육과정의 편성과 운영의 기본 원리를 파악한다.
- 교과의 통합 운영의 개념과 방법을 알아본다.
- 수준별 편성과 운영의 실제를 알아본다.
- 학교수준 교육과정 평가의 목적과 방법에 대하여 알아본다.

1. 학교수준 교육과정의 개념과 필요성

교육과정이 결정되는 사회체제를 교육과정 체제(curriculum system)라고 하면, 교육과정 체제는 여러 수준으로 존재한다. 이상주(1974)는 교육과정 체제를 국가수준(national level), 지역수준(local level), 학교수준(school level), 학급수준(classroom level)으로 구분하고, 각 수준에 따라 교육과정 체제의 권한과 책임, 구조와 과정, 기능과 역할이 다르기 때문에 각 수준을 분리해서 분석할 필요가 있다고 하였다.

그는 학습자와의 거리가 먼 상위 체제의 교육과정 결정은 일반성과 추상성이 높으며, 학생과 가장 가까운 하위 체제는 특수성과 구체성이 크다고 하였다. 예를 들어, 국가수준 교육과정 체제는 학생과 가장 먼 체제로서 전체 사회의 요구와 이념에 따라 일반적인 교육정책이나 목적을 설정하거나 내용 영역을 규정하며, 학급수준의 교육과정 체제는 학생과 가장 가까운 체제로서 학습집단의 요구를 감안하여 수업목표를 설정하거나 구체적인 학습활동을 선정한다는 것이다. 이상주(1974)는 체제 수준별 교육과정 결정 권한의 크기를 [그림 5-1]과 같이 도

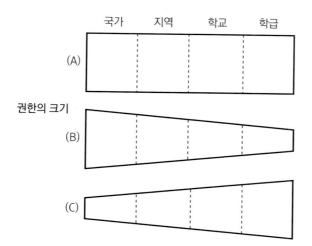

[그림 5-1] 체제 수준별 교육과정 결정권의 크기(이상주, 1974)

식화하였다.

[그림 5-1]의 (B)는 중앙집권적 교육 체제로서 교육과정의 결정권이 국가수준의 체제에 집중되어 있는 반면에, 하위 체제는 교육과정 결정 권한이 작다. 반대로 [그림 5-1]의 (C)가 보여 주는 바와 같이 지방분권적 교육 체제에서는 교육과정 결정권이 상위 체제에서는 작고 하위 체제에서는 크다. (A)는 (B)와 (C)의 중간 형태를 나타내는 것으로서 교육과정 결정권이 상·하위 체제 간에 균등하게 분배되어 있음을 보여 준다.

우리나라의 교육과정 체제는 (B)에서 (A)의 형태로 이동하고 있다고 말할 수 있다. 그런데 이러한 이동을 가능하게 한 것은 사회의 민주화, 교육의 적합성, 교육과정 운영의 효율성을 지향하는 **학교중심 교육과정**(school based curriculum)이나 **학교중심 교육과정 개발**(school based curriculum development) 연구와 실천이 배경이 되었다고 할 수 있다.

Skilbeck(1984: 2)은 학교중심 교육과정 개발을 "학생들의 학습 프로그램을 학생들이 다니는 교육기관에서 기획하고 설계하며 실행하고 평가하는 과정"이라고 하였으며, Sabar(1991)는 학교중심 교육과정 개발을 "학교 바깥에 의하여 강제되기보다는 학교와 학교가 속해 있는 지역사회 속에서 교육과정에 관한 계획, 설계, 운영, 평가와 관련하여 의사결정이 이루어지는 과정"으로 보았다.

우리나라에서 학교 교육과정과 관련하여 사용하는 용어로는 학교수준 교육과정, 단위 학교 교육과정, 개별 학교 교육과정, 학교중심 교육과정 등이 있다. 이들은 교육과정에 관한 주요한 의사결정이 학교에서 이루어진다는 것으로 의미상 큰 차이는 없다. 굳이 이들을 구분하자면, 학교수준 교육과정이란 교육과정의 의사결정이 다양한 수준에서 이루어지는데, 학교라는 기관에서도 교육과정의 의사결정이 이루어진다는 것을 나타내는 비교적 정치적으로 중립적인 의미를 지닌다. 단위 학교 교육과정과 개별 학교 교육과정도 이 점에서 크게 다르지 않지만, 단위 학교와 개별 학교 교육과정이란 특정한 어떤 학교를 상정하고 있는 것 같은 인상을 줌으로써, 학교에서 이루어지는 의사결정의 일반적인 특정을 탐색하고 제시하고자 하는 노력에는 방해가 된다. 마지막으로 학교중심 교육과정 개발은 사회 전반에 걸친 정치적 민주화 과정의 산물이면서 동시에 중앙집권적 교육과정 운영 체제의 비효율성을 줄이고자 하는 사회적 맥락에서 발전되어 왔다는 점에서 정치적인 의미를 갖는다. 이러한 조그만 차이점들이 있기는 하지만, 학교에서 교육과정에 관한 주요한 의사결정이 이루어진다는 핵심적인 의미에서는 다르지 않기 때문에, 이들 용어들을 엄격히 구분할 필요는 없다고 본다. 여기서는 학교수준 교육과정이라는 용어를 주로 사용하며, 반드시 구별해야 할 경우에 한정하여 학교중심 교육과정 개발이라는 용어를 사용한다.

한편, 교육과학기술부(2008: 15-16)에서는 학교수준 교육과정을 다음과 같이 규정하고 있다. 학교수준 교육과정은 국가수준 교육과정 기준과 시 · 도의 교육과정 편성 · 운영 지침을 근거로 지역의 특수성과 학교의 실정 및 실태에 알맞게 학교별로 마련한 의도적인 교육실천 계획이다. 즉, 각 학교의 교육과정은 학교가 수용하고 있는 학생에게 책임지고 실현해야 할 교육목표, 내용, 방법, 평가 등에 관한 실천 가능한 구체적인 실행 교육과정이고, 특색 있는 당해 학교의 교육 설계도이며, 상세한 교육 운영 세부 실천 계획이라는 것이다.

또한 교육과학기술부(2008: 16-17)에서는 교육의 효율성, 교육의 적합성, 교원의 자율성과 전문성, 교육의 다양성, 학습자중심의 교육이라는 다섯 가지 측면에서 학교수준 교육과정의 필요성을 제시하고 있다.

첫째, 교육의 효율성(effectiveness)을 높이기 위해 학교 교육과정이 필요하다. 학교 교육과정의 편성을 통하여 국가수준 교육과정을 당해 학교의 실정에 알맞게 지속적으로 보완, 조정함으로써 학생의 실태에 적합한 학습자중심의 교육과정을 다양하게 운영할 수 있다. 전국 공통의 일반적인 국가수준의 기준을 그대로 획일적으로 적용하게 되면 학생 개개인의 능력과 적성에 맞는 교육의 개별화, 다양화, 자율화를 꾀하기가 어려울 뿐만 아니라 융통성 있는 운영과 적극적인 교수-학습의 상호작용이 효율적으로 이루어질 수 없다.

둘째, 교육의 적합성(suitability)을 높이기 위해서 학교 교육과정이 필요하다. 지역이나 학교의 특수성, 교육의 실태, 학생 · 교원 · 학부모의 요구와 필요를 반영하여 해당 학교의 교육 중점 과제를 설정, 운영함으로써 학교 교육의 적합성을 높일 수 있다. 학교 교육과정의 편성·운영은 국가수준의 공통성과 지역, 학교, 개인 수준의 다양성을 동시에 추구하는 교육과정이라는 성격이 있으므로 교원, 학생, 학부모가 함께 실현해 나가려는 교육적인 노력이 필요하다.

셋째, 교원의 자율성(autonomy)과 전문성(professional expertise)의 신장을 위해서 학교 교육과정이 필요하다. 학생들의 능력과 욕구를 가장 잘 이해하고 학교의 지역적인 특수성을 잘 아는 그 학교의 교사들이 학교 교육과정 편성·운영 과정에 능동적·적극적으로 참여하도록 유도함으로써 자율성과 전문성을 신장할 기회를 가지도록 할 수 있다. 학교 교육과정의 편성·운영은 교원의 전문적인 업무다. 교원이 교육과정을 편성·운영할 수 있기 때문에 교직을 전문적이라고 할 수 있으며, 이 업무를 수행하는 일은 교원만의 고유한 전문 영역이다. 또한 지역이나 학교의 실정에 따라 그 학교의 교육과정을 특색 있게 운영하도록 자율·재량권이 부여되어 있기 때문에 교육청이나 교장, 교감은 교사들의 자율성이 발휘되도록 이를 보장하고 지원해 주어야 한다.

넷째, 교육의 다양성을 추구하기 위해서 학교 교육과정이 필요하다. 우리나라의 초·중등교육은 획일성이 커다란 문제로 지적되어 왔다. 우리 교육이 이처럼 획일화된 교육 내용과 방법, 교육환경을 탈피하여 학생, 교원, 학교의 실정에 알맞은 다양한 교육으로 변화되도록 하려면 단위 학교 중심 교육과정의 편성·운영이 필요하다. 즉, 획일적인 지식 주입식 교육을 탈피하여 학생 개개인의 적성에 따라 모든 학생이 성공할 수 있도록 개별 교육을 실천하려면 '교과서 중심의 학교 교육 체제'를 탈피하여 '교육과정 중심의 학교 교육 체제'로 전환되어야 하며 이로써 학교 교육의 다양성을 실현할 수 있다.

다섯째, 학습자 중심의 교육을 구현하기 위해서 학교 교육과정이 필요하다. 학생들은 개개인의 적성, 능력, 흥미나 관심, 장래 진로에 따라 개인차가 있으므로 학생들의 다양한 요구와 흥미, 적성을 수용하고, 교육내용에 대한 학생의 선택권을 확대하려면 학생의 발달단계에 알맞은 당해 학교의 교육과정이 필요하다. 학교 교육과정의 편성·운영을 통하여 학생 개인의 특기, 관심, 흥미를 담은 새로운 영역과 내용을 설정함으로써 학습자 중심의 교육과정이 융통성 있고 탄력적으로 운영될 수 있다.

2. 학교수준 교육과정 편성·운영의 기본 원리

학교에서 교육과정을 편성하고 운영할 계획을 세울 때, 교육과정 운영의 기본 원리는 마땅히 존중되어야 할 행위의 규범임과 동시에 편성이나 운영 과정 또는 편성이나 운영을 통한 산출을 평가하는 준거의 역할을 하게 된다. 이러한 원리들을 제시하면 다음과 같다.

1) 타당성의 원리

학교 교육과정의 편성과 운영 작업은 궁극적으로 학교의 교육목표를 달성하기 위해서 하는 일이다. 따라서 학교에서 교육과정을 편성하고 운영하는 경우에 가장 먼저 할 일은 학교가 설정한 교육목표가 타당한가, 만약 타당하다면 학교에서 편성하고 운영하는 교육과정이 이를 달성하는 효과적인 수단인가 하는 점을 주의 깊게 살피는 일이다.

2) 적법성의 원리

학교 교육과정의 편성과 운영은 국가가 정한 법령의 테두리 속에서 진행된다. 학교는 교육과정과 관련하여 지닌 법적인 책무와 권한을 분명히 하고, 이러한 범위 내에서 의사결정 권한을 행사할 수 있다. 그러나 교육 관련법들이 지나치게 학교 교육과정의 편성과 운영권을 제한한다면 관련법의 개정과 함께 현행법의 일관성 있는 해석과 적용이 요구되기도 한다.

3) 전체성의 원리

학교 교육과정의 편성과 운영은 일부 교과의 각론을 개발하거나 교과들과 교과서의 내용을 재구성하는 것이 아니라, 말 그대로 학교의 전체 교육과정을 대상으로 한다. 따라서 학교에서 교육과정을 편성하고 운영할 때는 교육과정의 핵심 요소들(교육목표, 교육내용, 교과 체제, 교육방법, 교육평가, 특별활동 등)을 확인하고, 이들 요소들 간의 연관성을 높이는 방향으로 진행해야 하며, 이러한 작업이 성공적으로 이루어질 수 있도록 교사, 학생, 학부모, 학교 조직, 학교의 물리적 환경 등 제반 요소들을 종합적으로 고려한다.

4) 민주성의 원리

학교 교육과정의 편성은 학교 교육에 관여하는 제 집단들의 광범위한 참여를 보장하고, 그들이 제시하는 의사가 공정하게 처리되도록 하며, 운영에 있어서는 권한의 이양을 통하여 독선과 전횡을 막는 장치를 필요로 한다. 학교에서는 이를 위하여 교장과 교사가 상호 존중하며, 각기 다른 역할을 분담해야 한다. 특히 교장은 교직원들의 광범위한 참여를 유도하고 민주적인 의사소통 체제를 구축하며, 교직원들의 책무와 권한을 명시하는 역할을 행사할 필요가 있다.

5) 전문성의 원리

학교에서 교육과정을 합리적으로 편성하고 효과적으로 운영하기 위해서는 이를 전담하는 연구 조직과 실행 조직을 구성해야 하며, 이와 같은 작업에 참여하는 모든 교직원이 이에 관련된 전문적인 지식과 기술을 갖춰야 한다. 학교는 이를 위하여 교육과정 운영 중심으로 조직을 재편성하고, 학교 직원들을 훈련하는 프로그램을 개발하여 지속적으로 운영해야 한다. 특히 직원 개발을 위한 프로그램의 내용은 매우 구체적이며 실습의 과정을 많이 내포하고 있어야 한다.

6) 현실성의 원리

학교 교육과정의 편성과 운영은 주어진 현실의 바탕 위에서 출발한다. 따라서 학교 교육과정을 편성하고 운영할 때는 학생에 대한 이해와 현시점에서의 지역사회 요구를 잘 알고 있어야 하며, 이를 위하여 각종 조사를 실시함과 동시에, 조사 결과를 바르게 해석할 수 있어야 한다. 또한 교육과정의 편성과 운영이 이루어지는 학교라는 무대의 성격을 잘 이해하고 있어야 한다. 교사 조직의 특성, 학교의 물리적 환경, 외부 기관의 지원과 통제 등의 수준을 잘 알고 있어야 한다는 것이다.

3. 교과의 통합 운영

교과의 통합 운영이란 국가수준 교육과정으로 명확히 구분하고 있는 교과들을 수업의 장면에서 다양한 방식으로 상호 연관을 지어서 계획하고 가르치며 평가하는 활동을 말한다. 예를 들면, 중학교 3학년 사회과의 한국사 영역(대한민국의 발전)과 일반사회 영역(정치 생활과 민주주의)를 연관 짓는다든지, 중학교 1학년의 사회과 내용(개인과 사회생활)과 도덕과 내용(예절과 도덕)을 관련시켜서 수업을 계획하고 실시하며 평가를 하는 활동을 가리킨다. 교과를 통합적으로 운영하면 다음과 같은 교육적 가치를 지닌다(김대현, 1998; 김대현 외, 1997; Drake, 1993; Jacobs, 1989).

첫째, 교과의 통합 운영은 지식의 폭발적인 증가로 인해 교육내용을 선정하는 일이 더욱 어려운 문제가 되고 있으므로, 교과별로 상호 관련되는 내용을 묶어 제시함으로써 필수적인 교육내용을 선정하는 데 도움을 준다.

둘째, 교과의 통합 운영은 교과들 속에 포함된 중복된 내용들과 중복된 기능들(skills)을 줄임으로써, 학생들이 배워야 할 필수적 교육내용을 배울 시간을 확보해 준다.

셋째, 교과의 통합 운영은 교과들 간의 관련성을 파악하는 데 도움을 주고, 교과 학습과 생활과의 연관성을 높여 교과 학습의 의미를 삶과 관련 지어 인식할 수 있게 해 준다.

넷째, 교과의 통합 운영은 현대사회의 쟁점을 파악하는 데 도움을 주고, 현대사회에서 발생하는 복잡한 문제들을 해결하는 능력을 길러 준다.

다섯째, 교과의 통합 운영은 학생들의 흥미와 관심을 반영하기 쉬우며, 주제나 문제를 중심으로 조직될 때 학생들의 학습 선택권이 확대된다.

여섯째, 교과의 통합 운영은 인간의 뇌가 정보들을 유형화하거나 관련지을 때 학습이 효과적으로 일어난다는 인지심리학의 연구결과와 일치한다. 또한 정보 내용이 정보가 제시되는 상황과 관련되며, 정보의 적용 기회가 제공되고, 정보들이 다양한 방식으로 표현되며, 학습자 자신의 삶과 관련 있을 때 학습이 촉진된다는 구성주의 학습이론과도 부합된다.

일곱째, 교과의 통합 운영(특히 프로젝트 학습활동)은 대개 활동중심 교육과정으로 이루어지며, 학생의 적극적인 참여로 학습동기가 높고 학습에 대한 책임감을 갖게 한다.

여덟째, 교과의 통합 운영은 비판적 사고를 길러 주고 교과의 경계를 벗어나서 독립적으로 사고하고 문제를 해결하는 능력을 길러 준다.

아홉째, 교과의 통합 운영은 학생들 스스로 교과에 흩어진 정보를 관련짓는 그물망을 형성하는 습관을 길러 준다.

이상과 같이 교과를 통합적으로 편성하여 운영하면 여러 가지 교육적 이익을 얻을 수 있다. 따라서 계통적인 학습이 요구되는 상황에서는 교과별 수업을 하고, 교과의 사회적 적합성을 높이고 학습자의 사회적 문제해결력을 신장시키고자 할 때는 교과를 통합하여 운영하는 것이 바람직하다.

1) 교과 통합의 과정

교과의 통합 과정은 Posner와 Rudnitsky(2006)가 제시한 코스의 개발 과정과 다르지 않다. 교과의 통합도 개발 집단의 조직, 기본 가정의 설정, 교육목표 혹은 주제의 선정, 내용과 활동계획 구안, 수업 전략 수립, 전체 과정에서에서의 평가 실시 등으로 이루어진다. 또한 이러한 과정이 순차적으로 이루어지는 것이 아니라, Carr(황문수 역, 1993)가 역사의 전개 과정을 설명하듯이, 전진과 후퇴 그리고 비약 등의 과정을 반복하면서 통합 단원이 개발된다.

그러나 교과 통합은 쉬운 일이 아니다. Drake(1993)는 교과의 통합 과정을 '신화에 나오는 영웅이 미지의 세계에서 겪는 모험'에 비유하였다. 영웅이 모험의 세계로 들어가 갖가지 실패를 겪고 좌절하지만 마침내 어려움을 극복하고 귀환하듯이, 교과를 통합적으로 운영하고자 하는 교사들은 교과 통합에 대한 잘못된 신념을 버리고, 학교 안팎의 저항을 극복하면서 교과를 통합적으로 운영한 다음, 자신이 겪은 이러한 체험을 다른 교사들과 함께 나눈다는 것이다.

교과의 통합 과정이 Drake의 표현대로 '모험의 과정'이고 그러한 모험이 결실을 거두기 위해서 개발자의 피나는 노력이 필요하지만, 개발 과정에서 따라야 할 몇 가지 원칙을 준수하고 개발에 대한 여건을 마련해야 한다.

교과의 통합 운영에서 준수해야 할 일반적 원칙은 다음과 같다(Jacobs, 1989; Martin-Kniep, Feige, & Soodak, 1995; Mason, 1996).

첫째, 중요성의 원칙이란 통합의 목적이나 방식에 따라 다소간의 차이가 있기는 하지만 교과의 통합 운영에서 각 교과들의 중요한 내용이 반영되어야 한다는 것이다. 이러한 원칙은 교과의 통합 운영이 학생의 흥미와 관심에도 부합되어야 하지만, 지적 능력의 개발에도 관심이 있다는 것을 강조한다.

둘째, 일관성의 원칙이란 통합 단원에 포함되는 내용과 활동이 단원의 목표 달성을 위하여 고안된 수업 전략과 부합되어야 한다는 것이다. 이러한 원칙은 교과의 통합 운영은 통합 단원의 얼개를 작성하는 것으로 끝나는 것이 아니라, 효과적인 수업계획안을 함께 마련해야 한다는 것을 의미한다.

셋째, 적합성의 원칙이란 통합 단원이 학습자의 개성과 수준에 맞으며, 학습자의 전인격적인 성장을 목표로 해야 한다는 것이다. 적합성의 원칙은 교과들 간의 내용 관련성도 중요하지만, 이들 관련성이 궁극적으로는 학습자의 과거, 현재, 미래의 삶과 연결되어야 한다는 것이다.

또한 교과 통합이 성공적으로 운영되려면 여건이 마련되어야 한다. 교과를 통합적으로 운영하려면 교사의 관심과 자질, 교사연수의 기회와 질, 학교행정 가·학습자·학부모 등의 지지와 지원, 학교 안팎의 행정적 지원과 재정적 지원이 있어야 한다. 〈표 5-1〉은 상기한 요인들을 보다 구체화하여 정리한 것이다.

〈표 5-1〉 교과의 통합 운영에 영향을 미치는 주요 요인과 변인들

요인	변인들
교사의 관심과 운영	교사들의 개발에 대한 관심, 참여 경험, 어려움 논의 상대, 관련된 정보 수집 자원, 정보 수집의 용이성, 교사의 개발 권한, 교사의 개발 경력, 통합교육과정 개발의 출발점에서 우선적으로 고려해야 할 요인, 개발의 주체, 통합교육과정 논의 기회
교사연수의 기회와 질	연수 경험, 현행 연수 형태, 연수 기간, 필요한 연수 형태, 적절한 연수 시기, 연수 대상자, 전문가 초빙의 필요성, 전문가 초빙에 대한 교장의 지원, 대학, 교육청, 타 학교 방문 연수의 필요성
인적 자원의 지지와 지원	통합 형태에 따른 동료 교사들의 지지, 교장의 지지, 학습자의 수용 태세, 학습자의 개발 참여, 학부모의 수용 태도, 학부모와 지역사회의 의사 수용 정도, 학부모 및 지역사회의 역할
행정 지원과 재정 지원	개발 시간 확보 방법, 통합교육과정의 시간 운영-융통성 있는 시간표 구성, 교사의 동기유발 방법, 시간 외 업무 수당 지급, 운영자료 구비 정도, 기타 운영 공간과 시설, 자원의 구비, 개방성, 활용률

2) 교과 통합의 유형

교과 통합의 이론이나 운영의 실제에 종사해 온 많은 학자들은 교과 통합의 유형을 매우 다양한 관점에서 여러 가지 방식으로 분류해 왔다. 국내에는 Ingram

(1979), Jacobs (1989), Fogarty(1991), Drake(1993) 등이 행한 교과 통합의 유형 구분이 알려져 있다. 그중에서 Drake(1993)의 교과 통합 접근의 분류 방식은 〈표 5-2〉와 같이 통합 유형들 간의 차이를 선명하게 보여 주는 장점이 있다.

〈표 5-2〉 Drake의 세 가지 통합교육과정 모형

	다학문적 설계	간학문적 설계	탈학문적 설계
접근 방식	역사, 음악, 문학, 설계공학, 가족연구, 주제, 수학, 과학, 경영, 예술, 지리, 연극	문학, 과학, 역사, 지리 / • 읽기 • 협동학습 • 이야기하기 • 사고기술 • 셈하기 • 연구기술	공통 주제, 전략 및 기술들
개념적 구조틀의 도식	운동, 가족, 설계, 오존감소, 연료, 자동차, 이산화탄소, 자원고갈, 연소, 열대우림, 오존층, 오염 / • 아이디어 브레인스토밍 → 관련된 비슷한 것들 묶기 → 새로운 관련성을 찾아 다시 묶기	수학, 체육, 문학, 역사, 건강, 지리, 초점, 음악, 가정경제, 예술, 과학, 공학·설계	매체, 정치, 법률, 경영, 환경, 경제력, 초점, 공학, 사회 문제, 시간, 세계관
개념적 구조틀	• 브레인스토밍으로 의미망 구축하기 • 아이디어들을 비슷한 것끼리 결합하기	• 교육과정 수레바퀴	• 탈교과적 망: 실제 세계에 관련된 주제, 교과 간 경계가 완전히 허물어짐 • 실생활에서 추출한 주제
인식론적 가치	교과의 절차적 지식을 다른 교과와 관련시켜 제시	일반적 기술(예: 비판적 사고, 대인관계 기술)을 학습	미래의 생산적 시민을 위한 기술들
연계 방식	각 교과를 통해서 본 명확한 연계성	탐색적 렌즈를 통한 학문들 간의 연계성	실제 생활 속에서 추출되는 연계성
학습결과	교과 중심 ----------▶ 교과 간 ---------------▶ 탈교과 인지적, 기능적, 정서적 혼합진술(인지적·기능적·정의적 차원) 본질적 학습		
평가	교과 절차의 습득 -------▶ 일반적 기술 습득 -------▶ 실생활에서의 기술 획득 (구체적인 내용에 한정) (산물보다 과정 중시) (질적, 일화적 기록 이용)		

〈표 5-2〉에서 보는 바와 같이, 다학문적 설계는 하나의 주제를 개별 교과의 측면에서 다양하게 다룸으로써 통합적 효과를 노리는 것이며, 간학문적 설계는 교과들 간에 공통되는 사고기술이나 학습기술과 같은 요소를 중심으로 교과들을 연결하고, 탈학문적 설계는 실제 세계와 관련된 주제를 중심으로 교과들 간에 경계선이 완전히 없어지는 통합이다.

그러나 이와 같은 Drake의 유형 구분은 교과 통합의 이론과 실천에 종사해 온 국내외의 여러 교육자들과 학자들의 견해를 충족시키기에는 포괄성이 부족하다. 따라서 여기서는 교과 통합의 요소, 교과 통합의 방식, 교과 통합의 중심을 세 축으로 하는 [그림 5-2]와 같은 모형을 제시한다.

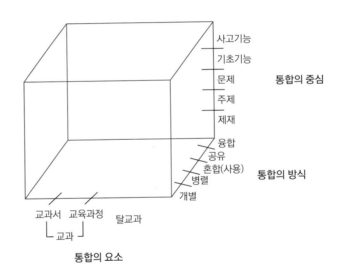

[그림 5-2] **통합의 모형**

[그림 5-2]에서 보는 바와 같이, 통합의 요소는 크게 교과내용과 탈교과내용으로 구분할 수 있으며, 교과내용은 교과서의 내용과 (국가수준) 교육과정의 내용으로 나뉜다. 통합의 중심은 제재, 주제, 문제, 기초기능, 사고기능 등으로 구분이 가능하며, 통합의 방식으로는 개별, 병렬, 혼합(사용), 공유, 융합 등을 제시한다.

이러한 모형은 그동안 여러 학자들이 제시한 다양한 교과 통합의 유형을 포괄하면서, 교과 통합의 유형들 간의 특성을 파악하는 데도 도움을 줄 수 있다. 예를 들어, Drake(1993)가 제시한 다학문적 설계는 교과내용을 통합의 요소로 하고, 제재나 주제를 통합의 중심으로 하며, 혼합을 통합의 방식으로 한다고 볼 수 있고, 간학문적 설계는 교과내용을 통합의 요소로 하여, 통합의 중심을 기초 기능이나 사고기능으로 하고, 공유를 통합의 방식으로 채택한 것이라 볼 수 있다. 이와 달리 Jacobs(1989)가 제시한 간학문적 설계는 교과내용을 통합의 요소로 하고, 주제를 통합의 중심으로 하며, 융합을 통합의 방식으로 채택한 것이다.

물론 여러 학자가 제시한 다수의 교과 통합의 유형이 [그림 5-2]의 모형에 맞아떨어지지 않는 경우도 있을 것이며, 많은 연구자들이 언급한 바와 같이 혼합과 융합의 방식을 엄격하게 구분하기 어려울 때도 있다. 그럼에도 불구하고 [그림 5-2]의 통합의 모형은 지금까지 각기 다른 차원에서 제시된 복잡 다양한 교과 통합의 제 유형들을 상호 비교하고 그 특성을 체계적으로 파악하는 데 도움을 준다.

3) 교과 통합의 절차

교과 통합의 절차는 교과 통합의 유형에 따라 차이가 있다. 예를 들어, Drake(1993)의 교과 통합의 유형 구분에 따르더라도 다학문적 설계와 탈학문적 설계는 동일한 절차에 의하여 개발되지 않는다. 또한 같은 유형의 교과 통합이라 하더라도 통합의 절차가 달라질 수 있는데, 예컨대 학습자관심 중심의 탈학문적 설계와 사회 문제 중심의 탈학문적 설계 방식에는 차이가 있다.

물론 이 말은 교과 통합의 일반적 절차가 없다는 것은 아니며, 교과 통합의 절차가 개발자들이 따라야 할 기계적인 순서라기보다는 개발자들의 예지를 필요로 하는 예술적인 활동에 가깝다는 것을 의미한다.

일반적으로 국내에는 주제 중심의 교과 통합 절차와 프로젝트나 문제 중심의 탈학문적 설계가 많이 소개되어 있다. 주제 중심의 교과 통합 절차는 대개 주제(조직 중심)의 선정, 주제의 확장(주제와 관련된 아이디어들의 제시와 결합), 통합 단원의 범위와 계열성을 결정하기 위한 주요 질문의 확정, 자원과 자료의 수집, 학습활동의 설계와 실행 등으로 이루어진다(김대현, 1998; 김대현 외, 1997; 조연순, 김경자, 1996; Drake, 1993; Jacobs, 1989; McNeil, 2002; Wolfinger & Stockard, 1997). 프로젝트나 문제 중심의 탈교과 통합의 경우, 주제중심의 교과 통합 절차와 유사하나 주제 선정에서 학습자의 관심이나 사회에 관한 문제가 선정되며, 학습자의 참여도가 높아 계획과 실행의 과정에 유연성이 더 있으며, 마지막 단계에서 수행이나 전시 등의 극적 활동이 강조된다는 데 차이가 있다(지옥정 역, 1995; 김대현, 1998; 김대현 외, 1997; Drake, 1993; McNeil, 2002; Radnor, 1994).

이와 같은 주제중심의 교과 통합 절차와 프로젝트 중심의 탈교과 통합 절차는 교과 통합에 관심이 있고 이를 현장에서 실행하고자 하는 교사들에게 도움을 주지만, 국내와 같이 국가수준의 교육과정이 상세화되어 있고, 교과서 중심의 수업 관행이 강하게 뿌리내린 상황에서는 적용에 한계가 많다.

따라서 교과 통합의 절차는 유형별로 규명되기도 해야 하지만, 우리 교육의 현실에 비추어 적용 가능한 영역별로 구체화하는 것도 필요하다. 이런 점에서 교과 통합의 영역을 교과서, 교육과정(국가수준), 창의적 체험활동으로 나누어 제시해 볼 수 있다. 즉, 교과서에 근거한 통합, 국가수준의 교과별 교육과정에 근거한 통합, 교과에서 수업 시간을 비교적 자유롭게 사용할 수 있는 창의적 체험활동을 위한 통합으로 구분하고, 이들 각각의 영역 속에서 활용 가능한 교과 통합의 유형과 개발 절차들을 제시하는 것도 도움이 된다.

교과 통합의 유형에 따라 차이는 있겠지만, 교과 통합이 이루어지는 영역별 통합의 중요성과 일반적인 절차는 다음과 같다(김대현 외, 1997).

첫째, 교과서 차원의 교과 통합적 수업은 대단히 중요한 의미를 지니는데, 교과서는 교육과정을 구현하는 가장 영향력이 있는 교수-학습자료로서, 현재 많은 수업이 교과서를 중심으로 이루어지고, 학생과 학부모는 교과서의 모든 내용이 수업 시간에 다루어지기를 기대하기 때문이다. 따라서 학교에서 교과 통합 운영의 출발점은 교과서를 통합적으로 재구성해 보는 것이 된다. 교과서 통합의 절차는 다음과 같은 순서를 따른다.

• **예비 단계: 팀 구성 및 교과별 지도계획표 작성**
교과서의 내용을 통합하여 재구성할 때는 가급적이면 동 학년 교사들로 팀을 구성하는 것이 좋다. 팀이 구성되고 나면 교사용 지도서와 학교 교육계획서를 참고하여 통합 단원을 구성하고자 하는 학년의 교과별 연간 지도계획표를 작성한다. 이것은 교과서에 제시된 내용을 빠뜨리지 않고 다루도록 하며, 교과 수업과 교과 통합적 수업 간에 적정한 균형을 유지시켜 준다.

• **1단계: 통합 단원의 학습내용 결정**
통합 단원의 중심 내용을 선정한다. 중심 내용은 여러 교과의 내용을 관련시킬 수 있는 것이 적당하다. 그리고 여러 교과의 지도계획을 살펴서 중심 단원과 관련된 내용을 찾으면, 통합 단원의 스코프 윤곽이 어느 정도 드러난다.

• **2단계: 통합 단원의 단원 계획**
통합 단원의 주제를 중심으로 단원명을 결정하고, 설정 근거와 이점 등을 담고 있는 단원의 개관을 기술한다. 다음으로 단원의 목표를 확정하고, 다루게 될 소단원과 학습내용의 순서가 제시된 단원 전개도를 작성하고, 한 시간 분량의 수업계획서를 첨부한다.

• **3단계: 학교 교육과정 조정**
통합 단원이 만들어지면 이에 따른 수업 시간표를 조정할 필요가 있다. 통합 단원의 운영 시수와 시기를 결정하고, 통합의 대상이 된 교과별 단원에 원래 배당된 시간과 시기를 이에 맞추어 조정한다.

둘째, 교육과정 차원의 교과 통합적 수업은 교육내용을 통합하는 과정에서 교과서 내용에 얽매일 필요가 없다는 이점이 있다. 여기서는 국가수준 교육과정의 교과별 내용을 분석하여, 관련 있는 내용을 찾아 통합하고, 그에 따라 교수-학습자료를 새롭게 만드는 활동이 일어난다. 교육과정 통합의 절차는 다음의 4단계로 이루어진다.

- **예비 단계: 팀 구성 및 국가 교육과정 문서 분석**
팀 구성은 교육과정 통합 단원을 만들고자 하는 사람들로 이루어진다. 따라서 통합 단원을 학습하게 되는 특정 학년의 담당교사들이 중심이 되어야 하며, 교육과정 전문가, 행정 담당 등의 인력이 팀의 구성원이 될 수 있다. 한편, 분석 대상이 되는 국가 교육과정 문서는 교육부 고시에 의한 '초등학교/중학교/고등학교 교육과정'을 말하는데, 특히 각 교과별 내용, 즉, 국가 교육과정의 각론 부분이 주된 분석 대상이 된다. 다시 말해, 국가 교육과정에 나와 있는 교과의 종류와 교과별 내용에는 어떠한 것이 있는가를 알아보는 것이다.

- **1단계: 통합 단원의 학습내용 결정**
교육과정 통합의 결과로 우리는 통합 단원을 만들 수도 있고, 독립된 코스를 만들 수도 있다. 그러나 여기에서는 통합 단원을 만드는 것으로 한정하면, 하나의 통합 단원에서 다루게 될 학습내용을 국가 교육과정의 교과별 내용을 토대로 하여 결정한다. 재구성 단원에서는 무엇을 단원의 중심 내용으로 삼을 것인가에 따라 학습내용에 많은 차이가 있으며 단원의 중심 내용은 그 성격에 따라 여러 가지로 나눌 수 있다.

- **2단계: 통합 단원의 단원 계획**
통합 단원에서 다루어야 하는 학습내용(1단계에서 결정)을 토대로 하여 단원 계획을 세운다. 단원 계획에는 단원의 이름, 단원의 개관, 단원의 목표, 단원의 전개도 등이 포함된다. 또한 교육과정 통합 단원의 시간을 어디서 확보할 것인가를 결정해 둔다.

- **3단계: 학교 교육과정 연간 계획**
하나 이상의 통합 단원이 만들어지면, 이를 위해 시간표를 조정할 필요가 있다. 왜냐하면 새로 만들어진 통합 단원에서는 여러 교과의 내용을 다룸과 동시에, 단원의 학습내용들이 교과 간의 구분 없이 전개되고 있기 때문이다. 이것은 통합 단원을 만드는 데 관련된 교과의 시간 배당에서, 통합 단원을 운영하는 데 필요한 시간을 가져올 때, 연간 진도표를 참고해야 한다는 것을 의미한다.

셋째, 창의적 체험활동은 교과나 특별활동의 보충·심화학습이나 학교 자체가 마련한 교육활동을 운영하기 위하여 사용할 수 있다. 창의적 체험활동의 운영은 교과별 교육과정에 구속될 필요가 없다는 점과, 학생의 관심이나 사회의 문제를 반영하는 교육과정의 운영이 가능하다는 점에서 탈학문적 설계 방식이 더욱 유용하다고 볼 수 있다. 창의적 체험활동의 문제 중심 탈학문적 설계의 절차는 다음과 같다(Radnor, 1994).

- **1단계: 문제/질문의 제기**
교사나 학생이 수업에서 다루어야 할 질문이나 문제를 제기한다.

- **2단계: 상호작용적 의사소통**
교사와 아동은 서로 질문과 대답을 계속하여 교사와 학생들 간에 목적 있는 상호작용이 이루어진다. 이러한 과정을 통하여 문제해결에 관한 아이디어들이 도출되고 정리된다.

- **3단계: 실행**
학생은 상호작용적 의사소통을 통해 도출된 아이디어들에 관련된 활동들을 한다. 이때 학생의 사전 지식과 실제적 경험이 결합된다.

- **4단계: 의미 있는 사건의 계획과 추진**
활동의 마지막 단계로서 주제와 관련하여 수행한 모든 활동을 종합하는 극적인 사건(연극 공연, 작품 전시 등)을 마련한다. 이때 자신이 한 활동에 대한 반성의 기회도 동시에 제공한다.

이상과 같은 영역별 교과 통합의 절차는 다시 영역 내에서 교과 통합의 유형에 따라 통합의 과정이 달라지게 된다. 다시 말해, 교과서, 교육과정, 창의적 체험활동이라는 각각의 영역에 따라 통합의 일반적 절차가 다르며, 각 영역 내에서는 교과 통합의 유형에 따라 통합의 절차가 다시 구분될 수 있다는 것이다.

4. 교육과정의 수준별 편성과 운영

학급에는 능력, 적성, 흥미, 필요가 매우 다른 학생들이 함께 수업을 받고 있다. 학교는 이러한 학생들의 개인차에 따라 각기 적합한 내용과 수준의 교육을 할 필요가 있다. 학교는 학생들 개개인의 능력, 적성, 흥미, 필요를 파악하고 이에 따라 각자에 맞는 교육을 제공해야 하지만, 이러한 개별화 교육은 현실적으로 가능한 일이 아니다. 따라서 학교에서 할 수 있는 일은 학생들이 지닌 개인차의 내용과 수준을 몇 개의 군으로 묶어서 교육을 실시하는 일로서, 학생들의 능력, 적성, 흥미, 필요를 조사하여 그들을 몇 개의 집단으로 나누고, 각 집단의 관심과 수준에 맞는 교육을 제공하는 것이다.

우리나라 제7차 교육과정(1997~2007년)에서는 이상과 같은 목적을 달성하기 위하여 '수준별 교육과정 체제'를 도입하였다. 교육부(1997)는 학생의 필요, 능력, 적성, 흥미에 대한 개인차를 최대한 고려하고 학생 개개인의 성장 잠재력과 교육의 효율성을 극대화하기 위하여 7차 교육과정에서 수준별 교육과정 체제를 도입한다고 하였다.

제7차 교육과정의 수준별 교육과정 체제에서는 교과의 특징이나 교육 단계의 특성에 따라 단계형, 심화·보충형, 과목 선택형 등의 세 가지 유형을 제시하였다. 즉, 수학과 중등 영어 교과는 단계형으로, 국어, 사회, 과학, 초등 영어는 심화·보충형으로, 고등학교 2, 3학년의 선택중심 교육과정 체제에서는 과목 선택형의 수준별 교육과정을 편성하고 운영하였다.

나는 국가수준 교육과정을 수준별로 편성하고자 했던 시도에 크게 두 가지의 문제가 있었다고 본다. 먼저, 국가수준 교육과정은 원래 수준별 성격을 지니고 있다는 것이다. 초등학교 5학년의 수학과 6학년의 수학이 다른 것은 5학년과 6학년 학생들의 수학 능력 수준이 다르다는 것을 전제로 한 것이다. 또한 중학교 1학년의 영어와 고등학교 1학년의 영어가 다른 것도 해당 학년의 영어 능력 수준에 차이가 있다는 점을 가정한 것이다. 이런 점에서 이미 수준에 따라 학년·학기별로 편성되어 있는 국가수준 교육과정(예를 들면, 초등 '수학 1-1')을 수준별이라는 이름으로 초등 '수학 1-가' '수학 3-나' '수학 8-가' 등으로 바꾼 것은 둘 사이에 별반 차이점이 없는데도 불구하고 교육과정에 큰 변화가 있는 것처럼 생각하게 만들었다.

다음으로, 교과 교육과정의 편성에서 교과 속에 들어 있는 단원 내용을 기본,

보충, 심화로 구분하여 제시하고자 한 것은 어려운 일이기도 하지만, 때에 따라
서는 가능하지 않는 일이기도 하였다. 계열성이 매우 큰 영어나 수학 속에 포함
되는 단원을 구성할 때는 가능할지 모르지만, 국어, 사회, 과학 등의 교과에서
모든 단원(여기서는 대단원을 가리킴)을 기본, 보충, 심화로 구분하여 제시한 것
은 애초부터 문제가 있었다. 이러한 문제는 기본, 보충, 심화를 구분하는 기준을
정하기 어렵다는 데 있다. 어떤 단원에서 기본, 보충, 심화를 구분하는 기준은
무엇인가? 내용의 위계인가? 학습자의 흥미나 관심인가? 학생들의 선수나 사전
학습능력인가? 학생들의 학업성취도인가? 네 가지 중 어느 것인가 아니면 이 모
두인가? 7차 교육과정에서는 이와 같이 구분이 어렵거나 가능하지 않은 단원들
조차 기본, 심화, 보충으로 구분하여 제시하고자 하였다.

이런 까닭을 반영이라도 하듯이, 2007 개정 교육과정과 2009 개정 교육과정
에서는 수준별 교육과정이라는 용어를 사용하지 않고 있다. 대신 수준별 수업
과 수준별 이동 수업이라는 용어를 자주 사용한다. '수준별 수업'은 학생들을 학
업성취 수준에 따라 몇 개의 집단으로 나눈 다음, 각 집단의 수준에 적절한 교육
내용과 교육방법을 처치해 주는 수업을 말하며, '수준별 이동 수업'은 학생들이
수준별로 구분되어 있는 교실로 찾아가서 받는 수업으로, 수준별 수업의 한 유
형을 가리킨다.

김재춘(2000)은 수준별 수업을 수준별 집단 편성의 방법에 따라 여러 가지 유
형으로 나누었다. 그가 제시한 유형 중에서 학급 간과 학급 내 수준별 수업의 유
형을 제시하면 〈표 5-3〉과 같다.

그는 우리나라 학교에서 당장 활용 가능한 유형으로 교과목 능력반, 학습부
진아 능력반, 영재 능력반, 학년통합 능력반(무학년제) 등과 같은 '학급 간 수준
별 집단 편성 방법'과 능력별 분단 편성, 능력별 조 편성, 개별화 수업 등과 같은
'학급 내 수준별 집단 편성 방법'을 들었다.

현재 우리나라의 초등학교에서는 학급 내 수준별 수업이 장려되고, 중·고등
학교에서는 수준별 이동 수업이 권장되고 있다. 초등학교에서 **수준별 수업**이 얼
마나 실시되고 있는지에 관해서는 이와 관련된 연구물이 많지 않아서 알기 어렵

⟨표 5-3⟩ **수준별 집단 편성의 가능한 유형들**

수준별 집단 편성 유형		집단 편성 방법 및 특징	비고
학급 간 수준별 집단 편성	총점 능력반	전 과목 총점에 기초하여 수준별 반을 편성함	과거 우열반 편성 방식과 유사함
	주요 교과목군 능력반	국, 영, 수 주요 교과목 성적에 기초하여 수준별 반을 편성함	과거 우열반 편성 방식과 유사함
	교과목 능력반	교과목별 성적에 기초하여 수준별 반을 편성함	현재 수준별 이동 수업에서 가장 일반적으로 사용되고 있음
	학습부진아 능력반	학습부진아만을 별도의 반으로 편성함	학습부진아반과 유사함
	영재 능력반	영재만을 별도의 반으로 편성함	일류대학 진학반과 같은 형태로 간주됨
학급 내 수준별 집단 편성	능력별 분단 편성	4개 이내의 분단으로 수준별 집단을 편성함	열린 교육에서 사용하는 학습집단 조직 방식 중의 하나임
	능력별 조 편성	3~5명 단위로 능력별 조를 편성함	열린 교육에서 사용하는 학습집단 조직 방식 중의 하나임

지만, 중·고등학교의 영어와 수학 과목에서는 수준별 이동 수업이 많이 이루어지고 있다. 수준별 이동 수업은 대개 동 학년의 학급을 상·중·하로 나누거나 상·하로 나누어 학생들의 학업성취 수준에 따른 교육을 실시하고 있으며, 하반의 학생 수를 최소화함으로써 개인 지도가 가능하도록 하고 있다.

그런데 학교에서 이와 같은 수준별 수업이 가능하려면 수준별로 교육목표, 내용, 방법, 평가방식 등을 달리 설정해야 한다. 즉, 국가에서 제공한 교육과정을 기준으로 하고 교과용 도서를 활용하되, 단위 학교에서 학생들의 수준별 특성에 맞추어 교과별 목표, 내용, 방법, 평가방식을 새로이 설정(재구성)해야 한다. 우리는 이것을 단위 학교 교육과정의 수준별 편성이라고 부를 수 있다.

단위 학교에서 교육과정을 수준별로 편성하고 운영하기 위해서는, 첫째, 수준별로 운영할 교과목과 학년을 정한다. 둘째, 수준을 몇 개(상·중·하 또는 상·하 등)로 구분하며, 각 반에 속하는 학생 수를 얼마로 할 것인지를 결정한다. 셋째, 수준별 반 편성의 기준과 시기와 횟수 등을 정한다. 넷째, 각각의 수준에 따른 교과목의 도달 목표를 정한다. 다섯째, 수준에 맞는 학습자료를 개발하고 학습방법을 모색하며 평가지를 개발한다. 여섯째, 학생들의 반 수준에 맞는 수업을 실시하고 평가를 한다. 일곱째, 수준별 운영의 문제점을 지속적으로 파악하여 개선한다.

　이상과 같이 학교에서 교육과정을 수준별로 편성하고 운영한다면 어느 정도의 교육 성과를 얻을 것이라고 기대할 수 있다. 그러나 세계 여러 나라에서 오랫동안 수준별 수업을 연구한 결과, 다음과 같은 결론을 얻었다는 데 주목할 필요가 있다. 여기서는 김재춘(2000)이 정리한 내용을 바탕으로 하며 국내의 최근 연구성과를 반영하여 제시한다.

　수준별 수업과 관련된 연구의 쟁점은 크게 ① 학업성취 증진 효과, ② 정서 발달에 미치는 영향, ③ 불평등의 재생산 등으로 나눌 수 있다.

　첫째, 학업성취 증진 효과와 관련하여 미국에서 행해진 연구의 결과는 다음과 같다.

- 수준별 반 편성에 따라 학습 효과가 다르게 나타난다. 즉, 보편적인 또는 종합적인 학습능력에 기초한 수준별 반 편성은 교수–학습 효과에 영향력을 미치지 못한다. 단, 교과목별 성취 수준에 기초한 하루 1~2시간 정도의 이동 수업은 어느 정도 효과가 나타난다.
- 수준별 반 편성만으로는 교육 효과를 기대할 수 없다. 수준별 반 편성은 적절한 교육내용과 교수 방식의 변화가 동반될 때만 학습성취 증진 효과가 있다.
- 수준별 수업의 효과는 주로 상위 집단에서 극대화되며, 하위 집단은 애초의 기대와는 달리 부정적 효과가 더 크게 나타난다.

　둘째, 수준별 수업은 학생의 정서 발달에 영향을 미치는데, 수준별 수업으로 인하여 학생들은 전체적으로 학교라는 공동체에 대한 의식이 약화되고, 특히 부진 학생들은 학교에서 소외될 가능성이 많아진다. 이러한 이유 때문에 수준별 수업이 학업성취 증진에 긍정적인 효과가 있다 하더라도, 수준별 수업을 실시하고자 한다면, 학생들의 정서 발달에 미치는 부정적 효과를 최소화시키기 위한 조치를 함께 취해야 한다(성열관, 2008).

　셋째, 수준별 수업은 학교나 사회에서 불평등을 체계적으로 재생산하기도 한다. 수준별 수업은 우수 학생과 부진 학생 모두에게 도움이 될 것이라는 가정 아래 실시된다. 하지만 상위반의 학생들에게는 수업 시간의 대부분이 학습에 사용되며, 창의성과 자율성을 바탕으로 하는 다양한 형식의 수준 높은 학습기회가 제공되는 반면에, 하위반의 학생들에게는 수업 시간 중 상당 부분이 생활지도에 사용되고, 단순 암기나 기초 기능 숙달이라는 낮은 수준의 학습기회가 제공된다. 또한 교사는 상위반의 학생에게는 높은 기대를 하며 이에 따른 상호작용을 보이는 반면에, 하위권의 학생들에게는 낮은 기대로 열성을 다해 가르치지 않는 경향이 있다. 이와 같은 결과로 상위 학생과 하위 학생들의 학력 격차는 좁혀지지 않는다(김달효, 2006; 정미경, 2000).

　수준별 수업에 대한 이와 같은 부정적인 시각에 덧붙여, 우리나라 학교에서 교육과정을 수준별로 편성하여 운영하기 어려운 것은 평가제도 때문이다. 수준별 이동 수업에서 학생들은 수준별로 서로 다른 내용을 배우는 데 반하여, 평가는 수준에 관계없이 동일한 검사도구로 실시하고 있는 우리 교육의 현실에는 가르치는 내용과 평가하는 내용 간의 괴리라는 심각한 문제가 있다. 왜 수준별 수업에서 가르치는 내용과 일치하는 평가를 실행할 수 없을까? 이는 차상급 학교나 기타 학생 선발 기관이 내신 성적을 기반으로 학생을 선발하기 때문이다. 김재춘(2000)은 이러한 문제를 해결하기 위하여 다양한 방안을 제시하고 있는데, 관심이 있는 사람은 『수준별 교육과정의 이해』라는 책을 읽어 보기 바란다.

5. 학교 교육과정 평가의 개념과 방법

1) 학교 교육과정의 개념

학교 교육과정이라는 말에는 학교수준(school-level) 교육과정과 학교중심 (school-based) 교육과정의 의미가 들어 있다. 학교수준 교육과정은 학습자와 교육 관련 기관 간의 거리를 기초로 하거나 교육행정조직상의 위계적 지위에 따라 구분한 것이다. 반면에 학교중심 교육과정은 교육과정에 관한 의사결정 권한의 종류와 크기에 따라 학교가 교육과정에 관한 주요 의사결정의 권한을 갖는다는 적극적 의미와, 학교가 당연히 가져야 할 적절한 수준의 의사결정 권한을 회복한다는 소극적 의미가 있다.

이러한 점에서 우리나라의 학교 교육과정은 학교수준 교육과정의 적극적 의미와 학교중심 교육과정의 소극적 의미를 지닌다고 볼 수 있다. 즉, 학교 교육과정은 국가와 지역 교육청이 제시한 교육과정 기준과 지침 아래 교육과정을 운영하되(학교수준 교육과정), 종전에는 제대로 행사하지 못했던 교육과정 관련 의사결정권을 행사할 수 있게 되었다(학교중심 교육과정)는 의미를 지닌다.

이러한 견해는 여러 가지 점에서 유용하다. 우선, 일선 학교들이 학계에서 사용해 온 학교중심 교육과정이라는 말의 '중심'이라는 상징적 표현에 현혹되지 않고, 교육과정과 관련하여 학교가 '할 수 있는 일'과 '할 수 없는 일' '해야 할 일'과 '하지 않아도 될 일' '먼저 해야 할 일'과 '뒤에 할 일'을 결정하여 실천하는 데 도움을 준다.

또한 학교 교육과정이 국가수준 교육과정을 채택, 수정, 보완하여 효율적으로 운영하는 데 우선적인 목적이 있다면, 성격이나 여건이 비슷한 학교에서 각기 다른 교육과정을 무리하게 만들지 않아도 될 것이다. 학교별로 뚜렷한 차이가 없는데도 각기 다른 교육과정을 만드는 것은 인력과 시간, 비용만 낭비할 가능성이 높다. 그러므로 성격이나 여건이 비슷한 학교군에 따라 공통의 학교 교육과정을 만들도록 허용하는 것이 여러 면에서 유익할 것이다.

모든 학교에 해당되는 것은 아니지만 여건이 허락하는 일부 학교에서는 학교 중심 교육과정의 적극적 의미를 수용하여 학교별 비전이나 목적을 설정하고 이를 실행하기 위한 프로그램을 개발하고 운영하는 일을 할 수 있다. 이와 같은 작업은 교사의 수급과 질, 학교 및 학급의 물리적 여건, 학교장의 신념과 지도성, 교육청의 지원, 지역사회와 학부모의 지지와 지원 등의 여러 조건들이 충족되는 곳에서 효과를 볼 수 있다.

2) 학교 교육과정 평가의 목적

학교 교육과정 평가는 교육과정의 값을 매기는 활동, 즉 교육과정의 가치를 판단하는 활동이다. 학교 교육과정을 평가하는 목적은 학교 교육과정 개발이나 운영 활동이 효과적으로 일어날 수 있도록 하고, 학교 교육과정 운영의 성과를 사정하여 학교 교육과정의 유지와 개선 및 폐기 여부를 판단하는 데 있다.

3) 학교 교육과정 평가의 주체

학교 교육과정 평가는 자체 평가로 수행될 수도 있고 외부 평가로 수행될 수도 있다. 대부분의 학교 교육과정 평가는 내부 평가로 이루어지며, 일부 학교만이 국가의 교육과정 질 관리의 차원에서 외부 평가의 대상이 된다. 평가의 주체 면에서 볼 때 내부 평가와 외부 평가는 각기 나름대로의 장점과 단점을 지니고 있으므로 평가자 또는 평가 참여자는 이 점을 잘 알고 있어야 한다. 그리고 학교 교육과정 평가를 제대로 수행하기 위해서는 평가 수행 주체의 전문성을 향상시킬 필요가 있으며, 평가를 공정하고 효율적으로 할 수 있는 평가 환경을 조성해야 한다.

4) 학교 교육과정 평가의 대상과 영역/준거와 기준

학교 교육과정 평가의 영역은 〈표 5-4〉와 같이 아홉 가지의 영역으로 나타낼 수 있다.

〈표 5-4〉 학교 교육과정 평가의 대상과 영역

수준 ＼ 활동			개발			운영			평가		
			계획	운영	성과	계획	운영	성과	계획	운영	성과
학교 교육과정											

학교 교육과정 평가를 위한 준거와 기준을 제시하는 것은 지면 관계로 어려움이 있으므로 여기서는 한 가지 예시만을 제시하려고 한다. 예를 들어, 학교 교육과정을 계획할 때 계획에 참여한 사람들이 교육과정에 대한 전문성을 가지고 있는가 그리고 민주적인 방식으로 결정을 하였는가 하는 것은 학교 교육과정 계획 평가의 준거가 되고, 어느 정도로 전문적이고 민주적인 방식으로 운영되었는가 하는 것은 운영 평가의 기준이 된다. 이러한 방식으로 평가의 각 영역과 하위 영역에서 준거와 기준을 설정하여 학교 교육과정을 평가하게 된다.

5) 학교 교육과정 평가의 절차

다음에서는 학교에서 자율적으로 실시하게 되는 내부 평가의 일반적 절차와 방법을 간략히 제시한다. 물론 다음의 절차 중 일부는 평가의 목적이나 평가 상황에 따라 생략해도 무방하다.

- 평가의 목적 설정
- 평가 영역의 확정
- 평가 영역별 준거 설정

- 평가 지표 및 자료 출처 결정
- 자료의 수집 및 처리
- 평가적 판단
- 평가 결과의 보고
- 평가 결과의 활용

상기한 절차 중 자료의 출처, 자료의 수집과 처리 방법(배호순, 2001: 94-102)은 구체적으로 살펴볼 필요가 있다. 먼저, 자료 출처는 다음과 같다.

첫째, 학교 교육활동에 직접 참여한 인사들이 중요한 출처가 될 수 있다. 말하자면, 교육과정을 기획 및 설계하는 과정에 참여한 인사들(교장, 교감, 교무부장, 연구부장, 교육과정 부장, 일반 교원)과 교육과정을 실제로 실천 및 운영하는 데 참여한 인사들(교장을 비롯한 전체 교원, 행정 직원 등)과 학생이 가장 중요한 출처가 될 수 있다.

둘째, 교육과정의 효과 및 영향을 파악하기 위한 대상으로 학생이 그 핵심 출처가 되는 동시에 학생과 관련된 학부모, 지역사회, 졸업생(동문), 교육산업 관련인사들까지 그 출처가 될 수 있다. 그리고 학생의 학습성과로서 학습결과를 나타내는 학력검사 점수와 그들의 성장 발달과 변화과정을 나타내는 근거들이 또 다른 중요한 자료 출처가 될 수 있다.

셋째, 또 다른 중요한 자료의 출처는 교육과정 관련 서류 및 근거 자료들이라고 할 수 있다. 단위 학교를 중심으로 교육과정을 평가하는 경우에 중요한 자료의 출처로 인식되는 서류 및 근거 자료로는 학교 교육계획서, 교무일지, 수업지도안, 교원연수계획서, 연구수업계획서, 자율장학보고서, 연수결과보고서, 교육과정위원회 회의록, 학교행사 계획 및 실적, 교육평가 계획 및 실적, 학급일지, 학교예산 편성 및 집행 실적, 특별활동 계획 및 실적, 학생회의록, 학생회 운영기록, 학교운영위원회 활동 내역 등이 있다.

다음으로, 자료 수집에는 다음과 같은 방법을 사용할 수 있다.

첫째, 관련 근거 서류의 분석 방법(기록물 내용분석법)이다. 교육과정 계획과 관련되거나 실천 및 운영과 관련된 공식적인 서류나 문서를 객관적인 평가 근거 자료로 활용이 가능할 때 사용하는 평가방법이다. 교육과정 관련 자료와 교육과정 운영 및 실천 근거 자료들을 중심으로 한 기록물의 내용을 분석함으로써 교육과정을 어떻게 운영하고 실천했는가를 추론할 수 있게 된다.

둘째, 설문조사(질문지법)다. 교육과정 평가를 위한 평가 항목이나 준거 중에서 개인의 의식이나 의견, 태도의 변화에 관한 근거를 중시하여 평가할 필요가 있을 때, 교사, 학생, 학부모, 졸업생 등을 대상으로 질문지를 실시하는 방법을 말한다. 이 방법을 사용하는 경우에 가장 중시해야 할 사항은 어떤 내용을 질문할 것인가와 누구를 대상으로 실시할 것인가를 교육과정 평가 목적 및 내용에 적절하도록 선정하는 것이다.

셋째, 면담을 통한 방법이다. 문서나 서류 점검을 통해 파악하기 곤란하거나 혹은 교육과정 평가를 위한 평가 항목이나 준거 중에서 심층적으로 확인할 필요가 있을 경우, 교사, 학생, 학부모 등을 대상으로 근거 자료를 수집하기 위하여 실시하는 방법이다. 개별 면담이나 집단 면담, 포커스 집단 면담 등의 방법을 적용할 수 있다.

넷째, 관찰에 의한 방법이다. 실제로 현장을 방문하여 관찰함으로써 보다 객관적이고 정확한 평가 근거 자료를 수집할 가능성이 많은 상황에서 실시하는 자료 수집 방법이다. 관찰 결과를 평가의 근거 자료로 활용하는 경우에, 단일 관찰자의 관찰에만 의존하는 것을 삼가고 적어도 2~3명 이상의 관찰자가 각자 관찰·평가하여 합산하도록 해야만 근거 자료의 객관성 및 신뢰성이 확보될 수 있다. 이 방법은 관찰자가 교육활동이 이루어지는 현장에 참여하는 참여 관찰 방법과 직접 참여하지 않고 관찰하는 비참여 관찰 방법으로 나눌 수 있다.

다섯째, 자기보고에 의한 방법이다. 교사에게는 자신의 교육활동에 대하여 스스로 평가하여 보고하도록 하며, 학생들에게는 자신의 학습 및 생활에 대하여 스스로 평가하여 보고하도록 하는 방법이다. 이러한 방법을 사용할 때는 어떤 방식으로 보고하도록 할 것인가를 선정하는 것과 어떤 내용에 대하여 어떻게 보고할 것인가를 사전에 결정하여 주지시키는 일과 자기보고 결과를 어떻게 분석하여 활용할 것인가를 고려하여 사전에 체계적으로 대처해야 할 필요가 있다.

여섯째, 추적조사법이다. 학교생활 전반에 걸쳐 학교를 중심으로 한 학생들의 족적 및 흔적을 조사하고 분석함으로써 학생 중심의 학습경험과 학습활동의 양상을 직접 또는 간접적으로 파악할 수 있다. 이 방법을 통하여 학생들이 학교에서 생활하는 과정 속에서 어떤 경험을 하고 무엇을 중시하고 의미 있게 여기며 생활했는가를 추적해 냄으로써 학교생활의 진면목을 추론할 수 있는 동시에 교육과정 운영 및 실천에 관한 구체적인 실증적 근거로 활용하고 나아가서 교육과정으로 인한 교육 효과 및 영향을 추론해 낼 수 있다.

일곱째, 결정적 사건 연구기법(critical incident technique)이다. 학교 교육의 효과를 비교적 잘 드러내는 매우 중요한 상황이나 사건을 중심으로 학생 또는 교사들의 반응이나 행동을 분석하여 교육과정 평가 또는 학교 평가의 근거 자료로 활용하는 방법을 말한다.

여덟째, 관행분석법(의례 및 규범 분석)이다. 학교생활에서 학생들이 특히 강조하여 지켜야 할 규범이나 규칙, 또는 필수적으로 준수해야 할 규약이나 관행 및 의례 사항이 무엇인가를 조사 및 분석함으로써 학교생활을 통하여 학생들이 무엇을 경험하고 그 경험이 학교 교육목표와 어떤 관련성이 있으며 교육과정 운영 및 실천 활동과 어떻게 관련되어 있는가를 직접 또는 간접적으로 분석할 수 있게 된다.

아홉째, 임상적 면접법이다. 앞에서 언급한 면담 방법과 동질적인 방법이지만 교육활동이 전개되는 도중에 또는 교육과정이 운영되고 실천되는 생생한 현장에서 현장 중심과 학생 중심의 관점으로 교육활동에 관한 인식 및 태도(반응)나 교육활동으로 인한 변화과정 또는 변화된 점을 파악하는 데 중점을 둔다는 점에서 차이가 있다.

열째, 점검목록표(checklist) 활용법이다. 평가 목적 및 평가 내용의 성격을 중시하여 사전에 작성한 점검목록표를 중심으로 한 평정 결과를 교육과정 평가의 근거 자료로 삼는 경우를 말한다. 이 방법을 사용하는 경우에 가장 중시해야 할 사항은 평가 목적 및 내용과 관련된 평가 준거를 어떤 방식으로 점검하여 평정할 수 있도록 할 것인가라는 치밀한 사전 계획을 수립해야 한다는 점이다. 동시에 점검 및 평정 과정상의 신뢰성(객관성 및 공정성)을 확보하기 위하여 평정자에 대한 교육 훈련이 필수적으로 요청된다.

　마지막으로, 의미변별기법이다. 교육과정의 효과 또는 영향을 파악하는 데 중점을 두는 경우에 학생들의 특정 개념이나 교육활동(사건, 상황 등)에 대한 인식 및 태도의 변화를 파악하기 위하여 이러한 방법을 사용한다. 이 방법은 특정 개념에 대한 의미변별을 위하여 선정된 추상적인 형용사들을 대칭 상태로 짝지어 제시하고 그 짝을 이룬 형용사를 통하여 특정 개념에 대한 자신의 태도 또는 반응을 표현하도록 하는 것이다.

　자료의 처리 방법은 크게 양적 처리 방법과 질적 처리 방법으로 나눌 수 있다. 먼저, 양적 처리 방법은 평가 대상인 교육과정 내용 자체 또는 운영 및 결과에 대한 자료를 수집하고 측정하기 위하여 도구를 활용하고 그 결과를 객관화, 수량화하여 분석 처리하는 방법이다. 다음으로, 질적 처리 방법은 평가 대상인 교육과정 내용 자체 또는 운영 및 효과 등을 평가자가 직접 관찰하고 기술하며 판단하는 데 중점을 두는 방법이다. 이 두 가지 처리 방법 중에서 어떠한 방법을 취하든지 간에, 평가 준거의 성격에 비추어 어떻게 하면 타당하고 신뢰할 만한 근거 자료를 다각적으로 수집할 수 있는가가 중요하다.

참고문헌

교육과학기술부(2008). 중학교 교육과정 해설 (Ⅰ).
교육과학기술부(2009). 2009 개정 교육과정.
교육부(1997). 초·중등학교 교육과정.
교육부(2014). 2015 문이과 통합형 교육과정 총론 주요 사항(시안). 교육부 보도자료(2014. 9.)

김달효(2006). 능력별 집단편성의 비판적 이해. 서울: 시그마프레스.

김대현(1998). 교과의 통합적 운영 방안과 과제. 열린교육 연구, 6(1), 287-303.

김대현, 이은화, 허은실, 강진영(1997). 교과의 통합적 운영. 서울: 문음사.

김석우(2009). 교육평가의 이해. 서울: 학지사.

김인식, 최호성, 최병옥(1998). 학교 중심 교육과정의 탐구. 경남: 경남대학교 출판부.

김재복(1998). 교육과정의 통합적 접근. 서울: 교육과학사.

김재춘(2000). 수준별 교육과정의 이해. 서울: 교육과학사.

김춘일(1993). 학교중심 교육과정의 의의와 개발·운영을 위한 과제. 교육과정연구, 12, 17-38.

배호순(2001). 교육과정평가론. 서울: 교육과학사.

성열관(2008). 수준별 교육과정의 감환된 의미로서 영어, 수학 이동 수업의 효과성 검토. 교육과정연구, 26(2), 167-189.

이상주(1974). 의사결정의 관점에서 본 교육과정. 교육과정 연구의 과제, 59-74.

정미경(2000). 수준별 수업과 교육 기회의 평등화 문제. 교육과정연구, 18(1), 275-297.

조연순, 김경자(1996). 주제 중심 통합교육과정 구성: 숙의 과정. 교육학 연구, 34(1), 251-272.

지옥정(1998). 유아교육 현장에서의 프로젝트 접근법. 서울: 창지사.

지옥정 역(1995). 프로젝트 접근법: 교사를 위한 실행지침서. 서울: 창지사.

최호성(1996). 학교중심 교육과정의 과제와 전망. 교육과정연구, 14(1), 78-105.

허경철(1998). 교육과정 해설(국민학교). 서울: 배영사.

황문수 역(1993). 역사란 무엇인가. 서울: 범우사.

Bruner, J. (1960). *The process of education*. New York: Vintage Books.

Chard, S. C. (1998). *The project approach*. Home Page.

Dewey, J. (1902). *The child and curriculum*. Chicago: University of Chicago Press.

Dewey, J. (1916). *Democracy and education*. New York: Macmillan.

Diffily, D. (1996). The Project Approach: A Museum Exhibit Created by Kindergartners. *Young-Children, 51*(2), 72-75.

Drake, S. M. (1993). *Planning integrated curriculum: The call to adventure*. Virginia: ASCD.

Forgarty, R. (1991). Ten Ways to Integrate Curriculum. *Educational Leadership, 49*(2), 61-65.

Foshay, A. W. (1991). Spiral curriculum. In *the international encyclopedia of curriculum* by Lewey, A. (Ed.). Oxford: Pergamon Press.

Hirst, P. H. (1974). *Knowledge and curriculum*. London: Routledge & Kegan.

Ingram, J. B. (1979). *Curriculum integration and lifelong education*. Oxford: Pergamon Press.

Jacobs, H. H. (ed.) (1989). *Interdisciplinary curriculum: Design and implementation*. Virginia: ASCD.

Kilpatrick, W. H. (1919). *The project method*. Teachers College, Columbia University.

Martin-Kniep, G. O., Feige, D. M., & Soodak, L. C. (1995). Curriculum integration: An expanded view of an abused idea. *Journal of Curriculum and Supervision, 10*(3), 227-249.

Mason, T. C. (1996). Integrated Curricula: Potential and Problems. *Journal of teacher education, 28*(30), 322-337.

McNeil, J. (2002). *Curriculum: The teacher's initiative* (3rd ed.). New Jersey: Prentice-Hall.

Oakes, J. (1985). *Keeping track: How schools structure inequality*. New Heaven: Yale University Press.

Posner, G. J., & Rudnitsky, A. N. (2006). *Course design: A guide to curriculum development for teachers* (7th ed.). New York: Longman.

Print, M. (1993). *Curriculum development and design* (2nd ed.). Allen & Unwin Pty Ltd.

Radnor, H. A. (1994). *Across the curriculum*. London: Cassell.

Skilbeck, M. (1975). *School-based curriculum development and teacher education*. Mimeographed paper.

Skilbeck, M. (1984). *School-based curriculum development*. London: Paul Chapman Publishing Ltd.

Sowell, E. J. (1996). *Curriculum: An integrative introduction*. New Jersey: Prentice-Hall, Inc.

Tanner, D., & Tanner, L. (2006). *Curriculum development: Theory into practice* (4th ed.). New Jersey: Merrill, an imprint of Prentice-Hall.

Tchudi, S., & Lafer, S. (1996). *The interdisciplinary teacher's handbook*. Boynton/Cook Publishers, Inc.

Trepanier, S. M. (1993). What's So New about the Project Approach? *Childhood Education, 70*(1), 25-28.

제6장

교실수준 교육과정과
창의적 체험활동

　교육과정 설계가 교육목표와 교육내용의 선정으로 끝난다면 교육과정 설계에 종사하는 사람의 부담은 대폭 줄어들 것이다. 교육목표 달성을 위한 최적의 수단이면서 교육내용과 연관성을 지니는 학습경험을 선정하고 조직하는 일은 매우 어렵고 힘든 작업이다. Tyler(1981)가 학습경험을 선정하고 조직하는 일을 예술적인 활동에 비유한 것은 이 일이 기계적으로 완성되는 것이 아니라, 교육과정 설계자들의 예지, 창의성, 노력을 많이 필요로 한다는 점을 강조한 것이다. 그런데 학습경험을 선정하고 조직하는 일은 교육과정보다는 수업 분야에서 다루어야 할 문제로 볼 수도 있다. 교사가 수업을 계획한다는 것은 결국 수업과정에서 학생들이 하게 될 경험을 계획하는 것과 다르지 않기 때문이다.

　이 책의 제1장에서 살펴본 것처럼 교육과정과 수업을 구분한다면 교육과정 분야에서 학습경험의 선정과 조직 문제를 다룰 필요는 없다. 교육과정에서 다루는 주요한 문제는 교육목표와 내용 체계이며 수업과의 관련은 기껏해야 수업을 위하여 일반적인 지침을 마련하는 정도에 불과하다. 즉, 어떤 교육목표를 달성하거나 어떤 교육내용을 다루기 위하여 수업에서 유의할 점을 표시하면 충분하다. 실지로 국가수준 교육과정 문서에는 이와 같은 수업 운영을 위한 일반적인 지침들만을 교과별로 제시하고 있다.

　그러나 교육과정 분야를 교육과정 자료의 개발과 운영에까지 확대하면 상황은 달라진다. 교육과정 운영을 위한 대표적인 자료로서 교과서, 교사용 지도서, 각종 참고자료 등은 교육과정을 바탕으로 하여 개발되는데, 이들 자료들 속에는 대개 수업계획을 구체적으로 암시하거나 현장에서 적용할 수 있는 수업 세안이 들어 있다. 이들 수업계획은 전국 공통으로 사용될 수 있도록 만들었기 때문에, 교사들이 현장에서 직접 개발하여 사용하는 수업계획과는 차이가 있다.

　교육과정 분야의 종사자들 중에는 이와 같은 교육과정 운영자료의 개발과 그 속에 들어가는 수업계획안의 작성에 관심을 가진 인사들이 많다. 그들은 교육목표와 교육내용의 체계를 개발하는 것에만 머물지 않고 이들을 전달하는 데 도움을 주는 운영자료와 그 속에 들어 있는 수업계획안을 개발하는 작업을 한다.

'학교 교육!'이라는 말을 들으면 먼저 과목별로 진행되는 수업을 떠올리게 된다. 하지만 학교에서는 교과라고 부르기에는 어색하지만 그렇다고 교육활동이 아니라고 말할 수 없는 교과 외 활동이 있다. 학급회의, 동아리 활동, 학교 행사 등이 이에 속한다. 2007 개정 교육과정에서는 이들을 특별활동으로 불렀으며, 2009 개정 교육과정에서는 재량활동과 합쳐서 창의적 체험활동이라고 부른다. 2015년 9월에 고시된 개정 교육과정에서도 창의적 체험활동으로 표기하고 있다. 교육이 원래 의도한 성과를 거두기 위해서는 교과 교육과 함께 교과 외 교육이 제대로 운영되어야 한다.

이런 점에서 교실수준 교육과정이라는 주제는 교육과정 분야의 관심 대상이 된다. 이 장에서는 교사의 역할, 학습경험의 의미, 학습경험의 선정과 조직 원리, 백워드 수업설계 모형, 창의적 체험활동 등을 차례로 살펴본다.

학습 과제

- 교육과정 운영에서 교사의 역할을 알아본다.
- 학습경험의 의미를 이해한다.
- 학습경험의 선정과 조직의 기본 원리를 파악한다.
- 백워드 수업설계 모형을 이해한다.
- 창의적 체험활동의 개념과 운영 방안 등을 이해한다.

1. 교사와 교육과정

국가에서 새로운 교육과정을 만들어 고시하고 나면 전국에서 일제히 교사를 대상으로 연수를 실시한다. 이것은 새로운 교육과정의 성패가 교사의 관심, 의지, 실천에 달려 있다고 믿기 때문이다. 교사가 교육과정을 운영하는 유일한 집단은 아니지만 영향을 가장 크게 주는 집단임에 틀림없다. 교사가 새로운 교육과정을 어떻게 받아들이고 실천하는가에 따라 교육의 성과는 많이 달라진다.

Tanner와 Tanner(1995: 628-632)는 교사가 교육과정을 수용하고 실천하는 방식에 따라 ① 모방적-원형 유지 수준, ② 중개적 수준, ③ 창조적 재해석 수준으로 구분하였다.

먼저, 모방적-원형 유지 수준의 관점을 따르는 교사는 교과서, 배움책, 일상적 활동 교수요목(syllabus)에 크게 의존한다. 그들은 전문 기관에서 제작한 자료를 비판적인 평가 없이 사용한다. 이러한 교사는 상부에서 하달된 혁신이라면 어떤 일이 있어도 관철시킨다는 확고한 자세를 취한다.

중개적 수준의 교육과정 관점을 유지하는 교사는 자신과 학교가 처한 조건에 맞추어 교육과정을 운영한다. 그들은 학생, 학부모, 동료 교사, 지역사회 등의 다양한 자료를 수집하고 전문적인 문헌을 검토하여 자료를 수집하고 검토하지만, 체계적이고 조직적인 방식으로 교육과정을 운영하지는 못한다.

창조적 재해석 수준의 관점을 따르는 교사는 교육과정을 거시적·전체적 관점에서 보며, 교과들 간의 관계를 파악하여 연계 지으려고 한다. 이들은 중개적 수준의 교사들과는 달리 자신의 문제를 진단하고 그 해결을 위한 가설을 설정할 줄 안다. 그들은 수업과정을 실험적 관점에서 검토하고 다른 교사와 더불어 자기의 생각과 느낌을 토론하기를 좋아한다. 그들은 스스로 전문가라 생각하며 학습경험의 선정과 조직에 관련된 결정에 적극적으로 참여한다.

그런데 교사가 교육과정을 어떤 방식으로 운영하는가는 그 나라의 교육과정 체제의 성격과 관련이 있다. 일반적으로 중앙집권적 교육과정 체제에서는 '교육과정'을 외부에서 개발하고 교사에게는 이를 교실에서 실행에 옮기는 역할을 맡긴다. 교사는 전문가들이 개발한 교육과정의 의도를 수업을 통하여 학생들에게 충실하게 옮기는 전달자(deliverer)의 역할을 한다.

그러나 교육과정 결정 권한이 점차 지역 및 학교에 이양되고 교사가 교육과정을 구성하거나 재구성할 수 있는 권한이 증대됨에 따라 교사들은 이미 계획된 교육과정을 옮기기만 하면 되는 대리인이 아니라, 교육과정을 적극적으로 구성하고 개발해야 하는 역할이 강조되고 있다. Darling-Hammond와 Bransford(2005)는 교육과정 운영에서 교사가 해야 할 이러한 역할을 다음과 같이 표현하였다.

> "교사는 주어진 교육과정 지식을 학습자들에게 충실하게 전달하기만 하면 되는 존재가 아니라, 교육과정의 중심에서 자신이 이행한 교육과정을 자기만의 방법으로 학습자를 대상으로 하여 새롭게 계획하고 실행하는 역할을 해야 한다."

여기서 교사가 학생들에게 맞게 교육과정을 새롭게 계획하고 실행하는 것은 수업의 계획과 실천에 해당된다. 교육과정 문서에 담긴 내용이 수업을 통해서 전개되지 않으면 교육과정이 운영되지 않는 것으로 보아야 한다는 점에서, 수업은 교육과정 운영에서 중심적인 위치를 차지한다. 따라서 교실수준 교육과정은 수업과 관련이 있으며, 수업의 핵심은 교육과정을 학생들의 학습경험으로 전환하는 일이므로, 먼저 학습경험의 의미에 대해서 알아보고자 한다.

2. 학습경험의 의미

학습경험이라는 용어는 매우 다양한 의미를 지니기 때문에 교육과정 연구를 위해서는 사용을 자제하는 것이 좋다는 제의도 있지만, 학생들의 인식, 태도, 행동의 변화는 그들이 갖는 학습경험을 통하여 일어날 수밖에 없다는 점에서, 교육과정 분야에서 학습경험이라는 말의 사용을 배제하기는 어렵다고 본다.

Dewey(1916)는 경험의 교육적 의미를 강조한 대표적인 인물로서 학습경험의 의미를 이해하기 위해서는 그가 말한 경험의 의미부터 살펴볼 필요가 있다. Dewey는 실용주의 철학을 계승하여 경험을 참다운 앎을 획득하는 방법으로 보고 이를 교육에 적용하였는데, 경험이 일어나기 위해서는 다음 세 가지 조건이 충족되어야 한다고 보았다.

첫째, 행위자의 능동적인 행위(trying)다.

둘째, 행위의 결과(undergoing)다.

셋째, 능동적인 행위와 그 결과의 관계를 파악하는 사고작용(thinking)이다. 예를 들어, 어린아이가 불이 뜨겁다는 것을 제대로 알기 위해서는 불 가까이에 손을 대보고(trying), 뜨겁다는 것을 느끼면서(undergoing), 손을 대보는 행위 때문에 뜨거움을 느끼게 되었다고 생각할(thinking) 줄 알아야 한다.

이러한 점에서 경험을 통한 교육이란 교사가 지식을 조직화하여 학생들에게 체계적으로 전달하는 것이 아니라, 학생들에게 할 일을 제공하고 그 결과를 겪게 하며 자신이 한 일과 그 결과를 연관 지을 수 있도록 사고할 기회를 주는 것이 된다.

Tyler(1949)는 Dewey의 경험 개념을 수용하여, 학습경험의 계획자는 학생의 능동적 경향을 파악하고 학생에게 작용하는 환경 조건을 계획·조작하여 학생들로 하여금 원하는 경험을 적시에 할 수 있도록 도와주는 역할을 해야 한다고 하였다. 교육자들이 이와 같은 일을 하는 데는 가능한 모든 조건을 살펴야 하겠지만, 학생들에게 '수업내용'을 제공하는 일과 내용과 관련된 '학습활동'을 하도록 하는 일이 우선시될 것이다.

학습경험의 계획을 수업내용과 활동의 계획이라고 본 것은 학습경험이 수업내용 요소와 활동 요소로 구성된다고 본 Johnson(1967)의 견해와 일치한다. 물론 수업내용 요소와 활동 요소는 완전히 분리되어 존재하는 것은 아니다. '교과서의 3쪽(내용 요소)을 읽는다(활동 요소)' '삼각형(내용 요소)을 그린다(활동 요소)'와 같이 학습경험이 일어나기 위해서는 내용 요소와 활동 요소 모두가 필요하다.

그러나 때때로 학습경험의 계획에서 내용 요소와 활동 요소를 분리할 필요가 있을 때가 있다. 예를 들어, '교과서의 3쪽에 들어 있는 내용을 정확한 발음으로 읽기'와 '교과서 3쪽에 들어 있는 의미를 파악하기 위하여 읽기'는 내용 요소는 같지만 활동 요소는 다르다.

만일 앞의 사례에서 원하는 학습경험이 '정확한 발음으로 읽는' 데 있다면 교과서의 3쪽이 이러한 경험을 하는 데 최선의 내용인가를 검토하여 그렇지 않다면 다른 내용으로 교체할 수 있다. 그러나 '그 속에 들어 있는 의미를 파악하기'라는 학습경험에서는 내용 요소를 바꿀 수 없다. 이와 같이 학습경험을 계획할 때 내용 요소를 선택하는 준거와 활동 요소를 선택하는 준거를 구별할 필요도 있다.

그리고 수업내용과 학습활동의 계획이 곧바로 원하는 경험으로 안내하는 것이 아니라는 점에도 주목할 필요가 있다. 수업내용과 활동의 계획은 어디까지나 의도이며, 이러한 의도의 결과인 학습경험은 의도와 다르게 나타나기도 한다. 앞의 사례와 같이 원하는 학습경험이 '교과서 3쪽의 내용을 이해하는 것'인데도 수업내용과 학습활동은 '교과서 3쪽을 반복하여 읽고 외우기'로 나타날 수도 있다. 학습경험의 계획자들은 학생들이 행하게 될 학습활동을 처방할 수는 있지만, 이 활동이 바람직한 경험을 초래할 것인가는 오직 기대일 뿐이다.

여하튼 교육과정 계획자는 학습경험을 직접 만들 수는 없다. 이러한 경험이 일어날 수 있도록 적절한 내용 요소와 효과적인 학습활동을 계획할 수 있을 뿐이다. 오늘날 일부 학자들은 수업내용과 학습활동의 계획을 묶어서 학습기회를 계획하는 것(McNeil, 2006)이라고 말한다. 학습기회라는 말 속에는 학습경험의 계획자들이 관심을 가져야 할 대상이 수업내용이나 학습활동만이 아니라 수업에 영향을 미치는 모든 변인을 종합적이고 체계적으로 고려해야 한다는 의미가 담겨 있다.

3. 학습경험의 선정과 조직

학습경험을 내용 요소와 활동 요소로 구분하면 학습경험의 선정과 조직은 수업내용의 선정과 조직, 학습활동의 선정과 조직으로 나눌 수 있다.

1) 수업내용의 선정과 조직

교육내용과 수업내용을 구분할 필요가 있다. 교육내용은 교육과정 문서에 실리며, 수업내용은 수업에서 교사가 학생들에게 제시하는 내용이라고 본다. 수업내용에는 여러 종류가 있다. 교과서에 실린 내용, 기타 참고자료에 실린 내용, 교과서나 참고자료에는 실리지 않았으나 교사가 학생들에게 전달하는 내용 등 여러 가지를 생각할 수 있다.

여기에서는 교육내용의 선정과 조직 원칙을 염두에 두면서, 수업내용 선정과 조직 원리 중 몇 가지 특징적인 것만을 제시한다.

(1) 타당성의 원리

타당성의 원리는 수업내용이 교육내용을 반영해야 한다는 것이다. 이 말은 수업내용과 교육내용이 같아야 함을 의미하는 것이 아니다. 수업내용은 교육내용을 구성하는 지식, 기능, 가치를 잘 전달할 수 있는 최적의 수단이어야 한다. 만일 교육내용이 삼각형의 합을 계산하는 데 필요한 지식이라면, 수업내용은 이에 관한 적절한 사례들을 담고 있어야 할 것이다.

(2) 확실성의 원리

확실성의 원리는 수업내용이 믿을 수 있는 것이어야 한다는 것을 의미한다. 어제의 진리가 오늘의 허위로 밝혀질 수 있으므로 수업내용의 선정자는 학문의 지속적인 발전에 끊임없는 관심을 가져야 한다.

(3) 명확성의 원리

명확성의 원리는 수업내용이 전달하는 의미가 분명해야 한다는 것이다. 수업 자료는 맞춤법에 맞는 단어, 문법에 맞는 문장, 분명한 메시지가 담긴 그림과 삽화 등을 담아야 한다. 그리고 단락의 구성은 사실들의 단순한 나열보다는 비교-대비, 원인-결과, 문제-해답, 결과-증거 등의 방식으로 기술하는 것이 학생들의 이해를 도울 것이다.

(4) 가능성의 원리

가능성의 원리는 수업내용이 학습자의 능력 수준에 알맞게 기술되어야 한다는 것이다. 학습자의 능력 수준에 맞는 어휘 선정, 문장 길이, 단락 구분이 필요하다. 그리고 교육내용은 줄이고 교과서를 포함한 수업 자료의 분량은 늘려서 교과서를 읽고 교육내용을 이해할 수 있도록 해야 한다. 예를 들어, 수업 자료에 실린 어휘가 흔히 사용하지 않는 어려운 한자어이거나 수업 자료의 면수에 비해 교육내용이 지나치게 많으면 학생들의 이해를 어렵게 만든다.

(5) 균형성의 원리

균형성의 원리는 특정 집단의 이익에 도움을 주는 내용을 담아서는 안 된다는 것이다. 수업내용이 학생들에게 성별, 직업, 계층, 지역 등에 관한 편견을 심어 주는 것이어서는 안 된다. 예를 들어, 수업 자료의 삽화가 남성을 여성에 비하여 우월한 존재로 묘사한다든지, 수업 자료의 내용이 도시 지역을 농촌에 비하여 살기 좋은 곳으로 묘사한다든지 하는 내용은 피하는 것이 좋다.

(6) 흥미의 원리

흥미의 원리는 수업 자료의 내용이 학생들의 흥미를 유발할 수 있어야 한다는 것이다. 교육내용을 전달하기 위하여 선택할 수 있는 수업 자료의 내용은 매우 다양할 것이다. 예를 들어, 여러 가지 도형이라는 교육내용을 전달하기 위해서는 평면 그림, 입체 그림, 사진 등 다양한 수단이 동원될 수 있으나, 이들 중에서 학생들의 흥미를 가장 크게 유발하는 수단이 수업내용이 될 자격을 얻을 것이다.

(7) 연계성의 원리

연계성의 원리는 수업내용들이 서로 관련되고 일관성을 가져야 한다는 것이다. 같은 교과의 학년별 수업 자료(교과서 포함)에 실린 내용들 간에 모순이 있거나 같은 내용을 다른 용어로 표현하는 것은 피해야 한다. 같은 학년에 사용되는 수업 자료(교과서)의 내용들도 서로 연관 지어 기술하고, 같은 현상을 다르게 표현하는 용어나 진술들은 서로 간의 관련성을 밝혀 두어야 한다.

2) 학습활동의 선정과 조직

학습자가 수업의 과정에서 하게 되는 활동의 성격과 유형에 따라 학습경험이 달라진다는 것은 설명이 필요 없는 당연한 말이다. 하지만 학습자에게 어떤 활동의 기회를 제공해야 하는가는 결코 간단한 문제가 아니다. Tyler(1949, 1981)는 학습활동(학습경험)을 선정하고 조직하는 데 도움을 주는 다음과 같은 원칙들을 제안했다.

(1) 학습활동의 선정 원리

Tyler는 교육목표에 관계없이 학습경험을 선정할 때 적용할 수 있는 일반적 기준으로서 다음의 여섯 가지 원리를 제시하였다. 앞의 다섯 가지는 1949년에, 마지막 한 가지는 1981년에 제시하였다.

① 기회의 원리

기회의 원리란 어느 특정한 교육목표를 달성하기 위해서는 그 목표가 시사하고 있는 행동을 학습자 스스로 해 볼 수 있는 기회를 가져야 한다는 것이다. 예를 들어, 교육목표가 '컴퍼스를 이용하여 원을 그릴 줄 아는 것'이라면 실제로 학생들에게 컴퍼스를 사용하여 원을 그리는 행동을 할 기회를 제공해야 한다. 또한 교육목표가 '현미경을 이용하여 양파의 껍질을 조사하는 것'이라면 학생들이 이와 같은 행동을 할 기회를 가져야 한다.

② 만족의 원리

만족의 원리는 교육목표가 시사하는 행동을 학생들이 해 보는 과정에서 만족감을 느낄 수 있어야 한다는 것이다. '박자치기를 할 수 있다'는 교육목표를 달성하기 위하여 캐스터네츠를 이용하여 박자치기를 하는 활동이 학생들에게 만족감을 주어야 한다는 것이다. 만일 캐스터네츠보다 작은 북을 두드리는 데 만족감을 느끼는 학생들이 더 많다면, 그들에게는 작은 북을 이용한 박자치기 행동을 할 기회를 주는 것이 좋다. 만족의 원리는 학생들의 흥미와 관심에 대한 교사의 주의 깊은 관찰이 필요하다는 점을 알려 준다.

③ 가능성의 원리

가능성의 원리는 학생들에게 요구하는 행동이 그들의 현재 능력, 성취, 발달 수준에 맞아야 한다는 것이다. 예를 들어, 초등학교 2학년 학생들에게 '바르게 글쓰기'라는 교육목표를 달성하기 위해서는 붓보다는 연필로 글쓰기를 연습시키는 것이 적합하다. 가능성의 원리는 교사들이 학생의 능력, 성취, 발달 수준에 관하여 알 필요가 있다는 것을 알려 준다.

④ 다활동의 원리

다활동의 원리는 한 가지 교육목표를 달성하는 데도 활동은 여러 가지가 있을 수 있다는 것이다. 예를 들어, '이차 방정식 풀기'라는 교육목표를 달성하는 데는 학생들에게 교과서 내용을 읽고 이해되지 않는 부분을 질문을 통해 해결하는 활동, 교사가 칠판 위에 이차 방정식 문제를 푸는 과정을 지켜보게 하는 활동, 크고 작은 나무 막대기를 사용하여 이차 방정식의 원리를 스스로 찾아보게 하는 활동 등 다양한 활동이 있다. 다활동의 원리는 교사가 열의와 창의성을 가지면 교육목표 달성을 위한 효과적인 활동을 많이 찾을 수 있다는 것을 알려 준다.

⑤ 다성과의 원리

다성과의 원리는 학생들이 행동을 선택할 때 여러 가지 교육목표를 동시에 달성하는 데 도움을 주는 행동을 선택하라는 것이다. 예를 들어, '본 대로 그리기'라는 활동은 '나비의 한살이 이해'(자연과의 교육목표), '박물관에서의 문화재 탐방'(사회과의 교육목표), '보고 그리기'(미술과의 교육목표), '보고 따라 하기'(체육과의 교육목표) 등 다양한 목표 달성에 도움을 주는 것이다.

⑥ 협동의 원리

협동의 원리는 학생들에게 함께 활동할 수 있는 기회를 주는 것이 좋다는 것이다. 교육목표가 학생들의 협동적인 작업을 필요로 할 때는 말할 것도 없지만 같은 목표를 달성하는 활동이 여러 가지 있다면 학생들에게 협동할 기회를 갖도록 하는 것이 바람직하다는 것이다. 협동은 학생들에게 흥미를 불러일으키고 학습동기를 지속시키는 데도 도움을 주며 서로 간에 부족한 점을 보완하는 효과를 지니고 있기 때문이다.

(2) 학습경험의 조직 원리

학습활동의 조직과 관련하여 계속성, 계열성, 통합성의 원리를 생각할 수 있다. 대개의 교육목표는 한 번의 학습활동으로 성취되지 않기 때문에 학습활동은 여러 번 반복되고 서로 간에 연계성을 갖는 것이 좋다.

계속성은 학습활동의 통시적 반복, 계열성은 학습활동의 시간적 연계성, 통합성은 학습활동의 공시적 연계성을 뜻한다. 예를 들어, '바른 자세로 앉아 쓰기'는 한 번의 행동으로 완성되지 않는다. 지속적인 반복이 필요하다(계속성). 덧셈은 반복 연습이 필요하며 시간이 갈수록 점점 높은 수준의 덧셈을 할 수 있게 된다(계열성). '본 대로 그리기'는 다성과의 사례에서와 같이 여러 교과 시간에 반복된다(통합성).

4. 백워드 단원 설계

1) 백워드 수업설계 모형

Wiggins와 McTighe는 이 모형의 주창자로 세 가지의 이론적 기반을 제시하였다(조재식, 2005).

첫째, 목적 지향적 교육과정 설계를 강조한다. 그들은 Tyler의 목표 모형이 자신들이 개발한 설계 모형의 기반이 된다고 주장한다. Tyler는 교육과정의 개발에서 목표 설정을 가장 중요한 과업으로 삼았으며, 교육목적과 교육평가의 일관성을 주장하였다. Wiggins와 McTighe(2004)는 "백워드 설계 관점은 새로운 것이 아니다. 50년 전에 Tyler가 백워드 설계의 논리를 제시하였다."고 하였다.

둘째, Bruner의 학문 구조 이론의 영향을 받았다. Bruner는 지식의 구조, 즉 학문을 구성하고 있는 기본적 아이디어, 개념 혹은 원리를 가르쳐야 한다고 하였다. 백워드 설계 모형에서는 Bruner가 제시한 지식의 구조에 해당하는 것을 영속적 이해(enduring understanding)라고 부른다. 영속적 이해란 학습자들이 비록 아주 상세한 것들을 잊어버린 이후에도 머릿속에 남아 있는 큰 개념 혹은 중요한 이해를 가리킨다.

셋째, 교육과정 개발에서 평가의 기능과 역할의 중요성을 수용한다. 백워드 설계 모형에서는 학습경험 또는 구체적인 학습내용의 선정에 앞서서 매우 구체적인 평가 계획안을 마련한다. 학습경험 및 수업계획보다 평가 계획을 먼저 세운다는 점에서 백워드(backward) 설계 모형이라고 부른다.

따라서 이 모형에서 훌륭한 교사는 다양한 평가도구를 타당하고 신뢰할 수 있게 개발할 수 있는 평가 전문가의 역할을 수행한다.

Wiggins와 McTighe가 제시한 백워드 설계 모형을 구체적으로 살펴보면 [그림 6-1]과 같다. 그들은 백워드 설계 단계를 [그림 6-1]과 같이 제시하고 간략한 설명을 붙였다(강현석 외 공역, 2008).

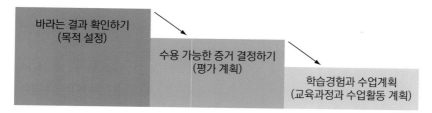

[그림 6-1] **백워드 설계의 단계**

백워드 설계 모형의 첫 번째 단계는 바라는 결과를 확인하기(목적 설정)다. 학생들이 무엇을 이해하고, 알아야 하며, 할 수 있어야 하는가? 먼저 코스나 단원의 목표(내용 기준과 학습결과 등)를 설정해야 한다. 다음으로 이 코스나 단원에서 학생들이 무엇을 이해하도록 할 것인가를 결정한다. Wiggins와 McTighe는 수업 내내 학습활동만 강조하여 이해 능력을 길러 주지 못하는 활동중심(activity-based) 설계와 많은 내용을 가르치기에 급급하여 배운 내용을 이해하지 못하는 피상적인(coverage-based) 학습설계의 잘못을 지적하며, 교육과정 설계는 학생들이 배운 내용을 이해하는 데 초점을 두어야 한다고 하였다. 백워드 설계 모형을 제시하고 있는 그들의 저서 이름이 『설계를 통한 이해(Understanding by Design)』라고 생각하면 그들이 교육과정 설계에서 이해를 얼마나 중요하게 여기고 있는가를 알 수 있다. 다음으로 그들은 학생들의 이해를 촉진하는 데 필요한 본질적인 질문을 만들며, 이어서 학생들이 알아야 할 지식과 기능들을 구체화한다.

두 번째 단계는 수용 가능한 증거를 결정하기(평가 계획의 수립)다. 만약 학생들이 바람직한 결과를 성취했다면 당신은 그 사실을 어떻게 알 수 있는가? 학생들이 이해했다는 증거는 무엇일까? 백워드 설계 모형은 특정한 단원이나 단시 수업을 설계하기 전에 교사와 교육과정 계획자가 '평가자'처럼 사고하기를 요구한다. 그들은 학생들이 해야 할 수행과제와 그것을 채점할 루브릭을 만들며, 퀴즈와 테스트를 개발하고, 자기평가 기회를 부여하도록 계획한다.

세 번째 단계는 학습경험과 구체적인 수업을 계획하는 단계다. 설정한 코스나 단원의 목표와 이해에 도달하도록 하기 위하여 학생들에게 어떤 경험을 하게 할 것인가를 계획한다. Wiggins와 McTighe는 학습계획을 〈표 6-1〉에서 보이는 것처럼 WHERETO의 머리글자로 정리하였다.

〈표 6-1〉 **학습계획**

학습활동
어떤 학습경험과 수업이 학생들이 의도한 결과를 성취하는 것을 가능하게 할 것인가? 어떻게 설계할 것인가?
W=단원이 어디로(where) 향하고 있는지, 무엇을(what) 기대하는지 학생이 알도록 도와 주라. 학생들이 어디로부터 오는지(예를 들어, 선행 지식과 흥미로부터) 교사가 알도록 도와주라. H=모든 학생의 주의를 환기시키고(hook), 그들의 흥미를 유지(hold)시키라. E=학생들을 준비(equip)시키고, 주요 아이디어를 학생들이 경험(experience)할 수 있도록 도우며, 이슈를 탐험(explore)하도록 도와주라. R=학생들의 이해와 작업을 재고(rethink)하고 개정(revise)할 수 있는 기회를 제공하라. E=학생들이 그들의 작업과 그것의 함축적인 의미를 평가(evaluate)하도록 허락하라. T=서로 다른 요구와 흥미, 학습자의 능력에 대해 맞추도록(tailor) 개별화하라. O=효과적인 학습뿐만 아니라 주도적이고 지속적인 참여를 최대화할 수 있도록 조직(organize)하라.

2) 백워드 설계 모형의 최근 동향

Wiggins와 McTighe(2011)는 백워드 설계를 적용하고 연구를 진행하는 과정에서 얻은 새로운 아이디어와 사용자들의 의견을 반영하여 백워드 설계 2.0 모형을 구안하였다. 백워드 설계 2.0 모형은 백워드 설계의 기본적인 개념과 원리는 그대로 유지하면서 시사점을 반영하여 수정하였는데, 그 수정 사항들을 정리하면 다음과 같다(강현석, 이지은, 2013).

첫째, 1단계 바라는 결과 확인하기에서 단원의 목표를 전이(T: Transfer), 의미(M: Meaning), 습득(A: Acquisition)으로 세분화하여 표시하였다. 이해는 전이(T: Transfer)와 의미(M: Meaning)로 나누어지며, 의미는 구체적인 이해(Understanding)와 본질적 질문(Essential Questions)으로 세분화된다. 따라서 학습자는 지식과 기능을 습득하고 지식의 추론 과정을 거쳐 이해에 도달하며 이해한 것을 전이할 수 있어야 한다. 백워드 설계 2.0 모형은 기존 설계에 비해 목표를 세분화하였고, 전이를 강조하였다.

둘째, 설계의 2, 3단계에서는 목표 유형을 T(전이), M(의미), A(습득)으로 코드화하고, 학습경험을 계획할 때에도 목표 유형별로 분리해서 계획하는 단계를 거쳐 단원 설계 전체의 목표와 평가가 일치될 수 있도록 하였다. 코드를 통해 설계자는 설계의 단계별 과정에서 목표가 평가 계획과 학습경험 선정에 일관성 있게 반영되고 있는지 스스로 점검, 수정할 수 있으며 모든 과정이 전이 목표를 향해 통일될 수 있도록 하였다.

셋째, 백워드 템플릿이 새롭게 변화되었다. 백워드 템플릿은 현장에서 사용 가능한 백워드 단원을 개발할 수 있도록 하며, 단원 설계 시의 오류를 방지해 주는 역할을 하기도 한다. 백워드 설계 2.0 모형에서는 새로워진 특징을 잘 반영할 수 있도록 템플릿을 수정하여 제시하였는데, 단계별 하위 요소의 배열 형태에 변화를 주었으며, 코드, 평가 준거, 사전 평가, 과정 모니터링 등을 이전 버전에 비해 추가하였다.

3) 백워드 설계 방식으로 단원 설계하기

백워드 설계 모형의 구체적인 형태는 템플릿을 통해 구현된다. 템플릿은 단원을 개발할 때 조직자를 제공하고 설계 과정을 보완해 줄 수 있으므로 매우 중요한 과정이라고 할 수 있다.

(1) 1단계: 바라는 결과 확인하기

1단계에서는 바라는 결과를 설정한다. 이 단계는 교육과정 설계자로 하여금 목표를 분명히 구성하도록 하는 역할을 한다. 바라는 결과는 단원 수준의 영속적이고 장기적인 목표로서, 단시 수업의 목표를 위한 합리적인 근거를 제공한다 (이지은, 2011). 바라는 결과는 설정된 목표, 전이, 의미, 습득으로 나뉘어져 설계 된다. 1단계의 템플릿은 〈표 6-2〉와 같다.

〈표 6-2〉 **백워드 설계 2.0 모형 1단계 템플릿**

1단계 - 바라는 결과 확인하기		
설정된 목표	전이	
이 단원은 어떠한 내용 기준과 프로그램 혹은 과업 관련 목표를 다룰 것인가? 이 단원은 어떤 마음의 습관과 교차 학문적 목표—예를 들어, 21세기의 기능, 핵심 능력—를 다룰 것인가?	학생들은 자신들이 학습한 것을 ~하는 데 사용할 것이다. 어떤 유형의 장기적 성취가 바람직한가?	
	의미	
	이해 학생들은 ~을 이해할 것이다. 학생들이 이해하기를 바라는 것은 구체적으로 무엇인가? 그들은 어떠한 추론을 형성해야 하는가?	본질적 질문 학생들은 ~을 숙고할 것이다. 어떠한 사고 유발 질문이 탐구, 의미 형성, 그리고 전이를 촉진할 것인가?
	습득	
	학생들은 ~을 알 것이다. 학생들은 어떤 사실과 기본 개념을 알고 또 기억할 수 있어야 하는가?	학생들은 ~에 정통할 것이다. 학생들은 어떠한 별개의 기술과 절차를 사용할 수 있어야 하는가?

출처: 강현석 외 공역, 2015: 45.

(2) 2단계: 수용 가능한 증거 결정하기

2단계는 수용 가능한 증거를 결정하는 단계이다. 즉, 학습자들이 전이와 의미, 습득 목표에 이르렀음을 보여 줄 수 있는 증거가 되는 수행과제와 기타 다양한 증거에 대하여 작성한다.

진정한 이해에 대한 궁극적인 평가는 '학습자가 학교에서 배운 것으로 무엇을 할 수 있는가?'에 대한 전이의 능력과 관련된다고 볼 수 있다. 학습자들은 깊이 있는 사고를 해야 할 뿐만 아니라, 습득된 사고와 기능 및 지식을 바탕으로 하여 효율적으로 행동해야 한다. 그것이 백워드 설계 2.0에서 전이를 1단계의 가장 상단에 위치하게 한 이유인 것이다(Wiggins & McTighe, 2011). 2단계는 이러한 평가가 잘 이루어지도록 수행과제와 기타 증거를 구성해야 하며, 코드, 평가 준거, 수행과제, 기타 증거로 제시되어 있다. 2단계의 템플릿은 〈표 6-3〉과 같다.

〈표 6-3〉 백워드 설계 2.0 모형 2단계 템플릿

2단계 – 수용 가능한 증거 결정하기		
코드	평가 준거	
바라는 결과 모두가 적절하게 평가되고 있는가?	바라는 결과의 달성을 판단하기 위해서 각각의 평가에 필요한 준거는 무엇인가? 평가 양식과 상관없이 어떤 특징이 가장 중요한가?	수행과제 학생들은 ~을 증거로 그들이 실제로 이해하고 있음을 보여 줄 것이다. 학생들은 복잡한 수행을 행하며 그들의 이해(의미 형성 및 전이)를 어떻게 증명할 것인가?
		기타 증거 학생들은 ~함으로써 1단계 목표 달성을 보여 줄 것이다. 1단계 목표 달성 유무를 결정하기 위해 수집해야 할 다른 증거(자료)는 무엇인가?

출처: 강현석 외 공역, 2015: 46.

(3) 3단계: 학습경험 계획하기

3단계는 학습경험과 구체적인 수업을 계획하는 단계이다. 이때는 1단계의 바라는 결과와 2단계의 수용 가능한 증거가 일치될 수 있도록 체계적으로 조직한다. 2.0 버전에서는 기존의 템플릿에서는 볼 수 없었던 사전 평가와 모니터링의 단계가 추가되었다. 본격적인 학습활동 전에 학습자들의 사전 지식과 경험을 평가하고, 학습활동 중간의 모니터링을 통해 적절한 피드백을 사용하여 학습자들이 목표에 더 잘 도달할 수 있도록 한 장치라고 할 수 있다. 3단계의 템플릿은 〈표 6-4〉와 같다.

〈표 6-4〉 백워드 설계 2.0 모형 3단계 템플릿

3단계 - 학습경험 계획하기		
코드	학생의 사전 지식, 기능 수준, 그리고 잠재적인 오개념을 확인하기 위해서 어떠한 사전 평가를 사용할 것인가?	사전 평가
각 학습활동 혹은 유형의 목표는 무엇인가?	학습활동 학생들의 전이, 의미 그리고 습득 성공은 ~에 달려 있다. • 학습계획에서는 세 가지 목표(습득, 의미, 전이)가 다루어지는가? • 학습계획은 학습 원리와 최고의 실행을 반영하는가? • 1단계와 2단계는 탄탄하게 줄 맞추기 되어 있는가? • 이 계획은 모든 학생들에게 매력적이고 효과적일 것 같은가?	향상도(progress) 관찰 • 학습활동 중에 학생들이 습득, 의미, 그리고 전이로 나아가는 것을 어떻게 관찰할 것인가? • 잠재적인 난관이나 오해는 무엇인가? • 학생들은 자신들이 필요한 피드백을 어떻게 구할 것인가?

출처: 강현석 외 공역, 2015: 47.

이러한 백워드 설계 모형은 단원을 계획하는 데 큰 도움을 준다. 이 모형이 단시 수업이나 코스의 설계를 하는 데도 적용될 수 있지만, 주로 단원 설계에 초점을 둔다. 학교에서 단원 설계가 교사들이 지성, 열성, 창의성 등을 기반으로 수행해야 할 과업이라는 점에서 이 모형은 교사들에게 큰 도움을 준다.

또한 이 모형은 목표 설정 과정에서 교과의 내용 기준을 반영하며, 평가 계획을 통하여 내용과 관련된 수행 성취기준을 명확히 한다는 점에서 국가 교육과정 기준과 현장의 수업을 일치시키는 장점이 있다. 국가 교육과정 기준에는 교과별로 배워야 할 내용(내용 기준)과 학습해야 할 목표(성취기준)가 제시되어 있다. 하지만 학교에서는 이러한 국가 교육과정의 기준보다는 교과서에 실린 내용이나 학교 안팎에서 요구하는 평가 준비를 위한 수업이 진행되는 경우가 적지 않기 때문이다.

백워드 설계 모형은 교사가 단원을 설계할 때 국가 교육과정에서 제시하는 내용 기준이나 성취기준을 출발점으로 삼게 되기 때문에 교과서 중심 수업이나 평가 대비 수업에서 교육과정 중심의 수업으로 전환하는 길을 열어 준다. 또한 국가에서 실시하는 성취도 평가가 국가 교육과정의 내용 기준과 성취기준에 부합되게 만들어졌다면, 백워드 설계 모형에 바탕을 두고 실시하는 학교의 수업은 이러한 성취도 검사에 쉽게 대비할 수 있다는 이점이 있다.

하지만 이러한 교육적 이점에도 불구하고, 현장에서 백워드 설계 모형을 사용할 때는 해결해야 할 여러 가지 과제들이 있다. 먼저, 기존의 백워드 설계는 주로 사회과나 과학과 등의 주지과목 위주로 개발되고 적용되어 온 한계를 가지고 있었다. 그동안 백워드 교육과정을 통한 '이해'가 기본적으로 '기능'을 목표로 하는 교과에서는 실현되기 어렵다는 인식이 있었기 때문이다. 최근 백워드 설계에서는 이 한계를 극복하기 위하여 전이(transfer)를 더욱 강조하여 기존의 설계에 비해 기능교과에서의 실현이 용이할 것으로 기대된다.

또한 백워드 설계 모형의 복잡한 단계들과 낯선 템플릿은 학교현장에서 교사들이 적용하기를 꺼리는 원인이 된다. 이를 해결하기 위해서는 Wiggins와 McTighe가 제안한 모형을 그대로 적용하기보다는 그 과정에서 보다 분명하지 않은 단계나 절차, 교사들이 이해가 잘 되지 않거나, 개선이나 수정이 필요한 사항들에 대하여 한국의 교실 상황에 부합하도록 모형을 개선해 나가는 노력이 필요하다(이지은, 강현석, 2012).

이와 같이 백워드 설계는 교사의 전문성 향상과 인식의 전환이 수반되어야만 효과적인 방법으로 활용될 수 있다. 단원 수업을 설계할 때, 교사가 활동 위주나 진도 나가기에 치중하지 말고 중요한 핵심 아이디어를 파악하여 학생들이 습득할 수 있도록 교과서를 재구성하여 평가와 수업을 연결할 수 있어야 한다.

5. 창의적 체험활동

1) 창의적 체험활동의 개념과 성격

2009 개정 교육과정에서는 기존의 창의적 재량활동과 특별활동을 통합하여 배려와 나눔을 실천하는 창의 인재 양성을 위한 창의적 체험활동을 신설하였다. 재량활동과 특별활동이 통합됨에 따라 2009 개정 교육과정은 교과활동과 창의적 체험활동의 두 영역으로 구성되었다.

이전 교육과정에서 재량활동은 교과 재량활동과 창의적 재량활동으로 구성되었는데, 2009 개정 교육과정에서 신설된 창의적 체험활동은 교과 재량활동을 제외한 창의적 재량활동과 특별활동을 통합하여 교과 외 활동을 강화하고자 하는 목적으로 신설되었다. 따라서 교과 재량활동에서 다루었던 교과의 심화·보충 학습이나 선택 과목 학습을 포함하지 않는 영역으로서, 교과 학습보다는 개성 신장, 여가 선용, 창의성 개발, 공동체 의식 함양 등을 달성할 수 있는 교과 외 영역에 대한 체험 학습에 중점을 두었다(교육과학기술부, 2009a).

특별활동이나 재량활동과 마찬가지로 창의적 체험활동 또한 교과 교육과 대립되는 활동이기보다는, 교과 교육과 상호 보완적인 성격을 띤다. 교과활동에서는 다루기 어려운 체험 학습이나 인성 교육 등을 창의적 체험활동을 통해 실현할 수도 있고, 교과에서 학습한 내용을 창의적 체험활동에서 적용해 봄으로써 교과 학습을 발전시킬 수도 있다. 특히 2009 개정 교육과정에서는 범교과 학습 주제를 효과적으로 지도하기 위해 교과활동과 창의적 체험활동을 연계할 것을 강조하고 있다.

또한 창의적 체험활동에서는 학생의 자율적이고 자발적인 참여를 강조한다. 창의적 체험활동에서 체험 중심 교육을 강조한다는 것을 학생이 수동적인 입장을 취하기보다는 자발적으로 활동에 참여할 때 학습이 이루어진다는 점을 가리킨다.

마지막으로, 창의적 체험활동은 단위 학교에서 자율적으로 운영할 수 있는 영역이기 때문에 단위 학교와 교사의 전문성이 발휘될 수 있는 영역이다. 단위 학교와 교사는 학생의 특성과 요구, 지역 및 학교의 특성 등이 반영된 창의적 체험활동을 계획하고 운영함으로써 전문성을 발휘할 수 있다.

2) 2009 개정 창의적 체험활동 교육과정

(1) 개정 배경과 중점

2009 개정 교육과정에서는 기존의 재량활동과 특별활동을 통합하여 창의적 체험활동을 신설하였다. 창의적 체험활동은 2007 개정 재량활동과 특별활동 교육과정의 운영상에 나타난 문제점을 보완하기 위해 신설되었다고 할 수 있는데, 개정의 배경을 살펴보면 다음과 같다.

2007 개정 교육과정은 사회적 변화와 요구를 반영하는 한편, 7차 교육과정보다 교육과정 운영에 대한 단위 학교의 자율성을 확대하기 위해 마련된 교육과정이었다(김승익, 2009b). 그러나 단위 학교의 자율성이 가장 잘 발휘되어야 할 재량활동의 운영에서도 교육과정 운영이 경직된 모습을 나타내어 본래의 취지를 달성하지 못한 것으로 판단되었다. 예를 들면, 초등학교의 창의적 재량활동의 경우에는 국가 또는 지역 수준의 교육청에서 창의적 재량활동 시간에 이수해야 할 내용(정보통신 활용 교육, 성교육, 보건 교육 등)을 정하여 단위 학교에 하달함으로써 단위 학교에서의 자율적 운영이 이루어지지 못하였다(권영민, 2009).

또한 창의적 재량활동은 특별활동과 내용 간 중복이 있거나 체험 중심 요소가 약하다는 비판과 더불어 형식적으로 운영되거나 수업 시수를 조정하기 위한 용도로 이용되는 문제도 나타났다(소진형, 2009a). 특히 중·고등학교에서는 특별활동과 재량활동이 교과 보충 학습에만 중점을 두어 이루어지는 등 교과활동과 교과 외 활동의 균형 잡힌 학습을 통한 전인 교육을 실현하고자 하였던 의도가 퇴색되었으며, 교과활동 위주의 교육으로 체험, 봉사, 진로 교육 등 폭넓은 인성 교육이 부족하다는 비판에 직면하기도 하였다(권영민, 2009).

한편, 교육과정 개정과 관련하여 교사와 학부모, 학생을 대상으로 한 요구조사에서는 비교과활동과 체험 학습에 대한 요구가 적지 않은 것으로 나타났다. 국가교육과학기술자문회의에서 1,000여 명의 교사와 학부모를 대상으로 실시한 대여론조사에서는 비교과활동 시간을 확대할 필요가 있다는 응답이 66.8%를 차지하였고, 한국교육개발원에서 중·고등학생을 대상으로 교육과정 운영 방향에 대한 의견을 조사한 결과 '실제 생활에 도움이 되는 내용 위주로 배우면 좋겠다.'는 응답이 91.7%, '교과 공부 이외에 다양한 체험 학습과 문화 체육 활동 기회가 많아지면 좋겠다.'가 86.4%를 차지하였다(김승익, 2009a).

이와 같은 개정의 필요성을 바탕으로 하여 2009 개정 교육과정에서는 교과활동 못지않게 교과 외 활동을 강조하는 데 중점을 두었다(김동원, 2009). 교과 외 활동을 강화하고자 하는 목적을 달성하고 창의적 재량활동과 특별활동 간의 내용 중복 문제를 보완하기 위하여, 2009 개정 교육과정에서는 창의적 재량활동과 특별활동을 통합하여 창의적 체험활동을 신설하였다. 비교과활동의 성격을 분명히 나타내기 위해 '창의적 체험활동'이라는 명칭을 부여하고 그 비중을 높이는 방향으로 교육과정을 개선하게 된 것이다(권영민, 2009). 이에 따라 창의적 체험활동 운영 시간은 초·중학교에 주당 평균 3시간 이상이 배정되었고, 고등학교는 2007 개정 교육과정에서 주당 평균 2시간으로 배정되었던 것이 4시간 이상으로 확대되었다(소진형, 2009a). 이는 지나친 교과 지식 위주의 교육에서 벗어나 창의성과 폭넓은 인성교육을 강화하기 위한 의도를 지니고 있다(권영민, 2009).

또한 2009 개정 교육과정에서는 단위 학교가 교육과정 편성·운영에 갖는 자율성을 확대하는 데 중점을 두었다. 창의 인재를 육성하는 데 적합한 다양한 활동을 학교에서 자율적으로 결정하여 운영하도록 하며, 운영 시간 및 방법 또한 학교에서 자율적으로 결정하도록 명시하고 있다. 한 가지 예로 2009 개정 교육과정에서는 2007 개정 교육과정에서 별도의 교과로 분리되었던 초등학교의 '우리들은 1학년'을 폐지하고 '우리들은 1학년'에서 다루었던 내용을 창의적 체험활동의 내용에 반영하도록 하여 학교에서 자체적으로 '입학 초기 적응 프로그램'을 운영하도록 하였다(권영민, 2009).

한편으로는 2007 개정 교육과정에서 국가·사회적 요구를 반영하고자 하였던 것을 계승하여, 2009 개정 교육과정에서는 2007 개정 교육과정에서 35개로 제시되었던 범교과 학습 주제에 녹색교육, 한자교육, 한국문화사교육이 추가되었으며(김승익, 2009a), 범교과 학습 주제는 교과활동과 창의적 체험활동 등 교육활동 전반에 걸쳐 통합적으로 다루어지도록 하였다(소진형, 2009a).

(2) 목표

창의적 체험활동은 학생들이 자발적으로 활동에 참여하여 개개인의 소질과 잠재력을 계발·신장하고, 자율적인 생활 자세를 기르며, 타인에 대한 이해를 바탕으로 나눔과 배려를 실천함으로써 공동체 의식과 세계 시민으로서 갖추어야 할 다양하고 수준 높은 자질을 함양하는 것을 목적으로 한다(교육과학기술부, 2009a).

창의적 체험활동은 자율 활동, 동아리 활동, 봉사 활동, 진로 활동의 네 영역으로 구성되는데, 앞에서 제시된 전체 목표를 기본으로 하여 영역별로 달성해야 할 목표가 제시되어 있다. 창의적 체험활동의 하위 영역별 목표는 [그림 6-2]와 같다.

먼저, 자율 활동의 목표는 각종 행사, 창의적 특색 활동에 자발적으로 참여하여, 변화하는 환경에 적극적으로 대처하는 능력을 기르고, 공동체 구성원으로서

자율 활동	동아리 활동	봉사 활동	진로 활동
• 각종 행사에 자발적으로 참여 • 변화하는 환경에 적극적으로 대처 • 공동체 구성원으로서 역할 수행	• 동아리 활동에 자율적·지속적으로 참여 • 취미, 특기 계발 • 협동적 학습능력과 창의적 태도 함양	• 나눔과 배려 실천 • 자연환경을 보존하는 습관 형성 • 더불어 사는 삶의 가치 인식	• 흥미·소질·적성 파악 • 정체성 확립 • 학업과 직업에 대한 정보 탐색 • 진로 설계, 준비

[그림 6-2] **창의적 체험활동의 하위 영역별 목표**

의 역할을 수행하는 것이다. 자율 활동을 통해 달성하고자 하는 세부 목표들은 다음과 같다. 첫째, 전・입학과 진급 등에 따른 생활 변화에 적응하고 이를 주도하는 능력을 길러 원만하고 즐거운 학교생활을 한다. 둘째, 다양한 협의 및 실천 경험을 통해 문제를 합리적으로 해결할 수 있으며, 민주적인 의사결정의 기본 원리를 익힌다. 셋째, 학급과 학교에서 일어나는 제 문제에 대해 적극적으로 참여하여 협의하고 실천함으로써 협동심과 유대감을 기른다. 넷째, 교내외에서 실시되는 여러 행사의 의의와 중요성을 이해하고, 행사에 자발적으로 참여하여 학교와 지역사회의 발전을 위해 노력하는 태도를 가진다. 다섯째, 학급, 학년, 학교의 특성 및 학습자의 발달단계에 맞는 다양한 특색 활동을 계획하고, 이에 참여함으로써 자신감과 창의성을 기른다. 여섯째, 학교의 전통을 계승하고 이를 창의적으로 발전시키려는 노력을 통해 소속감과 애교심을 기른다(교육과학기술부, 2009a).

동아리 활동의 목표는 동아리 활동에 자율적이고 지속적으로 참여하여 각자의 취미와 특기를 창의적으로 계발하고, 협동적 학습능력과 창의적 태도를 기르는 것이며, 세부 목표는 다음과 같이 제시할 수 있다. 첫째, 흥미, 취미, 소질, 적성, 특기가 비슷한 학생들로 구성된 활동 부서에 자발적으로 참여하여, 창의성과 협동심을 기르고, 원만한 인간관계를 형성한다. 둘째, 다양한 활동에 참여하여 자신의 잠재 능력을 창의적으로 계발・신장하고, 자아실현의 기초를 닦는다. 셋째, 여가를 선용하는 생활 습관을 형성한다. 넷째, 지역 내 학교 간 각종 동아리 경연대회를 통해 우의를 다지는 협력과 공정한 경쟁을 익히도록 한다(교육과학기술부, 2009a).

봉사 활동은 이웃과 지역사회를 위한 나눔과 배려의 활동을 실천하고, 자연환경을 보존하는 생활습관을 형성하여 더불어 사는 삶의 가치를 깨닫는 것을 목적으로 한다. 봉사 활동의 세부 목표는 다음과 같다. 첫째, 타인을 배려하는 너그러운 마음과 더불어 사는 공동체 의식을 가진다. 둘째, 나눔과 배려의 봉사 활동 실천으로 이웃과 서로 협력하는 마음을 기르고, 호혜 정신을 기른다. 셋째, 지역사회의 일들에 관심을 가지고 참여함으로써 사회적 역할과 책임을 분담하고, 지역사회 발전에 이바지하는 태도를 가진다(교육과학기술부, 2009a).

진로 활동의 목표는 흥미와 소질, 적성을 파악하여 자기 정체성을 확립하고, 학업과 직업에 대한 다양한 정보를 탐색하여 자신의 진로를 설계하고 준비하는 것이다. 진로 활동의 세부 목표는 다음과 같다. 첫째, 자신의 특성, 소질과 적성, 능력 등을 이해하고, 이를 바탕으로 자신의 정체성을 확립하여 자신만의 독특한 진로를 탐색한다. 둘째, 각종 검사, 상담을 통해 진로 정보를 탐색하고 자신의 진로를 계획한다. 셋째, 진로와 직업 선택의 중요성을 인식하고, 자신의 적성과 소질에 맞는 진로를 탐색·설계한다. 넷째, 학업과 직업 세계를 이해하는 직업 체험활동 기회를 통해 진로를 결정하고 준비한다(교육과학기술부, 2009a).

(3) 내용

창의적 체험활동의 내용 영역은 학교급별 구분 없이 자율 활동, 동아리 활동, 봉사 활동, 진로 활동의 네 가지 영역으로 구성되어 있다. 2007 개정 특별활동 교육과정에서 내용 영역이 자치 활동, 적응 활동, 계발 활동, 봉사 활동, 행사 활동 등으로 구분되었던 것과 비교하면, 내용 영역의 수와 일부 영역의 명칭이 변화하였음을 알 수 있다. 창의적 체험활동 영역과 영역별 활동, 활동의 예시는 〈표 6-5〉에 나타나 있다(김승익, 2009a). 각 영역에 따른 활동은 예시에 불과한 것으로, 학교별로 필요한 활동을 자율적으로 운영할 수 있다.

자율 활동은 주로 학교생활과 관련된 활동으로, 적응 활동, 자치 활동, 행사 활동, 창의적 특색 활동 등이 포함된다. 적응 활동은 학교생활에 적응하기 위한 활동으로 친목활동이나 교우 관계와 관련된 활동 등을 포함한다. 자치 활동은 학생들이 스스로 회의 등을 조직하여 학급을 운영해 나가는 것을 의미하며, 행사 활동은 입학식, 학예회, 체육대회, 현장 학습 등 학교에서 이루어지는 여러 가지 행사에 참여하는 것을 말한다. 창의적 특색 활동은 학교나 학급의 특색을 나타낼 수 있는 활동을 자유롭게 운영하는 것이며, 학교의 전통을 만들어 가거나 계승하는 것도 포함된다.

〈표 6-5〉 **창의적 체험활동의 내용**

영역	활동	예시
자율 활동	적응 활동	• 입학, 진급, 전학 등에 따른 적응 활동 등 • 예절, 질서 등의 기본생활습관 형성 활동, 축하, 친목, 사제동행 등 • 학습, 건강, 성격, 교우 등의 상담 활동 등
	자치 활동	• 1인 1역, 학급회 및 학급 부서 활동 등 • 학생회 협의활동, 운영위원 활동, 모의 의회, 토론회 등
	행사 활동	• 시업식, 입학식, 졸업식, 종업식, 기념식, 경축일 등 • 전시회, 발표회, 학예회, 경연대회, 실기대회 등 • 학생건강체력평가, 체격 및 체질 검사, 체육대회, 친선경기대회, 안전생활 훈련 등 • 수련활동, 현장학습, 수학여행, 학술조사, 문화재 답사, 국토순례, 해외문화체험 등
	창의적 특색 활동	• 학생 특색 활동, 학급 특색 활동, 학년 특색 활동, 학교 특색 활동, 지역 특색 활동 등 • 학교 전통 수립 활동, 학교 전통 계승 활동 등
동아리 활동	학술 활동	• 외국어 회화, 과학 탐구, 사회 조사, 탐사, 다문화 탐구 등 • 컴퓨터, 인터넷, 신문 활용, 발명 등
	문화 예술 활동	• 문예, 창작, 회화, 조각, 서예, 전통예술, 현대예술 등 • 성악, 기악, 뮤지컬, 오페라 등 • 연극, 영화, 방송, 사진 등
	스포츠 활동	• 구기운동, 육상, 수영, 체조, 배드민턴, 인라인스케이트, 하이킹, 야영 등 • 민속놀이, 씨름, 태권도, 택견, 무술 등
	실습 노작 활동	• 요리, 수예, 재봉, 꽃꽂이 등 • 사육, 재배, 조경 등 • 설계, 목공, 로봇제작 등
	청소년 단체 활동	• 스카우트연맹, 걸스카우트연맹, 청소년연맹, 청소년적십자, 우주소년단, 해양소년단 등
봉사 활동	교내 봉사 활동	• 학습부진 친구, 장애인, 병약자, 다문화 가정 학생 돕기 등
	지역사회 봉사 활동	• 복지시설, 공공시설, 병원, 농・어촌 등에서의 일손 돕기 등 • 불우이웃돕기, 고아원, 양로원, 병원, 군부대에서의 위문 활동 등 • 재해 구호, 국제 협력과 난민 구호 등
	자연환경 보호 활동	• 깨끗한 환경 만들기, 자연 보호, 식목 활동, 저탄소 생활 습관화 등 • 공공시설물, 문화재 보호 등

봉사 활동	캠페인 활동	• 공공질서, 교통안전, 학교 주변 정화, 환경 보전, 헌혈, 각종 편견 극복 등에 대한 캠페인 활동 등
진로 활동	자기 이해 활동	• 자기 이해 및 심성 계발, 자기 정체성 탐구, 가치관 확립 활동, 각종 진로 검사 등
	진로 정보 탐색 활동	• 학업 정보 탐색, 입시 정보 탐색, 학교 정보 탐색, 학교 방문 등 • 직업 정보 탐색, 자격 및 면허 제도 탐색, 직장 방문, 직업 훈련 등
	진로 계획 활동	• 학업 및 직업에 대한 진로 설계, 진로 지도 및 상담 활동 등
	진로 체험활동	• 학업 및 직업 세계의 이해, 직업 체험활동 등

동아리 활동은 여가 선용, 개성 신장 등을 목적으로 하며, 학술 활동, 문화 예술 활동, 스포츠 활동, 실습 노작 활동, 청소년 단체 활동 등이 있다. 학술 활동에서는 학생이 관심 있는 학문적 주제를 자기주도적으로 탐구한다. 문화 예술 활동은 문화, 예술 작품 등을 감상하거나 작품을 만들어 보는 활동이다. 스포츠 활동은 여러 종류의 운동을 포함하며, 실습 노작 활동은 요리를 비롯하여 수예, 재배, 목공 등을 학생들이 직접 체험해 보는 활동이다. 청소년 단체 활동으로는 스카우트 연맹, 청소년적십자, 해양소년단 등 청소년들이 이끌어 가는 단체 활동이 있다.

봉사 활동은 나눔과 배려를 실천하는 인재를 양성하기 위한 목적을 갖는다. 봉사 활동은 활동 범위에 따라 교내 봉사 활동과 지역사회 봉사 활동이 있으며, 환경 보호 및 캠페인 활동도 포함된다. 학교 내에서는 학습부진 친구나 장애인 등을 돕는 활동을 할 수 있고, 지역에서는 봉사 활동을 필요로 하는 여러 시설에서 활동할 수 있다. 또한 자연 보호, 문화재 보호 등 주변 환경을 보호하고 보존하는 활동도 포함되며, 공공의 인식이 필요한 주제들에 대한 캠페인 활동을 벌일 수도 있다.

진로 활동에는 자기 이해 활동, 진로 정보 탐색 활동, 진로 계획 활동, 진로 체험활동 등이 있다. 자기 이해 활동은 학생들이 자신이 하고 싶은 일이 무엇이며, 잘할 수 있는 분야에는 어떤 것이 있는지 등을 파악할 수 있도록 하는 활동이다. 진로 정보 탐색 활동을 통해서는 직업에 대한 정보를 보다 자세히 알아볼 수 있으며, 진로 계획 활동을 통해 탐색한 정보를 바탕으로 진로를 구체적으로 계획할 수 있다. 진로 체험활동에서는 직업 세계를 이해하고 체험해 봄으로써 진로 결정에 도움을 받을 수 있다.

창의적 체험활동은 2007 개정 교육과정의 창의적 재량활동과 특별활동을 통합한 것으로, 창의적 체험활동의 내용 영역은 2007 개정 교육과정의 창의적 재량활동에서 다루었던 내용들과 연결되는 부분이 많다. 2007 개정 특별활동 교육과정의 하위 영역들과 비교해 보면, 창의적 체험활동의 자율 활동은 기존 특별활동의 자치 활동, 적응 활동, 행사 활동을 포함한다고 볼 수 있다. 동아리 활동은 특별활동의 계발 활동 영역과 유사한 성격을 띠며, 봉사 활동은 특별활동의 봉사 활동 영역, 진로 활동은 특별활동의 적응 활동 영역과 성격이 비슷하다고 할 수 있다.

(4) 운영

창의적 체험활동 운영의 기본 방향은 기존의 재량활동이나 특별활동의 운영 방향과 크게 다르지 않다. 창의적 체험활동을 운영할 때에는 단위 학교의 자율성, 지역 및 학교의 특성 반영, 교원, 학생 및 학부모의 요구 반영, 학생의 선택권 보장, 교과활동과의 연계 등을 고려하는 것이 중요하다. 창의적 체험활동을 운영하는 데 있어서 고려할 점은 다음과 같다(교육과학기술부, 2009a).

첫째, 창의적 체험활동에 배당된 시간 또는 단위 수는 학생의 요구와 학교의 실정에 기초하여 융통성 있게 배정하여 운영할 수 있다. 창의적 체험활동에 배당된 시간은 단위 학교에서 영역별로 배정할 수 있으며 활동 영역 및 내용을 선택하여 집중적으로 운영할 수 있다. 또한 학교의 필요에 따라 기준 시간(단위)보다 더 많은 시간을 확보하여 운영할 수 있으며, 활동의 내용, 조직 단위, 장소, 시설 등을 고려하여 정일제, 격주제, 전일제, 집중제 등과 같이 다양한 시간 운영 방식을 이용할 수 있다. 예를 들어, 자율 활동의 국토 순례 활동, 봉사 활동, 진로 체험활동 등은 활동의 특성에 따라 방학 기간을 이용하여 집중 운영할 수 있다.

둘째, 창의적 체험활동 운영의 효율성을 높이기 위해 관련 교과 및 창의적 체험활동의 하위 영역들을 통합하여 편성 · 운영할 수 있다. 예를 들어, 정보통신 활용 교육, 보건교육, 한자교육 등은 관련 교과(군)와 창의적 체험활동 시간을 활용하여 체계적인 지도가 이루어질 수 있도록 하며(권영민, 2009), 범교과 학습 주제는 관련되는 교과와 창의적 체험활동 등 교육활동 전반에 걸쳐 통합적으로 다룰 수 있다. 또한 학기별 교과 집중 이수로 특정 교과를 배우지 않을 경우에 는 교과 내용을 창의적 체험활동에서 연계 · 보완하여 운영할 수 있다. 예를 들 면, A 중학교에서는 2학년 1학기에만 미술 교과를 배운다면, 미술 교과를 배우 지 않는 2학기에는 창의적 체험활동 중 자율 활동을 통해 미술 작품 전시회를 열 수 있다(김승익, 2009b).

셋째, 창의적 체험활동 운영 계획은 학생들의 흥미와 소질, 학교와 지역사회 의 실정을 고려하여 작성하되, 계획을 수립하고 운영하는 과정에서 학생들의 의 사가 적극적으로 반영되도록 한다. 창의적 체험활동의 내용 배열은 반드시 학 습의 순서를 의미하는 것이 아닌 예시적인 성격을 지니고 있으므로, 필요한 경 우에 지역의 특수성, 계절 및 학교의 실정과 학생의 요구, 교사의 필요에 따라 학년별 지도 내용의 순서와 비중, 방법 등을 조정하여 운영할 수 있다(교육과학 기술부, 2009b).

넷째, 입학 초기 적응 활동은 창의적 체험활동의 자율 활동 중 '적응 활동'의 일 부로 편성하여 지도한다. 단위 학교는 초등학교 1학년 학생들의 입학 초기 적응 교육과 사춘기 학생들의 적응 활동을 위해 창의적 체험활동의 시수를 활용하여 적절한 교육 프로그램을 개발하여 운영할 수 있다.

다섯째, 지역사회의 인적 · 물적 자원을 최대한 활용하기 위하여 창의적 체험 활동의 영역별로 활용 가능한 인사, 시설, 기관, 자료 등의 자원 실태를 파악하 고, 다양한 활동 프로그램을 개발하여 창의적으로 운영한다. 지역사회의 유관 기관과 적극적으로 연계 · 협력해서 프로그램을 운영함으로써 창의적 체험활동 을 보다 실질적인 체험학습으로 운영할 수 있다.

이와 같이 창의적 체험활동을 효과적으로 운영하는 데에는 단위 학교와 교사 의 노력도 중요하지만, 시 · 도 교육청 및 지역 교육청에서 창의적 체험활동의 운영을 적극적으로 지원하는 것이 필요하다. 교육청 수준에서 창의적 체험활동의 운영과 관련하여 지원할 사항들은 다음과 같다(교육과학기술부, 2009a, 2009b).

첫째, 시·도 교육청 및 지역 교육청은 창의적 체험활동을 운영하는 데 필요한 지도자, 보조자 등의 인적 자원과 제반 시설, 설비, 자료 등의 물적 자원을 지원한다. 단위 학교에서 지역사회의 유관기관과 적극적으로 연계·협력해서 교과활동, 창의적 체험활동을 내실 있게 운영할 수 있도록 하며, 지역 내의 학교에서 활용 가능한 '지역 자원 목록'을 작성하여 제공하는 등 구체적인 지원 방안을 마련한다.

둘째, 시·도 교육청 및 지역 교육청은 창의적 체험활동을 지도하는 데 필요한 자료 및 프로그램을 개발 및 보급하고, 교원의 창의적 체험활동 지도 능력을 향상시키기 위하여 각급 학교 교원에 대한 연수 계획을 수립, 시행한다. 또한 연구학교의 운영 등을 통하여 창의적 체험활동 운영과 개선을 지원한다.

셋째, 창의적 체험활동의 효율적인 운영을 위해 교육과정 컨설팅 기구 등의 지원 기구를 조직하여 교육과정 편성·운영을 위한 각종 자료를 연구, 개발하여 보급한다.

(5) 평가

창의적 체험활동에 대한 평가는 단위 학교에서 이루어진 창의적 체험활동의 내용과 특성을 감안하여 평가의 주안점을 학교에서 작성, 활용해야 한다(교육과학기술부, 2009b). 창의적 체험활동의 평가 시 유의해야 할 점들도 기존의 재량활동이나 특별활동의 평가에서 고려할 점들과 크게 다르지 않은데, 창의적 체험활동을 평가할 때 유의할 점들은 다음과 같다(교육과학기술부, 2009a).

우선, 창의적 체험활동을 평가할 때에는 학교와 지역사회의 실정 및 교육목표에 비추어 적합한 평가가 이루어지도록 하는 것이 중요하다. 창의적 체험활동은 단위 학교에서 자율적으로 편성·운영하는 영역이므로 평가의 기준 또한 각 학교에서 마련하여 적절한 평가가 이루어질 수 있도록 한다.

둘째, 평가의 객관성을 보장하기 위하여 ① 교육목표의 설정, ② 평가 장면의 선정, ③ 평가도구의 제작, ④ 평가의 실시 및 결과 처리, ⑤ 평가 결과의 해석 및 활용 등 일반적 평가 절차를 고려하여 평가한다. 평가 절차를 고려하지 않고 임의적으로 평가하게 되면 다양한 학생들을 평가하는 데 있어서 일관성을 유지하기 어렵고, 평가자에 따라 평가 결과가 아주 다르게 나타날 수도 있다.

셋째, 각 영역별로 평가 관점을 마련하고 참여도, 협력도, 열성도 및 그 이외의 활동 실적이 골고루 반영되도록 평정 척도를 작성, 활용한다. 또한 활동의 결과에만 치중하기보다는 활동 과정에서의 참여 정도, 노력도, 상호작용 등을 종합적으로 평가하는 것이 좋다.

넷째, 학생의 자기 평가, 상호 평가, 활동 및 관찰 기록, 질문지, 작품 분석, 포트폴리오 등 다양한 방법으로 평가한다. 창의적 체험활동은 체험학습이 중심이 되는 활동인 만큼, 획일적인 평가방법보다는 활동을 효과적으로 평가할 수 있는 다양한 평가방법을 이용할 수 있다.

다섯째, 창의적 체험활동 평가에서는 학생 개개인의 성장, 발달, 변화를 평가하여 그 결과를 학생의 계속적 진보와 계발을 돕는 자료로 활용함은 물론, 학급 또는 학교 차원에서 전체 집단의 성장, 발달, 변화 등을 평가하여 지도 방법 개선 자료로 활용한다. 창의적 체험활동에서는 개개인의 성장도 주요한 교육의 목표가 되지만, 공동체 의식, 배려와 나눔 등에도 중점을 두고 있기 때문에 개인에 대한 평가뿐 아니라 집단에 대한 평가도 중시된다.

여섯째, 창의적 체험활동의 평가는 학생에 대한 평가뿐 아니라 창의적 체험활동 교육과정에 대한 평가를 포함해야 한다. 학생에 대한 창의적 체험활동의 평가 결과는 평소의 활동 상황을 누가 기록한 자료를 토대로 학생의 활동 실적, 진보의 정도, 행동의 변화, 특기 사항 등을 담임 또는 담당 교사가 수시로 평가하여 생활기록부에 기록한다. 또한 학교에서 제공한 창의적 체험활동 프로그램의 특성을 상세히 기록하여 입학사정관제 등을 통한 상급학교 진학 자료로 활용되도록 한다. 창의적 체험활동 교육과정을 개선하기 위해서는 학생에 대한 평가뿐 아니라 교육과정에 대한 평가가 수반되어야 한다. 창의적 체험활동 교육과정 평가에는 운영 계획, 운영 과정, 운영 결과 등이 포함되도록 하며 평가 결과는 차후 창의적 체험활동 계획 수립 및 운영의 개선 자료로 활용한다.

3) 2015 개정 창의적 체험활동 교육과정

(1) 성격

2015 개정 교육과정 연구팀은 2009 개정 교육과정의 창의적 체험활동의 큰 틀을 유지하면서 운영 과정에서 제기된 문제들을 해소하는 데 초점을 두었다(김경자 외, 2014). 따라서 창의적 체험활동의 경우 2009 개정 교육과정에서 제시한 성격과 큰 차이는 없는 것으로 보인다.

2015 개정 교육과정에 명시된 창의적 체험활동의 성격은 네 가지로 정리할 수 있다.

첫째, 창의적 체험활동은 앎을 적극적으로 실천하고 심신을 조화롭게 발달시키기 위하여 실시하는 '교과 이외의 활동'으로 교과와 상호 보완적 관계를 갖는다.

둘째, 창의적 체험활동은 '개인의 소질과 잠재력을 계발·신장하여 창의적인 삶의 태도를 기르고, 나눔과 배려를 실천함으로써 공동체 의식을 함양'하는 것을 목표로 한다.

셋째, 창의적 체험활동은 초·중등학교 학생들이 건전하고 다양한 '집단활동에 자발적으로 참여'하게 하여 목표를 달성한다.

넷째, 창의적 체험활동 교육과정의 편성·운영의 주체는 '학교'이며, 국가 및 지역 수준에서는 학교와 지역의 특색을 고려하여 전문성을 갖춘 인적·물적 자원을 충분히 제공할 수 있는 기반을 마련한다.

(2) 목표와 내용

창의적 체험활동을 통하여 달성하고자 하는 교육목표는 앞에서 말한 바와 같이 두 가지로 압축할 수 있다. 첫째, 개인의 소질과 잠재력을 계발·신장하는 것이며, 둘째, 공동체 의식을 함양하는 것이다.

2015 개정 교육과정에서는 이와 함께 창의적 체험활동이 교육과정 총론에서 제시하고 있는 핵심역량(자기관리, 지식정보처리, 창의적 사고, 심미적 감성, 의사소통, 공동체 역량)의 개발과 연관되어야 한다는 점을 강조하고 있다.

2015 개정 교육과정에서는 이상과 같은 창의적 체험활동의 목표, 내용, 편성·운영, 평가, 지원 체제를 한눈에 볼 수 있도록 [그림 6-3]을 제시하고 있다.

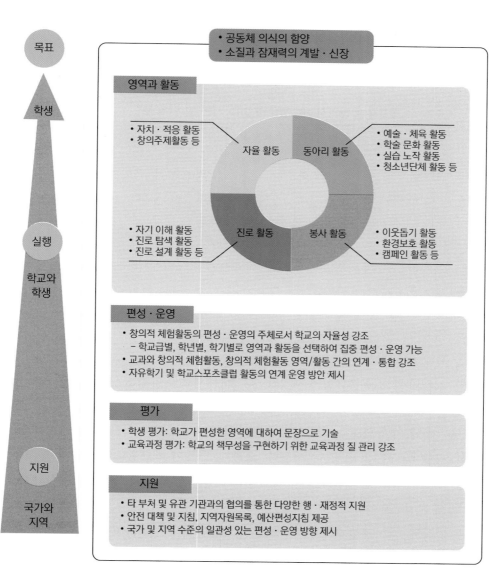

[그림 6-3] **창의적 체험활동 교육과정의 기본 방향(교육부, 2015: 4)**

(3) 편성과 운영

창의적 체험활동의 학교급별 이수 시간 및 단위 수는 〈표 6-6〉과 같다. 2015 개정 교육과정에 따르면 각 학교에서는 〈표 6-6〉에 나오는 기준 시간(단위) 이상의 시수를 편성·운영하고, 특정 학년이나 학기에 편중하여 편성하지 못하도록 하고 있다.

〈표 6-6〉 **학교급별 창의적 체험활동의 이수 시간 및 단위 수**

	초등학교			중학교	고등학교
	1~2학년	3~4학년	5~6학년	1~3학년	
창의적 체험활동	336 안전한 생활 (64)	204	204	306	24단위 (408시간)
총 시수	1,744	1,972	2,176	3,366	204단위

〈표 6-6〉에서 보는 것처럼, 학교급별의 총 수업 시수에서 창의적 재량활동이 차지하는 비중은 9%로 안팎으로 매우 높은 편이며, 중학교의 경우에 수학이나 영어 과목에 배당된 시수와 거의 같다고 할 수 있다.

2015 개정 교육과정에 제시한 창의적 체험활동의 편성·운영 지침 중에서 중요한 사항만 가려 뽑아 제시하면 다음과 같다.

첫째, 초등학교 1~2학년군에서는 창의적 체험활동 시간을 활용하여 '안전한 생활'(64시수)을 편성·운영한다. 또한 입학 초기 학교생활 적응과 학습 격차 해소 등을 위하여 입학 초기 적응활동의 적용 시기와 시수 및 활동 내용을 결정하여 편성·운영한다.

둘째, 초·중학교에서는 학생들의 발달단계를 고려하여 사춘기 학생들의 적응을 위한 프로그램을 편성·운영할 것을 권장한다.

셋째, 학교급별, 학년(군)별, 학기별로 영역과 활동을 선택하여 집중적으로 편성·운영할 수 있다. 또한 학생의 교육적 요구와 학교의 특성을 반영하여 '활동

체계'에 제시된 영역별 활동 이외의 다양한 활동을 편성·운영할 수 있다.

넷째, 교육적 효과를 높이기 위하여 교과와 창의적 체험활동 또는 창의적 체험활동의 영역 및 활동을 연계·통합하여 주제 중심으로 편성·운영할 수 있다.

다섯째, 중학교의 학교스포츠클럽 활동은 동아리 활동의 예술·체육활동 중 체육활동에서 편성·운영한다. 학교스포츠클럽 활동이 동아리 활동으로 편성·운영되는 학기에는 체육 관련 동아리 활동을 중복하여 편성하지 않는다.

여섯째, 학생들의 발달단계를 충분히 고려하여 교사와 학생의 역할을 적절히 분담한다. 이때 교사와 학생이 협의하거나 학생들이 주도적으로 계획을 수립하여 역할을 분담하여 실천하는 것을 권장한다. 특히 고등학교에서는 학생들이 창의적 체험활동 전 영역에 걸쳐 '주체적이고' 적극적으로 참여할 수 있도록 편성·운영한다.

일곱째, 학생이 봉사를 실천하기 이전에 관련 정보를 수집하고 실천 계획을 수립하는 등의 사전 교육을 충분히 실시하여 봉사의 의미와 교육적 가치를 깨닫게 한다. 학생의 봉사 활동 결과에 대한 사후 평가는 일상생활 속에서 봉사를 지속적으로 실천할 수 있는 태도를 기르는 데 중점을 둔다.

(4) 평가와 지원 체제

창의적 체험활동의 평가는 학생 평가와 교육과정 평가로 이루어진다. 창의적 체험활동의 학생 평가는 평가 목표의 설정, 평가 기준의 선정, 평가방법의 구체화, 평가 실시와 평가 결과의 기록, 평가 결과의 해석 및 활용 등의 절차로 구성되며, 영역별 주요 평가 관점은 〈표 6-7〉과 같다.

이상과 같은 창의적 체험활동의 학생 평가 결과는 학생의 활동 실적, 진보의 정도, 행동의 변화, 특기 사항 등의 평가 결과를 학교생활기록부에 '문장으로' 기록한다.

창의적 체험활동의 교육과정 평가는 준비, 편성, 운영, 결과의 측면에서 평가하며, 차후 창의적 체험활동의 편성·운영을 개선하기 위한 자료로 활용한다.

〈표 6-7〉 영역별 주요 평가 관점

영역	평가 관점	평가 관점 작성 시 유의점
자율 활동	• 민주적 의사결정의 원리를 이해하고 실천하여 성숙한 민주시민으로 살아갈 수 있는 역량을 함양하였는가? • 공동체 내에서 자신의 역할을 알고 자신의 역할에 대한 책임을 다하였는가? • 성장 및 환경에 따른 신체적·정신적 변화에 대처하는 능력을 갖추었는가? • 학교·학년·학급 특색 활동 및 주제 선택 활동에 참여하였는가?	• 구체적인 평가 관점은 해당 학년에서 편성한 자율 활동, 동아리 활동, 봉사 활동, 진로 활동의 활동별 목표와 학교급별 교육의 중점을 고려하여 상세화한다. • 자율 활동, 동아리 활동, 봉사 활동, 진로 활동의 실천과 관련하여 계획, 과정, 결과 등의 전 과정을 평가한다.
동아리 활동	• 자신의 소질과 적성에 적합한 동아리를 능동적으로 선택하고 참여하였는가? • 동아리 활동을 통하여 지식과 기능을 창의적으로 활용하는 활동에 도전하였는가? • 동아리 활동에 기반하여 일상의 삶에서도 건전한 취미 생활을 구현하고 있는가?	
봉사 활동	• 이웃과 지역사회를 위한 나눔과 배려의 봉사활동을 실천하였는가? • 환경을 보존하는 생활습관을 형성하였는가? • 더불어 사는 삶의 가치를 체득하였는가? • 봉사 활동의 실천 시 계획, 과정, 결과에 대해 평가를 실시하였는가?	
진로 활동	• 흥미와 소질, 적성 등을 포함하여 자아 정체성을 탐색하여 긍정적 자존감을 형성하였는가? • 학업과 직업에 대한 다양한 정보를 탐색하고 직접 체험하는 등 자신의 진로를 설계하고 준비하는 활동에 적극적인가?	

출처: 교육부, 2015: 16.

창의적 체험활동의 효과적·효율적 운영을 위해서 국가 차원과 교육청 차원의 지원책은 다음과 같다.

첫째, 국가는 타 부처 및 유관 기관과 협력하여 학교를 행·재정적으로 지원하며, 현장체험학습과 관련하여 학생 규모, 장소, 숙박 시설, 이동 수단 등의 안전 확보를 위한 지침(현장체험학습 운영 매뉴얼 등)을 제공한다. 또한 교육활동 중에 일어나는 안전사고 등으로 인한 법적 분쟁이나 학생 및 교원의 신체적·정신적 피해 등을 해결할 수 있는 종합적 안전 대책을 마련한다.

둘째, 교육청에서는 지역 내 관련 부처 및 기관과 협력하여 학교를 행·재정적으로 지원한다. 또한 지역사회의 인적·물적 자원과 활용 방법을 개발하여 다음 학년도 학교 교육과정을 편성하기 전에 학교에 제공한다.

4) 창의적 체험활동의 과제와 전망

특별활동(extra-curriculum)은 의미상으로 교과 이외의 활동을 가리킨다. 그런데 '교과 이외(extra)'라는 말은 '교과와는 관련성이 없는'이라는 이미지를 준다. 또한 이러한 이미지는 '교과만큼은 중요하지 않은' 것이라는 부정적인 인상을 갖게 한다. 우리 교육의 역사에서 특별활동은 이러한 이미지와 인상으로 인하여 교사에게 주목의 대상이 되지 못했으며, 효과적으로 운영되지 못한 것이 사실이다.

따라서 특별활동과 창의적 재량활동을 합쳐 놓은 창의적 체험활동은 특별활동이 지닌 이러한 부정적인 이미지를 벗는 것이 큰 과제라고 할 수 있다. 교사들은 창의적 체험활동이 교과와는 관련이 없는 활동이 아니며, 교과보다 중요성이 덜한 활동이 아니라는 것을 인식해야 한다. 즉, 창의적 체험활동은 학교 교육의 전체 목표에서 교과 학습으로는 달성하기 어려운 목표를 달성하고, 교과와의 연계를 바탕으로 교과 학습을 보완하거나 심화하는 역할을 한다. 따라서 창의적 체험활동은 교과 학습만큼, 때로는 교과 학습보다 더욱 중요한 학교의 교육활동으로 간주되어야 한다.

그런데 창의적 체험활동은 '창의적'이라는 말과 '체험'이라는 말이 갖는 구속성으로 인하여 한계를 보인다. 특별활동이나 재량활동이 반드시 창의적으로 운영되며 체험을 바탕으로 학습되어야 하는 것은 아니다. 2009와 2015 개정 교육과정에서 교과 학습과 특별활동 그리고 재량활동을 연계하여 학습의 효과를 높이고자 하는 시도는 바람직하지만, '창의적'과 '체험'의 의미를 지나치게 강조함으로써 특별활동과 재량활동이 지닌 교육의 본질적인 가치를 가릴 수 있다.

또한 그동안 학교 교육에서 특별활동과 재량활동이 취지에 맞게 운영되지 않은 경우가 적지 않지만, 국가나 지역에서 창의적 체험활동의 편성과 운영에 관하여 지나치게 세세한 지침을 제시할 필요는 없다고 본다. 특히 창의적 체험활동의 평가에 대한 지침은 학교의 교육활동을 원활하게 관리하고 학생들이 상급 학교에 진학할 때 기준을 제공한다는 긍정적인 측면이 있으나, 학교나 학생들이 결과 중심의 관리나 성과 위주의 학습에 매달리게 할 수 있다.

창의적 체험활동은 학생들이 몰랐던 것을 배워서 알게 하는 기쁨도 제공하지만, 학교생활에서 자신의 흥미와 관심에 따라 행동함으로써 즐거움과 만족을 느끼게 하는 것도 중요하다. 선진국을 비롯한 많은 나라에서 특별활동에 대하여 구체적인 평가 지침을 설정하지 않은 것은 이러한 이유 때문이다. 따라서 창의적인 체험활동과 관련하여 구체적인 평가 지침을 제시하고 이에 따라 학생들의 행동이나 발달 상황을 일일이 기록하여 보고하고 관리하는 것이 반드시 바람직한 일인지를 다시 한번 생각해 볼 필요가 있다.

마지막으로, 창의적 체험활동의 성공적 운영을 방해하는 걸림돌을 제거할 필요가 있다. 김두정 등(2014)에 따르면 창의적 체험활동 시간은 교육부와 시·도 교육청에서 필수적으로 이수해야 하는 활동들(정보통신 활용 교육, 보건 교육, 한자 교육과 각종 범교과 학습 등)이 많이 포함되어 학교의 자율적 운영이 쉽지 않은 실정이며, 학교의 사정이나 지역사회의 여건 변화로 인하여 원래의 계획과 다르게 운영되는 경우가 있지만 나이스나 에듀 파인 등의 교육정보 시스템의 경직성으로 융통성 있는 운영에 어려움이 있다. 또한 창의적 체험활동 시수의 상당 부분을 학교스포츠클럽 활동이 차지하고 있는 점과 잦은 학교 행사가 창의적 체험활동의 시수를 적지 않게 차지한다는 점들을 개선할 필요가 있다.

이와 함께 창의적 체험활동의 교육적 중요성에 비하여 운영이 부실한 것은 이에 대한 교육과 연수가 제대로 이루어지지 않았기 때문이라고 할 수 있다. 교사들이 창의적 체험활동을 성공적으로 운영할 수 있는 역량을 갖추도록 하기 위하여 중등 현직 교사와 예비교사들에게 창의적 체험활동 운영에 대한 심도 있는 학습을 할 기회를 제공해야 한다. 이를 위하여 교직과목에 창의적 체험활동을 '독립된 과목'으로 추가할 필요가 있으며 현직 연수도 강화해야 한다.

참고문헌

강현석, 유제순, 조인숙, 이지은 공역(2013). 백워드 단원 설계와 개발: 기본모듈(Ⅰ). 경기: 교육과학사.

강현석, 유제순, 온정덕, 이지은 공역(2015). 백워드 단원 설계와 개발: 기본모듈(Ⅱ). 경기: 교육과학사.

강현석, 이원희, 허영식, 이자현, 유제순, 최윤경 공역(2008). 거꾸로 생각하는 교육과정 개발-교과에 대한 진정한 이해를 목적으로-. 서울: 학지사.

강현석, 이지은(2013). 백워드 교육과정 설계 2.0 버전의 적용 가능성 탐색. 교육과정연구, 31(3), 63-94.

교육과학기술부(2008a). 고등학교 교육과정 해설 (Ⅰ). 서울: 한국보훈복지의료공단 신생인쇄조합.

교육과학기술부(2008b). 중학교 교육과정 해설 (Ⅰ). 서울: 대한교과서주식회사.

교육과학기술부(2008c). 중학교 교육과정 해설 (Ⅴ). 서울: 대한교과서주식회사.

교육과학기술부(2008d). 초등학교 교육과정 해설 (Ⅰ). 서울: 대한교과서주식회사.

교육과학기술부(2009a). 창의적 체험활동 교육과정.

교육과학기술부(2009b). 초·중등학교 교육과정.

교육부(1999). 초등학교 교육과정 해설 (Ⅰ). 서울: 대한교과서주식회사.

교육부(2015). 창의적 체험활동 교육과정(안전한 생활 포함).

교육인적자원부(2001). 초·중·고등학교 특별활동 교육과정 기준. 서울: 신일문화사.

권영민(2009). 2009 개정 초등학교 교육과정의 이해. http://curri.mest.go.kr/main.jsp?idx=020301에서 2010. 8. 5. 인출.

김경자 외(2014). 문·이과 통합형 교육과정 총론 시안 개발연구(총괄).

김동원(2009). 교육과정 패러다임 변화에 따른 2009 개정 교육과정. http://curri.m-ain.jsp?idx=020301에서 2010. 8. 5. 인출.

김두정 외(2014). 2014 국가교육과정 포럼 전문가 중심 운영.

김승익(2009a). 2009 개정 교육과정 무엇이 달라지나?

김승익(2009b). 학교교육의 자율성 확대와 2009 개정 교육과정.

소진형(2009a). 2009 개정 교육과정의 올바른 이해.

소진형(2009b). 2009 개정 중학교 교육과정의 이해.

이지은(2011). 백워드 설계모형을 적용한 이해중심 교육과정 개발. 경북대학교 대학원 박사학위논문.

이지은, 강현석(2012). 백워드 설계의 새로운 모형 개발: 개선 모형을 중심으로. 교육문제연구, 45, 87-114.

조재식(2005). 백워드(backward) 교육과정 설계 모형의 고찰. 교육과정연구, 23(1), 63-94.

Apple, M. W. (1995). *Education and power* (2nd ed.). New York: Routledge & Kegan Paul.

Darling-Hammond, L., & Bransford, J. (2005). *Preparing teachers for a changing world*. San Francisco: Jossey-Bass.

Dewey, J. (1916). *Democracy and education*. New York: Macmillan.

Dick, W., Carey, L., & Carey, J. O. (2008). *Systemic design of instruction* (7th Ed.). Boston: Allyn & Bacon.

Glaser, R. (1962). Psychology and Instructional Technology. In R. Glaser (Ed.), *Training research and education*. Pittsburgh: University of Pittsburgh.

Johnson, M., Jr. (1967). Definitions and models in curriculum theory. In Giroux, H. A., Penna, A. N., & Pinar, W. F. (Eds.), *Curriculum and instruction* (pp. 69-85). California: McCutchan Publishing Corporation.

Joyce, B., & Weil, M. (2008). *Models of teaching* (8th ed.). Boston: Allyn & Bacon.

McNeil, J. D. (2006). *Contemporary curriculum: In thought and action* (6th ed.). New York: John Wiley & Sons.

Saylor, J. G., Alexander, A. M., & Lewis, A. J. (1981). *Curriculum planning for better teaching and learning* (revised 2nd ed.). Holt Sounders.

Schwab, J. J. (1969). The practical: A language for curriculum. In Westbury & Wilkof (Eds.), *Science, curriculum and liberal education* (pp. 287-321). Chicago: University of Chicago Press.

Tanner, D., & Tanner, L. (1995). *Curriculum development: Theory into practice* (3rd ed.). New Jersey: Merrill, an imprint of Prentice Hall.

Tyler, R. W. (1949). *Basic principles of curriculum and instruction*. Chicago: University of Chicago Press.

Tyler, R. W. (1981). Specific approaches to curriculum development. In Giroux, H. A., Penna, A. N., & Pinar, W. F. (Eds.), *Curriculum and instruction* (pp. 17-30). California: McCutchan Publishing Corporation.

Wiggins, G., & McTighe, J. (2004). *Understanding by design* (expanded 2nd ed.). Prentice Hall.

Wiggins, G., & McTighe, J. (2011). *The understanding by design guide to creating high-quality units*. Alexandria, VA: Association for Supervision and Curriculum Development.

제7장
한국의 국가 교육과정

교육의 역사는 주로 교육사상사와 교육제도사 중심으로 전개되어 왔다. 최근에 교육과정의 역사에 대한 관심이 높아지고 있으나, 미국이나 일본 등의 여러 나라에 비하여 연구가 매우 빈약한 실정이다.

교육과정의 역사는 탐구할 만한 가치가 있는 분야로서, 교육과정 형태가 시대와 사회의 변화에 따라 창조, 변형, 폐기되어 온 과정을 학습하는 것은 교육과정에 대한 폭넓고 깊이 있는 시야를 제공하여 현행 교육과정의 문제점을 발견 및 해결하는 데 도움을 준다.

하지만 교육과정의 역사를 체계적으로 정리하는 것은 쉬운 일이 아니다. 더욱이, 자료의 기록과 보존이 되지 않은 상황에서 교육과정의 역사를 기술하고 주관과 근거를 가지고 해석한다는 것은 불가능에 가까운 일이다. 따라서 다음에서는 교육과정의 역사를 국가수준의 개발된 문서를 중심으로 대략적으로 살펴본다.

다음은 이 장에서 다루는 교육과정 역사의 초점과 한계를 나타낸다.

첫째, 교육과정 활동은 개발, 운영, 평가로 나누어지지만, 자료의 빈곤으로 개발활동에 한정하고, 그중에서도 개발 과정이 아닌 개발의 산물에 관심을 둔다.

둘째, 교육과정 개발의 산물은 국가, 지역, 학교 등의 수준에서 찾을 수 있지만, 중앙집권적인 교육과정 개발 체제를 유지해 온 전통과, 지역 및 학교 교육과정에 대한 자료 수집의 어려움으로 국가에서 개발된 문서에 초점을 둔다.

셋째, 국가수준 교육과정 문서는 학교급별로 고시된다. 초등학교, 중학교, 고등학교 교육과정의 변천과정을 다루지만, 지면 관계로 교육과정의 시간 배정 기준표는 중학교에 한정하여 제시한다.

- 2009 개정 교육과정의 이념 및 기본 방향, 주요 성격과 구조적 특징, 편제에 대하여 알아본다.
- 2015 개정 교육과정의 이념 및 기본 방향, 주요 성격과 구조적 특징, 편제에 대하여 알아본다.
- 자유학기제의 개념과 기본 방향, 교육과정 편성과 운영에 대하여 알아본다.

1. 2009 개정 교육과정(2009~2015)

1) 이념 및 기본 방향

2009 개정 교육과정은 글로벌화된 세계 속에서 창의력을 발휘하여 미래를 개척하면서 살아가는 '글로벌 창의 인재 육성'을 목적으로, 2008년 교육과정 선진화 체제 연구(김재춘 외, 2008; 박순경 외, 2008; 박창언 외, 2008; 홍후조 외, 2008)를 바탕으로 2009년 대통령자문 국가교육과학기술자문회에서 만든 '미래형 교육과정 구상'을 기반으로 하고 있다. 교육과학기술부는 이러한 '미래형 교육과정 구상'을 토대로 교육과정정책과가 지휘하고 한국교육과정평가원이 주도하여 '2009 개정 교육과정 총론 시안'을 개발하였으며, 심의회, 협의회, 자문회의 등을 거쳐 2009년 12월 23일 교육과학기술부 고시 제2009-41호로 발표하였다.

2009 개정 교육과정은 학교급과 학년을 기점으로 연차적으로 적용된다. 〈표 7-1〉은 2009 개정 교육과정의 적용 시점을 나타낸다.

〈표 7-1〉 **2009 개정 교육과정의 적용 시점**

적용 연도 학교급	2011	2012	2013
초등학교	1, 2학년	3, 4학년	5, 6학년
중학교	1학년	2학년	3학년
고등학교	1학년	2학년	3학년

2009 개정 교육과정은 「초·중등교육법」 제23조 제2항에 의거하여 고시한 것으로, 초·중등학교의 교육목적과 교육목표를 달성하기 위한 국가수준의 교육과정이며, 초·중등학교에서 편성·운영하여야 할 학교 교육과정의 공통적·일반적 기준을 제시한 것으로, 다음과 같은 성격을 지닌다.

가. 국가수준의 공통성과 지역, 학교, 개인 수준의 다양성을 동시에 추구하는 교육과정이다.

나. 학습자의 자율성과 창의성을 신장하기 위한 학생 중심의 교육과정이다.

다. 교육청과 학교, 교원, 학생, 학부모가 함께 실현해 가는 교육과정이다.

라. 학교 교육 체제를 교육과정 중심으로 개선하기 위한 교육과정이다.

마. 교육의 과정과 결과의 질적 수준을 유지, 관리하기 위한 교육과정이다.

2009 개정 교육과정은 홍익인간의 교육 이념을 바탕으로 다음과 같이 추구하는 인간상을 제시하였다.

가. 전인적 성장의 기반 위에 개성의 발달과 진로를 개척하는 사람

나. 기초 능력의 바탕 위에 새로운 발상과 도전으로 창의성을 발휘하는 사람

다. 문화적 소양과 다원적 가치에 대한 이해를 바탕으로 품격 있는 삶을 영위하는 사람

라. 세계와 소통하는 시민으로서 배려와 나눔의 정신으로 공동체 발전에 참여하는 사람

그리고 이러한 인간상을 구현할 목적으로 다음과 같은 구성 방침을 설정하였다.

가. 배려와 나눔을 실천하는 창의적인 인재를 기를 수 있도록 교육과정을 구성한다.

나. 이 교육과정은 초등학교 1학년부터 중학교 3학년까지의 공통 교육과정과 고등학교 1학년부터 3학년까지의 선택 교육과정으로 편성한다.

다. 교육과정 편성·운영의 경직성을 탈피하고, 학년 간 상호 연계와 협력을 통한 학교 교육과정 편성·운영의 유연성을 부여하기 위하여 학년군을 설정한다.

라. 공통 교육과정의 교과는 교육목적상의 근접성, 학문 탐구 대상 또는 방법상의 인접성, 생활양식에서의 연관성 등을 고려하여 교과군으로 재분류한다.

마. 선택 교육과정에서는 학생들의 기초 영역 학습 강화와 진로 및 적성 등을 감안한 적정 학습이 가능하도록 4개의 교과 영역으로 구분하고, 필수 이수 단위를 제시한다.

바. 학기당 이수 교과목 수 축소를 통한 학습 부담의 적정화와 의미 있는 학습활동이 전개될 수 있도록 집중 이수를 확대한다.

사. 기존의 재량활동과 특별활동을 통합하여 배려와 나눔의 실천을 위한 '창의적 체험활동'을 신설한다.

아. 학교 교육과정 평가, 교과 평가의 개선, 국가수준의 학업성취도 평가 실시 등을 통해 교육과정 질 관리 체제를 강화한다.

2009 개정 교육과정의 주요 성격과 구조적 특징은 다음과 같다.

첫째, 기본 구조는 공통 교육과정과 선택 교육과정으로 이원화되어 있다. 공통 교육과정은 초등학교 1학년부터 중학교 3학년까지 적용되며, 선택 교육과정은 고등학교 1학년에서 3학년까지 적용된다. 이번 개정을 통하여 공통 교육과정의 적용 연한을 10년에서 9년으로 낮추고, 선택중심 교육과정을 선택 교육과정으로 용어를 변경하였다.

둘째, 학년군제를 도입하였다. 발달단계가 비슷한 2~3개 학년을 하나의 학년군으로 설정하였다. 학년별로 교과별 이수 시간 수를 정하지 않고, 학년군별로 이수 시간 수로 표시하였다. 예를 들면, 중학교 수학 교과의 경우에 학년별 이수 시간 수를 제시하지 않고, 3년간 총 이수 374시간으로 표시하였다. 학년군제는 개별 학교에서 학교의 특성과 학생들의 요구를 바탕으로 학년 혹은 학기 동안 이수 시간 수를 자율적으로 정할 수 있는 기회를 제공한다.

셋째, 초·중·고등학교 교육과정에 교과군제를 도입하였다. 교육목적의 접근성, 학문 탐구 대상 또는 방법의 인접성, 실제 생활양식에서의 상호 연관성을 고려하여 교과를 교과군으로 묶어 제시하였다. 2009 개정 교육과정에서는 8개 교과군(국어, 사회/도덕, 수학, 과학/기술·가정, 체육, 예술, 영어, 선택)으로 구성하며, 교과들 간의 연계성을 높이고, 학기당 개설 과목 수를 줄여 줌으로써 학생들의 학습 부담을 줄여 주는 교육 효과를 도모한다.

넷째, 창의적 체험활동 교육과정 영역을 도입하였다. 창의적 체험활동은 기존의 특별활동과 재량활동을 통합한 것으로 시수를 확대하고 학교에 편성과 운영의 권한을 일임하였다. 창의적 체험활동은 자율 활동, 동아리 활동, 봉사 활동, 진로 활동 등으로 구성되며, 창의적 체험활동 지원 종합 체제를 구축하여 학교 안팎에서의 학생활동을 체계적으로 관리하고, 인성, 진로, 직업 교육활동에 다양한 참고자료로 활용한다.

다섯째, 학교 교육과정의 자율적 운영을 강화하였다. 학교에서 교과(군)별로 수업 시수의 20%를 증감 운영할 수 있게 되었다. 예를 들어, 학교에서는 수학 교과의 시수를 20% 줄이고 사회/도덕 교과의 수업 시수를 20% 늘여서 운영할 수 있다. 또한 학생들의 학습 부담을 줄이고 피상적인 학습을 없애기 위하여 학기당 편성 과목 수를 줄일 수 있는 '집중 이수제'를 도입하였다. 집중 이수제는 교과 및 과목을 매 학기 개설하기보다는 특정 학년이나 학기에 몰아서 개설하는 제도로서, 예를 들면 미술 과목을 학기당 매주 1시간씩 배우기보다는 특정 학기에 몰아서 매주 2~3시간씩 배우도록 한다. 집중 이수제는 학년군제와 교과군제의 도입을 통하여 가능하게 된다.

여섯째, 진로 교육을 강화하고 각종 사회적 요구 사항을 반영하는 교육과정을 설정하였다. 중학교에서는 '진로와 직업' 과목을 신설하고, 고등학교에서 진로 집중 과정을 편성 · 운영할 수 있도록 하였다. 또한 초등학교 저학년에서 돌봄활동 지원을 강화하고 다문화 가정 자녀의 지원을 강조하였다.

2) 편제 및 운영

(1) 초등학교

초등학교는 공통 교육과정이 적용되며, 편제 및 운영의 구체적인 특성은 다음과 같다.

첫째, 초등학교 교육과정은 교과(군)와 창의적 체험활동으로 편성되었다. 교과(군)는 국어, 사회/도덕, 수학, 과학/실과, 예술(음악/미술), 영어의 6개 교과(군)로 편성하며, 1, 2학년의 교과는 국어, 수학, 바른 생활, 슬기로운 생활, 즐거운 생활로 구성하였다. 종전의 '우리들은 1학년' 교과의 명칭은 폐지되었으나,

학교는 1학년 학생들의 입학 초기 적응 교육을 위해 창의적 체험활동의 시수를 활용하여 자율적으로 입학 초기 적응 프로그램 등을 편성·운영할 수 있도록 하고 있다.

둘째, 창의적 체험활동을 신설하였다. 창의적 체험활동은 자율 활동, 동아리 활동, 봉사 활동, 진로 활동으로 구성된다.

셋째, 학교는 자체의 특성, 학생·교사·학부모의 요구 및 필요에 따라 교과 (군)별 20% 범위 내에서 자율적으로 시수를 증감하여 운영할 수 있으며, 학년 별, 학기별로 집중 이수를 통해 학기당 이수 교과 수를 감축하여 편성·운영할 수 있도록 하였다.

〈표 7-2〉 초등학교 교육과정 시간 배당 기준표

구분		1~2학년	3~4학년	5~6학년
교과(군)	국어	국어 448 수학 256 바른 생활 128 슬기로운 생활 192 즐거운 생활 384	408	408
	사회/도덕		272	272
	수학		272	272
	과학/실과		204	340
	체육		204	204
	예술(음악/미술)		272	272
	영어		136	204
창의적 체험활동		272	204	204
학년군별 총 수업 시간 수		1,680	1,972	2,176

(2) 중학교

중학교는 공통 교육과정이 적용되며, 편제 및 운영의 구체적인 특성은 다음과 같다.

첫째, 중학교 교육과정은 교과(군)와 창의적 체험활동으로 편성하였다. 교과 (군)는 국어, 사회(역사 포함)/도덕, 수학, 과학/기술·가정, 체육, 예술(음악/미술), 영어, 선택 등으로 편성되며, 선택은 한문, 정보, 환경, 생활 외국어(독일어, 프랑스어, 스페인어, 중국어, 일본어, 러시아어, 아랍어), 보건, 진로와 직업 등으로 편성하였다.

둘째, 창의적 체험활동을 신설하였다. 창의적 체험활동은 자율 활동, 동아리 활동, 봉사 활동, 진로 활동으로 구성하였다.

셋째, 학교는 자체의 특성, 학생·교사·학부모의 요구 및 필요에 따라 교과 (군)별 20% 범위 내에서 자율적으로 시수를 증감하여 운영할 수 있으며, 학년 별, 학기별로 집중 이수를 위하여 학기당 이수 교과 수를 8개 이내로 편성하도 록 하고 있다.

〈표 7-3〉 중학교 교육과정 시간 배당 기준표

구분		1~3학년
교과(군)	국어	442
	사회(역사 포함)/도덕	510
	수학	374
	과학/기술·가정	646
	체육	272
	예술(음악/미술)	272
	영어	340
	선택	204
창의적 체험활동		306
총 수업 시간 수		3,366

(3) 고등학교

고등학교는 선택 교육과정이 적용되며, 편제 및 운영의 구체적인 특성은 다 음과 같다.

첫째, 고등학교 교육과정은 교과(군)와 창의적 체험활동으로 편성하였다. 교과는 보통 교과와 전문 교과로 구분된다. 보통 교과는 기초, 탐구, 체육·예술, 생활·교양의 네 영역으로 구성되며, 교과(군)는 국어, 수학, 영어, 사회(역사/도덕 포함), 과학, 체육, 예술(음악/미술), 기술·가정/제2외국어/한문/교양 등으로 편성된다. 전문 교과는 농생명 산업, 공업, 상업 정보, 수산·해운, 가사·실업, 과학, 체육, 예술, 외국어, 국제에 관한 교과로 구성하였다.

둘째, 창의적 체험활동을 신설하였다. 창의적 체험활동은 자율 활동, 동아리 활동, 봉사 활동, 진로 활동으로 구성하였다.

셋째, 학교는 자체의 특성, 학생·교사·학부모의 요구 및 필요에 따라 교과(군)별 20% 범위 내에서 자율적으로 시수를 증감하여 운영할 수 있으며, 학년별, 학기별로 집중 이수를 위하여 학기당 이수 교과 수를 8개 이내로 편성하도록 하고 있다.

넷째, 선택과목은 학교의 실정과 학생들의 요구를 반영하여 편성하고, 시·도

〈표 7-4〉 **고등학교 교육과정 시간 배당 기준표**

	교과 영역	교과(군)	필수 이수 단위		학교 자율과정
			교과(군)	교과 영역	
교과(군)	기초	국어	15(10)	45 (30)	학생의 적성과 진로를 고려하여 편성
		수학	15(10)		
		영어	15(10)		
	탐구	사회(역사/도덕 포함)	15(10)	35 (20)	
		과학	15(10)		
	체육·예술	체육	15(10)	20 (10)	
		예술(음악/미술)	15(10)		
	생활·교양	기술·가정/제2외국어/한문/교양	16(12)	16(12)	
소계			116(72)		64
창의적 체험활동			24		
총 이수 단위			204		

교육청의 편성·운영 지침에 의거하여 이 교육과정에 제시되어 있지 않은 새로운 과목을 개설하여 운영할 수 있으며, 학교에서 개설하지 않은 선택 과목 이수를 희망하는 학생이 있을 경우 그 과목을 개설한 다른 학교에서의 이수를 인정한다.

〈표 7-5〉 고등학교 선택 교육과정(보통 교과)

교과 영역	교과(군)	과목
기초	국어	국어*, 화법과 작문 I, 화법과 작문 II, 독서와 문법 I, 독서와 문법 II, 문학 I, 문학 II
	수학	수학*, 수학의 활용, 수학 I, 미적분과 통계기본, 수학 II, 적분과 통계, 기하와 벡터
	영어	영어*, 영어 I, 영어 II, 실용 영어 회화, 심화 영어 회화, 영어 독해와 작문, 심화 영어 독해와 작문
탐구	사회 (역사/도덕 포함)	사회*, 한국 지리, 세계 지리, 동아시아사, 세계사, 법과 정치, 경제, 사회·문화, 한국사*
		도덕*, 생활과 윤리, 윤리와 사상
	과학	과학*, 물리 I, 물리 II, 화학 I, 화학 II, 생명과학 I, 생명과학 II, 지구과학 I, 지구과학 II
체육·예술	체육	체육*, 운동과 건강 생활, 스포츠 문화, 스포츠 과학
	예술 (음악/미술)	음악*, 음악 실기, 음악과 사회, 음악의 이해
		미술*, 미술과 삶, 미술 감상, 미술 창작
생활·교양	기술·가정/ 제2외국어/ 한문/ 교양	기술·가정*, 농업 생명 과학, 공학 기술, 가정 과학, 창업과 경영, 해양 과학, 정보
		독일어 I, 독일어 II, 프랑스어 I, 프랑스어 II, 스페인어 I, 스페인어 II, 중국어 I, 중국어 II, 일본어 I, 일본어 II, 러시아어 I, 러시아어 II, 아랍어 I, 아랍어 II
		한문 I, 한문 II
		생활과 철학, 생활과 논리, 생활과 심리, 생활과 교육, 생활과 종교, 생활 경제, 안전과 건강, 진로와 직업, 보건, 환경과 녹색성장

* 표 한 과목은 교과(군)별 학습의 위계를 고려하여 선택할 수 있도록 지도한다.

다섯째, 학교는 필요에 따라 대학과목 선이수제의 과목을 개설할 수 있고, 국제적으로 공인받은 교육과정의 과목을 선택 과목으로 인정할 수 있다. 다만, 이와 관련된 구체적인 사항은 시·도 교육청의 지침에 따르도록 하고 있다.

여섯째, 일반계 고등학교에서 체육, 음악, 미술 등의 과정을 개설하거나 자율학교로 지정된 학교의 경우 교과(군) 최소 이수 단위인 72단위로 편성·운영할 수 있으며, 학생의 요구 및 흥미, 적성 등을 고려하여 진로를 적절히 안내할 수 있는 진로 집중 과정을 편성·운영할 수 있도록 하고 있다. 과학, 수학, 사회, 영어, 예술, 체육 등 교과를 중심으로 중점학교를 운영할 수 있으며, 이 경우 학교 자율과정의 50% 이상을 관련 교과목으로 편성할 수 있다.

2. 2015 개정 교육과정(2015~)

1) 이념 및 기본 방향

2015 개정 교육과정은 일반계 고등학교의 문·이과 구분과 수능 과목 중심의 지식 편식 현상을 개선하기 위하여 시작되었다. 고등학교를 졸업하였지만, 문과 반 학생들이 수학이나 자연과학에 대한 기본 소양을 갖지 못하고, 이과 반 학생들 역시 인문학이나 사회과학의 기초를 제대로 학습하지 못하는 것이 개인의 균형적인 지적 성장은 물론 장기적으로 국가경쟁력 확보에 위협이 될 수 있다고 본 것이다. 2015 개정 교육과정의 총론 주요 시안에는 개정의 배경을 다음과 같이 기술하고 있다.

> "2015 개정 교육과정은 학교 교육을 통해 모든 학생들이 인문·사회·과학기술에 대한 기초 소양을 함양하여 인문학적 상상력과 과학기술 창조력을 갖춘 창의 융합형 인재로 성장할 수 있도록 우리 교육을 근본적으로 개혁하려고 하는 것이다."(김경자, 2015: 4)

개정 교육과정을 개발하기 위하여 국가교육과정개정연구위원회를 구성하였고, 사회적 요구 반성 및 합의를 위한 의견 수렴 기구로서 국가교육과정자문위원회를 구성·운영하였으며, 현장에 기반을 둔 개선을 위하여 전문가와 현장 교원 중심의 전국적인 포럼을 운영하였다. 또한 종전의 교육과정 개정 작업에서 문제점으로 지적되어 온 총론과 각론의 괴리 현상을 줄이기 위하여 국가교육과정각론조정위원회를 구성·운영하였으며, 교육과정의 현장 적합성을 높이기 위하여 교육과정의 개발에 참여하는 현장 교원의 비율을 30~40%로 높이고, 시·도 교육청 핵심전문요원으로 구성한 교육과정개정 협력진을 구성·운영하였다.

이러한 과정을 거쳐서 새 교육과정은 2015년 9월 23일에 고시되었으나, 같은 해 12월 1일 개정 고시(제2080호)되었다. 개정 고시는 국사와 한국사 교과의 적용 시점과 관련이 있다[단, 중학교 사회 교과(군)의 '역사' 및 고등학교 기초 교과 영역의 '한국사' 과목은 2017년 3월 1일부터 적용한다]. 이 교육과정은 학교급과 학년을 바탕으로 연차적으로 적용하게 된다. 〈표 7-6〉은 2015 개정 교육과정의 적용 시점을 나타낸다.

〈표 7-6〉 **교육과정 적용 및 교과서 개발 일정**

• 교과용도서 개발 및 적용 시기

학교급	학년(군) \ 학년도	'15	'16	'17	'18	'19	'20
초등학교	1~2	개발	개발	적용			
	3~4	개발	개발	개발	적용		
	5~6		개발	개발	개발	적용	
중·고등학교	1	개발	개발	개발	적용		
	2		개발	개발	개발	적용	
	3			개발	개발	개발	적용

1. 중학교 자유학기 편성·운영 관련 규정은 2016년 3월 1일부터 적용한다.
2. 교육부 고시 제2013-7호의 전문 교과는 2016년 3월 1일부터 이 교육과정의 전문 교과 II 실무과목으로 대체하여 편성할 수 있다.

2015 개정 교육과정은 기본 성격과 추구하는 인간상에서 2009 개정 교육과정과 큰 차이는 없다고 할 수 있다. 교육부(2014. 9.)에서 발표한 개정 교육과정의 총론 시안에서도 새 교육과정은 2009 개정 교육과정이 추구하고 있는 창의적인 인재 양성의 기본 정신을 유지하되, 현장 적용 과정에서 생기는 문제점을 개선하고 교육환경 변화에 대응하고 국가·사회적 요구를 반영하기 위하여 초·중등 교육과정을 개선하는 것이라고 밝히고 있다.

2015 개정 교육과정에서 제시하고 있는 교육과정의 성격은 다음과 같다.

> 가. 국가수준의 공통성과 지역, 학교, 개인 수준의 다양성을 동시에 추구하는 교육과정이다.
> 나. 학습자의 자율성과 창의성을 신장하기 위한 학생 중심의 교육과정이다.
> 다. 학교와 교육청, 지역사회, 교원·학생·학부모가 함께 실현해 가는 교육과정이다.
> 라. 학교 교육 체제를 교육과정 중심으로 구현하기 위한 교육과정이다.
> 마. 학교 교육의 질적 수준을 관리하고 개선하기 위한 교육과정이다.

이 교육과정이 추구하는 인간상은 다음과 같다.

> 가. 전인적 성장을 바탕으로 자아 정체성을 확립하고 자신의 진로와 삶을 개척하는 자주적인 사람
> 나. 기초 능력의 바탕 위에 다양한 발상과 도전으로 새로운 것을 창출하는 창의적인 사람
> 다. 문화적 소양과 다원적 가치에 대한 이해를 바탕으로 인류 문화를 향유하고 발전시키는 교양 있는 사람
> 라. 공동체 의식을 가지고 세계와 소통하는 민주 시민으로서 배려와 나눔을 실천하는 더불어 사는 사람

2) 편제 및 운영

2015 개정 교육과정의 주요 성격과 구조적 특징은 다음과 같다.

첫째, 2015 개정 교육과정에는 학교 교육의 전 과정을 통하여 길러야 할 핵심역량을 제시하고 있다. 핵심역량은 사회공동체 구성원으로서의 역할을 성공적으로 수행하기 위하여 학습자에게 요구되는 지식, 기능, 태도의 총체를 말하는 것으로, 초·중등교육을 통해 모든 학습자가 길러야 할 기본적이고, 필수적이며 보편적인 능력을 가리킨다(박순경 외, 2014: 111). 한국교육과정평가원에서는 10여 년의 연구를 통하여 우리나라 초·중등학교에서 길러야 할 역량을 규정하고, 이를 교육과정·수업 체제와 연계 지우는 방안을 제시한 바 있다. 2015 개정 교육과정에서는 초·중등학교에서 길러야 할 핵심역량을 자기관리, 정보처리, 창의적 사고, 심미적 감성, 의사소통, 공동체 역량 등의 여섯 가지를 명시하였다(역량 기반 교육과정에 대해서는 3장 '교육목적, 핵심역량, 성취기준'에서 깊이 있게 다룬 바 있으므로 해당 부분을 참조하기 바란다).

둘째, 2015 개정 교육과정의 주요 특성은 개정의 중점 속에 잘 드러난다. 개정의 중점 중에 가장 먼저 눈에 띄는 것은 개정의 필요성으로 언급한 인문·사회·과학기술 기초 소양을 균형 있게 학습한다는 내용이다. 이와 함께 국가교육과정개정연구회와 교육부가 가장 심혈을 기울인 것은 교과의 핵심 개념을 중심으로 내용을 구조화하고 학습량을 적정화하며, 이를 바탕으로 학습 참여형 수업을 활성화하고 자기주도적 학습력을 기르며, 학습과정 중심의 평가를 강화하여, 교육과정, 수업, 평가가 일관성을 갖도록 한다는 점이다. 더불어 특성화 고등학교에는 NCS(국가직무능력) 기반 교육과정 체제를 도입한다는 것이다. 이를 그림으로 나타내면 [그림 7-1]과 같다.

셋째, 2015 개정 교육과정은 2009 개정 교육과정과 마찬가지로, 초등학교 1~3학년까지를 공통 교육과정으로 운영하고, 고등학교 1~3학년은 선택 교육과정으로 운영한다. 동시에 학년군제와 교과군제를 유지하고, 창의적 체험활동을 계승하되 부분적으로 개선하였다(이 책의 6장 창의적 체험활동 부분 참고).

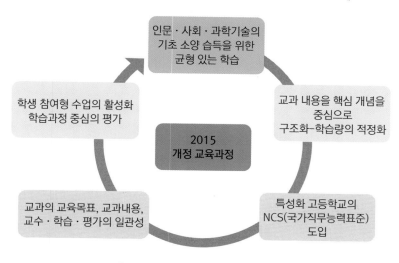

[그림 7-1] **교육과정 구성의 중점**

넷째, 초·중등교육에서 소프트웨어(SW) 교육을 강화하여, 중학교의 경우에 과학/기술·가정 영역을 과학/기술·가정/정보로 고치고 이 영역에 34시간을 추가로 배정하였으며, 고등학교의 경우 정보를 일반 선택 과목으로 분류하고 내용을 소프트웨어 중심으로 개편하였다.

다섯째, 안전교육을 강화하였다. 초등학교 저학년(1~2학년)에 '안전한 생활' 단원을 도입하고, 체육, 기술·가정, 과학, 보건 등의 관련 교과에 안전 내용을 강화하고, 창의적 체험활동에도 안전교육을 포함하도록 하였다.

여섯째, 범교과 학습 주제를 교과와 창의적 체험활동 등 교육활동 전반에 걸쳐 통합적으로 다루고, 지역사회 및 가정과 연계하여 지도하도록 하고, 주제 수를 선택과 통합을 통하여 대폭 줄였다.

일곱째, 중학교에서는 자유학기제를 도입하고 이에 따른 교육과정 편성·운영의 단위 학교 자율성을 강조하였다. 자유학기제와 관련된 내용은 다음과 같다.

가. 중학교 과정 중 한 학기는 자유학기로 운영한다.

나. 자유학기에는 해당 학기의 교과 및 창의적 체험활동을 자유학기의 취지에 부합하도록 편성·운영한다.

다. 자유학기에는 지역사회와 연계하여 진로 탐색 활동, 주제 선택 활동, 동아리 활동, 예술·체육 활동 등 다양한 체험 중심의 자유학기 활동을 운영한다.

라. 자유학기에는 협동 학습, 토의·토론 학습, 프로젝트 학습 등 학생 참여형 수업을 강화한다.

마. 자유학기에는 중간·기말고사 등 일제식 지필평가는 실시하지 않으며, 학생의 학습과 성장을 지원하는 과정 중심의 평가를 실시한다.

바. 자유학기에는 학교 내외의 다양한 자원을 활용하여 진로 탐색 및 설계를 지원한다.

사. 학교는 자유학기의 운영 취지가 타 학기·학년에도 연계될 수 있도록 노력한다.

여덟째, 통합적인 접근과 융복합적 사고를 길러 주기 위하여 통합과목을 신설하였다. 고등학교에서 사회현상에 대한 통합적인 접근과 이해가 가능하도록 '통합사회' 과목을 신설하고 자연현상에 대한 통합적인 접근과 융복합적인 사고를 길러 주기 위하여 '통합과학' 과목을 신설하였다.

〈표 7-7〉, 〈표 7-8〉, 〈표 7-9〉는 초·중·고등학교의 시간 배당 기준표이다.

〈표 7-7〉 초등학교 시간 배당 기준표

구분		1~2학년	3~4학년	5~6학년
교과(군)	국어	국어 448	408	408
	사회/도덕		272	272
	수학	수학 256	272	272
	과학/실과	바른 생활 128	204	340
	체육	슬기로운 생활 192	204	204
	예술(음악/미술)	즐거운 생활 384	272	272
	영어		136	204
	소계	1,408	1,768	1,972

창의적 체험활동	336	204	204
	안전한 생활 (64)		
학년군별 총 수업 시간 수	1,744	1,972	2,176

1. 이 표에서 1시간 수업은 40분을 원칙으로 하되, 기후 및 계절, 학생의 발달 정도, 학습내용의 성격, 학교 실정 등을 고려하여 탄력적으로 편성·운영할 수 있다.
2. 학년군 및 교과(군)별 시간 배당은 연간 34주를 기준으로 한 2년간의 기준 수업 시수를 나타낸 것이다.
3. 학년군별 총 수업 시간 수는 최소 수업 시수를 나타낸 것이다.
4. 실과의 수업 시간은 5~6학년 과학/실과의 수업 시수에만 포함된 것이다.

〈표 7-8〉 중학교 시간 배당 기준표

구분		1~3학년
교과(군)	국어	442
	사회(역사 포함)/도덕	510
	수학	374
	과학/기술·가정/정보	680
	체육	272
	예술(음악/미술)	272
	영어	340
	선택	170
	소계	3,060
창의적 체험활동		306
총 수업 시간 수		3,366

1. 이 표에서 1시간 수업은 45분을 원칙으로 하되, 기후 및 계절, 학생의 발달 정도, 학습내용의 성격, 학교 실정 등을 고려하여 탄력적으로 편성·운영할 수 있다.
2. 학년군 및 교과(군)별 시간 배당은 연간 34주를 기준으로 한 3년간의 기준 수업 시수를 나타낸 것이다.
3. 총 수업 시간 수는 3년간의 최소 수업 시수를 나타낸 것이다.
4. 정보 과목은 34시간을 기준으로 편성·운영한다.

〈표 7-9〉 고등학교 시간 배당 기준표

가) 일반 고등학교(자율 고등학교 포함)와 특수 목적 고등학교(산업수요 맞춤형 고등학교 제외)

교과 영역		교과(군)	공통 과목(단위)	필수 이수 단위	자율 편성 단위
교과 (군)	기초	국어	국어(8)	10	학생의 적성과 진로를 고려하여 편성
		수학	수학(8)	10	
		영어	영어(8)	10	
		한국사	한국사(6)	6	
	탐구	사회 (역사/도덕 포함)	통합사회(8)	10	
		과학	통합과학(8) 과학탐구실험(2)	12	
	체육 · 예술	체육		10	
		예술		10	
	생활 · 교양	기술 · 가정/ 제2외국어/한문/ 교양		16	
소계				94	86
창의적 체험활동				24(408시간)	
총 이수 단위				204	

1. 1단위는 50분을 기준으로 하여 17회를 이수하는 수업량이다.
2. 1시간의 수업은 50분을 원칙으로 하되, 기후 및 계절, 학생의 발달 정도, 학습내용의 성격, 학교 실정 등을 고려하여 탄력적으로 편성 · 운영할 수 있다.
3. 공통 과목은 2단위 범위 내에서 감하여 편성 · 운영할 수 있다. 단, 한국사는 6단위 이상 이수하되 2개 학기 이상 편성하도록 한다.
4. 과학탐구실험은 이수 단위 증감 없이 편성 · 운영하는 것을 원칙으로 하되, 과학 계열, 체육 계열, 예술 계열 고등학교의 경우 학교 실정에 따라 탄력적으로 운영할 수 있다.
5. 필수 이수 단위의 단위 수는 해당 교과(군)의 '최소 이수 단위'로 공통 과목 단위 수를 포함한다. 특수 목적 고등학교와 자율형 사립 고등학교의 경우 예술 교과(군)는 5단위 이상, 생활 · 교양 영역은 12단위 이상 이수할 것을 권장한다.
6. 기초 교과 영역 이수 단위 총합은 교과 총 이수 단위의 50%를 초과하지 않도록 한다.
7. 창의적 체험활동의 단위는 최소 이수 단위이며 ( ) 안의 숫자는 이수 단위를 이수 시간 수로 환산한 것이다.
8. 총 이수 단위 수는 고등학교 3년간 이수해야 할 '최소 이수 단위'를 의미한다.

나) 특성화 고등학교와 산업수요 맞춤형 고등학교

교과 영역		교과(군)	공통 과목(단위)	필수 이수 단위	자율 편성 단위
교과(군)	보통 교과	기초	국어	국어(8)	24	학생의 적성·진로와 산업계 수요를 고려하여 편성
			수학	수학(8)		
			영어	영어(8)		
			한국사	한국사(6)	6	
		탐구	사회 (역사/도덕 포함)	통합사회(8)	12	
			과학	통합과학(8)		
		체육·예술	체육		8	
			예술		6	
		생활·교양	기술·가정/ 제2외국어/ 한문/교양		10	
		소계			66	
	전문 교과II	17개 교과(군) 등			86	28
창의적 체험활동					24(408시간)	
총 이수 단위					204	

1. 1단위는 50분을 기준으로 하여 17회를 이수하는 수업량이다.
2. 1시간의 수업은 50분을 원칙으로 하되, 기후 및 계절, 학생의 발달 정도, 학습내용의 성격 등과 학교 실정 등을 고려하여 탄력적으로 편성·운영할 수 있다.
3. 공통 과목은 2단위 범위 내에서 감하여 편성·운영할 수 있다. 단, 한국사는 6단위 이상 이수하되 2개 학기 이상 편성하도록 한다.
4. 필수 이수 단위의 단위 수는 해당 교과(군)의 '최소 이수 단위'를 의미한다.
5. 창의적 체험활동의 단위는 최소 이수 단위이며 ( )안의 숫자는 이수 단위를 이수 시간 수로 환산한 것이다.
6. 총 이수 단위 수는 고등학교 3년간 이수해야 할 '최소 이수 단위'를 의미한다.

3. 자유학기제 교육과정

1) 자유학기제의 개념 및 기본 방향

최근 OECD 등을 중심으로 협동능력, 의사소통 능력 등 21세기 인재가 갖추어야 할 핵심역량 함양을 위한 교육 혁신이 강조되고 있다. 또한 아일랜드, 덴마크, 스웨덴, 일본 등 선진국들은 청소년들이 새로운 환경에 적응하고 적성과 소질에 맞는 진로를 탐색할 수 있는 계기를 제공하는 추세이다. 우리나라 역시 학교 교육을 통해 학생들이 미래역량을 함양할 수 있도록 노력을 기울이고 있으나, 학습에 대한 흥미, 자신감 및 행복지수가 낮은 상황이다. 뿐만 아니라 입시 위주의 학교 교육과 경쟁 중심의 교육 사조로 인하여 우리나라 청소년들이 행복한 학교생활을 영위하지 못하고 있다.

이러한 배경 속에서 우리나라 초·중등 교육을 학생들의 '꿈과 끼를 키우는 행복교육'으로 변화시키는 전기를 마련하기 위해 제안된 대표적인 교육정책이 중학교 자유학기제이다. 자유학기제란 "중학교 교육과정 중 한 학기 동안 학생들이 중간·기말고사 등 시험부담에서 벗어나 꿈과 끼를 찾을 수 있도록, 수업 운영을 토론, 실습 등 학생 참여형으로 개선하고 진로 탐색 활동 등 다양한 체험활동이 가능하도록 교육과정을 유연하게 운영하는 제도"이다(교육부, 2013). 즉, 자유학기제는 수업개선과 진로 탐색 등의 다양한 체험활동을 통해 적성, 소질에 맞는 진로 탐색, 자기주도 학습능력 배양, 인성 및 미래역량 교육이 이루어지도록 함으로써 초·중·고등학교 전반에서 꿈과 끼를 키우는 행복한 학교교육을 실현하는 것을 목표로 하고 있다([그림 7-2]).

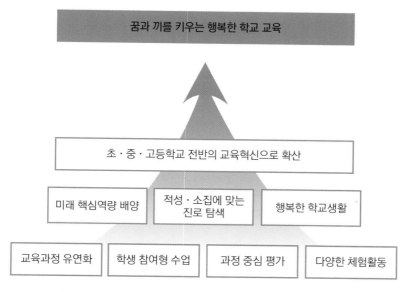

[그림 7-2] **자유학기제 비전(교육부, 2015a)**

2) 자유학기제 교육과정의 편성 및 운영

(1) 자유학기제 교육과정의 편성

자유학기제 교육과정은 국어, 영어, 수학, 사회, 과학 등과 같은 기본 교과로 구성된 '교과 수업'과 학생의 흥미와 관심사를 기반으로 구성된 '자유학기 활동'의 두 영역으로 편성·운영된다. 국어, 사회/도덕, 수학, 과학/기술·가정, 체육, 예술(음악/미술), 영어 및 선택 교과 등 국가 교육과정에 제시된 기본 교과는 주로 오전에 배치하여 운영한다. 또한 자유학기 활동은 학생들이 학습하는 내용의 폭과 범위를 확대한다는 데 그 의미가 있으므로 기본적으로 학생들의 흥미와 관심사에 기반한 학생 중심의 프로그램으로 운영한다. 이러한 자유학기 활동은 진로 탐색 활동, 주제 선택 활동, 예술·체육 활동, 동아리 활동 등의 네 가지 영역으로 구성된다. 그리고 다양한 체험활동이 원활하게 이루어질 수 있도록 자유학기 활동은 오후에 편성·운영하는 것을 권장하고 있다. 자유학기 활동은 170시

학생의 희망과 수요를 반영한 학생 중심의 교육과정	
교과 수업(오전)	**자유학기 활동(오후)**
• 학교 교육과정 편성·운영 자율성 제고 • 교육과정 재구성 • 토론, 실습, 자기주도학습 등 학생 참여형 수업	• 170시간 이상 편성 • 학생의 흥미, 관심사에 기반한 프로그램 • 진로 탐색 활동, 주제 선택 활동, 예술·체육 활동, 동아리 활동
▶ 성장·발달에 중점을 둔 과정 중심 평가	

[그림 7-3] 자유학기 교육과정 편성 모형(서울특별시 교육청, 2015 재구성)

간 이상 운영하며, 학교의 목표와 여건을 고려하여 네 가지 영역을 균형 있게 편성할 수 있다. 자유학기제 교육과정 편성 모형은 [그림 7-3]과 같다.

〈표 7-10〉 자유학기제 교육과정 편성·운영 중점

▶ 교과 및 창의적 체험활동 시수를 활용하여 학생의 희망과 관심사에 기반한 '자유학기 활동' 170시간 이상 편성·운영
• 학교 여건에 따라 교과(군)별 배당된 시간의 20% 범위와 창의적 체험활동 시수의 51시간 범위 내에서 '자유학기 활동' 편성 ※ 특정 교과(군)에서 34시간을 초과하여 '자유학기 활동' 편성 불가 • 예술 교과(군)를 활용하는 경우 '예술·체육 활동'으로만 편성할 수 있으며, 자유학기에는 학교스포츠클럽 활동을 '예술·체육 활동'으로 편성할 수 있음 • 다양한 체험활동이 원활하게 이루어질 수 있도록 자유학기 활동은 주로 오후에 편성·운영하는 것을 권장

출처: 한국교육개발원, 2015.

이상에서와 같이 자유학기 교육과정을 운영하기 위해서는 자유학기 활동을 위한 시수가 확보되어야 한다. 이를 위해 자유학기 교육과정에서는 교과(군)와 창의적 체험활동 시수를 활용하여 자유학기 활동을 170시간 이상 편성할 수 있다. 교과(군) 3개년 시수 20% 이내[교과(군)별 34시간 이내], 창의적 체험활동 51시간 이내 감축을 통해 자유학기 활동 시수를 확보할 수 있으며, 단위 학교의 여건에 따라 교육과정 편성 방식은 다양하게 나타날 수 있다(서울특별시 교육청, 2015). 이때 단위 학교에서는 교사들 간의 교육과정협의회를 거쳐 감축 교과 및 시수를 결정하여야 하며, 감축에 따른 자유학기 활동 편성 예시는 〈표 7-11〉과 같다.

〈표 7-11〉 교과 감축에 따른 자유학기 활동 편성 예시

구분		기준	자유학기 활동 편성 예시		
			170시간	187시간	204시간
교과 (군)	국어	442	425(-17)	425(-17)	425(-17)
	사회(역사)/도덕	510	493(-17)	493(-17)	493(-17)
	수학	374	374(0)	357(-17)	357(-17)
	과학/기술·가정	680	646(-34)	646(-34)	646(-34)
	체육	272	255(-17)	255(-17)	255(-17)
	예술(음악/미술)	272	255(-17)	255(-17)	255(-17)
	영어	340	323(-17)	323(-17)	323(-17)
	선택	170	153(-17)	153(-17)	153(-17)
창의적 체험활동		306	272(-34)	272(-34)	255(-51)
자유학기 활동	진로 탐색 활동	–	34	51	51
	주제 선택 활동	–	51	51	68
	예술·체육 활동	–	51	51	51
	동아리 활동	–	34	34	34
총 수업 시간 수		3,366	3,366	3,366	3,366

출처: 서울특별시 교육청, 2015.

(2) 교과 교육과정

자유학기 교과 운영의 특징은 [그림 7-4]와 같이 교육과정 편성·운영 유연화, 교수-학습방법의 다양화, 과정 중심의 내실 있는 평가로 요약된다(서울특별시 교육청, 2015).

교육과정 편성·운영 유연화	교수-학습방법의 다양화	과정 중심의 내실 있는 평가
자율성·창의성 신장, 학생 중심 교육과정	토론·실습, 융합 수업, 자기주도 학습	형성평가, 수행평가, 성장·발달에 중점
• 학교 교육과정 편성·운영 자율성 제공 • 교육과정 재구성	• 교과 교육과정 재구성을 통한 교과 학생 참여·활동형 수업, 융합 수업 • 토론, 문제해결, 의사소통, 실험·실습, 프로젝트 학습 등	• 형성평가, 협력 기반 수행평가, 포트폴리오 평가 등 • 성장·발달에 중점을 둔 평가 실시

[그림 7-4] **자유학기 교과 운영의 특징(서울특별시 교육청, 2015)**

첫째, 자율성·창의성의 신장과 학생 중심 교육과정 운영을 위해 교육과정 편성·운영의 유연화를 추구한다. 이를 위해 단위 학교에서는 학교 여건과 지역 특색을 고려하여 자유학기제 교육과정을 편성·운영하여야 하며, 교과 시수를 적절히 조정하고 교과 교육과정을 재구성하여 운영하여야 한다. 이때 교육 내용은 학생이 수업을 통해 달성해야 하는 핵심 성취기준 중심으로 재구성하여 교과 수업에 활용할 수 있다.

둘째, 토론·실습과 융합, 프로젝트 수업, 자기주도 학습의 활성화와 같은 교수-학습방법의 다양화를 지향한다. 즉, 수업에 참여하는 태도와 자기 표현력 향상을 위한 협동 학습, 토론 수업 및 실험·실습 등 체험 중심 수업을 활성화하고, 교과 교육과정의 재구성을 통한 융합 수업을 실시하여 융합적 사고력과 문제해결 능력을 배양하고자 한다. 또한 학습에 대한 내재적 동기와 자기주도 학습의 역량 제고를 위해 개인별 및 조별 프로젝트 학습을 확대하고, 실생활 연계 수업의 강화를 권장한다.

셋째, 형성평가, 수행평가를 통한 학생의 성장·발달에 중점을 둠으로써 과정 중심의 내실 있는 평가가 이루어진다. 자유학기 기간 동안에는 중간·기말고사 등 일제식 지필평가를 실시하지 않으며, 학생의 학습과 성장을 지원하는 과정 중심의 평가를 실시한다. 이러한 평가는 학생의 성취 수준, 참여도 및 태도, 자유학기 활동 내역 등을 중심으로 학교생활기록부에 서술식으로 기재하도록 한다.

(3) 자유학기 활동 교육과정

자유학기 활동은 학생들이 학습하는 내용의 폭과 범위를 확대한다는 데 그 의미가 있으며, 따라서 기본적으로 학생들의 흥미와 관심사에 기반한 학생 중심의 프로그램이 마련되어야 한다. 현재 자유학기 활동은 진로 탐색 활동, 주제 선택 활동, 예술·체육 활동, 동아리 활동 등 네 가지 영역으로 구분하여 편성할 수 있으며 학생 중심의 다양한 체험 및 활동으로 운영된다. 자유학기 활동의 영역에 따른 내용과 특징은 〈표 7-12〉와 같다(서울특별시 교육청, 2015).

〈표 7-12〉 **자유학기 활동의 영역과 내용**

구성	내용	목적·성격	학습내용	운영방법
진로 탐색 활동	학생들이 적성과 소질을 탐색하여 스스로 미래를 설계해 나갈 수 있도록 체계적인 진로학습 기회 제공	진로 탐색	진로·직업 관련 내용	학생 희망 선택
주제 선택 활동	학생의 흥미, 관심사에 맞는 체계적이고 심층적인 학생 중심의 교과 연계 또는 주제 중심 활동 운영	전문 프로그램 학습	학생들의 관심사에 따라 다양	
예술·체육 활동	학생의 희망을 반영한 다양한 문화·예술·체육 활동	다양한 예술·체육 활동	문화, 음악, 미술, 체육 관련 내용	
동아리 활동	학생들의 공통된 관심사를 바탕으로 구성된 자발적·자율적인 학생 중심 활동	자치적·자율적 활동	학생들의 관심사에 따라 다양	

출처: 서울특별시 교육청, 2015.

교육부(2015a)에서 제시하고 있는 자유학기 활동의 목적과 운영의 중점은 다음과 같다. 먼저, 진로 탐색 활동은 학생이 적성과 소질을 탐색하여 스스로 미래를 설계해 나갈 수 있도록 체계적인 진로학습의 토대를 마련하는 데 그 목적이 있으며, 진로 탐색 활동은 다음 사항에 중점을 두고 운영한다. 첫째, 기존의 교과 수업과 연계하여 운영할 수 있다. 예컨대, 교과 수업 중 일정 시간을 할애하여 해당 내용과 관련되는 진로와 직업에 대해 탐색하는 시간을 운영할 수 있다. 둘째, 진로상담 프로그램을 활용하여 학생들의 흥미와 적성을 일깨워 주고, 전문 직업인과의 만남을 통해 특정 직업에 대한 이해를 넓히는 기회를 제공해 줄 수 있다. 셋째, 진로 탐색 활동은 중간 · 기말 고사 기간을 활용한 전일제 체험학습 또는 진로캠프로 운영할 수 있다. 다만, 종래의 단체 견학 형태의 운영은 지양하고, 학생들의 적성과 희망을 고려한 소규모 체험활동으로 내실 있게 운영한다.

주제 선택 프로그램은 학생의 흥미, 관심사에 맞는 수요자 중심의 프로그램을 개발 · 적용함으로써 학생의 학습동기를 유발하는 데 목적이 있으며, 다음 사항에 중점을 두고 운영하여야 한다. 첫째, 다양한 분야의 전문가들이 프로그램 개발 및 운영에 참여하고, 관련 분야의 인프라를 적극 활용함으로써 질 높은 교육을 제공하도록 한다. 둘째, 선택 프로그램을 통해 학생 스스로 원하는 분야의 수업에 흥미를 갖고 적극적으로 참여하도록 함으로써 자기의 관심 분야와 재능을 찾아 다양한 진로를 탐색할 수 있는 기회를 제공한다. 셋째, 선택 프로그램이 필요한 경우 학교에서 자체 개발한 프로그램을 운영할 수 있다.

동아리 활동은 학생들의 공통된 관심사를 기반으로 만들어진 학생 자치 활동의 성격을 띠며, 동아리 활동을 통해 또래 친구들과 협동하여 관심 있는 활동을 자율적으로 수행하고, 자신의 잠재 능력을 지속적으로 계발할 수 있도록 한다. 동아리 활동은 다음 사항에 중점을 두고 운영한다. 첫째, 동아리 활동을 통해 학생들이 스스로 의사를 결정하는 능력, 친구와 협동하는 능력, 문제를 해결하는 능력을 기를 수 있도록 한다. 둘째, 동아리 활동은 학생들의 자율성을 최대한 보장하는 방향으로 운영하되, 이를 위해 학생들의 희망과 의사를 적극적으로 반영한다. 셋째, 동아리 활동은 학교 축제, 지역 축제, 지역 동아리 한마당 등과 연계하여 발표회를 실시할 수 있다.

　마지막으로, 예술·체육 활동은 예술·체육 교육을 다양화·내실화하여 학생들의 소질과 잠재력을 끌어내는 데 목적이 있으며, 다음 사항에 중점을 두고 운영한다. 첫째, 예술 활동을 통해 학생들이 자기표현, 소통, 공감과 같은 전인적 성장을 할 수 있는 기회를 갖도록 하며, 자기주도적으로 활동할 수 있는 양질의 예술교육 프로그램을 제공한다. 둘째, 체육 활동을 통해 학생들이 신체 활동의 다양한 가치를 이해하고 실천할 수 있는 기회를 갖도록 하며, 학생의 선택을 최대한 존중하여 프로그램을 구성한다. 셋째, 예술·체육 활동은 음악, 미술, 체육 등의 교과 수업과 연계하여 운영할 수 있지만, 기존의 교과 수업에서 다룰 수 없었던 활동을 새롭게 고안하여 자율적으로 운영할 수 있다.

예시 1. 자유학기 활동(10시간)

요일 / 시간	월	화	수	목	금
5	예술체육활동		주제선택활동		
6		동아리활동		진로탐색활동	동아리활동
7					
방과후학교	'자유학기 활동' 연계·운영				

예시 2. 자유학기 활동(11시간)

요일 / 시간	월	화	수	목	금
5	예술체육활동		주제선택활동		
6		동아리활동		진로탐색활동	동아리활동
7					
방과후학교	'자유학기 활동' 연계·운영				

예시 3. 자유학기 활동(12시간)

요일 / 시간	월	화	수	목	금
5		예술체육활동	진로탐색활동	동아리활동	예술체육활동
6	주제선택활동				
7					
방과후학교	'자유학기 활동' 연계·운영				

예시 4. 자유학기 활동(13시간)

요일 / 시간	월	화	수	목	금
5	진로탐색활동	주제선택활동	동아리활동	주제선택활동	예술체육활동
6					
7					
방과후학교	'자유학기 활동' 연계·운영				

[그림 7-5] **자유학기 활동 시간 편성의 예(서울특별시 교육청, 2015)**

이상에서 살펴본 자유학기 활동의 특징에 따라 단위 학교는 각 영역별 비중을 다르게 편제할 수 있으며, 필요에 따라 네 가지 영역을 모두 포함하는 방향으로 구성할 수 있다. 이때 영역별 중점 모형은 중요하지 않으나, 영역별로 최소 17시간 이상 이수하는 것이 바람직하다. 또한 학생 및 학부모가 각 프로그램에 대해 정확히 이해한 후 자신의 적성과 관심을 고려하여 프로그램을 선택할 수 있도록 해야 한다. 자유학기 활동의 시간 편성 예시는 [그림 7-5]와 같다.

(4) 평가 및 학교생활기록부 기재

자유학기 기간에는 중간·기말고사 등 지필식 총괄평가는 실시하지 않으며, 자기성찰 평가, 포트폴리오 평가 등 학생의 성장과 발달을 지원하는 형성평가, 수행평가를 강화하도록 한다. 이러한 평가 결과는 성취기준에 따른 성취 수준, 참여도 및 태도, 꿈·끼 관련 활동 내역 등을 중심으로 학교생활기록부에 서술식으로 기재한다. 자유학기 전에 원래 이루어지던 평가와 자유학기 동안의 평가를 비교해 보면 〈표 7-13〉과 같으며, 종전의 결과 중심 평가를 과정 중심 평가로 전환했다는 점이 가장 두드러진 변화라 할 수 있다.

〈표 7-13〉 종래의 평가와 자유학기 기간의 평가 비교

구분	종래(자유학기 전)	자유학기
기능	총괄평가	진단·형성평가
시기	학기의 중간·기말고사	형성평가
대상	교과서 진도 내용(결과 평가)	성취 수준, 진로·적성, 정의적 특성(과정 평가)
방법	지필 평가	자기평가, 포트폴리오 평가, 수행평가
결과	점수, 성적, 등급	성취 수준, 진로·적성, 정의적 특성의 확인·해석·서술
의의	• 평가 결과는 교수-학습활동 및 방법을 제한한다. • 평가는 점수와 등급으로 제시되고 교수활동, 학습활동, 교수-학습방법을 제한한다.	• 평가 결과는 교수활동과 학생의 학습 참여를 촉진한다. • 평가는 확인·해석·서술과 피드백을 통한 교수활동, 학습활동, 학생 참여형 교수-학습방법을 촉진한다.

　　자유학기제에서 평가 대상은 크게 학업성취도(성취 수준), 진로·특기·적성, 정의적 특성을 확인하는 것으로 대별될 수 있으며, 단위 학교에서는 각 평가 영역에서 어떤 것을 대상으로 평가할 것인지를 결정하여 계획을 수립한다. 평가 과제는 기본적으로 학생들의 수업 활동이 된다. 예를 들어, 교과 수업에서 프로젝트 활동을 했다면, 수행과정과 결과보고서를 과제라 할 수 있다. 또한 평가방법에 있어서도 변화가 있다. 종래에는 중간·기말고사의 지필고사지를 만들어 사용했으나 자유학기제에서의 평가는 교과 및 영역 특성을 고려한 적합한 평가 도구(형성평가 검사지, 척도·체크리스트, 자기성찰평가 등)를 만들어 활용하게 된다. 이와 같은 자유학기제 평가 계획의 주요 사항은 〈표 7-14〉와 같다.

〈표 7-14〉 **자유학기제 평가 계획의 주요 사항**

평가영역	평가대상	평가과제	평가방법	평가도구	누가기록지	성장·학습발달지	학교생활기록부
교과	• 성취 수준 • 진로·특기·적성 • 정의적 특성	• 단원활동	• 형성평가 • 수행평가	• 단원 형성평가 검사지 • 척도, 체크리스트 • 자기성찰평가 등 관련 평가지	평가 영역 특성을 고려하여 계획	학습 및 활동성과 기록, 피드백	누가 기록 및 성장·학습 발달지

출처: 교육부, 2016.

3) 자유학기제의 성과 및 개선점

(1) 자유학기제의 성과

　　2013년부터 시작된 자유학기제는 3년간의 연구학교 운영을 통해 학교 전반에 많은 변화를 가져왔다. 한국교육개발원(2015)이 실시한 자유학기제 전면 확대 방안 연구에서 발표한 자유학기제의 주요 성과는 다음과 같다.

　　첫째, 지필고사 폐지 및 교사별 평가 체제의 도입이다. 자유학기제는 평가 분야에 있어 지필고사 폐지, 교사별 평가 체제 구축, 형성평가의 활성화 등의 긍정적인 성과를 이끌어 냈다. 지필고사의 폐지는 바로 지필고사 위주였던 학교 수업의 변화로 이어지며 이는 그동안의 입시 위주의 강의식·암기식 학교 수업이 개선될 수 있는 여건을 제공하였다. 그리고 자유학기제 기간에는 교과 담당 교사가 가르칠 내용을 선정하고 교수-학습방법에 적합한 평가방법을 선정하여 평가를 시행하는 교사별 평가 체제를 시행함으로써, 평가 내용의 선정, 평가방법의 선정, 평가 결과의 기록 및 활용에 이르는 평가 과정 전체에 대해 교사에게 자율권을 부여하였다. 또한 자유학기제는 총괄평가 중심의 학생 평가 체제를 형성평가 중심으로 옮겨 놓은 정책이라 할 수 있다. 이로 인해 형성평가의 영역과 폭이 확대되었고, 교사는 가르친 내용에 적합한 평가를 시행할 수 있게 되었다. 동시에 수행평가의 내실화를 꾀함으로써 평가의 결과를 점수화·등급화하지 않음에 따라 수행평가가 본질에 맞게 시행될 수 있는 여건을 제공해 주었다.

둘째, 교과 수업 및 자유학기 활동으로 구성되는 유연한 교육과정 운영에서의 성과이다. 자유학기제의 도입은 기존의 교과와 창의적 체험활동이라는 중학교 교육과정 영역이 교과 수업과 자유학기 활동으로 재편됨으로써 교육과정 운영의 유연성 증대를 가져왔다. 교육과정 운영의 측면에서 살펴보면 자유학기 동안의 교과 수업은 교과 교육과정을 재구조화한 형태로서, 핵심 성취기준을 중심으로 재구성하며, 그동안 시도가 어려웠던 교과 간의 통합적 접근을 활성화하였다. 이러한 학교와 교사의 교육과정 자율성의 확대는 곧 교육과정의 다양화로 이어졌다. 다음으로, 교육과정의 내용적 측면에서 자유학기제는 교과를 교과답게 가르치고 배울 수 있는 경험을 제공한다는 점에서 또 다른 의미를 찾을 수 있다. 즉, 자유학기제의 도입은 시험으로 인해 메말라 있던 교과 수업을 학생들의 삶을 중심으로 교과답게 가르치고 배울 수 있는 여건을 조성했다고 할 수 있다.

셋째, 교사의 자율성 및 전문성 제고의 측면이다. 자유학기제를 통해 교육과정이 유연하게 운영되고, 다양한 프로그램이 확보되기 위해서는 무엇보다 중요한 것이 그것을 실행하는 교사의 자율성과 전문성이라 할 수 있다. 자유학기제가 추구하는 중요 목표 중 하나가 수업 개선이기 때문에 교사들은 자유학기제 동안 그전에는 시도하지 못했던 다양한 형태의 수업을 실행했고 그 과정에서 수업 전문성이 개발되고 교수효능감이 증진되었다. 한편, 자유학기제 기간 동안 교사들은 새로운 방식의 교육과정, 수업 및 평가를 준비하기 위하여 교사 간 교류와 협력을 증가시키는 것으로 나타났다. 자유학기제로 인해 교육과정 재구성이 요청되고, 융합 수업, 코티칭, 코러닝 등 수업방법의 변화를 도모함에 따라 교사들은 개인의 노력뿐만 아니라 교과 협의회, 동학년 교사모임, 교사 동아리, 교사 연구회 등 다양한 교사 협의체를 적극 활용하였다. 이는 자연스럽게 학교 내 교사 협력 문화를 조성하게 됨으로써, 자유학기제가 학교 문화 변혁의 역할을 제공했음을 보여 주는 결과라 할 수 있다.

마지막으로, 학교와 교사의 교육 기획력 제고의 측면이다. 교사의 역량 발휘를 저해하던 시험이 없어지고 교육과정 편성·운영권이 교사들에게 실질적으로 부여되면서 교사들은 창의적으로 교과를 재구성하며 축적된 전문성을 활용하여 자유롭게 수업을 운영하고 있다. 이는 곧 교사들의 교육 기획력이 향상되고 있음을 의미한다. 여기에서 **교육 기획력**(educational planning ability)이란 교육과정 운영, 수업, 평가 등 교육활동 전반의 측면에서 교사들이 자율성을 갖고 주도적으로 계획하여 전문성을 발휘할 수 있는 능력이다. 즉, 교사가 교과서를 재구성하여 수업을 진행함으로써 교사가 배제된 교육과정이 교사가 주도하는 교육과정으로 탈바꿈하고 있으며, 교사들이 기존의 시험 부담에서 벗어나게 됨으로써 교사의 교육 기획력을 높이는 메커니즘으로 작용하고 있다.

(2) 한계

자유학기제는 교육과정의 혁신과 수업의 혁신을 통하여 학생들이 기계적이고 획일적인 수업에서 벗어나 학교에서 다양한 활동을 하면서 자신의 미래를 개척하고 행복한 학교생활을 할 수 있다는 긍정적인 기대를 가지고 있다. 그러나 성공적인 자유학기제의 정착을 위해서는 자유학기제의 연구학교를 운영하면서 드러난 여러 한계점과 쟁점들을 고려하여야 한다(황규호, 2013).

첫째, 자유학기제의 실시 시기에 대한 논의가 필요하다. 자유학기제의 개념에 대한 교육부의 정의에 따르면 '중학교 교육과정 중 한 학기 동안'이라고 명시되어 있다. 따라서 진정한 자유학기제는 학교 구성원의 선택권과 개별 학교의 자율성을 보장해야 하지만 전면 확대 실시에 있어서 제한 없는 자율적 선택은 고교 입시와 연관된 문제들을 초래할 수 있기 때문에 적용 학기의 범위를 축소 시킬 필요가 있다. 이에 중학교 자유학기제 시행 계획 시안(교육부, 2015a)에서 는 자유학기제 운영 학기를 "1학년 1학기, 1학년 2학기, 2학년 1학기 중에서 학 교의 장이 해당 학교 교원 및 학부모의 의견을 수렴하여 학기를 정하도록" 권장 함으로써 그 범위를 축소하고자 하였다. 그러나 여전히 자유학기의 실시 시기 에 대해서는 교사, 학생, 학부모 등 주체에 따라 그 의견이 분분할 우려가 남아 있다.

둘째, 자유학기제의 실시 여건에 대해 고려해 보아야 한다. 자유학기제의 자 유학기 활동에서는 다양한 체험학습, 진로 활동 그리고 동아리 활동 등이 주요 활동으로 구성된다. 이러한 활동들은 학교 내부적으로 교사, 외부 강사 등을 활 용하여 진행될 수도 있지만, 많은 경우 체험을 위한 외부의 인프라를 필요로 한 다. 그러나 인프라가 부족한 농어촌이나 도서벽지에 소재한 학교의 경우 자유 학기제 운영에 어려움을 겪을 수 있다는 문제가 제기되고 있다. 이를 위하여 정 부에서는 자유학기제 실시를 위한 교육 여건을 정비하고, 관련 인프라를 구축하 기 위해 노력하고 있다. 또한 자유학기제 실시 여건이 열악한 학교들이 공동 프 로그램을 운영함으로써 이 문제를 해소하는 방안이 제시되기도 했다.

셋째, 지필평가를 실시하지 않음으로써 학력 저하 우려가 제기되었다. 자녀 의 성적에 민감한 일부 학부모들은 수업방법의 변화와 지필평가의 부재로 인해 학생들이 학업에 소홀하게 되고 이는 학력 저하로 이어질 것이라고 우려한다. 또한 학생들 역시 종전과 달라진 평가방식에 의해 자신의 성취도를 직접적으로 확인할 수 없게 되면서 학업성취도에 대한 불안감을 가질 수 있다. 이에 대해 교 육부는 중학교 국가수준 학업성취도 평가 과목을 기존의 5과목에서 3과목으로 축소하여 시험부담을 완화하겠다고 발표하였다. 또한 필기시험을 지양하되 다 양한 학습 과정 및 결과를 생활기록부에 기록하기 때문에 학력 저하 및 사교육 유발 우려는 크지 않을 것으로 예상된다(이덕난, 2013).

넷째, 자유학기를 실시하는 학기와 실시하지 않는 학기 간 교육이 불일치할 수 있다는 문제가 제기된다. 즉, 중학교에서 자유학기제를 일종의 예외로 규정하는 인식이 팽배해지면서, 자유학기제 따로, 일반 학기 따로의 기존 질서가 유지됨으로써 자유학기와 타 학기 간 연계의 문제가 발생할 수 있다. 이를 해결하기 위하여 자유학기를 중학교의 하나의 전체적인 교육과정 내로 녹여 내어 교육과정 계획 단계부터 운영에 이르기까지 교사들이 공동 연구하여 자유학기제 운영 학기와 일반 학기의 격차를 줄여야 할 필요가 있다(이재창 외, 2014).

　마지막으로, 학교 운영의 측면에서 자유학기제 운영 학년과 타 학년과의 교육활동 차이로 인한 시간표 배정 및 시수 조정의 혼란이 야기될 수 있다. 한 교사가 전 학년을 지도하는 경우가 많기 때문에 1학년 자유학기제를 중심으로 블록타임제 시간표를 배정하면 2, 3학년의 시간표가 비효율적으로 운영되는 문제가 발생할 수 있고, 비슷한 맥락에서 자유학기제에 편중된 현장체험학습과 진로 탐색 활동으로 인하여 학년 간 위화감과 소외감을 조성할 수 있다(이재창 외, 2014). 이는 자유학기제 시행으로 인한 긍정적인 효과들을 타 학년에도 적용함으로써 자유학기제가 1학년에만 실시되고 그치는 것이 아니라, 학년이 바뀌어서도 그 시너지 효과가 계속될 수 있는 방안을 구축할 필요가 있음을 시사한다.

참고문헌

강현석, 박영무, 박창언, 손충기, 이원희, 최호성 공역(2006). 교육과정 개발과 설계. 경기: 교육과학사.

교육과학기술부(2009). 2009 개정 교육과정.

교육부(2013). 중학교 자유학기제 시범 운영계획(안). 교육부 정책자료.

교육부(2014). 2015 문이과 통합형 교육과정 총론 주요 사항(시안). 교육부 보도자료(2014. 9.)

교육부(2015a). 학생의 꿈과 끼를 키워 행복교육을 실현하는 중학교 자유학기제 시행 계획(시안).

교육부(2015b). 초·중등학교 교육과정.

국가교육과학기술자문회의 교육과정특별위원회(2009). 미래형 교육과정의 구조와 실효화 방안.

권다남(2016). 자유학기제 실시 학교에서의 교육과정 의사결정과 자율성. 부산대학교 대학원 석사학위논문.

김경자(2015). 2015 개정 초등교육과정의 방향과 과제. 2015 한국초등교육학회 추계학술대회 자료집, 1-18.

김대현(2009). 미래형 교육과정 구조 및 실효화 방안에 대한 논의. 교육혁신연구, 19(1), 109-125.

김재춘 외(2008). 초·중등학교 교육과정 선진화 개혁 방안 연구: 고등학교 교육과정 특성화.

대한교육연합회(1973). 한국교육과정사 연구. 서울: 교학연구사.

박순경 외(2008). 초·중등학교 교육과정 선진화 개혁 방안 연구.

박순경 외(2014). 국가 교육과정 총론 개선을 위한 기초 연구. 한국교육과정평가원 연구보고 CRC 2014-1.

박창언 외(2008). 초·중등학교 교육과정 선진화 개혁 방안 연구: 학교 교육과정 편성·운영의 자율성.

서울특별시 교육청(2015). 자유학기제 교육과정 운영 매뉴얼.

이덕난(2013). "중학교 자유학기제의 주요 쟁점 및 과제". 이슈와 논점 636호, 국회입법조사처, 2013. 4. 12.

이재창, 홍후조, 김미진, 임재일(2014). 자유학기제 연구학교의 수업과 교육활동의 특징 분석. 교과교육학연구, 18(4), 1135-1161.

한국교육개발원(2014). 자유학기제 운영 종합 매뉴얼. 연구자료.

한국교육개발원(2015). 자유학기제 전면 확대 방안연구, 수학연구 CR 2015-10.

홍후조 외(2008). 초·중등학교 교육과정 선진화 개혁방안 연구: 교육과정 적정화 및 필수교과 조정.

황규호(2013). 자유학기제를 위한 교육과정 설계 방안 탐색. 제1차 자유학기제 포럼 자료집.

제8장
교육평가의 기초 및 유형

♣ 중간고사 앞둔 고1 교실

지난달 서울 성동구 ㄱ여고에 입학한 1학년 김지유 학생은 그동안 없던 습관이 하나 생겼다. 교실에 들어가면 여기서 나보다 공부를 잘하는 애가 몇 명인지 손바닥을 펴고 세어 보게 된다. 접는 손가락이 많을수록 생각이 많아진다. "'나는 몇 번째인가' '나는 몇 등일까'라는 생각이 머릿속에 계속 맴돌아요. 등수가 올라가려면 공부를 얼마나 해야 할까 생각해요." 지유가 말했다.

올해 처음 중학교에서 고등학교로 올라온 학생들은 이제 곧 시작되는 중간고사를 2주 앞두고 "긴장이 많이 된다"고 입을 모았다. 중학교 때부터 4월이 되면 늘 맞이하는 1학기 중간고사이지만 올해는 각별하다. 1등급부터 9등급으로 서열이 나뉘는 상대평가이기 때문이다. 지유는 학교에서 상대평가로 시험을 보는 게 이번이 처음이다. 초등학교 때는 '매우 잘함, 잘함, 보통, 노력 요함'이 표기된 정성평가 성적표를 받았다. 수행평가 외 시험지로 보는 지필평가는 없었다. 중학교 때는 중간·기말고사를 봤지만 5등급(A~E) 절대평가였다.

♣ 자신의 '위치' 확인하는 첫 상대평가

고등학생들은 3년 동안 상대평가 지필시험을 20차례 이상 이른다. 중간·기말 고사를 학년마다 4번씩 3년간 12번 치른다. 내신성적에 들어가는 것은 아니지만 수능에 대비하기 위한 전국 모의고사(교육청 주관)도 학년마다 4번씩 12번 보고 고등학교 3학년이 되면 한국교육과정평가원이 주관하는 모의고사가 두 차례 더 있다. 이 중에서도 고등학생들에게 1학년 첫 중간고사가 유난히 두려운 건 자신의 '위치'를 객관적으로 확인하는 첫 시험이기 때문이다. 또 이 성적이 3년 내내 굳어지지 않을까 하는 걱정도 크다.

학교현장에서 만난 한 학생은 고1 중간고사를 앞둔 자신이 '경주마' 같다고 했다. "인생에 다양한 길이 있을텐데 수시와 정시, 단 두 가지 길만을 향해 달리는 기분이에요. 양 옆을 가리고 앞만 보고 달리는 그 경주마 같아요."라고 자신을 표현했다.

고1 첫 중간고사 뭐길래 …… "이번 시험 망치면 인생 망할 것 같아요." (한겨레 신문. 2019. 04. 20.)

"시험이 뭐길래."
이제 8장부터 우리가 고민해야 할 문제가 바로 이것이다.
이 장에서는 교육평가의 개념, 기능, 유형, 절차 등을 살펴본다.

학습 과제

- 교육평정, 평가, 총평을 비교하고 개념을 알아본다.
- 교육평가의 명제를 알아본다.
- 교육평가의 기능을 알아본다.
- 교육평가의 유형을 알아본다.
- 교육평가의 절차를 알아본다.

교육평가(educational evaluation)는 교육목적의 달성 정도를 판단하고, 일정한 기준을 가지고 교육활동의 효율성을 가늠하여, 나타난 결과에 대한 가치를 판단하는 체계적인 과정을 의미한다. 교육평가에 대한 일반인의 인식은 단지 교육현장에서 실시되는 월말고사나 기말고사 혹은 입학시험에서 학습자 선발이나 분류를 위한 활동으로 국한해서 생각하는 경향이 있다. 그러나 이것은 교육평가의 극히 일부분일 따름이다.

1. 교육평가의 개념

교육평가란 교육목표의 달성 정도나 교육과정의 효율성을 판단하기 위하여 학습자의 행동 변화 및 학습 과정에 관한 제반 정보를 수집하고 이용함으로써 교육적 의사결정을 하는 데 도움을 주거나 더 나아가 의사결정을 하는 과정을 의미한다. 이와 같은 의사결정의 제 과정은 교육적인 가치를 판단하는 일이다.

교육평가라는 용어는 교육현장에서 널리 사용되어 아주 익숙한 개념이다. 그러나 이것은 교육활동과 관련되어 어떻게 사용되는지를 살펴보면 측정, 평가, 총평이라는 용어들과 혼용되거나 심지어 같은 의미로 사용되고 있다. 여기서 이들 개념 간에 분명하게 구별되는 차이점과 특성을 살펴보면 다음과 같다(황정규, 1998).

1) 측정

측정(measurement)이란 어떤 대상이나 사건에 대하여 체계적으로 숫자를 부여하는 것이다. 측정의 최대 장점은 주어진 어떤 준거를 확인할 때 손쉽고 간편하게 이용할 수 있다는 점이다. 이러한 측정은 다음과 같은 특성이 있다.

첫째, 측정은 그 대상이 되는 실재의 안정성을 가정한다. 세상의 실재는 인간이 관찰할 수 있는 객관적인 형태로 존재하며, 인간의 행동 특성도 고정적이고 불변하여 안정성이 있으므로 어떤 현상이든 정확하게 측정할 수 있다는 입장이다.

둘째, 측정은 실재의 안정성을 가정하여 어느 한 시점에서 개인 반응을 표본으로 하기 때문에 개인의 반응점수의 신뢰성 및 객관성이 유지되느냐에 관심을 기울인다. 따라서 측정에서는 신뢰도가 타당도에 우선한다고 본다.

셋째, 신뢰성과 객관성이 보장된 측정을 하기 위해서는 누가, 언제, 어디서 측정해도 같은 결과를 얻을 수 있도록 측정 절차나 방법에 있어 표준화를 요구한다.

넷째, 측정의 시각에서 실재의 안정성에 영향을 미치는 외부 요인은 안정성을 위협하는 존재이므로 환경을 측정의 정확성을 저해하는 오차 변인으로 간주한다.

다섯째, 측정에서 결과는 주로 선발, 분류, 예언, 실험 등의 목적으로 사용하며, 이러한 목적을 위하여 보다 유용하고 정확한 측정단위를 요구한다. 그리고 가능하면 하나의 단일점수나 지수로 표시함으로써 능률을 높이려고 한다.

2) 평가

평가(evaluation)란 측정보다 더 폭넓은 개념으로 양적 기술의 측정뿐만 아니라 질적 기술을 포함하며, 더 나아가 이러한 양적·질적 기술에 대한 가치판단까지 포함한다. 특히 교육학이나 심리학 분야에서 측정의 개념은 평가 단계까지 이르는 경우가 많으므로 두 용어는 상호 교환적으로 혹은 '측정 및 평가'의 형태로 쓰이는 경향이 있다. 이러한 평가의 특징은 다음과 같다.

첫째, 평가는 존재하는 모든 실재나 인간의 행동 특성은 '변한다'는 관점에서 출발한다. 교육이란 학습자에게 어떤 변화를 일으키려고 하는 것이 목적이다. 그러므로 교육평가란 학습자에게 일어난 다양한 변화를 판단하는 일련의 절차로 볼 수 있다.

둘째, 평가에서도 평가도구의 신뢰성 및 객관성을 중요하게 생각하지만 가장 핵심적인 것은 평가도구의 타당성이다. 즉, 평가도구가 교수과정에서 의도한 목표를 얼마나 잘 나타내고 있는지를 결정하기 위해서, 특히 내용의 타당도(content validity)에 관심을 둔다.

셋째, 평가에서는 학생의 행동 변화에 주로 관심을 두며, 그 변화를 발생시키는 요인으로 투입된 교육과정, 교과목, 교사, 교수방법, 교수 재료, 운영체제의 효과를 평가하는 것도 목적으로 삼는다.

넷째, 평가에서는 환경을 중요한 변화의 자원으로 본다. 즉, 환경이란 변화를 일으킬 수 있는 것으로, 개인은 환경과 상호작용에 의해 변한다고 본다.

다섯째, 평가에서는 여러 증거를 합산한 단일 총점을 사용하지만 반응 유형, 오류의 유형과 질, 실패의 원인 등을 밝힐 수 있는 질적 증거도 유효한 증거로 활용한다.

여섯째, 평가의 주된 활용은 평점, 자격 판정, 배치, 진급 등을 위해 개인을 분류하고 판단하는 데 있다. 그러나 이에 못지않게 교수 방법, 교수 프로그램, 수업 과정, 교사, 교육과정의 효율성을 판단하기 위해 활용하기도 한다.

3) 총평

총평(assessment)이란 개인의 행동 특성을 특별한 환경, 과업, 상황과 관련하여 의사결정을 하려는 목적의 전인적 평가다. 이는 개인과 환경에 관한 증거를 추구하는 데 있어 인간의 행동 변화 이해에 중요한 역할을 한다. 이러한 총평의 특징은 다음과 같다.

첫째, 총평에서는 판단을 위해서 다양한 측정방법을 사용하는 동시에 측정에만 의존하지 않고 전체적 · 직관적 · 질적인 평가방법 등을 사용한다. 예를 들어, 총평에서 사용하는 정보는 다양한 양적 · 질적 형태로서, 때로는 고도로 구조화된 객관식 검사를 사용할 수도 있고, 혹은 비구조화된 투사적 방법을 사용할 수도 있다.

둘째, 총평에서는 주로 개인과 환경의 상호작용에 관심을 갖는다. 따라서 총평의 분석방법은 개인이 달성해야 할 준거의 분석과 그 개인이 속한 환경의 분석에서 시작된다.

셋째, 총평에서는 환경을 행동 변화를 강요하는 압력으로 간주한다. 따라서 환경이 요구하는 압력이나 역할을 먼저 분석하고, 다음에 개인의 특성이 이에 적합한지를 분석하고 결정한다.

넷째, 총평에서는 개인과 환경 사이의 상호작용을 분석함에 있어서 주로 구인 타당도(construct validity)를 활용한다. 구인 타당도란 개인과 환경 간의 상호작용에 관한 수집된 증거가 설정된 구인으로 어느 정도 설명되는가를 따진다.

다섯째, 총평의 결과는 흔히 예언, 실험, 분류에 활용된다. 특히 환경이 요구하는 준거나 역할에 비추어 개인을 진단하거나 예진한다.

2. 교육평가의 명제

교육평가를 교수 프로그램에 관한 의사결정을 위해 학습자의 행동 변화 및 학습 과정에 관한 정보를 수집·이용하여 교육적 의사결정을 하는 데 도움을 주는, 혹은 의사결정을 하는 과정 그 자체로 전제해 본다. 그렇다면 새로운 시각에서 교육평가는 인간 이해를 위해 존재하는 것이지 인간 규정을 위해 존재하는 것이 아니라는 명제를 제기할 수 있다. 이러한 새로운 시각에서 교육평가가 지녀야 할 구체적인 명제는 다음과 같다.

첫째, 인간은 현재의 주어진 조건보다 개발할 수 있는 잠재적 가능성이 무한하다. 즉, 현재 능력보다 그것을 극복하고 개발할 수 있는 미래의 능력에 더 큰 의미를 부여할 때, 거기에는 인간 이해의 평가 개념이 발생한다. 그러나 이러한 가능성을 부인하고 현실에 집착할 때, 인간을 판단하고 범주화하는 인간 규정의 의식이 대두된다.

둘째, 교육평가는 계속적인 과정이어야 한다. 여기서 계속성(continuity)이란 어떤 특수한 장면이나 시간에 국한되는 것이 아니라 언제나 모든 장면에서 평가가 이루어져야 한다는 것이다. 예컨대, 교육평가는 시험을 볼 때마다, 수업을 할 때마다, 대화를 나눌 때마다 평가의 기능이 발휘되어야 한다.

셋째, 교육평가는 종합적인 과정이어야 한다. 종합성(comprehensiveness)이란 평가가 학습자의 특정한 행동 특성보다는 전체적인 행동의 넓은 영역에서 이루어져야 한다는 것이다. 예를 들어, 학습자의 학업성적뿐만 아니라 생활 태도, 성격, 신체발달 등의 전인적 영역을 평가 과정에서 고려해야 한다는 의미다.

넷째, 교육평가의 자료는 다양하다. 예컨대, 학습자가 남겨 놓은 한 장의 그림, 일기 한 줄, 대화 한마디 등이 모두 평가의 자료가 될 수 있다. 이와 같은 다양한 자료를 교육평가에 활용하기 위해서는 교사의 역할이 매우 중요하다. 이를 위해 교사는 교과전문가이기에 앞서 인간 이해자가 되어야 한다.

3. 교육평가의 기능

교육평가의 기능을 보는 시각은 다양하다. 특히 교육활동과 연관지어 교육평가가 지니고 있는 기능을 살펴보면 다음과 같다.

첫째, 학습자의 학업성취도를 평가하는 일이다. 즉, 교육이 목표 지향적 행위의 활동이라면, 목표가 어느 정도 달성되었는가는 학습자의 학업성취도를 확인함으로써 가능하다. 다시 말해, 교육평가는 교육목표의 달성도에 관한 증거와 정보를 수집하는 것을 주요 기능으로 삼는다.

둘째, 개별 학습자 또는 한 학급 전체가 직면하고 있는 학습 곤란점을 진단하고 치료하는 일이다. 교육평가란 기본적으로 교육을 보다 효과적이고 효율적으로 하기 위한 수단이라고 볼 수 있다. 따라서 교육평가는 교육활동이 전개되는 과정에서 개별 학습자나 학급이 느끼는 제반 문제점들을 적시에 발견하여 그에 따른 조치를 마련해 줌으로써 교육과정이 부드럽고 원활하게 될 수 있도록 돕는 역할을 해야 한다.

셋째, 교육 프로그램의 교육적 효과를 평가하는 일이다. 교육 프로그램이란 매우 복합적인 개념이다. 여기에는 교육과정, 수업 계열과 절차, 수업 자료, 학급 조직 등이 포함된다. 이러한 교육 프로그램에 의해 결과가 발생하고, 그 결과는 교육 프로그램의 질을 나타내는 것이 된다. 따라서 교육평가의 중요한 영역 중 하나는 교육활동의 결과를 분석하고 그 결과를 확인하여 프로그램의 질적 개선을 위해 시사해 줄 수 있다는 것이다.

넷째, 개별 학습자의 진로지도를 위한 자료를 수집하는 일이다. 교육평가의 또 다른 기능은 학습자의 장래 진로지도를 위한 자료를 얻을 수 있다는 점이다. 예를 들어, 학교현장에서 진학지도, 취업지도를 하기 위해서는 학습자의 학업능력, 정서, 흥미, 성격은 물론이고 학습자를 둘러싸고 있는 가정, 학급, 사회환경에 대한 광범위하고 정확한 이해가 필수적이다.

다섯째, 교육의 제반 문제를 이해하고 올바른 교육정책 및 일반정책을 수립하는 데 도움을 주는 일이다. 전국적 평가 연구나 국제 간 학력 비교 연구 등을 통해 전체 학습자 또는 국민이 꼭 습득해야 할 기본 능력이 어느 정도인가를 확인할 수 있는데, 이는 교육정책의 방향을 수립하는 데 도움을 줄 수 있다. 다시 말해, 전국 단위의 초·중·고등교육은 물론 일반 사회교육을 평가하는 것도 교육평가의 기능 중 하나다.

4. 교육평가의 유형

교육평가의 유형은 검사 점수에 가치를 부여하기 위해 어떤 평가기준을 사용하느냐에 따라 준거지향평가와 규준지향평가로, 교수-학습과정의 단계 중 어느 시점에서 어떤 목적으로 시행하느냐에 따라 진단평가, 형성평가, 총합평가로 구분된다. 최근에는 평가 대상인 개인을 보다 더 존중하고 고려하는 능력참조평가와 성장참조평가를 실시하는 것이 교육적으로 바람직하다는 주장이 제기되고 있다.

1) 준거지향평가

　준거지향평가(criterion-referenced evaluation) 혹은 절대비교평가는 학습자의 현재 성취 수준이나 행동목표의 도달 정도를 알아보기 위한 평가방법이다. 즉, 다른 학습자와 상대적인 비교를 하는 것이 아니라 교육목표에 비추어 평가하는 것이다. 이런 면에서 준거지향평가를 목표지향평가라고도 하는데, 이는 교육목표 또는 학습 과제를 설정해 놓고 그 목표에 비추어 학습자 개개인의 학업성취 정도를 따지려는 입장이다. 다시 말해, 준거지향평가란 학습자가 무엇을 얼마만큼 알고 있는지, 학습자가 정해진 준거나 목표에 도달하였는지를 판단하는 평가다. 여기서 무엇이라 함은 학습자가 성취해야 할 과제나 행위의 영역이나 분야를 의미한다.

　준거지향평가는 발달적 교육관에 바탕을 두고 있다. 이는 학습자의 선발이나 개인차에 관심을 가지는 것이 아니라 가능한 한 모든 학습자가 의도하는 대로 수업목표를 달성할 수 있도록 적절한 학습방법을 제공하고 배치를 위해 평가하는 것이다. 그리고 학습 후 학습결과에 대한 평가에서도 학습자 간의 개인차보다는 수업목표를 어느 정도 달성하였는지에 관심이 집중된다. 이러한 준거지향평가의 특징은 다음과 같다.

　첫째, 검사의 타당도를 강조한다. 왜냐하면 원래 측정하려고 계획하였던 수업목표를 얼마나 충실하게 측정하고 있느냐에 중점을 두기 때문이다.

　둘째, 검사 점수의 부적 편포를 기대한다. 즉, 모든 학습자가 설정된 교육목표를 달성해 주기를 바라므로 검사 점수의 분포가 오른쪽으로 치우친, 정상 분포에서 벗어난 부적 편포를 기대한다.

　셋째, 학습자 개개인에 적합한 교수-학습의 기회를 제공하면 주어진 학습 과제에 도달할 수 있다는 발달적 교육관을 바탕으로 한다.

　준거지향평가의 장점은 다음과 같다.

　첫째, 교수-학습 이론에 적합하다. 즉, 무엇을 알고 무엇을 모르는지를 직접적으

제8장 교육평가의 기초 및 유형

로 제공하므로 무엇을 어떻게 가르쳐야 할 것인지에 대한 시사점을 제시해 준다.

둘째, 교육목표 · 교육과정 · 교수방법 등의 개선에 용이하다.

셋째, 상대평가에 치중하지 않으므로 이해 · 비교 · 분석 · 종합 등의 고등정 신능력을 배양할 수 있다.

이에 비해 준거지향평가의 단점으로는 다음과 같은 것들이 있다.

첫째, 개인차의 변별이 쉽지 않다. 즉, 준거지향평가는 학습자 개인 간의 비교 및 우열을 판정하기 어렵다.

둘째, 준거의 설정 기준이 문제가 될 수 있다. 다시 말해, 교육에서의 절대 기 준은 교수목표이지만 이러한 교수목표를 누가 정하느냐 혹은 어떻게 정하느냐 는 고도의 전문성이 요구되는 문제다.

셋째, 검사 점수의 통계적 활용이 불가능하다. 준거지향평가에서는 검사 점 수의 정상 분포를 부정하기 때문에 점수를 통계적으로 활용하기 어렵다.

2) 규준지향평가

규준지향평가(norm-referenced evaluation) 혹은 상대비교평가에서는 학습자 의 평가 결과를 그가 속한 집단에 비추어 상대적인 위치를 밝혀 보는 평가방법 이다. 즉, 어떤 학습자의 성취 수준을 규준을 이용하여 그가 속한 집단(학급, 학 교 등)에서의 상대적인 위치에 비추어 해석한다. 따라서 학습자의 상대적인 능 력이나 기술을 비교해 보고, 그것에 대해 어떤 결정을 내리는 학습자 선발 기능 이나 우열을 가리는 기능이 크게 강조되는 평가방법이다.

규준지향평가는 선발적 교육관에 바탕을 두고 있다. 이는 교육을 통하여 달 성하고자 하는 목표나 수준에 도달할 수 있는 사람은 어떤 방법을 사용하든 소 수에 지나지 않는다는 것이다. 이러한 평가관은 소수의 우수자, 즉 목표나 수준 에 도달한 학생을 가려내거나 학습 후에 학생집단 내에서의 학업성취 수준의 차 이를 밝히려는 입장을 취한다. 따라서 규준지향평가에서는 학습자가 무엇을 얼마만큼 알고 있느냐에 대한 관심보다는 개인의 성취 수준을 비교 집단의 규준에 비추어 상대적 서열을 판단하는 것에 관심을 둔다. 이렇게 어떤 학습자의 성취가 상위에 있는지 하위에 있는지에 관심을 두므로 등위나 퍼센타일(percentile)로 표시하게 된다. 여기서 규준(norm)이란 원점수의 상대적 위치를 설명하기 위하여 쓰이는 척도로 모집단을 대표하기 위하여 추출된 표본에서 산출한 평균과 표준편차로 만들어진다. 이러한 규준지향평가의 특징은 다음과 같다.

첫째, 검사의 신뢰도를 강조한다. 즉, 규준지향평가에서는 학습자들의 개인차를 얼마나 오차 없이 정확하게 측정하였는가에 중점을 둔다.

둘째, 검사 점수의 정상 분포를 기대한다. 높은 점수나 낮은 점수 쪽에 편포되기보다는 좌우 대칭적이고 중앙이 높은 정상분포곡선이 나타나기를 기대한다.

셋째, 학습자의 개인차를 극대화하는 선발적 기능을 강조한다.

이러한 규준지향평가는 다음과 같은 세 가지 장점을 지닌다.

첫째, 개인차의 변별이 가능하다. 여러 개인의 상대적인 비교를 기초로 하는 객관성을 강조하고 엄밀한 성적 표시방법을 채택함으로써 개인차를 변별할 수 있다.

둘째, 객관적인 검사의 제작 기술을 통해 성적을 표시하고 있기 때문에 교사의 편견을 배제할 수 있다.

셋째, 학습자들의 경쟁을 통하여 동기를 유발하는 데 유리하다. 특히 등급이나 당락을 결정할 경우의 평가는 보다 강력한 동기유발을 촉진할 수 있다.

반면에 규준지향평가는 다음과 같은 단점들도 가지고 있다.

첫째, 교수-학습 이론에 부적절하다. 즉, 무엇을 얼마만큼 알고 있는지에 관심을 두지 않기 때문에 교육목표, 교육과정, 교수방법, 학습 효과 등을 경시하는 경향이 있다.

둘째, 규준지향평가에서는 참다운 의미의 학력평가가 불가능하다. 예컨대, 학습자의 성취도가 집단 내에서의 상대적 비교로 판정되기 때문에 학습내용을 완전히 이해한 학습자라도 집단 전체가 우수하다면 학업성취도가 낮은 것으로 분석될 수 있다.

셋째, 학습자 간에 학력의 상대적 위치나 순위를 결정하기 때문에 과다한 경쟁심리가 조장되며, 이로 인해 인성교육을 방해할 우려가 있다.

3) 진단평가

학교현장에서는 종종 과거 학습의 정도, 준비도, 흥미, 동기 상태 등 학습자들의 특성이 교수의 효율화와 학습의 능률을 향상시키는 데 중요한 역할을 하므로 학습자의 특성을 수업 전에 진단하는 일은 중요하다.

진단평가(diagnostic evaluation)는 교수-학습이 시작되기 전에 학습자가 소유하고 있는 특성을 체계적으로 측정하는 행위로, 학습자들의 능력과 특성을 사전에 파악하여 교육목표 및 계획을 수립하는 데 목적을 둔다. 다시 말해, 진단평가란 교수활동이 시작되는 초기 단계에서 수업 전략을 위한 기초 자료를 얻고, 어떤 교수-학습방법이 적절한지를 결정하기 위하여 학습자의 기초 능력을 진단하는 평가라 할 수 있다.

진단평가의 예로는 수업 시간 전에 실시하는 쪽지시험이나 퀴즈, 수업을 실시하기 전에 복습 여부를 묻는 질문 등을 들 수 있다. 특히 진단평가에서는 준비도검사, 적성검사, 자기보고서, 관찰법 등의 다양한 평가도구를 사용할 수 있다.

진단평가의 기능은 예진적 기능과 학습 실패의 교육 외적인 원인을 알아보는 기능으로 구분할 수 있다. 이들 두 가지 기능을 구체적으로 살펴보면 다음과 같다.

첫째, 학습의 예진적 기능은 학습자들의 기본적인 학습능력, 학습동기 그리고 선수 학습의 정도를 확인하는 것을 말한다. 다시 말해, 학교 교육현장에서 새로운 단원에 대한 수업을 진행할 때, 학급 내 개개 학습자의 선수 학습과 사전 학습 정도를 정확하게 파악하여 이를 학습지도에 활용할 수 있다.

둘째, 학습 실패의 교육 외적 원인의 파악이란 수업과 직접적인 관련성이 없으면서도 학습 실패의 원인이 되고 있는 여러 가지 학습장애 요인을 밝히는 것을 말한다. 즉, 학습자가 학습에서 나타내는 지속적인 학습장애의 원인과 학습자의 학습환경에 관한 정보를 수집하여 적절한 의사결정을 할 수 있다. 이런 요인은 대체로 신체적 · 정서적 · 환경적 요인들로 분류된다. 신체적 요인으로는 건강 상태의 이상, 운동 · 감각기능의 장애 등을 들 수 있으며, 정서적 요인으로는 심리적 갈등이 주가 된다. 그리고 환경적 요인으로는 물질적 · 경제적 빈곤에서 문화 실조에 이르기까지 다양한 요인이 있을 수 있다.

4) 형성평가

형성평가(formative evaluation)는 수업이 진행되는 상태에서 교육행위가 계획한 대로 진행되고 있는지를 확인하는 행위다. 즉, 교수-학습과정 중에 가르치고 배우는 내용을 학습자들이 얼마나 잘 이해하고 있는지를 수시로 점검하고, 학습자들의 수업능력, 태도, 학습방법 등을 확인함으로써 교육과정을 개선하고 교재의 적절성을 확인할 수 있다. 따라서 형성평가는 학습 및 교수가 진행되고 있는 도중에 학습의 진전 상황에 관한 정보를 수집 · 분석하여 그 수업 및 학습을 개선하기 위해 실시하는 활동이다. 이렇게 형성평가는 수업 중이나 단원을 학습하는 중에 수시로 실시할 수 있으며, 교사가 제작한 자작검사를 주로 이용하지만 교육전문기관에서 제작한 검사를 이용할 수도 있다.

Scriven(1967)은 형성평가를 통해 학습 및 교수가 진행되는 도중에 학습자에게 송환효과(feedback)를 줄 수 있으며, 교육과정을 개선하고 수업방법을 개선할 수 있다고 본다.

이러한 형성평가의 주된 기능은 다음 네 가지로 제시할 수 있다.

첫째, 학습자들의 학습 진행속도를 조절한다. 즉, 교과 내용의 분량이 많거나 학습내용이 일정한 선후관계에 의하여 조직되어 있을 때, 적절한 빈도로 평가를 실시함으로써 학습 진행속도를 조절할 수 있다.

둘째, 학습자의 학습을 강화의 역할을 한다. 형성평가를 통해서 설정된 학습

과제를 거의 달성하였다는 사실을 학습자가 확인함으로써 그 뒤에 이어지는 학습을 용이하게 해 줄 뿐 아니라 학습동기를 유발시켜 준다.

셋째, 학습 곤란을 진단하고 교정한다. 형성평가는 학습자들에게 교수목표에 비추어 무엇을 성취하였고, 무엇을 더 학습해야 하는지를 구체적으로 알려 주는 장점을 가지고 있기 때문에, 학습자는 자신의 학습 곤란을 스스로 발견하여 제거해 나가게 된다.

넷째, 학습지도 방법의 개선에 이바지할 수 있다. 형성평가를 통하여 교사는 자신이 가르친 학습자에 대한 교수방법의 단점을 구체적으로 분석하고 개선할 수 있다.

5) 총합평가

총합평가(summative evaluation)란 교수-학습이 끝난 다음, 교수목표의 달성, 성취 여부를 종합적으로 판정하는 평가 형태로 총괄평가라고도 한다. 즉, 총합평가는 한 과목과 학기, 그리고 교육 프로그램이 끝나는 시점에서 실시하는 평가로 성취 혹은 숙달 정도와 교육목표 달성 여부를 결정하는 활동이라 정의할 수 있다. 따라서 총합평가는 학습자가 도달하도록 설정된 교육목표를 어느 정도 성취하였는지에 주된 관심이 있다. 총합평가를 위한 평가도구는 교육목표의 성격에 의해 결정되며, 교사 자작검사, 표준화검사, 작품평가 방법 등이 사용된다. 총합평가의 구체적인 기능은 다음과 같다.

첫째, 학습자들의 성적을 결정한다. 즉, 전체 과목이나 중요한 학습내용에 대한 교수 효과가 어느 정도인지를 판단하고, 그 결과에 의해 성적을 내고 평점을 주어 서열을 결정하는 일을 한다.

둘째, 학습자의 미래의 학업성적을 예측하는 데 도움을 준다. 일반적으로 현재의 학업성적은 미래의 학업성적과 높은 상관관계를 가지고 있기 때문에 현재의 성적을 평가함으로써 학습자 개개인의 미래의 성적을 쉽게 예측할 수 있다.

셋째, 집단 간의 성적을 비교할 수 있는 정보를 제공해 준다. 학습자 집단 간의 종합적인 학습성과를 교수방법의 유형이나 학습 자료의 종류 등과 관련시켜 비교 · 분석함으로써 학습성과에 대한 정보를 수집할 수 있다.

넷째, 학습자의 자격을 인정하는 판단의 역할을 한다. 즉, 학습자가 지닌 기능이나 능력, 지식이 요구하는 정도의 자격에 부합하는지를 인정하기 위한 판단에 총합평가의 결과는 크게 도움이 된다.

6) 능력참조평가

능력참조평가(ability-referenced evaluation)는 학생이 지니고 있는 능력에 비추어 얼마나 최선을 다하였느냐(maximum perfomance)에 초점을 두는 평가다. 학생 개인이 지니고 있는 능력을 얼마나 발휘하였느냐에 관심을 두므로 개인을 위주로 하는 평가방법이라 할 수 있다. 예를 들어, 우수한 능력을 지녔음에도 불구하고 최선을 다하지 않은 학생과 능력이 낮더라도 최선을 다한 학생이 있을 때 후자의 성취 수준이 낮더라도 더 좋은 평가 결과를 얻을 수 있다. 이와 같이 능력참조평가는 각 학생의 능력과 노력에 의하여 평가되는 특징을 지닌다(성태제, 2000).

7) 성장참조평가

성장참조평가(growth-referenced evaluation)는 교육과정을 통하여 얼마나 성장하였느냐에 관심을 두는 평가다. 최종 성취 수준에 대한 관심보다는 초기 능력 수준에 비추어 얼마만큼 능력의 향상을 보였느냐를 강조하는 평가다. 즉, 이는 사전 능력 수준과 관찰된 시점의 측정된 능력 수준 간의 차이에 관심을 둔다. 그러므로 성장참조평가는 학생들에게 학업 증진의 기회를 부여하고 개인화를 강조하는 특징을 지니고 있다(성태제, 2000).

5. 교육평가의 절차

교육평가는 교육활동의 실천 과정과 밀접한 관계를 가지고 이루어지므로 평가활동은 체계적인 절차를 밟아야 한다. 평가 유형에 따라 그 절차에 약간의 차이가 있을 수 있으나 교육평가의 일반적 절차에는 근본적인 차이가 없다.

일반적으로 교육평가, 특히 절대평가는 평가 기준인 교육목적을 확인하는 것에서 시작된다. 그런 다음 평가할 장면을 선정하고, 평가도구를 직접 제작하거나 기존의 평가도구 중에서 적절한 것을 선정한다. 그리고 이를 활용하여 실제로 평가를 실시하여 그 결과를 처리한다. 끝으로, 여기에서 얻은 결과를 다양하게 해석하여 후속적인 교육활동에 적극 활용한다.

1) 교육목적의 확인

교육활동은 교육목적을 설정 · 진술하는 것에서 시작되는데, 첫 번째 단계에서는 그 목적을 확인(분석 · 분류)하여 이원분류표를 작성하는 등의 평가 계획을

〈표 8-1〉 교육목표 이원분류표(고등학교, 공통수학 일부)

행동 영역 / 내용 영역	계산	이해	추론		문제해결		문항 수	비율(%)
			귀납,유추,추측	증명	수학내적관련성	수학외적관련성		
집합과 명제		2			1	1	4	20.0
실수와 복소수	1	2	1				4	20.0
다항식	1		1		2		4	20.0
유리식, 무리식	1				2			15.0
방정식, 부등식		1		1	1	2	5	25.0
문항 수	3	5	2	1	6	3	20	
비율(%)	15.0	25.0	10.0	5.0	30.0	15.0		100

※ 자료: 1997 전국고등학교 학업성취도 평가연구(국립교육평가원, 1997)

수립하여야 한다. 이원분류표에는 출제할 전체 문항 수, 내용 영역별 또는 문항 표집 계획, 비중, 행동 영역별 문항표집 계획 및 비중 등이 매우 구체적으로 제시된다. 따라서 이원분류표에는 작성자의 교재관과 평가관이 투사되게 마련이다. 〈표 8-1〉은 교육목표 이원분류표의 한 예다.

2) 평가 장면의 선정

교육목적의 확인(분석 · 분류)이 끝나면 평가 장면의 선정이 이루어져야 한다. 여기에서는 이미 설정 · 진술된 교육목적에서 제시된 학생의 행동을 측정 · 평가하기 위해서 어떠한 평가 장면이나 검사 상태가 가장 적절한가를 결정해야 한다. 그리고 무엇보다도 교육목적에 나타난 행동을 제대로 확인할 수 있는 장면을 선정하는 것이 중요하다.

일반적인 평가 장면에는 필답검사, 질문지법, 각종 표준화검사, 면접, 투사법, 평정척도, 관찰, 기록물 분석, 제작물 분석, 현장실습 및 실기 등이 있다. 그러나 반드시 한 가지 방법만이 행동의 증거를 얻기 위한 유일한 것이 아님을 명심하고, 여러 방법이 모두 최선의 방법이 될 수 있으므로 평가 장면은 종합적인 입장에서 고려하고 선정되어야 한다.

3) 평가도구의 제작 또는 선정

평가 장면이 선정되면 교육목적에서 제시한 행동을 실제로 측정하기 위한 평가도구를 제작 혹은 선정하는 단계가 뒤따라야 한다. 예컨대, 필답검사인 경우 문항을 제작하는 일이, 질문지법의 경우 질문지 하나하나를 만드는 일이 이에 해당된다.

교육목적에 제시된 행동을 제대로 평가하기 위해서는 좋은 평가도구가 확보되어야 한다. 평가도구가 갖추어야 할 몇 가지 조건으로 타당도, 신뢰도, 객관도, 실용도 등이 있다. 좋은 평가도구가 되기 위해서는 반드시 이와 같은 네 가지 조건이 양호성을 갖추어야 한다.

4) 평가의 실시 및 결과 처리

선정된 평가 장면에 활용될 평가도구가 제작 또는 선정된 다음에는 교육목표에 비추어 학생의 행동이 얼마만큼 변화하였는가의 증거를 실제적으로 확인하여야 한다. 따라서 여기에서는 평가 실시의 시기, 횟수, 방법, 대상 등을 고려하여 실제로 평가가 실시되며, 그 실시한 결과를 채점하고 필요한 통계처리를 하여 분석하고 기록하게 된다.

5) 평가 결과의 해석 및 활용

평가는 어디까지나 활용을 목적으로 하는 것이므로 평가 결과를 가치 기준에 의거하여 올바르게 해석하여 최대한 활용할 수 있도록 해야 한다. 평가 결과를 처리하고 기록하는 것만으로 교육평가가 완료되는 것은 아니며, 평가의 본래 기능은 이 마지막 단계에서 발휘된다. 여기에서는 특히 교육목적의 달성도, 즉 행동의 변화량을 토대로 학생들을 개별적 · 집단적으로 해석적인 평가를 하게 된다. 아울러 전체 교육활동에 대한 해석적인 평가와 함께 기타 부차적인 해석이 뒤따라야 한다.

참고문헌

국립교육평가원(1997). 1997 전국고등학교 학업성취도 평가연구. 서울: 교육부.
성태제(1998). 교육평가 방법의 변화와 결과타당도. 한국교육평가학회 창립 15주년 학술세미나 발표논문집, 125-147.
성태제(2000). 교육평가의 변화와 역할. 황정규 편, 현대교육평가의 쟁점과 논의. 서울: 교육과학사.
황정규(1998). 학교학습과 교육평가. 서울: 교육과학사.

Airasian, P. W., & Madaus, G. F. (1972). Criterion-Referenced Testing in the classroom. *NCME, 3*(4).

Bloom, B. S. (1970). *Toward a theory*. Wilmette, IL: Kagg Press(김종석, 강영하 공역). 교육과정 이론. 서울: 문음사.

Gronlund, N. E. (1988). *How to construct achievement Tests*. New York: Macmillan.

Gronlund, N. E., & Linn, R. L. (1990). *Measurement and evaluation in teaching* (6th ed.). New York: Macmillan Publishing Company.

Popham, W. J. (1988). *Educational evaluation* (2nd ed.). New Jersey: Prentice Hall.

Scriven, M. (1967). The methodology of evaluation. In R. W. Tyler, R. Gagne, & M. Scriven (Eds.), Perspectives on curriculum evaluation, *AERA monograph series on curriculum evaluaion*, No.1, pp. 39-83. Chicago: Rand McNally.

제9장
인지적 평가

♣ 21세기 핵심역량이란 무엇일까요?

수업목표: 미래 사회가 요구하는 한국인의 핵심역량에 대해 생각해 보자.

　미래 사회가 요구하는 창의적이고 경쟁력 있는 인재 양성을 위해서는 학교 교육의 유연화·다양화가 필요하며, 학생들은 이전과는 질적으로 다른 역량을 갖춰야 한다는 요구가 증가하고 있다. 이러한 추세를 반영하듯, OECD에서도 2015년 PISA(programme for international student assessment)부터 학생들의 핵심역량(Essential Skills)을 평가하는 내용을 넣는 등 핵심역량에 관심을 기울이고 있다. 우리나라 역시 미래 사회에서 요구되는 인재상과 부합되도록 교육내용을 선정하고 조직해야 한다는 사회적·개인적 필요가 부각되었으며, 2015 개정 교육과정을 통해 역량 기반 교육과정을 소개하고, 현재는 기존의 성취기준 기반 교육과정에서 미래역량 기반 교육과정으로 구체적인 적용과 관련된 실천방법들을 제시하고 있다.

　2015 개정 교육과정에서 제시한 6가지 핵심역량은 자기관리 역량, 지식정보처리 역량, 창의적 사고 역량, 심미적 감성 역량, 의사소통 역량, 공동체 역량이며 이에 대한 정의를 좀 더 살펴보면 다음과 같다. 첫째, 자기관리 역량은 자아정체성과 자신감을 가지고 자신의 삶과 진로에 필요한 기초 능력과 자질을 갖추어 자기주도적으로 살아갈 수 있는 능력을 의미한다. 둘째, 지식정보처리 역량은 문제를 합리적으로 해결하기 위하여 다양한 영역의 지식과 정보를 처리하고 활용할 수 있는 능력을 의미한다. 셋째, 창의적 사고 역량은 폭넓은 기초 지식을 바탕으로 다양한 전문 분야의 지식, 기술, 경험을 융합적으로 활용하여 새로운 것을 창출하는 능력을 의미한다. 넷째, 심미적 감성 역량은 인간에 대한 공감적 이해와 문화적 감수성을 바탕으로 삶의 의미와 가치를 발견하고 향유할 수 있는 능력을 의미한다. 다섯째, 의사소통 역량은 다양한 상황에서 자신의 생각과 감정을 효과적으로 표현하고

다른 사람의 의견을 경청하며 존중하는 능력을 의미한다. 마지막으로, 공동체 역량은 지역·국가·세계 공동체의 구성원에게 요구되는 가치와 태도를 가지고 공동체 발전에 적극적으로 참여하는 능력을 의미한다.

학습 과제

- 인지적 특성의 개념과 중요성을 알아본다.
- 인지적 교수목표와 평가문항 유형에 대해 알아본다.
- 인지적 평가의 개발 및 절차에 대해 알아본다.

인지적 영역의 평가는 지식, 이해, 적용, 분석, 종합, 평가와 같은 학생의 인지적 사고작용을 평가하는 것이고, 정의적 영역의 평가는 성격, 태도, 사회성, 도덕성과 같은 학생의 정의적 특성을 평가하는 것이며, 심동적 영역의 평가는 학생의 신체능력이나 운동활동 등을 평가하는 것을 말한다.

일반적으로 교육은 의도적인 활동으로 규정됨으로써 교육과정에는 의도로서의 목적이 먼저 제기되고 그것을 달성하기 위한 교육내용의 선정 및 조직과 교수를 위한 절차들이 전개되는 것으로 간주된다. 이러한 관점에서의 교육목적은 사회적 요구, 도덕적 가치, 이상적인 인간상, 지식의 중요성 등에 비추어 수립된다. 그리고 교육을 한다는 것은 정도의 차이는 있으나 쉬운 것에서 어려운 것으로, 단순한 것에서 복잡한 것으로, 지식이나 개념에서 법칙이나 이론에 따라 조직되어 있는 일련의 학습과제가 있고, 학생과 교사는 이것을 단계적으로 성취해 나가야 되는 것으로 설명할 수 있다. 이 경우 학습 과제(learning tasks: LT)는 교사가 의도하는 교육목표를 반영하게 된다.

의미 있는 내용의 학습은 선행경험과도 밀접히 관련되어 있을 뿐만 아니라 다음 학습과도 관련되고 결국 실생활의 문제와도 관련된다. 학교에서의 교육이나 학습은 성격상 대부분 인지적 성질을 띤 어떤 선행학습의 누적된 결과 위에서 이루어진다. 비록 유치원에서도 입학하기 이전의 학습, 즉 가정에서의 인지적 학습에 따라 유치원의 조기학습의 성패가 결정된다고 볼 수 있다. 어떤 학습과제이건 그 학습 과제를 성취하기 위해서 필연적으로 알아야 할 선수 학습이 있기 마련이다. 이와 같은 선수 학습을 인지적 시발행동(cognitive entry behavior)이라 할 수 있다. 이러한 인지적 시발행동에는 학습해야 할 학습 과제와 직접 관련된 선수 학습내용이 주된 요소가 되지만, 이것 외에도 학생 개인이 지니고 있는 일반 능력, 적성, 학습 유형 등도 포함된다.

인지적 기능은 학교에서 수천 가지 이상 지속적으로 배워 나간다. 지식관의 변화에 따라 학습이라는 과정도 학생 외부에 객관적으로 존재하는 지식 체계를 수동적으로 받아들이는 과정이 아니라 지식의 요소들을 받아들여 이를 학생 내부에서 능동적으로 처리, 구성하는 과정이 더 중요하다. 그러므로 구체적 교육 상황에서 학습자의 지력을 자유롭게 하는 교육목적은 교육을 받을 특정한 개인의 내재적 활동과 필요에 기초를 두어야 하며, 학생의 활동과 협동하는 방법을 전달할 수 있어야 한다.

1. 인지적 특성의 개념과 중요성

인지적 영역은 기억, 사고, 문제해결, 창의력 등과 같은 광범위한 사고 과정을 포함한다. 그러므로 인지적 특성은 인간의 다양한 특성 중 지적·정신적 사고의 과정을 나타내는 전형적인 인간의 속성으로 정의될 수 있다. 전통적으로 학교 교육은 지식을 주된 내용으로 하는 교과를 통해서 이루어져 왔다. 지식은 모든 교과 학습의 기초가 되며 교육의 가장 중요한 목표 중의 하나는 지식의 전달 및 획득에 있다. 지식기반사회에서의 교육 체제는 개방성, 탄력성을 지향하고 있고, 중핵적 지식은 자본·기계 기술 중심에서 정보·지적 기술 중심으로 전환되었다.

1) 인지적 특성의 평가

교육목표를 중심으로 교육평가의 유형을 구분할 때 인지적 영역은 기억, 이해, 적용, 분석, 종합, 평가, 비교, 비판, 판단 등과 같이 주로 사고작용을 통해 획득하고 활용하는 학습내용과 행동을 말한다. 그러므로 인지적 영역의 평가는 지식, 이해력, 적용력, 분석력, 종합력, 평가력과 같은 학생의 인지적 사고 과정을 평가하는 것이다. 즉, 교육목표에 진술되어 있는 학습내용을 기억, 이해, 추론 등과 같은 사고작용을 통해 획득해야 하는 지적 학습목표의 달성 여부와 그 정도를 측정하는 것이라 할 수 있다.

한편, 교육에서 인지적 동기를 어떻게 활용하느냐 하는 것은 하나의 큰 과제라 할 수 있다. 인지적 동기의 궁극적 목적은 교육을 통해 인지적 동기를 증가시킴으로써 학습자의 학습을 증가시키는 데 있다. 학습을 위한 인지적 동기유발 전략으로는 학생들과의 상호작용을 통한 교사의 행동이나 신념의 전달, 학습목표 제시, 학습경험의 구조화, 교사의 열성, 수행과제에 대한 학생들의 흥미와 가치 발견, 학습에 대한 호기심이나 학습동기 유도하기, 비형식적 송환효과(feedback) 주기, 문제해결 시범 제공 등 다양한 방법이 있다.

그동안 학교 교육의 평가는 학생의 발달 영역 중에서 인지적 측면의 평가, 즉 평가의 초점이 학업성취의 측정에서 집중적으로 이루어져 왔다. 이러한 결과에는 다음과 같은 몇 가지 이유가 있다.

첫째, 우리 교육의 실제가 인지적 영역에 치우쳐 왔다는 것이다. 실제 교육은 지식의 전달이라는 수준에서 거의 이루어지고 있기 때문에 평가 역시 지적 영역에 치우치는 것은 당연한 결과라고 볼 수 있다.

둘째, 평가 자체의 방법론에 관한 문제로서 정의적 영역과 심동적 영역에 관한 평가는 지적 영역에 관한 평가보다 훨씬 복잡하고 어렵다는 점이다. 거기다가 평가의 방법론 또한 아직 충분히 확립되어 있지 못하기 때문에 이 방면에 대한 평가는 상대적으로 약해질 수밖에 없다.

셋째, 현행 학교 교육평가의 경우 평가의 내용과 핵심이 단편적인, 그리고 하나의 완성된 결과로서의 지식과 암기 정도, 이해의 정도에 치중해 왔다는 것이다. 이러한 평가의 관행은 학교 교육의 질적 저하의 주요한 원인 제공으로 작용하고 있다. 학생들은 단편적인 지식을 암기하는 데 시간의 대부분을 소모하고 있으며, 교사들 역시 그러한 지식을 전달하는 것을 교육이라고 생각하는 경향을 강하게 보이고 있다.

지식기반사회의 교육 체제에 부응하기 위해서는 형식 교육뿐만 아니라 비형식·무형식 교육의 적극적 활용, 선택 및 특성화 중심 교육과정, 학습하는 방법의 학습 강조, 학생의 약점 보완보다는 강점 육성을 통한 수월성 추구, 교과 특성을 고려하는 수업방법 지향, 학교와 지역사회의 폭넓은 학사연대 추구 등을 비롯한 다양한 변화에 탄력적으로 대처해야 한다.

이러한 사회적 특징에 비추어 볼 때, 교육현장에서 교육평가가 어떻게 이루어지느냐 하는 것은 매우 중요한 문제다. 오늘날 학생들에게 요구되는 자질은 창의력과 문제해결 능력, 정보관리 능력, 의사소통 능력, 내재적 동기 등 매우 다양하다. 그러므로 학교현장의 경우 인지적 특성을 평가하고자 할 때, 교육 결과로서의 지식을 암기하거나 이해하는 낮은 수준의 지적 능력보다는 새로운 지식을 암기하거나 이해하는 지식과 그러한 과정에 필수적으로 요구되는 다양한 종류의 고등정신기능들의 평가로 이루어져야 한다.

2) 인지적 특성 교육목표의 분류

인지적 특성에 대한 교육목표를 서술하기 위한 이론으로 Bloom(1956)의 교육목표분류학, Gagné(1970)의 학습위계설, Mager(1962)의 조작주의 이론, Bruner(1960)의 발견학습 이론, Piaget(1965)의 인지발달 이론 등이 있다.

이 장에서는 인지적 행동 특성을 서술하기 위해 지적 영역을 체계화한 Bloom(1956)의 교육목표분류학(taxonomy of education)을 중심으로 살펴보고자 한다.

Bloom(1956)은 교육목표에 진술되어 있는 학습의 내용과 행동 중에 행동 차원을 기준으로 교육목표를 인지적 영역(cognitive domain), 정의적 영역(affective domain), 심동적 영역(psychomotor domain)의 목표로 분류하여 구분하고 있다. 아울러 지적 영역의 목표 달성 정도를 측정하는 평가를 인지적 영역의 평가라 하고 정의적 영역의 목표가 학습된 정도를 측정하는 평가를 정의적 평가라 부르며, 심동적 영역의 목표가 달성된 정도를 사정하는 평가를 심동적 영역의 평가라고 한다. 사실 인간행동에서 사고와 감정 및 동작을 완전히 분리하는 것은 불가능하다. 따라서 교육목표를 지적 · 정의적 · 심동적 목표로 나누는 것은 하나의 교육목표 또는 학습목표에 진술되어 있는 행동이 지적 · 정의적 · 심동적 요소 중에 어느 요소를 더 많이 포함하고 있는지를 구분하는 것이라 할 수 있다.

Bloom은 인지적 기능을 지식(knowledge), 이해(comprehension), 적용(application), 분석(analysis), 종합(synthesis), 평가(evaluation)와 같이 단순정신능

력에서 고등정신능력으로 위계화하였고, 이 중 평가(evaluation)를 가장 복합적인 인지적 능력으로 규정하였다.

또한 지적 영역은 단순함에서 복잡성의 원리(principle of complex)에 의하여 위계적으로 구성되어 있다고 보았다. 예컨대, 지식이란 가장 낮은 수준의 목표로 수학공식, 인명, 개념, 법칙, 이론 등을 기억하는 행동을 말한다. 이해는 학습내용의 의미를 파악하는 수준의 목표로 그래프를 해석하고 작품 속에서 다음에 일어날 사건을 예측하는 것과 같은 행위라 할 수 있다. 적용은 학습할 내용을 이해하여 실제 문제를 해결하는 수준의 목표로, 예컨대 기하원리를 이용해서 댐의 수량을 계산하는 능력을 말한다. 분석은 복잡한 사상이나 아이디어의 구조를 파악하는 수준의 목표로, 이를테면 자동차의 기화기와 발전기의 기능이 어떻게 관련되는지 확인하거나 소설의 주제를 파악하는 능력 등이다. 종합이란 새로운 산물이나 절차를 만들어 내는 수준의 목표로, 수학의 정리를 유도하거나 소설을 창작하는 능력을 말한다. 마지막으로, 평가는 일정한 기준에 따라 대상의 가치를 판단하는 수준의 목표로, 예컨대 편이성, 내구성, 경제성 등을 기준으로 자동차를 비교하는 능력이다.

어떤 교수목표가 지적인 행동과 연결되어 있을 때 그 지식의 수준은 난이도가 있다고 가정하며 지적 행위의 습득은 [그림 9-1]과 같이 제시할 수 있다.

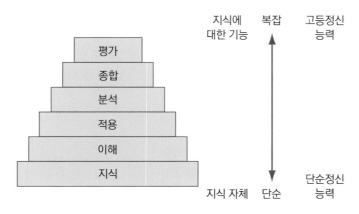

[그림 9-1] Bloom의 인지적 특성에 대한 교육목표 분류학

　　이들 여섯 가지 사고 과정은 별개의 순수한 사고 과정이 아니고 누가적·복합적·위계적 성질의 사고 과정이다. 즉, 어떤 사상(물건, 현상, 사실, 법칙, 원리, 기술)에 관한 최소한의 지식을 기억하고 있지 않으면 그 사상과 관련되는 개념이나 법칙을 이해할 수 없고, 어떤 사상들을 종합하려고 하면 그에 필요한 최소한의 지식과 함께 그 사상을 이해, 적용, 분석하는 능력을 갖추고 있어야 한다. 예컨대, 지식, 이해, 적용, 분석과 함께 종합이 내포되어 있어야 종합에 해당된다고 할 수 있고, 지식은 있지만 그것을 이해하지 못한 상태에서 다른 상황이나 장면에 적용할 수 없다는 것이 지적 영역의 하위 영역을 분류하는 기본 전제다.

　　무엇이든 세분화·구체화시키는 것은 좋은 것이라 할 수 있지만 지나치게 복잡해서 정확하게 분류할 수 없는 경우라면 오히려 분류에 장애가 될 수 있다. 그러므로 특별한 목적의 경우를 제외하고 학교현장에서는 일반적으로 지식, 이해, 적용이라는 세 가지 유목을 사용하고, 분석, 종합, 평가는 적용에 포함시키는 방법이 널리 사용되고 있다.

　　인지적 영역에 속하는 여섯 가지 행동의 위계적 관계를 나타내면 〈표 9-1〉과 같이 제시할 수 있다.

〈표 9-1〉 인지적 영역의 목표 분류

하위 영역	설 명	일반 목표 예시
지식	이미 배운 내용, 즉 사실, 개념, 원리, 방법, 유형, 구조, 이론 등에 대해 기억(회상 및 재인)하는 능력	• 용어를 정의하기 • 구체적인 사실을 기억하기 • 방법과 절차를 기술하기 • 원리를 기술하기 • 구두점 사용 규칙을 열거하기 • 세포의 대사법칙을 기술하기
이해	이미 배운 내용의 의미를 파악하는 능력을 뜻하며, 단순히 자료를 기억하는 수준을 넘어 자료가 다소 치환되어도 의미를 파악하고 해석하고 추론하는 능력	• 사실과 원리를 이해하기 • 언어적 자료를 해석하기 • 그래프를 해석하기 • 언어적 자료를 공식으로 표현하기 • 추상적인 법칙을 설명하기

적용	이미 배운 내용, 즉 개념, 규칙, 원리, 이론, 기술, 방법 등을 구체적인 또는 새로운 장면에서 활용하는 능력	• 문법에 맞는 문장을 작성하기 • 지각변동의 법칙에 따라 해안의 형성 과정을 설명하기 • 관성의 법칙을 실생활문제에 적용하기
분석	조직, 구조 및 구성요소의 상호관계를 이해하기 위하여 주어진 자료의 구성 및 내용을 분석하는 능력	• 사실과 추론을 구분하기 • 작품의 조직적 구조를 분석하기 • 원인과 결과를 찾아내기 • 작품을 보고 작가의 관점, 사고 방식, 감정을 추리하기
종합	비교적 새롭고 독창적인 형태, 원리, 관계, 구조 등을 만들어 내기 위하여 주어진 자료의 내용 및 요소를 정리하고 조작하는 능력	• 조직적인 논문을 작성하기 • 독창적인 소설이나 시를 쓰기 • 가설을 설정하기 • 분류 체계를 구성하기
평가	어떤 특정한 목적과 의도를 근거로 하여 아이디어, 작품, 해결책, 방법, 자료 등의 가치를 판단하는 능력	• 자료의 논리적 일관성을 판단하기 • 내적 준거에 따라 작품의 가치를 판단하기 • 외적 준거에 따라 작품의 가치를 판단하기 • 계산의 정확성을 검증하기

　인지적 영역은 지식, 이해, 적용, 분석, 종합, 평가로 구분하고, 복잡성의 원리는 여섯 가지 유목의 인지적 행동을 단순히 나열하는 것이 아니라, 가장 단순한 행동에서 가장 복잡한 행동의 순서에 따라 위계를 이루도록 조직했음을 의미한다. 그러므로 지식은 이해의 선행요건이 되고, 지식 및 이해는 적용의 선행요건이 되며, 지식·이해·적용은 분석의 선행요건이 되고, 지식·이해·적용·분석은 종합의 선행요건이 되며, 지식·이해·적용·분석·종합은 평가의 선행요건이라고 가정하고 있다. 이러한 Bloom의 분류에서 주목할 점은 인지적 영역의 사고작용 가운데 평가를 가장 고차원의 고등사고능력으로 보고 있다는 점이다. 즉, 교육을 통해 학생이 학습해야 할 가장 고차원적인 사고능력은 '평가하는 능력'이라는 것이다.

그러나 단순한 행동형의 학습이 이루어졌다고 해서 자동적으로 복잡한 행동형의 학습이 이루어지는 것은 아니다. 즉, 하위 수준의 학습은 상위 수준의 학습을 위한 필요조건이지만 충분조건은 되지 못한다.

인지적 영역의 하위 세목을 요약하여 제시하면 〈표 9-2〉와 같다.

〈표 9-2〉 인지적 영역의 하위 세목

영역	하위 세목
지식	• 특수사상에 대한 지식 • 특수사상을 다루는 방법과 수단에 관한 지식 • 보편적 · 추상적 사상에 관한 지식
이해	• 변환: 한 형식을 다른 형식으로 표현 • 해석: 주어진 자료를 설명하고 요약 • 추론: 한 사건의 결과를 예언하고 미래의 경향을 예측하는 행동
적용	• 학습된 자료를 새로운 구체적 사태에 사용하는 능력 • 학습된 개념 · 방법 · 규칙 · 원리 · 법칙 및 이론에 관한 지식을 새로운 사태에 적용하는 문제해결 행동
분석	• 요소의 분석 • 관계의 분석 • 조직 원리의 분석
종합	• 독특한 전달 내용의 산출 • 계획 및 조작 절차의 산출 • 추상적 관계의 도출
평가	• 내적 기준에 의한 판단 • 외적 기준에 의한 판단

2. 인지적 교육목표와 평가문항

1) 지식

지식이란 이미 배운 내용, 즉 사실, 개념, 원리, 방법, 유형, 구조 등의 기억을 의미한다. 인지적 능력은 변별, 구체적 개념, 정의된 개념, 규칙 등으로 다양하게 분류되고, 인지적 교육목표 중에서 가장 비중이 크고 보편성을 띠고 있는 학습목표는 지식이라 할 수 있다. 한 교과의 학습이 끝나면 거기에서 배웠던 중요한 사실이나 법칙, 원리에 관한 지식이 획득되기를 기대한다.

지식은 지적 영역의 가장 낮은 수준의 산물이다. Bloom(1956)은 지식을 '학생들이 교육과정 속에서 경험한 아이디어나 현상을 기억했다가 재생 또는 재인할 수 있는 것을 의미한다. "아이디어나 현상을 처음 접했던 것과 매우 비슷한 형태로 기억하는 것이 지식"이라고 정의하고 있다.

지식에는 기억 혹은 상기라는 심리적 과정이 가장 중요한 요소가 된다. 기억은 단순한 기계적 암기를 뜻하는 것이 아니며, 주어진 문제 상황에 대해 개인이 가지고 있는 지식이나 정보를 연결해 주는 적절한 단서를 얻도록 문제를 재조직할 것을 요구한다. 잘 조직되고 상호 관련된 지식은 고립되고 특수한 지식보다 더 잘 학습되고 오랫동안 유지된다. 학교 교육에서 가르치고자 하는 목표는 바로 이와 같은 기능적 지식, 활용할 수 있는 지식, 실생활에 유용한 지식을 교육하려는 데 있다.

좋은 지식 문항이 되기 위해서는 갖추어야 할 특징이 있다. 우선, 학습 상황에서 경험한 수준과 유사한 정확성, 변별성의 정도를 유지해야 한다. 학습 상황에서 배운 수준 이상의 것을 요구하는 문항은 지식이 아닌 전혀 다른 능력, 즉 지식 이상의 능력을 요구할 가능성이 크다. 다시 말해, 지식 문항으로서는 부적절한 문항이라는 것이다. 다음으로 문항 자체는 전혀 새로운 것, 학생이 접해 보지 않은 자료일 것이 요구되지만 문항 장면이 전혀 새로운 것이어서는 안 된다는 점이다.

지식 측정에 있어서 목표의 진술방법과 평가문항의 예는 〈표 9-3〉과 같다.

〈표 9-3〉 **지식 평가목표 진술 및 평가문항의 예**

영역	목표 진술	지식 평가문항 예시
지식	정의하다 기술하다 찾아내다 이름짓다 열거하다 짝지우다 약술하다 가려내다 진술하다	1. 우리나라 조선시대 22대 왕은 _____ 이다. 2. 작품명에 해당되는 저자를 골라 그 번호를 써 넣어라. ( ) 구운몽 ① 박지원 ( ) 열하일기 ② 김만중 ( ) 한중록 ③ 혜경궁홍씨 ④ 이해조 ⑤ 정철 3. 낭만파 음악 3곡을 차례로 듣고, 각 음악이 끝날 때마다 잠시 시간을 줄 동안 그 음악의 곡명을 쓰시오. ① _____ ② _____ ③ _____

2) 이해

이해는 사실, 사물의 의미를 이해하는 것으로, 이미 배운 내용에 관한 의미를 파악하는 능력을 뜻하며, 단순히 자료를 기억하는 수준을 넘어 자료의 내용이 다소 치환되어도 그 의미를 파악하고 해석하거나 또는 추론하는 능력을 말한다. 이는 어떤 것을 다른 단어나 수로 번역하는 능력, 해석하는 설명과 요약 능력, 미래경향을 추정하는 능력이다. 이해는 사실에 대한 단순한 기억 그리고 가장 낮은 이해 수준의 다음 단계에 오는 능력이다.

Bloom(1956)은 이해를 "학생이 의사전달을 받게 되면 전달되는 내용을 알게 되고, 또 거기에 포함된 자료나 아이디어를 이용할 수 있는 능력"으로 규정하고 의사소통의 방법은 언어 형태뿐만 아니라 보다 포괄적인 기호 형태를 모두 포함하는 것으로 보았다. Bloom은『교육목표 분류학: 인지적 영역』에서 이해력의 목표를 수준에 따라 변환(translation), 해석(interpretation), 추론(extrapolation)의 세 가지로 나누고 있다.

첫째, 변환이란 이미 알고 있는 개념이나 의미 전달의 매체를 다른 언어로 표현하거나 한 상징 상태에서 다른 상징 상태로 변환시키는 능력을 말한다. 예컨대, '현재 우리나라 청년 취업률을 나타내고 있는 도표'를 보고 그것을 언어로 표현하거나 도표 속의 내용을 말로 표현하는 것을 말한다.

둘째, 해석은 주어진 자료를 아이디어의 구성체로 보고 이들 사이의 관계를 알고, 또 중요한 정보와 중요하지 않은 정보를 식별해 낼 수 있는 능력을 말한다. 예컨대, '현재 우리나라 청년 취업률을 나타내고 있는 도표'에 있는 여러 가지 자료의 부분을 실제 사건에 관련시키는 능력을 말한다.

셋째, 추론은 의사소통 자료에서 주어진 경향, 추세, 조건들을 해독하고, 그 결과를 추측하거나 시간, 도표, 화제를 넘어서 지각하는 능력을 말한다. 예컨대, '현재 우리나라 청년 취업률을 나타내고 있는 도표'에서 이 시기 다음에는 어떤 사태가 일어날 것인가를 추측하는 것을 말한다.

이해는 학습현장에서도 가장 중요시하는 목표라고 할 수 있다. 사고 과정의 순서로 보면 가장 먼저 학습내용에 대한 이해이고 참다운 지식은 그 결과로 얻게 되는 것으로 볼 수 있다. 그러므로 이해란 '이해한다'라는 과정과 그 소산으로서의 '결과'라는 양면적 측면을 가지고 있으나, 보다 강조점을 두는 것은 전자의 과정에 있다고 할 수 있다.

이해를 평가하는 문항은 학습 상황에서 다룬 자료와 똑같을 필요는 없다. 그러나 사용하는 언어, 상징기호, 복잡성, 내용 등에서는 비슷한 성질을 띠어야 한다. 번역 문항은 번역할 의사소통 자료 사이의 관계뿐 아니라 그 내용에 대한 핵심 요소를 포함하고 있어야 하며, 해석 문항은 전체 자료 속의 내용 요소 사이의 관계를 알 수 있도록 해야 하며, 추론 문항은 번역, 해석을 포함하면서 주어진 자료를 넘어서서 묻는 형식이 되어야 한다.

이해 측정에 있어서 목표의 진술방법과 평가문항의 예는 〈표 9-4〉와 같다.

〈표 9-4〉 이해 평가목표 진술 및 평가문항의 예

영역	목표 진술	이해 평가문항 예시
이해	전환하다 변환하다 구별하다 추정하다 설명하다 예측하다 예시하다 의역하다 추론하다 부인하다 일반화하다	※ 다음 글을 읽고 물음에 대한 답 중 맞는 것의 번호를 답안지에 써 넣으시오. (ㄱ) 비단자락을 휘감는 듯한 바람이 하루 종일 분다. 참으로 이곳 제주 바다의 아름다운 풍경은 무어라고 해야 좋을까? 이곳은 바다라기보다는 잔잔한 호수…… 거울같이 맑고 푸르고, 잔잔한 물결…… (ㄴ) 그 물결 위에 산기슭의 풍경이 어려서 비단 오색실로 수를 놓은 것 같다. 노란 유채꽃이 그대로 물 위에 어려 흔들리고 파릇한 새싹의 연한(이하 생략) (ㄷ) 배도 한가한 들판으로 달리는 송아지처럼 자유롭게 경쾌하다. 글 (ㄱ)으로 미루어 보아 이 글 앞에는 어떤 내용의 글이 올 수 있을까? ① 봄바람이 아직 산산하다. ② 봄바람이 한결 부드러워졌다. ③ 여름바람이 몹시 훈훈하다. ④ 가을바람이 제법 쌀쌀하다. ⑤ 겨울바람이 몹시 차갑다.

3) 적용

적용은 이미 배운 내용인 개념, 규칙, 원리, 이론, 기술, 방법 등을 구체적인 또는 새로운 장면에 활용하는 능력을 가리킨다. 즉, '새로운 문제나 사태에 원리나 일반화의 법칙을 응용하는 능력'이라고 정의할 수 있다.

이해는 학생들이 배운 것을 실제로 해 보라고 '구체적'으로 제시했을 때, 그것을 정확하게 나타낼 수 있을 정도로 추상 개념을 충분히 알고 있는가를 말하는 데 반하여, 적용은 새로운 문제 사태가 주어졌을 때, 어떤 추상 개념이 정확한 것이냐의 지식 없이도 그것을 어떻게 새로운 사태에 응용할 것인가에 대한 시범을 보이지 않고도 적절한 추상 개념을 사용할 수 있는 능력을 말한다.

적용에 포함되는 행동은 어떤 사태에 적용해야 할 가능한 설명이나 예언을 하기 위해 법칙, 원리, 추상 개념, 절차를 끌어들이는 능력과 끌어들인 법칙이나 원리를 정당화시키는 두 가지 능력이 핵심이 된다.

적용 목표의 진술에는 일반적으로 그 속에 세 가지 요건이 포함된다.

- 새로운 문제 혹은 새로운 상황의 제시
- 법칙이나 일반 원칙의 제시
- 적용하는 능력을 지시하는 언어

적용을 평가하기 위해서는 주어지는 문항 사태가 새롭고 독창성이 있어야 한다. 학습 사태에서 이미 접해 보았던 문제 사태로는 지식이나 이해 이상의 능력을 평가하기 힘들다. 그러므로 적용을 평가하기 위해서는 문항 사태의 표본을 교과서나 이미 다루었던 자료 밖에서 구할 필요가 있다. 그러기 위해서는 문항이 가상적인 사태로 제시되거나, 학생들이 아직 접해 보지 못한 자료를 대상으

〈표 9-5〉 적용 평가목표 진술 및 평가문항의 예

영역	목표 진술	적용 평가문항 예시
적용	변환하다 계산하다 예증하다 발견하다 변용하다 조종하다 예측하다 준비하다 관계짓다 나타내다 풀어내다 사용하다 작성하다 재구조화시킨다	※ 물을 끓이고 있는 주전자의 뚜껑을 자주 열면 물이 늦게 끓는다. 왜냐하면 _____ ① 만약 압력을 증가시키면 고온에서 끓기 때문이다. ② 수증기를 빠져나가게 하는 것이 액체에서 열을 빼앗아 가기 때문이다. ③ 수증기를 빠져나가게 하는 것이 액체의 체적을 줄이기 때문이다. ④ 수증기의 온도는 정상 온도에서 그 체적에 비례하기 때문이다. ⑤ 공기를 들어가게 하면 액체에 압력을 증가시키기 때문이다.

로 하거나, 이미 학생들이 접해 본 자료이긴 하지만 전혀 새로운 측면에서 묻는 사태이어야 한다. 그러나 주의할 것은 새로운 문항 사태를 만들기 위해 지나치게 비현실적이거나 괴상한 것이어서도 곤란하다. 즉, 있음직한 문항 사태이어야 한다.

적용 평가에 있어서 목표의 진술방법과 평가문항의 예는 〈표 9-5〉와 같다.

4) 분석

분석이란 조직, 구조 및 구성요소의 상호 관계를 이해하기 위하여 주어진 자료의 구성 및 내용을 분석하는 능력을 의미한다. 이는 구성 부분을 확인하고, 그 부분 간의 관계를 분석하여 구성 원리를 인지하는 능력을 말한다. 분석은 내용과 내용의 구성 형태를 이해하여야 하기 때문에 이해와 적용보다 높은 지적 능력이다.

분석은 어느 교과에서나 중요시하는 능력이다. 자료에서 가설과 사실을 식별하는 능력, 결론과 주장의 분석, 결론을 지지하는 증거를 찾아내는 능력, 관계 있는 자료와 관계 없는 자료를 식별하는 능력, 주제와 부제를 식별하는 능력 등이 해당된다.

분석은 자료에 나타난 현상 밑에 잠재해 있는 현상, 고안, 아이디어, 조직 등을 찾아내는 능력이기 때문에 고도의 지적 발달을 요구하는 능력으로 볼 수 있다. 그리고 지식, 이해, 적용의 세 가지 능력을 모두 이용하는 능력이면서 그 이상의 능력이 포함된 정신작용으로 다음에 이어질 종합이나 평가의 전제가 되는 정신 과정이라 할 수 있다.

Bloom(1956)은 분석의 목표를 크게 다음의 세 가지로 분류하고 있다.

첫째, 문제의 요소를 분석하는 능력이다. 이것은 저자가 의도하는 의사전달 자료의 가정, 가치, 관점을 분석하여 특정한 진술문의 성질이나 기능을 결정하는 능력을 의미한다.

둘째, 요소와 요소 사이의 관계, 부분과 부분 사이의 관계를 찾아내는 능력이다. 가설과 증거 사이의 관계, 가정과 주장의 식별, 인과관계, 계열성이 있는 관계 등을 분석하는 능력으로 여기에는 논리적 관계의 분석도 포함된다.

셋째, 자료의 구성 원리를 분석하는 능력이다. 이 같은 능력은 조직, 체계적 배열, 구조를 분석하는 능력이다.

분석 평가에 있어서 목표의 진술방법과 평가문항의 예는 〈표 9-6〉과 같다.

〈표 9-6〉 **분석 평가목표 진술 및 평가문항의 예**

영역	목표 진술	분석 평가문항 예시
분석	세분하다 도식하다 변별하다 구분하다 식별하다 찾아내다 예증하다 추론하다 약술하다 지적하다 관계짓다 가려내다 분리하다 세별하다 탐색하다 환원시키다	※ 다음의 진술문 및 결론을 읽고 그에 대한 비판 중 어느 것이 옳은지를 골라라. 진술문: 만약 완전한 경쟁이 존재한다면 생산품 가격은 필연적으로 판매가격을 균일화시킨다는 것이 사실이다. 그러나 완전한 경쟁이란 존재하지 않았고, 또 존재하지 않으며, 또 미래에도 존재하지 않을 것이다. 【결론】 생산품 가격은 판매가격을 균일화시키지 못한다. 【비판】 ① 결론이 논리적으로 타당하다. ② 완전한 경쟁이 존재하지 않았고, 또 존재하지 않을 것이라는 것을 확인할 수는 없다. ③ 완전한 경쟁이 생산품 가격으로 하여금 판매가격을 균일화시키는 유일한 조건이라는 전제가 진술되어 있지 않다. ④ '만약'이라는 조건이 붙는 주장에서 어떤 확실한 결론은 끌어 낼 수 없다. ⑤ 주장은 그럴 듯하나 결정적인 오류를 내포하고 있다.

5) 종합

종합은 비교적 새롭고 독창적인 형태, 원리, 관계, 구조 등을 만들어 내기 위하여 주어진 자료의 내용 및 요소를 정리하고 조직하는 능력을 의미한다. 즉, 여러 개의 요소나 부분을 전체로서 하나가 되도록 묶는 능력이다. 이는 연설이나 강연 등을 위한 독창적 의사 전달, 실행 계획이나 관계의 요약을 말한다. 이 단계는 새로운 양상의 구조를 강조하는 창의적 행동을 강조한다.

　종합은 학습에서 고도의 성취를 보인 학생만이 나타낼 수 있는 능력으로 지식, 이해, 적용, 분석의 능력을 제대로 갖춘 학생에게 일반적으로 기대할 수 있는 능력이다. 새로운 창조, 독특한 개인적 사고를 허용하는 능력이라는 점에서 적극 권장되고 개발되어야 할 능력이라 할 수 있다.

　종합력은 다음의 세 가지로 요약할 수 있다.

　첫째, 독특한 의사소통 창안 능력이다. 저자가 다른 사람에게 자기의 아이디어, 감정, 관계, 경험 등을 전달하려는 의사소통 방법의 개발과 관련이 있다.

　둘째, 조작의 계획 및 절차의 창안 능력이다. 어떤 조작 및 작동을 할 때 필요한 계획 및 절차를 창안하고 고안해 내는 능력을 포함한다.

　셋째, 추상관계의 추출 능력이다. 특정 자료나 현상을 분류하고 설명하기 위

〈표 9-7〉 종합 평가목표 진술 및 평가문항의 예

영역	목표 진술	종합 평가문항 예시
종합	분류하다 병합하다 편집하다 수정하다 창조하다 고안하다 생산하다 조직하다 지어내다 설계하다 변용하다 형성하다 도출하다 개발하다 구체화하다 재정리하다	1. 다음의 〈보기〉에 어느 시인의 시가 있다. 이것을 읽고 그에 맞추어 3절과 4절을 지어 보라. 보기: 아기의 머리맡에 햇빛이 앉아 놉니다. 햇빛은 아기의 손입니다. 아가가 세상에 온 후론 비단결 같은 매일이었습니다. 아직 눈도 아니 뵈는 조그만 우리 아가 2. 최근 학교폭력 사건이 증가되고 있어 학교마다 '학교폭력대책위원회'를 두고 학생지도를 하고 있다. 현재 우리나라가 처한 가정, 학교, 사회, 정부의 제도 등을 충분히 고려하면서, 학교폭력의 원인이 어디에 있는지를 탐색하기 위한 연구를 하려고 한다. 각자 나름대로 상정하는 이론, 가설에 따라 가장 적절하다고 생각하는 연구계획서를 설계해 보라.

한 추상관계를 개발하는 능력을 포함한다. 이 속에는 상징적 표현양식에서 명제를 끌어내는 능력을 포함한다.

종합 평가에 있어서 목표의 진술방법과 종합 문항의 예는 〈표 9-7〉과 같다.

6) 평가

평가는 어떤 특정한 목적과 의도를 근거로 하여 주어진 자료 또는 방법이 갖고 있는 가치를 판단하는 능력을 의미한다.

평가는 판단력, 비판력이라고도 할 수 있는 것으로 '어떤 목적을 갖고 아이디어, 작품, 방법, 소개 등에 관해 가치판단을 하는 능력'이다. 평가에는 어떤 특정 사상들이 얼마나 정확하고 효과적이며, 경제적이고, 만족할 만한가를 검정하는 준거와 표준을 활용하는 능력도 포함된다.

평가는 인지적 영역 중 가장 복잡성이 큰 능력이며 상당 부분 정의적 요소가 포함되어 있다. 즉, 개인이 지니고 있는 의견, 가치, 정서, 주장 등 정의적 요소가 평가 능력을 구성한다. 그러나 개인의 기호에 의한 선호와 합리적 · 논리적 타당성을 모색하는 평가능력은 구별되어야 한다. 현대사회 속에서는 고도의 복잡한 개인적 · 사회적 · 국가적 문제에 직면해야 할 기회가 많다. 이 같은 문제에 부딪쳤을 때 개인이 활용해야 할 주된 정신기능은 평가라 할 수 있을 만큼 고도화 · 세분화된 현대사회에서 대단히 필요로 하는 능력이다. 어느 것에 비추어 보아 옳고 그른가를 신속하고 정확하게 판단해야 한다는 관점에서 평가의 목표는 무엇보다 강조되어야 한다.

평가의 목표는 두 가지로 나눌 수 있다.

첫째, 내적 준거에 의한 판단이다. 이것은 의사소통의 정확성과 일관성이라는 내적 준거에 의해 판단하는 능력이다.

둘째, 외적 준거에 의한 판단이다. 이것은 설정된 준거에 비추어 자료, 사물, 정책 등을 판단하는 능력이다.

이와 같은 준거는 학생 스스로가 만들 수도 있고, 혹은 관련된 분야의 전문가들이 형성한 준거를 사용할 수도 있다.

평가 측정에 있어서 목표의 진술방법과 평가문항의 예는 〈표 9-8〉과 같다.

〈표 9-8〉 평가목표 진술 및 평가문항의 예

영역	목표 진술	평가문항 예시
평가	판단하다 토론하다 결론짓다 총평하다 평가하다 비교하다 주장하다 해석하다 고려하다 요약하다 입증하다 서술하다 타당화하다 표준화하다	※ 현재 한국의 외교정책과 미국의 외교정책에서 사용되고 있는 원칙과 아이디어를 이용해서 다음 글의 입장을 분석하고 평가하라. 만약 우리가 원하는 것이 평화이며, 평화에 이르는 유일한 길은 정의라는 것이 당연하다고 하면, 현재의 정책의 윤곽을 볼 때 미래의 세계질서의 헌법적 기본이 어떠해야 하리라는 것을 어렴풋이 알 수 있다. 우리는 현재의 힘(power)의 정책을 버리고 우리나라건 외국이건 간에 정의의 정책을 추구해야 할 필요가 있다.

3. 인지적 평가문항의 개발

인지적 평가 영역의 문항을 제작할 때 일반적으로 고려할 사항과 일반적 절차를 중심으로 살펴보고자 한다(자세한 내용은 12장 문항 제작을 참조하라).

1) 인지적 문항 제작 시 고려사항

첫째, 교육목표와 내용이 무엇인지를 정확히 알아야 한다. 교육내용을 자세히 알지 못하면 좋은 문항을 제작하기가 불가능하다. 그러므로 교육내용이 무엇이고 측정내용이 무엇인지 정확히 알아야 한다.

둘째, 문항의 타당도를 높이기 위해 수험자의 독해력과 어휘력 수준을 고려해야 한다. 질문의 답을 알고 있음에도 불구하고 질문의 어휘 수준이 너무 높아 질문을 이해하지 못하여 답을 틀리는 경우가 없어야 한다.

셋째, 문항의 유형에 따른 특징, 장단점, 복잡성을 고려하여야 한다. 문항 유형에 따라 측정하고자 하는 정신능력의 수준이 다를 수 있고 문항 특성에 따라 적합한 문항 내용이 있다.

넷째, 수험자에게 미칠 수 있는 부정적 영향을 고려하여야 한다. 이는 윤리성의 문제로 정의적 행동 특성에 어떤 영향을 주는지를 고려하여야 한다. 그리고 출제한 문항이 학교현장에 어떠한 영향을 주는지, 혹은 학교 외의 교육을 조장하지는 않는지 등에 대한 배려가 있어야 한다.

문항을 제작하는 일은 지극히 어려운 일이다. 유능한 검사문항 제작자가 "하루에 좋은 문항을 5～15개밖에 만들지 못한다."는 말은 시사하는 바가 크다. 문항을 제작하는 데에는 일정한 법칙이 있을 수 없지만, 지속적인 노력과 훈련, 시간의 투입, 경험의 축적 등을 통해서 좋은 평가문항을 제작할 수 있을 것이다.

2) 인지적 문항 제작의 절차

문서 및 검사 제작을 위한 '합리적 절차'는 평가 결과가 어떻게 나오는가에 결정적인 영향을 미친다. 아무리 문항 및 제작기법이 우수하다고 하더라도 '제작 절차'가 잘못되면 그 결과는 엉뚱한 방향으로 나아갈 가능성이 크다. 따라서 합리적 절차에 의해 문항과 검사를 제작한다는 것은 평가의 질을 유지, 관리하는 기본이다. 즉, 문항 및 검사의 제작 절차를 분명히 하는 것은 검사 자료의 논리적 합당성과 검사 결과의 타당성을 검토하는 중요한 기준을 제시해 준다. 문항 및 검사 개발의 일반적인 절차를 제시하면 다음과 같다. [그림 9-2]는 문항 개발 절차를 도식화하여 나타낸 것이다.

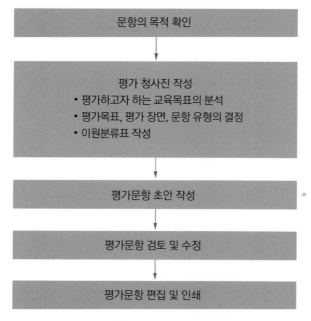

[그림 9-2] **평가문항 개발의 절차**

(1) 평가목적의 확인

평가의 목적이 무엇인가에 따라 측정하고자 하는 내용, 문항, 유형, 난이도 수준, 시행 절차 및 방법 등이 달라진다. 따라서 평가를 계획할 때에는 어떤 새로운 수업이 시작될 때(보통 학기 초, 학년 초) 학생들의 선행학습 능력을 파악하기 위해 시행되는 평가(진단평가)인지, 수업 진행 중에 학생들이 수업을 잘 따라오는지를 수시로 파악하여 수업을 처방하기 위한 목적으로 시행하는 평가(형성평가)인지, 아니면 수업의 종료 시점(보통 학기말, 학년말)에 학생들의 교육목표 달성도를 판정하기 위해 시행하는 평가(총괄평가)인지를 명확히 해야 한다. 또한 학생들의 상대적 위치를 비교하기 위한 목적을 강조하는 평가(상대평가: 규준지향평가)인지, 아니면 교육목표의 달성도를 파악하기 위한 목적을 강조하는 평가(절대평가: 준거지향평가)인지를 명확히 규정해 놓아야 한다.

(2) 평가를 위한 청사진 작성

교육목표의 분석   교육목표의 분석은 교육과정 및 교과서 전반에 걸친 분석과, 현재와 미래의 사회적 적합성 및 학교 사태의 성취 가능성 분석의 측면에서 구체화시켜, 학생 개개인에게 성취시키고자 하는 교육목표를 확인하고 설정하는 것이라 할 수 있다. 교과목별 그리고 학년 수준별 목표와 내용을 세분화하고 전문 및 비전문 인사의 광범위한 능동적 참여를 통한 집단적 사고를 전제로 한다.

먼저, 교수목표 및 내용을 명확히 하기 위해서는 어떤 내용을 가르치고 있는가를 세분화하는 작업이 이루어져야 한다. 학습 단위 간의 관계를 명료하게 하는 '학습단위분석'을 통해 이를 세분화해 나가는 것은 교수–학습 사태의 개선에 매우 적절한 정보 제공원을 제시해 주는 것이라고 할 수 있다. 학습 단위의 확인, 분류, 조직을 위해서는 '내용과 행동'이 체계적으로 검토되어야 한다.

구체적으로 분석된 교육목표 및 내용을 평가 대상 목표로 확인 또는 선정하기 위해서는, 그 목표와 내용이 어떻게 조직되고 어떤 방법으로 진술되어야 하는가가 매우 중요한 의미를 갖는다. 목표의 내용이 체계적으로 조직되지 않았을 때에는 수업 사태 개선에 가장 큰 공헌을 하는 형성평가의 목표를 확인하는 것이 어려워지며, 학생들의 시발행동을 파악하여 효율적인 학습지도를 하기 위한 진단평가의 목표 선정에 무리가 있게 되고, 최종 학습목표의 달성 여부를 통해 학생들을 판정하기 위한 총괄평가의 목표 선정이 거의 불가능해진다. 따라서 분석 및 세분화된 목표는 Bloom이 제시하는 '이원분류법'이나 Gagné가 제시하는 '과제분석법'에 의해 체계적으로 조직되는 것이 바람직하다.

교육목표, 교육내용이 잘 조직되었다 하더라도 그에 못지않게 중요한 것은 이를 평가하기에 적합하도록 진술하는 것이다. 목표와 내용을 다른 사람들이 알아볼 수 없거나 평가할 수 없도록 진술했다면(알아본다 하더라도 각기 다른 의미로 이해한다면), 평가도구를 제작하는 것이 불가능하거나 전혀 다르게 만들어지게 된다. 따라서 평가도구를 잘 만들기 위해서는 가능한 한 목표와 내용을 구체적으로 진술하여, '각 목표에 대해 어느 정도로 성취해야 목표를 달성한 것으로 보느냐에 대해 수락할 수 있는 최저 성취기준을 제시하는 것'이 필요하다.

평가목표의 설정 교육목표를 분석, 조직, 진술한 후에 평가할 대상, 목표, 내용을 확인하거나 선정하는 것이 실제적으로 평가도구 작성의 최초 단계라 한다면, 평가의 대상, 목표를 확인하거나 선정하는 일은 바로 평가의 핵심이라 할 수 있다.

평가의 기능이 무엇인가에 따라 평가도구 제작을 위한 대상과 목표의 확인 및 선정에는 큰 차이가 있다. 예컨대, 학생들의 학습 결함을 발견하기 위해 평가도구를 제작한다면(진단평가도구) 학습 단위와 관련된 모든 선수 학습 요소를 발견·확인하여 평가의 대상과 목표를 삼아야 하고, 또 수업 개선에 대한 정보의 수집을 위한 평가도구를 제작한다면(형성평가도구) 분석 체계화된 모든 세부 학습 단위의 목표를 확인하여 평가의 대상과 목표를 설정해야 한다. 한편, 학생들의 학습성과 판정에 필요한 자료의 수집을 위해 평가도구를 제작한다면(총괄평가도구) 분석 체계화된 학습 단위의 목표와 내용 중에서 필요하다고 판단되는 주요 요소만을 표집하여 평가의 목표로 설정해야 한다.

평가 장면의 선정 무엇을 평가하겠다는 목표, 내용이 분명해지면, 그러한 목표, 내용을 측정하는 도구를 제작하기 위해서 어떤 평가 장면이 가장 적절한가를 결정해야 한다. 평가 장면(문제 사태)이란, 어떤 행동의 성취 증거가 나타날 수 있는 장면을 선정하는 일이다. 그러나 실제 이 절차는 '목표의 진술·확인'이 잘 이루어져 있다면 이미 끝난 것과 마찬가지다. 평가목표를 구체적인 행동목표로 진술했다면 행동의 증거가 나타날 수 있는 상황이 이미 목표 진술 속에 포함되기 때문이다. 그럼에도 불구하고 이를 별도의 중요한 절차로 제시하는 것은 '평가의 목표가 다양하면 그에 따라 평가도구와 장면이 다양해진다.'는 경험적인 증거와 학교현장에서 대부분 천편일률적인 지필검사를 사용하고 있다는 현실적인 상황 때문이다. 문항 제작상의 유의점을 지키고, 좋은 문항의 조건을 충족시킨 문항 장면이 곧 좋은 평가 장면이라고 할 수 있다.

문항 유형의 결정 평가 장면이 설정되면 그 장면에서 어떤 형태의 검사문항을 사용할 것인지 결정해야 한다. 결정을 내리기 위해서는 검사 제작자가 검사 형태별 특징을 충분히 이해해야 하고, 이러한 이해를 기초로 하여 실제적인 제

측면을 고려해야 한다.

평가목표 이원분류표 작성   이원분류표란 검사를 제작하기 전에 출제자가 참고하는 표로서, 각 문항이 어떤 내용으로 어떤 행동 능력을 측정하고자 하는지를 내용과 행동으로 나누어 구성한 표다. 평가문항을 제작하기 위하여 평가의 목적을 규명하여야 하고 평가내용, 평가시간, 문항 유형, 문항 수 등을 결정하여야 한다. 이러한 내용이 정해진 후 어떤 내용을 어떤 정신능력 수준까지 측정할 것인가를 결정하여야 한다. 이를 위하여 이원분류표가 필요하다.

평가의 목적, 교육목표의 분석, 평가목표 설정, 문항 장면과 문항 유형 결정 등의 작업을 수행하는 과정 중에 개략적인 평가의 청사진이 분류된다. 이 단계에서는 출제하고자 하는 각 문항의 측정 내용과 행동을 재확인하고 구체화하는 단계다. 보통 측정하고자 하는 내용 영역은 세로 방향으로, 행동 영역은 가로 방향으로 제시하고, 각 셀(cell)에는 문항 수를 기입하는 양식을 취한다.

문항 특성의 분석을 위한 이원분류표 양식은 〈표 9-9〉와 같다.

〈표 9-9〉 문항 특성의 분석을 위한 이원분류표 양식의 예

내용 ＼ 행동	지식	이해	적용	분석	종합	평가	문항 수
문항 수							

(3) 문항 초안 작성

문항 초안 작성 단계는 각종 기법을 최대한 활용하고 창의적인 아이디어를 최대한 발휘하여, 평가목표에 따라 구체적인 문항을 작성하는 단계다. 문항의 초안은 이미 설정된 평가 대상 목표의 도달 정도를 파악해 낼 수 있는 문항으로, 최소한 최종 확정시킬 목표의 2배수 정도를 작성한다.

(4) 문항 검토 및 수정

문항 검토 및 수정 단계는 초안으로 작성된 문항을 논리적 측면에서 검토하는 단계로, 교과전문가의 참여는 물론 평가전문가, 경험 있는 현장교사의 참여가 요구된다. 일선학교에서는 이러한 전문가의 광범위한 참여가 현실적인 제약 때문에 어려울 것으로 예상되는 바, 적어도 문항을 작성한 교사 이외의 다른 동료 교사와의 정밀한 협의와 검토가 요구된다.

무엇보다 출제자의 관점에서뿐만 아니라 수험자의 관점에서도 문항을 검토하도록 노력해야 한다. 특히 문항을 출제하는 교사의 입장에서는 학생들의 관점에서 문항과 검사를 검토하는 자세가 더 절실히 요청된다. 또한 자신이 출제한 문항을 스스로 검토하는 것도 중요하지만, 동일 교과 담당 교사나 타 교과 담당 교사 혹은 이해관계가 없는 타 학교 학생이나 졸업생 등 제3자에 의한 검토를 거치는 것이 수험자의 관점을 수용하고 나아가 본인의 출제의도를 잘 살릴 수 있는 길이라 할 수 있다.

(5) 문항 편집 및 인쇄

검사문항의 수정 · 보완 작업을 마친 후(가능한 경우에는 가편집을 하여 소규모의 예비평가를 실시한 후 그 결과에 근거하여 최종 검사문항을 수정 · 보완하는 작업을 완료하면 더욱 바람직함)에는 최종 문항과 검사를 편집하고 인쇄한다.

최종 검사의 편집을 위한 절차에서는 다음과 같은 점에 유의하여야 한다.

첫째, 각 검사문항이 주어진 명세적 목표를 측정해 주는 데 적절한가를 보고, 검사문항의 표현이나 배열상에 어떤 결점이 있는가를 재검토한다.

둘째, 최종 검사를 편집하기 전에 설정된 세분화 목표와 검사문항이 일반적으로 일치하고 있는가를 재검토하여 확인한다.

셋째, 가능한 한 동일한 교수목표를 측정하는 문항끼리 묶어 준다. 특히 절대기준평가 도구에서는 무엇을 아는가 또는 무엇을 할 수 있는가를 직접적으로 나타낼 수 있어야 하므로 검사문항을 교수목표별로 묶는 것이 중요하다.

넷째, 검사를 받는 데 대한 지시와 각 문항 유형에 따른 응답에 관한 지시를 분명히 제시하고, 하나의 제시문(평가 장면)을 두고 두 개 이상의 문항이 제시될 때는 가능한 한 묶어서 제시하는 것이 좋다. 검사에 대한 지시에 있어서도 수험자가 어떻게 응답을 해야 하고, 어느 쪽으로 답해야 하는지를 분명히 제시하고, 모를 때에는 추리를 해도 좋은지에 대한 설명이 있어야 한다.

다섯째, 동일한 교수목표를 측정하고 문항군 내에서도 곤란도의 순으로 배열하며, 문항 간에도 곤란도의 정도에 따라 배열한다. 문항은 간단하고 쉬운 것부터 복잡하고 어려운 순서대로 배열한다.

여섯째, 학생이 읽기 쉽고 채점이 간편하도록 배열한다.

일곱째, 문항번호는 일렬로 매기는 것이 필요하다.

이상과 같은 최종 편집에 관련된 제 문제를 충분히 고려한 후 인쇄에 들어간다. 인쇄를 할 경우 문제 사태의 정밀성, 선명도, 글씨의 크기, 문항 간의 간격 등 인쇄기술에 대한 검토도 충분히 이루어져야 한다.

참고문헌

강승호 외(2003). 현대 교육평가의 이론과 실제. 서울: 양서원.
교육과학기술부(2009). 초 · 중등학교 2009개정 교육과정.
교육과학기술부(2010). 학교생활기록부 관리지침.

박도순 외(2007). 교육평가: 이해와 적용. 서울: 교육과학사.

변창진, 최진승, 문수백, 김진규, 권대훈(2001). 교육평가. 서울: 학지사.

성태제(2010). 현대교육평가(3판). 서울: 학지사.

황정규(2004). 학교학습과 교육평가. 서울: 교육과학사.

Anderson, L. W. (1981). *Assessing affective characteristics in the schools*. Boston, Mass.: Allyn and Bacon, Inc.

Bloom, B. S. (1956). *Taxonomy of educational objectives: The classification of educational goals*. Handbook I. Cognitive Domain. N.Y.: David.

Bloom, B. S. (1971). Individual differences in School achievement. A vainishing point, Education at Chicago. *Peparment and Graduate School of education, University & Chicago, Winter 2*, 4-14.

Bloom, B. S. (1976). *Human characteristics and school learning*. N.Y.: McGraw-Hill Book Company.

Bloom, B. S. (1981). Changes in evaluation methods. In B. S. Bloom, *All our children learning* (pp. 209-221). New York: Mcgraw-Hill.

Bormuth, J. R. (1970). *On the theory of achievement test items*. Chicago: University of Chicago Press.

Bruner, J. S. (1960). *The process of education*. Cambridge, Mass: Harvard University Press.

Ebel, R. L., & Frisbie, D. A. (1991). *Essential of educational measurement* (5th Ed.). New Jersey: Prentice Hall.

Eisner, E. W. (1985). *The art of education evaluation: A personal view*. London: Falmer press.

Eisner, E. W. (1998). *The kind of school we need: Personnal essays*. Portmouth: Heinemann.

Gagné, R. M. (1970). Basic studies of learning kierarchies in school subject, Final Report. U. S. Department of Health Education and Welfare.

Gronlund, N. E. (1988). *How to construct achievement test*. New York: Macmillan.

Haladyna, T. M. (1994). *Development and validating multiple-choice test item*. New Jersey: Lawrence Erlbaum Associates Publishers.

Klein, S. P., & Stecher, B. M. (1998). Analytic Versus Holistic Scoring of Science Performance Task. *Applied Measurement in Educaion, 2*(11), 121-137.

Mager, R. F. (1962). *Preparing instructinal objectives*. Palo Alto, CA: Feardom
     Publisher.

Piaget, J. (1965). *The moral judgement of child*. NY.: Free Press.

Provus, M. M. (1973). Evaluation of ongoing programs in the public school system. In
     B. R. Worthen, & J. R. Sanders, *Educational evaluation: Theory and practice*.
     Belmont, CA: Wadsworth.

Stufflebeam, D. L. (1971). *Educational evaluation and decision making*. Ithaca,
     Illinois: Pedcock.

제10장
정의적 평가

♣ 이런 수업목표 어떨까요?

수업목표: 수학적 진리의 미적 요소를 찾아내어 보자.

초등학교 수학과의 목표 중 세 번째는 "수학은 학생들에게 진리가 가지고 있는 아름다움에 대한 감각을 키워 줄 수 있는 교과로, 자연계나 인간 자신의 내적 정신세계에 존재하고 있는, 수학적 불변의 진실이 가지고 있는 간결, 우아, 명쾌한 추상적 요소들, 즉 수학적 진리의 미적 요소를 찾아내어 이를 표현하고 감상할 수 있게 해 주는 적절한 장의 역할을 한다."이다.

요즘 아이들은 수학공부를 많이 하고 있다. 각종 학습지, 학원 등을 통해 초등학교에 입학하기 전부터 계속된 수학공부는 학교를 다니면서 더욱 많이 하게 된다. 선행학습은 한 학기를 앞서는 것은 물론이고 2학년 이상 앞서는 경우도 있다. 이 아이들의 수학 실력은 어떠한가? 2015년 경제협력개발기구(OECD)가 65개 회원국 만 15세 학생(고등학교 1학년)의 학업성취도를 평가한 결과, 우리나라 학생들은 수학과 읽기는 1~5위, 과학 2~8위 등의 상위권 지표를 보였으나 학습 흥미도와 학생 생활 행복도 등의 정의적 영역에서는 하위권으로 나타났다는 데 주목할 필요가 있다.

그렇게 공부를 많이 하고 있었지만 정작 학생들이 세 번째 수학과 목표를 달성하지 못하였다. 아이들은 어렸을 때부터 수학을 매우 싫어하고 재미없어 하면서도 해야만 했기 때문에 해 왔던 것이다. 이렇게 수학과 학업성취도 결과가 우수하다고 하더라도 우리나라에는 수학 성적이 우수한 학생이 필요에 의해서가 아니면 수학을 전공하는 경우는 아마 드물 것이고, 그렇게 되면 우리나라에서는 더 이상 수학이라는 학문의 발전을 기대하기는 어려울 것이다.

그동안 우리 교육현장에서 이러한 학생들의 흥미와 태도를 알고자 노력한 적은 있었는가 생각해 보아야 할 것이다. 우리는 교과의 목표는 저만치 두고 한 번도 이를 제대로 평가하려고 하지 않았던 것을 인정해야 한다.

학습목표

- 정의적 특성의 개념과 중요성을 알아본다.
- 정의적 특성의 유형을 알아본다.
- 정의적 특성의 측정방법을 알아본다.

과학영재 아동들이 과학고등학교로 진로를 선택하게 된 동기를 물었더니 어릴 때 과학 이벤트나 축제에 참가해 과학에 대한 관심이 많다는 것이다. 이들이 처음부터 과학과 관련된 진로를 선택하게 된 동기는 다른 교과에 비해 과학 영역에서의 높은 지적 성취를 통해서가 아닌, 어릴 때 접한 과학 행사나 이벤트를 통한 과학에 대한 단순한 흥미와 관심에 의해서라는 것이다. 즉, 진로를 결정하게 되는 요인은 사실상 정의적 특성인 흥미와 태도에 의해 결정된다고 할 수 있다. 정의적 시발행동이 성적 변량의 약 25%를 결정한다는 Bloom(1971)의 연구 역시 이를 뒷받침하고 있다. 이와 같이 우리가 학교 교육의 목표를 전인적 인간 육성이라고 본다면 사실상 지적 영역과 함께 정의적 영역은 매우 중요한 요소일 것이다. 그럼에도 불구하고 우리나라에서 정의적 영역에 대한 관심과 중요성에 대한 인식이 지적 영역에 비해 떨어지는 이유는 아마도 입시와 관련된 교육제도에 정의적 영역의 평가가 반영되지 않았기 때문일 것이다. 또한 정의적 영역에 대한 교육은 학교의 몫이 아닌 가정교육에서 결정된다는 것과 학교에서 비록 교육목표로 이를 명세화하였다 하더라도 그 평가 결과를 관련 집단이 편견 없이 받아들일 수 있는가 하는 문제가 끊임없이 제기되기 때문일 것이다. 그리고 이와 함께 보다 근본적인 이유는 정의적 행동 특성에 대한 개념과 정의가 모호하므로 이를 정확히 측정할 수 있는 평가도구의 개발이 쉽지 않다는 데서 비롯된다.

1. 정의적 특성의 개념과 중요성

인간교육이 의도하는 궁극적 교육목표는 학생의 인지적 영역의 형성과 발달을 강조하지만, 그보다는 개인의 정의적 특성의 발달과 형성을 더 강조하고 있다. 즉, 학교 교육을 통하여 지적으로 얼마나 발달하였는가도 중요하지만 인간으로서의 건전한 태도와 가치관 또는 성취 의욕과 동기를 갖는 것도 그에 못지

않게 중요하다. 그러므로 학교 교육의 성과는 단지 지적 능력의 발달로만 해석
되고 논의될 것이 아니라 정의적 행동의 바람직한 변화가 더 의미 있는 것인지
도 모른다.

1) 정의적 특성의 개념과 평가의 중요성

'흥미가 없다' '동기가 부족하다' '가치관의 혼란이 심하다' '자기 자신의 자아
개념이 확립되어 있지 않다' '정체감·신뢰감이 상실되어 있다' '의지력이 부족
하다'는 말들은 모두 인간의 정의적 특성을 지적하고 있다. Anderson(1981)은
이러한 정의적(affective) 특성을 '인간이 지니고 있는 전형적인 감정과 정서의
표현방식을 나타내는 특성 또는 특질'로 정의하였다. 여기서 전형적인 감정이란
변화하는 감정 속에서도 일정하게 지속되는 어떤 경향성을 뜻하는 것으로서 한
개인의 정의적 특성이라고 불릴 때는 무엇보다 개인이 가진 감정이 전형적이어
야 한다는 것을 뜻한다.

정의적 영역에 대한 교육의 중요성은 전인교육이라는 취지로 여러 연구를 통
하여 강조되어 왔다. 즉, 인간교육이 의도하는 궁극적 교육목표는 학생의 인지
적 발달과 형성도 강조하지만, 그보다는 개인의 정의적 특성의 발달과 형성을
더 진솔하게 강조한다. 흔히 인간교육이 강조하는 인격적 성숙이나 자아실현,
책임감의 인식, 타인과의 상호작용 등의 특성은 인지적 영역보다 정의적 특성의
발달을 더 강조하는 목표들이다. 그러므로 정의적 영역에 대한 평가는 다음과
같은 이유로 매우 중요하다(황정규, 1998).

첫째, 우리의 교육이 인성교육, 전인교육, 인격교육을 지향한다면 그러한 성
숙 인격체를 구성하는 가장 핵심적 요소의 하나가 정의적 특성이라고 할 수
있다.

둘째, 학교 학습 장면에서 정의적 특성은 중요한 추진력의 역할을 한다. 정의
적 특성은 한 개인이 어떤 과제(혹은 학습 과제)를 학습하거나 성취하려고 할 때
추진력의 역할을 해 주는 심리적 변인인 동기다. 따라서 특정 교과의 학습에서

긍정적 태도 및 흥미는 교과의 성공을 이끌게 된다.

셋째, 교육과정, 교과서 등 프로그램의 개선을 위한 의사결정에 도움이 되는 정보를 얻기 위해서도 정의적 특성의 교육, 측정 및 평가는 필요하다.

그런데 교육에 있어서 정의적 성과가 중요하다고 하면서도 그 평가는 잘 이루어지지 않고 있다. 여기에는 여러 가지 이유가 있으나 크게 다음의 두 가지를 생각해 볼 수 있다.

첫째, 많은 사람이 정의적 성과는 애매한 것이라고 믿거나 오늘날 학교에서 제공하는 전형적인 교수-학습 시간에는 획득될 수 없는 것이라고 믿는다 (Bloom, Hastings, & Madaus, 1971).

둘째, 정의적 목표 자체는 만질 수도 볼 수도 없는 것이며, 학생들에게 발달시키고자 하는 가치, 태도, 흥미 등은 너무 장기적인 것이기 때문에 공식적인 교육이 끝난 후 먼 훗날에야 비로소 그 효과가 나타난다. 또 정의적 특성을 공적인 문제로 여기지 않고 사적인 문제로 여기며, 정의적 특성에 대한 정보 수집이 불가능하다고 믿는다.

이러한 이유는 정의적 특성에 대한 정보를 수집할 수 있는 어떤 확고한 방법이 없다고 여기는 일반적 신념과 관련되어 있다. 이와 같은 평가 자체의 문제점은 실제 평가를 할 때 다음과 같은 문제점을 일으킬 수 있다(정세구, 1986).

첫째, 피검자가 평가자의 의도와 취지를 알 경우 얼마든지 응답 내용을 꾸밀 수 있다. 즉, 자신의 생각은 아니지만 옳다고 짐작되는 반응을 할 가능성이 있다.

둘째, 사회적으로 바람직하다고 생각되는 반응을 할 수 있다. 자기보고인 경우 대부분의 피검자들은 자신의 생각보다는 사회적 바람직성에 의해 반응할 수 있기 때문이다.

셋째, 자기기만의 가능성이다. 인간은 어떤 행동을 나타낼 때 잠재적으로 자기방어 메커니즘을 지니고 있어 항상 실패를 완화시켜 주고, 잘못을 최소화하며, 자기의 가치와 정당화를 극대화하는 습성을 가지고 있다. 따라서 자기 자신에 대하여 누가 질문을 할 경우 무의식중에 그와 같은 메커니즘이 작용한다고 보는 것이다.

넷째, 의미 인식의 차이를 들 수 있다. 태도와 가치 등을 측정하려 할 경우, 그 의미의 정도 차이를 구분하려 한다. '대단히' '보통으로' '흔히' 등의 의미에 근거하여 피검자의 생각을 측정하려는 경우가 많다. 이럴 경우 그러한 말들을 인식하는 데는 개인적으로 큰 차이가 있을 수 있다.

다섯째, 정의적 특성의 평가에 대한 거부감이다. 한 개인의 정의적 측면은 그의 내면세계에 자리 잡은 프라이버시에 해당하는 것인데, 아무리 기술적으로 측정이 가능하다 하더라도 학교현장에서 그것을 기록할 수 있느냐 하는 것이다. 또 이러한 평가나 측정이 자주 시행되고 발표될 경우 이것은 심각한 문제를 야기할 수도 있다.

여섯째, 피상성과 불안정성을 들 수 있다. 한 개인의 태도가 측정될 경우 그것은 일시적으로 나타나는 것이고, 곧 사라질 가능성이 많으며 행동은 별도로 남아 있을 가능성이 높다. 특히 청소년의 정의적 불안정성은 매우 높아 태도 측정 시의 반응은 순간적인 생각에 의하여 좌우되기 쉬우며 그것이 평소에 가졌던 생각과는 거리가 있다는 것이다.

2) 정의적 영역의 교육목표 분류

Krathwohl 등(1964)은 정의적 영역에서 교육목표의 가치를 감지하는 최하위 수준에서 가치가 인격의 일부로 내면화하는 최상위 단계까지 구분하여 제시하였다.

(1) 감수

감수(receiving)는 주어진 어떤 현상이나 자극을 감지하고, 그것을 수용하고 유의하는 것을 말한다.

- 감지(awareness)
- 자진 감수(willingness to receive)
- 선택적 반응(controlled or selected attention)
➡ **수업목표**: 수업내용에 주의를 기울여 들어 보자.

(2) 반응

반응(responding)은 주어진 현상에 대한 감수 이상의 것으로 자극에 대해 능동적으로 반응하는 것을 말한다.

- 선택적 반응(controlled or selected attention)
- 자진 반응(willingness to respond)
- 반응에서의 만족(satisfaction in response)
➡ **수업목표**: 어려운 이웃사람을 도우려는 마음을 가진다.

(3) 가치화

가치화(valuing)는 행동의 지침이 되는 근본적인 가치에 관여하여 동기가 유발되는 것을 말한다.

- 가치의 수락(acceptance of a value)
- 가치의 선호(preference for a value)
- 가치의 확신(commitment)
➡ **수업목표**: '삶'의 중요성을 깨닫고 자기존중감을 갖는다.

(4) 조직화

조직화(organization)는 하나 이상의 가치가 조직되고, 그들 간의 상호관계 및 위계적 관계를 수립하는 것을 말한다.

- 가치의 개념화(conceptualization of a value)
- 가치체계의 조직(organization of a value system)

➡ **수업목표**: 가족 간의 사랑과 존중의 상호관계를 파악한다.

(5) 인격화

인격화(characterization)는 이미 자리 잡혀 수용된 가치체계에 따라 일관성 있는 행동을 할 수 있도록 인격의 일부로 내면화한 상태를 말한다.

- 일반화된 태세(generalized set)
- 인격화(characterization)

➡ **수업목표**: 공동체 의식을 깨닫고 생활에서 실천한다.

3) 정의적 특성의 유형

정의적 특성을 교육목표와 관련하여 분류한 Krathwohl 등(1964)의 분류는 이해하기 어려워 실제 학교현장에서 사용하기는 쉽지 않다. 여기서는 학교 교육 및 학습과 관련이 있는 일곱 가지 구체적인 정의적 특성에 대한 개념적 정의를 살펴보고자 한다.

(1) 흥미

흥미(interest)란, 첫째, 개인의 주의와 관심이 어느 일정한 활동군에 향하고, 둘째, 그 활동군에 대해 쾌·불쾌의 정서적 반응이 일어나며, 셋째, 쾌의 반응이 일어나는 활동군에 대해서는 그것에 집착해 버리는 행동 경향을 말한다(황정규, 1998). 일반적으로 흥미는 높은 밀도를 가지는 정의적 특성으로 태도(attitude)와 유사한 개념이다. 이를 평가하는 방법에는 관찰법, 흥미·태도검사지, 표준화검사 등이 있으며, 그 방향은 흥미가 있거나 없는 것으로, 강도가 높거나 낮은 것으로 표현된다.

(2) 불안

Hall과 Lindzey(1900)는 불안(anxiety)이란 자신의 안전을 위협하는 실제적이거나 상상적인 것에서 생겨나는 긴장된 경험이라고 하였다. 불안의 표적은 자신의 안전에 대한 실제적 위협 또는 상징적 위협이지만 학교로 국한시켜 보면 수학 과목이나 시험 자체 등이 될 수도 있다. 즉, 감정의 대상을 구체적으로 밝혀 준다. 또 방향은 느긋함(이완)과 초조함(긴장) 중 어느 하나이며, 밀도는 다른 정의적 특성보다도 아주 높다고 볼 수 있다.

(3) 통제의 소재

Messick(1979)은 통제의 소재(locus of control)란 어떤 개인이 자신의 행동이나 그 행동의 결과에 대해 책임감을 갖고 받아들이는 정도라고 하였다. 또한 자신의 행동에 대한 책임을 자기 자신에게로 돌리는 내적인 사람과 그 책임을 외부 환경의 강요, 타인의 힘, 또는 자기 운명의 탓으로 돌리는 외적인 사람으로 분류하고 있다. 이 정의적 특성은 실제로 자기 자신의 행동이나 행동 결과에 대해 책임을 지거나 거부하는 일종의 선호로 볼 수도 있다. 이 특성의 표적은 어떤 행동이나 그 행동에 잇달아 일어나는 어떠한 활동이다. 그 방향은 책임이 자기 자신에게 있는 것이 아니라 다른 어떤 것에 있다고 믿는 외적인 것과 자기 자신에게 책임이 있다고 믿는 내적인 것이 있으며, 이 특성을 일종의 선호로 보면 밀도는 낮은 것으로 생각된다.

(4) 학업적 자아개념

학업적 자아개념(academic self-concept)은 학업적 상황에 있어서 어떤 사람이 학습자로서 자기 자신에 대해 가지고 있는 지각이라고 할 수 있다. 따라서 이 특성의 표적은 학업적 상황에서 존재하는 자기 자신이다. 그 방향은 적극적이거나 소극적인 것 중 하나이며, 밀도는 낮은 것으로 볼 수 있다.

(5) 가치

가치(value)란 바람직한 것의 개념, 즉 실제로 바람직해야만 하는 것과 행동의 선택에 영향을 주는 바람직한 것으로 Getzels(1966)는 정의하였다. 이는 비교적 오랜 기간에 걸쳐 안정성을 가지려는 경향이 있음을 알 수 있다. 따라서 가치는 높은 밀도를 가지고 있는 정의적 특성이며, 방향은 적극적이거나 소극적, 중요한 것이거나 중요하지 않는 것, 받아들여지거나 그렇지 않는 것 중 어느 하나일 것이다. 표적은 행동, 활동, 태도 등이 될 수 있지만 보통 아이디어인 경우가 많다.

(6) 태도

태도(attitude)란 주어진 어떤 대상에 대해서 일관성 있게 호의적 혹은 비호의적으로 반응하는 학습된 기질이라고 할 수 있다. 태도는 누적된 경험의 결과나 학습된 결과에 의해 생성되는데, 예를 들어 한 아동의 학습에 대한 태도는 아동과 학습과의 지속적인 상호작용 속에서 형성된 것이다. 즉, 태도는 전형적으로 어떤 대상을 향하는 감정이므로 감정과 어떤 특정한 대상 간의 결합은 학습되며, 일단 학습되면 그 대상이 나타날 때마다 똑같은 감정을 일관성 있게 경험하게 된다.

(7) 선호

선호란 어떤 대상을 다른 대상에 반하여 받아들이려는 기질로 어떤 대상물, 활동 또는 아이디어를 다른 대상물 또는 아이디어에 반하여 선택하려는 경향성이라고 할 수 있다. 물론 선호는 다양한 수준의 밀도를 가지고 있지만 '받아들이려는'이란 말에서 알 수 있는 것처럼 일반적으로는 낮은 정도의 밀도를 가진 감정이라고 할 수 있다. 더욱이, 선호는 두 개의 대안 간의 선택을 내포하고 있으므로 두 개의 표적이 주어지며, 방향은 성질상 상대적인 것으로 보다 더, 보다 덜, 보다 좋은, 보다 나쁜 등과 같이 주어진다.

　　이상과 같은 정의적 특성을 밀도, 방향, 표적의 측면에서 정리하여 보면 〈표 10-1〉과 같다.

〈표 10-1〉 **정의적 특성의 예**

정의적 특성	밀도	방향	표적
흥미	높다	흥미 있다-흥미 없다	대상, 활동, 기술, 아이디어
불안	매우 높다	느긋함-초조함	위협으로 느껴지는 대상, 활동, 아이디어
통제의 소재	낮다	내적-외적	어떤 행동에 뒤따르는 활동
학업적 자아개념	낮다	적극적-소극적	학문적 상황에서 존재하는 자기 자신
가치	높다	중요함-중요하지 않음	행동, 활동, 태도, 아이디어
태도	중간	호의적-비호의적	대상, 활동, 아이디어
선호	낮다	보다 좋은-보다 나쁜	두 개의 대안

2. 정의적 특성의 측정 절차

　　정의적 특성의 영역과 개념은 매우 다양하고 복잡하므로 각 특성에 맞는 평가방법을 효과적으로 적용하는 것이 무엇보다 중요하다.

　　정의적 행동 특성의 측정 절차는 크게 5단계로 나눌 수 있다(성태제, 2010).

- 1단계: 측정 영역이나 내용을 설정한다.
- 2단계: 규명된 정의적 행동 특성을 소유하고 있는 사람은 어떻게 행위할 것인가를 구상하여야 한다. 반대로 그 특성을 갖고 있지 않은 사람은 어떤 행위를 할 것인가도 구상하면 더 바람직하다.
- 3단계: 측정하고자 하는 특성을 소유하고 있는 사람과 소유하고 있지 않은 사람, 즉 대비되는 두 개인이 자연적이거나 인위적인 상황에서 어떻게 반

응하는지를 고려해야 한다.

- 4단계: 3단계를 기초로 해서 실제적이고 타당한 상황을 선택한다.
- 5단계: 중다측정도구를 고안한다. 단일한 측정도구로 개인의 특성을 측정할 수 있으나 보다 타당하고 신뢰할 수 있게 정의적 행동 특성을 평가하기 위하여 여러 가지 평가도구를 고안한다.

정의적 행동 특성을 측정할 때 고려해야 할 사항을 살펴보면 다음과 같다.

첫째, 무엇보다 측정하는 정의적 특성의 표적행동에 대해 명확히 해야 한다. 즉, 특정한 정의적 특성을 지닌 개인이 어떤 행동을 할 것인가 안 할 것인가를 생각해야 한다.

둘째, 응답자의 허위반응을 고려해야 한다. 응답자는 특정한 이유로 검사자가 원하는 대로 허위로 반응하여 검사 결과를 자신이 원하는 방향으로 이끌려고 한다. 검사의 목적을 응답자가 알게 되는 경우 이러한 문제가 발생할 수 있다.

셋째, 중립적 반응을 보일 수 있다. 검사지에 대해 특정한 경향성을 보이는 것이 자신에게 불리하거나 자신의 의사를 표현하고 싶지 않을 때 이런 경우가 생긴다.

넷째, 측정된 정의적 행동 특성은 내면적인 다른 요인에 의해 영향을 받았을 수 있다. 우리의 반응은 단순히 하나의 감정 혹은 기제에 의해 표현된 것이 아니라 복합적일 수 있으므로 한 가지 방법이 아닌 다양한 측정방법을 통해 정의적 행동 특성을 측정할 수 있도록 해야 한다.

3. 정의적 특성의 측정방법

1) 질문지법

질문지법(Questionnaire)은 응답자가 구체적인 질문에 직접 기술하도록 하는 자기보고식 방법(self-report method)이다. 타인이 쉽게 관찰하기 어려운 개인의 지각, 신념, 감정, 동기와 같은 정의적 특성을 측정한다. 이는 응답 수를 제한하여 선택지 중에서 응답자가 하나를 선택하도록 하는 구조화된 질문지와 응답자의 다양한 반응을 진술하게 하는 비구조화된 질문지로 나눌 수 있다.

이러한 질문지법은 작성 과정 및 분석 과정이 간단하여 짧은 시간에도 비교적 많은 사람을 대상으로 특성을 알아볼 수 있는 장점이 있으나, 언어 능력이나 표현 능력이 부족한 아동의 경우 적용하는 데 유의해야 할 것이다.

<구조화된 질문지의 예>
- 학교생활 중에서 가장 흥미로운 때는 언제인지 다음 <보기>에서 하나만 고르세요.
  ① 공부할 때　　② 쉬는 시간에　　③ 점심 먹을 때　　④ 청소할 때

<비구조화된 질문지의 예>
- 학교생활 중에서 가장 흥미로운 때를 쓰세요.
  (　　　　　　　　　　　　　　　　　　　　　　　　　　　　　　　　)

---

2) 평정법

평정법(rating scale method)은 표준화된 검사에서 주로 사용되는 방법으로서 Likert 척도가 있다. 응답자는 자신의 정의적 특성과 관련하여 가장 소극적 혹은 부정적 반응에서 적극적 혹은 긍정적 반응까지 단계별로 나뉜 문항에서 자신의 위치를 표시하게 된다. 이러한 평정법은 신뢰도가 높고 절차가 간편하고 단순하지만, 척도화되는 정의적 특성의 이론적 가설이 약하고 정의적 특성의 변화를 감지하기 어렵다.

• 최선을 다하는 것이 최고가 되는 것보다 더 중요하다.

1. 매우 그렇다.
2. 그렇다.
3. 모르겠다.
4. 아니다.
5. 매우 아니다.

3) 관찰법

관찰법(observation)은 인간의 감각기관을 매개로 일어나는 사건들에 대한 지식이나 정보 등을 얻는 가장 기초적이면서도 가장 오래된 인간행동 측정방법이다. 관찰법은 분류하는 기초에 따라 다양하게 분류된다. 관찰하려는 행동 장면을 인위적으로 조작하느냐 조작하지 않느냐에 따라 통제적 관찰과 비통제적 관찰로 나누기도 하고, 관찰의 조직 정도에 따라 자연적 관찰과 조직적 관찰로 나누기도 한다(황정규, 1998). 한편, 이종승(1987)은 관찰 상황의 통제 여하에 따라 자연적 관찰과 통제적 관찰로, 관찰자와 피관찰자 간의 참여 여하에 따라 참여관찰과 비참여관찰로 구분한다.

비통제적 관찰은 자연히 발생하는 사상이나 행동을 있는 그대로 관찰하는 것이다. 이에 비해 통제적 관찰은, 예컨대 아동의 분리 불안을 측정하는 경우처럼 아동이 부모가 떠났을 때 어떤 행동을 보이는지 알아보기 위해 아동과 함께 있던 부모가 아동을 떠나는 장면 행동을 설정하여 관찰하는 것을 말한다. 즉, 관찰의 시간, 장면 행동 등을 의도적으로 설정해 놓고 그러한 조건하에서 나타나는 행동을 관찰하는 방법이다. 참여관찰은 관찰자가 피관찰자와 함께 생활하면서 피관찰자의 자연스런 행동을 관찰하는 방법이며, 비참여관찰은 관찰자가 관찰 장면에는 참여하나 그들과의 공동생활에는 참여하지 않고 외부인으로서 객관적으로 관찰하는 방법을 말한다. 예를 들어, 관찰기록의 종류에는 일화기록법,

시간표집법, 사건표집법 등이 있다. 관찰 시 주의해야 할 사항은 다음과 같다.

- 계획적으로 관찰하도록 한다.
- 관찰자의 주관이나 선입견을 배제한 객관적인 관찰이 되도록 한다.
- 적절한 방법으로 기록해야 한다.
- 여러 상황하에 관찰하여 관찰 결과에 대한 신뢰도를 높여야 한다.

4) 의미분석법

의미분석법(semantic differential scale)은 특정한 조건하에서 개념에 대한 양극적인 의미를 가진 한 쌍의 형용사를 이용하여 이루어지며, 응답자는 양극적인 형용사 사이의 공간에 자신의 느낌을 표시하여 이를 수치화하게 된다. 이 의미분석법은 계획하고 실시하는 것이 매우 쉽다는 장점이 있다. 그러나 각 형용사에 대한 개인의 느낌이 일정하지 않고, 반복되는 형용사에 대해 응답자가 흥미를 잃게 되어 검사에 무성의하게 될 수도 있다.

- 할아버지

좋다	싫다
밝다	어둡다
깨끗하다	더럽다

5) 투사적 방법

투사적 방법(projective method)이란 개인의 욕구, 특수한 지각, 해석 등이 방어기제의 작용 없이 표현될 수 있도록 검사의 목적이 드러나지 않는 상태에서 이루어진다. Rorschach의 잉크반점검사나 주제통각검사(TAT)와 같이 모호한 주제를 주고 응답자가 자유롭게 반응하게 한 후, 이에 대해 평가자들은 내재적 특성에 대해 역동적인 해석을 하게 된다. 투사적 방법은 검사도구의 제작 및 측정에 있어 어려움이 따르나 다른 검사도구로 알 수 없었던 인간의 내면적 특성 및 심리 상태를 파악하는 데 매우 유용하다는 장점이 있다.

참고문헌

강승호 외(2003). 현대 교육평가의 이론과 실제. 서울: 양서원.

권대훈(2008). 교육평가(2판). 서울: 학지사.

김부연(1993). 정의적 영역에 관한 연구. 한국교육대학교 수학교육연구소, 제3집, 189-205.

김진규(1987). 정의적 특성의 분류방법과 종류. 교사를 위한 정의적 특성의 평가 방법. 서울: 중앙교육평가원.

성태제(2010). 현대교육평가(3판). 서울: 학지사.

이종승(1987). 교육연구법. 서울: 배영사.

정세구(1986). 정의적 영역 평가의 원리와 실제. 서울: 중앙교육평가원.

황정규(1998). 학교학습과 교육평가. 서울: 교육과학사.

Anderson, L. W. (1981). *Assessing affective characteristics in the schools*. Boston, Mass.: Allyn and Bacon, Inc.

Bloom, B. S. (1971). Individual differences in School achievement. A vainishing point, Education at Chicago. *Peparment and graduate school of education, University & Chicago, Winter 2*, 4-14.

Bloom, B. S. (1976). *Human characteristics and school learning*. N.Y.: McGraw-Hill Book Company.

Bloom, B. S., Hastings, J. T., & Madaus, G. F. (1971). *Handbook on formative and summative evaluation of student learning*. New York: McGraw-Hill.

Hall, S. H., & Lindzey, G. (1900). *Theories of personality* (2nd ed.). New York: Wiley.

Krathwohl, D. R., Bloom, B. S., & Massia, B. B. (1964). *Taxonomy of educational objectives*. Hanbook II: Affective domain. New York: Mckay.

Osgood, C. E., Suci, G. J., & Tannenbaum, P. H. (1967). *The measurement of meaning*. Urbana: University of Illinois Press.

Thurstone, L. L., & Chave, E. J. (1929). *The measurement of attitude*. Chicago: University of Chicago Press.

제11장
과정중심평가

♣ 과정중심평가 왜 힘들까?

'학교 주변의 흡연시설로 인해 학생들이 간접흡연 피해를 겪고 있다. 흡연시설을 설치한 기업은 관련 법규를 위반하지 않았다며 문제해결에 소극적이다. 도심 지역 많은 학교가 이런 문제를 겪고 있다. 이와 관련해 당신은 간접흡연 예방 정책 마련을 위한 프로젝트를 실시하고자 한다. 시민의 정치참여 방법을 활용한 프로젝트 활동 계획을 제시하시오.'

○○○ 교사가 얼마 전 기말고사 때 제시한 사회 교과 문제. 이 교사는 올해부터 정기고사를 선다형 대신 서술·논술형으로 출제했다. 그동안 학생이 했던 활동의 총괄평가를 선다형만으로 하기에 한계를 느꼈기 때문이다. 이 교사는 "사회 수업의 목표는 사회현상에 대한 기본 이해를 통해 그 문제해결에 실제 참여하는 성숙한 시민이 되게 하는 것"이라며 "단순히 내용을 외워 맞히는 것보다 유기적 활동을 통해 실제 삶에 적용하면서 개념을 익히게 하려고 평가방식을 바꿨다."라고 했다. 서술·논술형은 어떤 주제를 내어주었을 때 그것을 학생이 내면화해서 설명할 수 있는지와 관련돼 있다는 뜻에서다.

교사나 학생에게 평가는 늘 부담이다. 교사가 수업 혁신, 모둠별 프로젝트 활동을 시도해도 평가는 늘 걸림돌이 된다. 공정성, 객관성은 늘 평가에 따라붙는 꼬리표다. 정해진 시수에 맞춰 진도표를 짜고 학기 초 평가 계획을 급히 제출하느라 구색만 갖추기 일쑤다. 일부에서는 이 교사처럼 기존의 학습결과에 대한 평가가 아니라 학습 자체를 위한 평가를 하려는 시도도 나타나고 있다.

♣ 선다형 대신 서술형, 내용 깊이 이해해

○○○ 교사는 1학기 때 3학년 수업을 맡아 수행평가 70%, 서술·논술형 평가는 30%로 하고, 2학기 때는 1학년 수업에서 수행평가 80%, 서술·논술형 평가를 20%

진행했다. 이를 위해 수업 설계를 이해 활동, 적용 활동, 프로젝트 활동 위주로 짰다.

이해 활동은 말 그대로 기본 개념을 이해하는 것이고, 적용 활동은 교과 내용 관련 주제를 선정해 자료를 수집·분석한 뒤 학생들의 언어로 표현하는 수행평가로 이뤄진다. 이 교사는 "적용 활동으로 훈련된 학생들은 학기말 프로젝트 활동을 한다. 동료와 함께 공동 주제를 정하고 계획서와 보고서를 작성한다. 이 과정에서 교사는 학생들과 대화하며 지속적으로 피드백을 제공한다."라고 했다.

이 교사의 '도전'에 학생들의 반응은 어땠을까? "시험 끝난 후에 물으니 처음에 겁을 먹었던 게 사실이었다고 했다. (웃음) 이전에는 시험 기간에 문제집을 풀거나 학원에 갔는데 이건 평소 얼마나 노력했느냐가 중요해서 막연히 불안했다고 하더라. 하지만 막상 문제를 풀어 보니 의외로 쉬웠다고 했다."

학생들에게 설문조사를 해 보니 "아직은 객관식 시험이 익숙하다. 부담이 되기 때문"이라는 의견이 많았다. 하지만 "서술·논술형 문제가 사고력을 높이는 데 도움이 될 것"이라는 답변도 80%였다. 이 교사는 "이 평가방식을 대비하기 위해 학원보다 학교 수업이 훨씬 도움이 된다는 답변이 압도적이었다. 평가방식을 바꾸는 게 교사의 수업 방식도 변하게 하지만 사교육을 줄이는 방안이 될 수 있을 거 같다."라고 했다.

(한겨레 신문, 2017. 12. 25. '정답 없는 문제' 출제하는 시험 아세요?)

학습목표

- 수행평가의 개념을 알아본다.
- 수행평가의 필요성을 알아본다.
- 수행평가의 방법을 알아본다.
- 수행평가를 설계하는 세부 단계를 알아본다.
- 수행평가를 실시할 때 고려해야 할 점을 알아본다.

이 장에서는 최근 교육평가에서 관심의 대상이 되고 있는 과정중심평가에 대해서 살펴본다.

과거에는 많은 사실을 아는 것이 중요했지만, 현대사회는 정보에 접근하는 방법과 그것을 실제 상황에 적용할 줄 아는 것이 중요하다. 이러한 사회의 변화는 학교에서 배워야 할 것들의 변화를 요구하게 된다. 즉, 교육과정과 교수의 변화뿐만 아니라 교육과정과 교수의 주요 부분인 평가방식의 변화도 요구하고 있다. 따라서 종래의 양적 평가의 단점을 극복하여 학생 개개인이 능동적으로 자신의 경험을 재구성하고, 자신에게 의미 있는 지식이나 정보를 적극적으로 학습하도록 조장하며, 다양한 능력과 적성을 계발하고 창의력이나 문제해결력 등의 고등정신능력을 신장하는 데 적합한 새로운 평가 체제가 부각되고 있다. 즉, 학습결과 중심의 지필평가에 의존하는 방식을 지양하고, 학습과정 중심의 형성적 기능을 중시하고, 통합된 지식과 역량을 평가하며, 학습자의 인지적 · 정의적 영역에서의 균형 있는 발달을 고려하는 방향으로 평가의 초점이 변화하고 있다.

1. 과정중심평가 개념

과정중심평가는 교육과정의 성취기준에 기반한 평가 계획에 따라 교수 · 학습 과정에서 학생의 변화와 성장에 대한 자료를 다각도로 수집하여 적절한 피드백을 제공하는 평가이다(교육부, 한국교육과정평가원, 2017). 그러나 과정중심평가라는 용어가 학생의 성장을 돕는 평가 본연의 목적을 되살리고, 평가의 형성적 기능을 강화하고자 하는 취지를 가지고 정책적으로 도입된 개념이고, 그 특징 또한 명확하게 제시되지 않아 활용 주체별로 자기성장평가 및 성장중심평가 등 다양한 용어와 해석이 이루어져 그 사용에 혼란을 겪기도 하였다. 우리나라에서는 학생평가의 질적 변화를 위한 정책적인 용어로 '과정 평가'가 아닌 '과정중심평가'라는 용어를 사용하고 있다. 과정중심평가와 과정 평가에 대한 개념적 차이가 명확히 규명되지 않아 학교현장에서는 과정 평가와 결과 평가를 대비시켜 과정중심평가에서 결과 평가를 배제하는 것으로 해석하는 경우가 있다. 과정 평가와 결과 평가를 대비시켜 볼 때, 과정 평가가 학생의 학습이 진행되는 과정에서 평가하는 것을 의미한다면, 결과 평가는 학습이 종료된 이후 실시하는 평가를 의미한다. 그러나 과정중심평가는 과정 평가와 결과 평가를 모두 아우르는 개념으로, 기존에 주로 시행되어 온 결과 중심 평가에 비해 학생의 학습 과정에서의 평가를 좀 더 강조하고자 하는 의미를 담고 있다(한국교육과정평가원, 2018).

과정중심평가의 의미는 다음 세 가지로 정리할 수 있다.

첫째, 과정중심평가는 평가의 패러다임 확장이다. 평가의 패러다임 확장은 결국 기존의 평가가 '학습결과에 대한 평가(assessment of learning)'에서 학습 장면에서 주요 도구로 사용되는 '학습으로서의 평가(assessment as learning)'와 '학습을 위한 평가(assessment for learning)'로 확장됨을 의미한다. 과정중심평가는 평소 수업과 연계된 평가를 지향한다. 즉, 학생의 학습 과정과 수행 과정을 모두 평가 대상에 포함시키며, 평가 결과를 다시 학습을 위한 도구로 활용한다. 따라서 수업 중 가르친 내용을 단순히 점검만 하는 것이 아니라, 학습활동을 적극적으로 유도하고 학생에게 맞춤형 피드백을 제공함으로써 학생의 성장과 발달을 돕는다.

둘째, 과정중심평가는 결과와 함께 과정을 중시하는 평가이다. 과정중심평가는 학생이 지식을 알고 있는지에 대한 여부를 평가하는 결과중심적인 평가와 대비되어 학생의 해결 과정에 중점을 둔다. 또한 인지적 영역만이 아니라 정의적 영역까지 모두를 평가할 수 있는 수행을 통해 학생이 가지고 있는 지식, 기능, 태도 등의 능력을 평가하는 방법이다.

셋째, 과정중심평가는 교육과정-수업-평가의 일관성을 추구한다. 교육과정의 성취기준을 기반으로 교수-학습 및 평가를 수행하고 수집된 다양한 자료를 통해 학생에게 상시적인 피드백을 제공한다.

기존의 결과중심평가와 차별되는 과정중심평가의 특징을 평가목표, 평가방향, 평가방법, 교수-학습내용 및 평가결과 활용의 측면에서 살펴보면 〈표 11-1〉과 같다.

〈표 11-1〉 **결과중심평가와 과정중심평가**

	결과중심평가	과정중심평가
평가목표	• 선발, 분류, 배치 • 학습자의 최종적인 성취기준 달성 정도 평가	• 지도, 조언, 개선 • 학생 피드백을 위한 정보를 다각도로 수집
평가방향	• 학습에 대한 평가 • 학습의 결과 중시	• 학습을 위한 평가/학습으로서의 평가 • 학습의 결과 및 과정 중시
평가방법	• 지필평가 중심 • 정기평가 • 교사 중심의 평가	• 지필평가, 수행평가 등 다양한 방법 적용 • 수시평가 • 교사평가, 동료평가, 자기평가 등 평가 주체의 다양화
교수-학습	• 인지적 성취 영역 위주 • 교사 중심	• 인지적·정의적 특성 영역 • 학생 중심
결과 활용	• 피드백의 부재	• 즉각적이며 수시적인 피드백

2. 과정중심평가로서의 수행평가 활용

교수-학습을 위한 평가와 학습의 과정에 대한 평가로서 평가의 본질적 기능과 목적이 강조되면서 **수행평가**(performance assessment)에 대한 학교현장의 관심이 높아지고 있으며, 수행평가가 갖는 교육적 의미에 대하여 새롭게 정의되고 있다. 이 절에서는 과정중심평가로서 수행평가의 개념, 필요성, 수행평가 방법 및 절차에 대해 살펴보고자 한다.

1) 수행평가의 개념

일반적으로 수행이란 구체적인 상황하에서 실제로 행동을 하는 과정이나 그 결과를 의미한다. 교육현장에서 기존의 교육평가 체제의 새로운 대안으로 제시되고 있는 수행평가(performance assessment)는 학생 스스로가 자신의 지식이나 기능을 나타낼 수 있도록 산출물을 만들거나 행동으로 나타내거나 답을 구성하도록 요구하는 평가방식이라고 정의할 수 있다.

수행평가는 특정한 과제에 대하여 학생들의 수행 과정이나 결과에 대하여 교육적으로 판단하는 것으로, 평가자는 학생들이 수행하는 과정을 관찰하여 학생들의 산출물에 대해 어떤 교육적인 판단을 내리게 된다. 이런 의미에서 수행평가는 관찰과 판단에 근거한 평가라고 할 수 있다(Stiggins, 1994).

본래 수행평가는 심동적 행동 특성을 평가하기 위하여 주로 음악이나 체육과 같은 분야에서 사용하여 학습한 지식이나 기능, 기술을 얼마나 잘 수행하느냐를 판단하는 평가방법이었다. 곧, 심동적 영역에서 행위를 수행하는 모든 과정과 그 결과를 관찰에 의존하여 종합적으로 평가한다. 심동적 행동 특성을 평가하던 수행평가는 성취 결과뿐 아니라 활용 능력이나 기술을 다룰 수 있다는 장점 때문에 인지적 행동 특성과 정의적 행동 특성에 이르는 인간의 모든 활동을 평가하는 방법으로 그 개념이 확대되었다.

수행평가는 비교적 폭넓은 용어로서 학생들에게 답이나 산출물을 만들어 내게 함으로써 그들의 지식이나 능력을 입증하도록 요구하는 다양한 전략이 있다. 이러한 수행평가는 다양한 접근방식 때문에 여러 가지 용어와 혼용되고 있다. 대안적 평가(alternative assessment), 참평가(authentic assessment), 포트폴리오 평가(portfolio assessment), 직접평가(direct assessment) 등의 용어가 그것인데, 교육 실제에서 다양하고 적절하게 수행평가 전략들을 사용하기 위해서는 각 용어들의 의미를 이해할 필요가 있다.

구체적으로 수행평가는 전통적인 선택형 검사에 의한 평가의 형태와 구별된다는 점에서 대안적 평가로, 수행 과제들이 실생활의 문제와 직접적으로 관련된다는 점에서 참평가로 사용된다. 또한 장기간에 걸쳐 수집된 학생의 평가 자료를 중요한 판단 기준으로 사용한다는 점에서 포트폴리오 평가로, 학생들의 능력과 기술에 대한 증거를 관찰이나 면접에 의하여 직접적인 측정치로 확보한다는 점에서 직접평가로 사용되기도 한다. 한편, 대안적 평가는 개념상으로 수행평가뿐만 아니라 전통적인 평가방법과 구별되는 여러 가지 다른 형태의 평가 모두를 포함한다.

2) 수행평가의 필요성

세계화 · 정보화 시대를 맞이하고 있는 오늘날의 교육 추세는 단순히 지식을 기억하고 재생하는 능력보다는 학습자의 다양한 개성을 존중하고 인성 및 창의성을 조장하는 새로운 교육평가 체제를 요구하고 있다. 이러한 요구에 대한 대안으로 제시되고 있는 것이 수행평가다.

수행평가는 학생들의 다양한 능력이나 기술을 평가하고, 수행평가의 과제를 통하여 평가와 교수–학습 과정을 연계하며, 협동학습을 지향함으로써 학생들이 또래 간의 관계 속에서 배우게 할 뿐만 아니라 교사와 학생 모두에게 교수–학습 과정에서의 장단점의 정보를 제공할 수 있다. 학교 교육현장에서 수행평가가 필요한 이유는 다음과 같이 다양하다(백순근, 1998).

첫째, 학생이 인지적으로 아는 것도 중요하지만 아는 것을 실제로 적용할 수 있는지를 파악하는 것도 중요하다. 인지적으로 아는 것과 실제로 적용하는 것과의 차이를 흔히 '볼 줄 아는 것'과 '할 줄 아는 것'의 차이로 설명하기도 한다. 교육적인 측면에서는 잘 볼 줄 아는 학생을 육성하는 것도 중요하고 잘 할 줄 아는 학생을 육성하는 것도 중요하지만, 둘 다 갖출 수 있도록 하는 것이 보다 바람직하다.

둘째, 개인적 특성이나 상황이 다양하여 획일적인 표준화검사를 적용하기 어려운 경우에 평가를 할 수 있다. 특히 교수–학습 과정을 개선하기 위해서는 개인의 특성이나 상황을 충분히 고려한 검사가 필요하고, 이러한 요구에 부응하기 위해 수행평가가 도입되어야 한다.

셋째, 수행평가는 여러 측면의 지식이나 능력을 지속적으로 평가할 수 있다. 종래의 평가에서는 교수-학습의 결과를 한두 번에 걸쳐 평가하므로 교수-학습 활동을 개선하기에는 부적절하다. 이를 개선하기 위해서는 교수-학습의 결과뿐만 아니라 그 과정에 대한 자세한 정보의 수집과 함께 학생 개개인의 특성과 수준을 지속적이면서도 종합적으로 평가하는 것이 필요하다.

넷째, 학습자 개인에게 의미 있는 학습활동이 이루어지도록 한다. 예를 들어, 학습자가 이해하지도 못하는 지식을 기계적으로 암기하여 시험을 치르고, 그 직후에 모두 잊어버리는 현상이 교육현장에서는 많이 일어나고 있다. 따라서 암기식 학습활동은 학습자 개인의 삶에 있어서 무의미하고 쓸모 없는 것이 되어 버린다.

다섯째, 교수-학습의 목표와 평가내용을 보다 직접적으로 관련시킬 수 있다. 만약 고등사고능력의 신장이 교수-학습의 목표라면 학생이 기억하는 단순한 사실이나 지식을 측정하는 선택형 검사를 사용하여 간접적으로 평가하기보다는 수행평가를 통해 직접적으로 평가하는 것이 바람직하다. 따라서 교수-학습 목표를 효율적으로 달성하기 위해서는 평가내용이 목표와 직접적으로 관련되어 있어야 한다.

3) 수행평가의 방법

현재 널리 사용되고 있는 수행평가의 방법으로는 서술형 및 논술형 검사, 구술시험, 토론, 실기시험, 실험 · 실습, 면접, 관찰, 자기평가 및 동료평가 보고서, 연구보고서, 포트폴리오 등이 있다. 이러한 방법들은 새로 개발된 것이 아니라 과거에도 있었던 것이다. 그러나 학습 과정에서 기존 지식이나 가치관의 수동적인 수용보다는 자기 나름의 세계를 재창조해 가는 과정에서 창의성이나 문제해결력 등 고등사고기능을 강조하는 최근의 경향에 따라 새롭게 수행평가 방법이 각광받고 있다.

이와 같은 수행평가 방법의 구분은 상호 배타적인 것이 아니라 상호 보완적인 것이다. 교수–학습 과정을 개선하고 개별 학생에게 지도·조언하고 충고하기 위한 목적으로 사용된다면 어떠한 평가방법도 수행평가 방법에 포함될 수 있다. 이러한 수행평가의 방법들을 구체적으로 살펴보면 다음과 같다.

- 서술형 및 논술형 검사: 서술형 검사란 흔히 주관식 검사라고 불리는데, 문제의 답을 선택하는 것이 아니라 직접 서술하는 검사다. 보통은 모범답안을 상정하고 있는 경우가 대부분이나 학습자들이 단순히 암기하고 있는 수준이 아니라 문제해결의 과정을 제대로 이해하고 있는지를 파악하기 위한 것이다. 질문의 형태에 있어서 종래에는 단편적인 지식을 묻는 것이 대부분이었지만 최근에는 창의성, 문제해결력 등 고등사고기능을 묻는 방향으로 전환되고 있다. 예를 들어, 하나의 수학 문제를 제시하고 그 해결 과정과 정답을 자세히 기록하도록 하여 학습자의 수준을 진단·평가한다.

  논술형 검사도 일종의 서술형 검사이기는 하지만, 특별히 상정하고 있는 정답이 없는 상태에서 학생 나름의 생각이나 주장을 창의적·논리적이면서도 설득력 있게 조직하여 작성해야 함을 강조한다는 점에서 일반 서술형과 구별된다. 논술형 검사는 서술된 내용의 폭과 깊이뿐만 아니라 글을 조직하고 구성하는 능력을 동시에 평가한다. 이를 통해 학습자의 창의력, 문제해결력, 비판력, 조직력, 정보 수집 및 분석력 등 고등사고기능을 제대로 평가할 수 있게 된다.

- 구술시험: 구술시험은 종이와 붓이 발명되기 전부터 시행되어 오던 가장 오래된 수행평가의 한 형태다. 학생들에게 특정 교육내용이나 주제에 대해서 자신의 의견이나 생각을 발표하도록 하여 학생의 준비도, 이해력, 표현력, 판단력, 의사소통 능력 등을 직접 평가하기 위한 방법이다.

- 토론: 토론이란 교수–학습활동과 평가활동을 통합하는 대표적인 방법으로, 특정 주제에 대해 학생들이 서로 토론하는 것을 보고 평가하는 것이다. 특히 찬반 토론을 많이 사용하는데, 사회적으로나 개인적으로 서로 다

른 의견을 제시할 수 있는 토론 주제를 가지고 개인별로 찬반 토론을 하게 한다. 그런 다음 찬성과 반대 의견을 토론하기 위해 사전에 준비한 자료의 다양성이나 충실성, 그리고 토론 내용의 충실성과 논리성, 반대 의견을 존중하는 태도, 토론 진행방법 등을 총체적으로 평가한다. 아울러 이러한 토론 과정을 자세히 관찰함으로써 토론 진행 과정에서 지도력을 발휘하여 토론을 이끌어 가는 사람, 당당하게 자기 주장을 피력하는 사람, 다른 사람의 의견을 차분히 듣고 그 의견을 집약하는 능력을 발휘하는 사람, 상대방에게 의견을 자유롭게 제시하게 한 후 결론은 자기 의견대로 끌고 가는 사람 등 여러 유형의 성격을 파악할 수 있다.

- 실기시험: 수행평가에서 언급하는 실기시험과 기존의 실기시험의 가장 큰 차이점은 실기를 하는 상황의 성격이 다르다는 것이다. 종래의 실기시험이 평가가 통제되거나 강요되는 상황이라면, 수행평가는 자연스러운 상황에서 실제로 하는 것을 여러 번 관찰하여 그 수행능력을 평가하는 것이다. 예를 들어, 종래의 농구 실기시험에서는 공을 5개 주고 슛을 하게 하여 골인된 공의 수와 슛을 하는 자세를 보고 평가하는 경우가 많다. 그러나 수행평가에서의 실기시험은 학급 또는 학교 대항 농구경기를 실제로 관찰하여 수행능력을 평가하게 된다. 수행평가를 위한 실기시험에서는 가능한 한 교수-학습활동과 평가활동을 분리하지 않고 수업 시간에 자연스럽게 평가하는 것이 바람직하다.

- 실험 · 실습: 실험 · 실습은 자연과학 분야에서 많이 사용하는 것으로, 어떤 과제에 대해 학생들로 하여금 직접 실험 · 실습을 하게 한 후 결과 보고서를 제출하게 한다. 이때 개인 단위로 실험 · 실습을 하게 할 수도 있고, 팀을 구성하여 공동작업을 하게 할 수도 있다. 교사는 학생들의 실험 · 실습 과정을 직접 관찰하고 아울러 제출된 결과 보고서를 동시에 고려하여 평가하게 된다. 이러한 방법은 실험 · 실습을 위한 기자재의 조작능력뿐만 아니라 지식을 적용하는 능력이나 문제해결 과정까지 포괄적이면서 종합적으로 평가할 수 있다.

- 면접: 면접이란 교사와 학생이 서로 대화를 통해서 얻고자 하는 자료나 정보를 수집하여 평가하는 방법이다. 즉, 교사가 학생과 직접 대면하여 평정자가 질문하고 학생이 대답하는 과정을 통해 지필식 시험이나 서류만으로는 알 수 없는 사항들을 알아보고 그것을 평가하는 방법이다. 면접의 장점은 보다 심도 있는 정보를 얻을 수 있고, 사전에 예상할 수 없었던 정보나 자료를 얻을 수 있으며, 진행상 융통성을 발휘할 수 있다는 것 등이다. 흔히 구술시험이 주로 인지적 영역을 중심으로 학업성취도를 평가하는 반면, 면접은 주로 정의적 영역이나 신체적 영역의 평가를 하는 점에서 구별된다.
- 관찰: 관찰은 학생을 이해하고 평가하기 위한 가장 보편적인 방법 중 하나다. 교사들은 늘 학생들을 접하고 있고, 개별 학생 단위든 집단 단위든 항상 관찰하게 된다. 학생들 간의 사회적 관계 구조를 파악하기 위해 한 집단 내에서 개인 간 또는 소집단 간의 역동적 관계를 집중적으로 관찰한다. 특히 나이가 너무 어리거나 지적 능력이 지나치게 낮은 대상을 평가하기 위해서는 평가 상황을 의도적으로 마련할 수 없는 경우가 있으므로 인위적이 아닌 자연적인 상황에서의 관찰법을 자주 사용하게 된다. 객관적이고 정확한 관찰을 위해서는 일화기록, 체크리스트(checklist), 평정척도, 비디오 분석 등을 활용하기도 한다.
- 자기평가 및 동료평가 보고서: 자기평가 보고서란 특정 주제나 교수-학습 영역에 대하여 학습자 스스로 학습의 과정이나 결과에 대한 자세한 평가 보고서를 작성·제출하게 하여 평가하는 것이다. 동료평가 보고서란 이와 유사하게 동료 학생들이 상대방을 서로 평가한 보고서를 제출하여 평가하는 것이다.
- 연구보고서: 우선, 각 교과별로 여러 가지 연구 주제 중에서 학생의 능력이나 흥미에 적합한 주제를 선택하고, 그 주제에 대해서 학습자 나름대로 자료를 수집하고 분석·종합하여 작성한 연구보고서를 제출하도록 하여 평가하는 것이다. 이때 연구의 주제나 범위에 따라 개인적으로 할 수도 있고

관심 있는 학습자들이 함께 모여서 단체로 할 수도 있다.

- 포트폴리오: 포트폴리오(portfolio)란 학생이 지속적이면서도 체계적으로 쓰거나 만들어 모아 둔 개인별 작품집 혹은 서류철을 이용한 평가방법이라 할 수 있다. 이 평가방법은 단편적인 영역에 대해 일회적으로 평가하지 않고, 학생 개개인의 변화·발달 과정을 종합적으로 평가하기 위해 전체적이면서도 지속적인 평가를 강조한다. 수행평가의 대표적인 방법 중 하나다. 이는 평가에 있어 학생의 역할이 중요시되고, 결과뿐만 아니라 과정을 강조하고 협동적인 활동을 장려하며, 현재의 상태보다는 발전 가능성에 초점을 두고, 다양한 상황과 연령에 적용할 수 있으며, 활용 가능성이 높다는 장점이 있다. 이러한 포트폴리오에 포함될 수 있는 내용으로 다음과 같은 것이 있다.

  - 관련 도서(읽은 책 또는 참고한 책) 목록
  - 학생의 학습활동을 기록한 오디오나 비디오테이프
  - 학생과의 면담기록
  - 보고서
  - 학생의 작품을 찍은 사진이나 비디오테이프
  - 과제와 관련된 기록장
  - 도표나 차트
  - 작품 표본이나 작품에 대한 학생의 느낌 및 평가내용의 기록물

4) 수행평가의 개발 절차

수행평가에 필요한 일반적 실시 절차는 평가목적의 확인, 평가내용의 결정, 평가방법의 설계, 채점 계획 수립의 4단계로 나뉜다(Stiggins, 1994). 각각의 세분화된 단계는 수행평가를 위해서 필수적인데, 각 단계를 구체적으로 살펴보면 다음과 같다(국립교육평가원, 1996).

(1) 평가목적의 확인

수행평가의 설계에서 첫 번째 단계는 평가목적의 확인 단계로 어떠한 용도로 사용할 것인지, 활용할 사람은 누구인지, 평가 대상은 누구인지 구체적으로 서술한다.

첫째, 수행평가의 평가목적을 명확하게 규명함으로써 그 목적에 적절한 평가 내용과 형태가 되도록 한다. 즉, 교육현장에서 수행평가를 어떻게 사용할 것인지 그 용도를 밝힌다. 예컨대, 학습자를 능력별로 배치하기 위한 것인지, 선행학습 능력을 진단하기 위한 것인지, 수업의 개선을 위한 것인지, 목표의 달성 정도를 가늠하기 위한 것인지를 분명히 서술한다.

둘째, 평가 결과를 활용할 사람을 구체적으로 서술한다. 평가 결과를 활용할 사람으로는 교사, 평가자, 학생, 학부모, 교육청 등이 될 수 있다.

셋째, 평가 결과의 용도를 구체적으로 서술한다. 평가 결과에 대한 가치 부여 혹은 해석방법에 따라 규준지향평가와 준거지향평가로 분류된다.

넷째, 평가 대상을 구체적으로 서술한다. 수행평가를 실시할 평가 대상의 수, 평가 대상 학년, 평가 대상의 특징 등을 구체적으로 기술한다. 평가 대상의 특징으로는 우수 학생집단, 열등 학생집단 등을 들 수 있다.

(2) 평가내용의 결정

수행평가 설계 절차에서 평가내용의 결정 단계는 평가내용 영역 및 기능을 제시한 후 수행 과제를 선정하며, 수행준거를 정의한다.

첫째, 평가의 일반적인 내용 영역 및 기능을 밝힌다. 내용 영역이란 넓게는 교과가 될 수 있고, 좁게는 단원이나 제재가 될 수 있다. 기능에 대한 분류로서 대표적인 것들로는 Bloom(1956)이 제안한 인지적 영역의 교육목표 분류학, Krathwohl 등(1964)이 제안한 정의적 영역의 행동목표 분류학 그리고 Simpson(1966) 및 Horlow(1959)가 제안한 심리운동적 영역의 행동목표 분류학을 꼽을 수 있다.

둘째, 수행 과제를 선정한다. 평가의 질은 평가 과제와 평가 계획에서 밝힌 지식, 기능, 성향 등 의도한 학습결과를 얼마나 잘 일치시키는가에 달려 있다. 따라서 수행 과제를 선정할 때는 과제가 의도한 결과를 잘 나타내고 있는지를 고려하여야 한다.

셋째, 수행준거를 열거한다. 수행준거를 만드는 일은 수행평가를 설계하는 단계에서도 가장 중요하고 핵심적인 부분이다. 이 단계에서는 수행의 주요 요소를 빠짐 없이 망라하여 열거하고, 각 요소별로 가장 높은 수준의 수행과 가장 낮은 수준의 수행 그리고 중간 수준에 해당하는 수행이 어떠한지 상세하게 정의한다. 이러한 수행의 요소 또는 차원을 수행준거라고 한다.

최근에는 학생들의 수행 과제 평가의 공정성과 정확성을 위해 루브릭을 이용한다. 루브릭(Rubric)은 학생들의 과제를 평가하는 데 필요한 일련의 평가 안내

〈표 11-2〉 **구술 발표를 위한 루브릭의 예**

	초보 단계(1)	발전 단계(2)	숙달 단계(3)	성숙 단계(4)
내용	아무 말도 하지 않았다.	임무의 요구를 충족시킬 만한 충분한 내용을 제공하지 않았다.	임무의 요구를 충족시키기에 충분한 내용을 제공하였다.	내용이 임무의 요구사항을 충족시키기에 뛰어나다.
구성	구성이 되어 있지 않고 내용의 대부분을 이해할 수 없다.	내용의 구성이 산만하거나 무작위적으로 섞여 있다.	내용은 구성되었고 순서와 전후관계가 명확하다.	내용은 잘 구성되었고 화자는 의견과 생각을 나타내기 위해서 변화와 단서를 제공하였다.
화법	발음이 너무 불명확해서 내용의 대부분을 이해할 수 없었다.	청중은 내용을 이해하려고 애써야 했을 것이고, 음량은 너무 작았고, 말하는 속도는 너무 빨랐다.	발음은 명확하고 음량과 말의 속도가 적당하였다.	화자는 내용을 생생하고 열성적으로 전달하였다.
언어	문법과 어휘들이 매우 빈약해서 내용의 대부분을 이해할 수 없었다.	화자는 많은 문법적실수를 하였고 매우 단순하고 지루한 언어를 사용하였다.	화자는 약간의 문법적인 실수를 저질렀고, 그 임무에 적당한 언어를 사용하였다.	화자는 문법적인 실수를 거의 하지 않았고, 내용의 의미를 강조하거나 향상시키기 위해 효과적인 방식으로 언어 사용을 하였다.

서로서, 일반적으로 과제의 각 수준마다 적용할 수 있는 평가척도들을 포함하고 있다. 루브릭을 사용하였을 때 학생, 교사, 부모들에게는 다양한 이점이 있다.

학생들이 과제를 시작하기 전에 루브릭을 안다면, 그들은 기대된 것과 그 기대에 도달하기 위해 해야 할 것을 알게 된다. 따라서 학생들의 성취에 있어 향상을 가져올 뿐만 아니라 학생들이 어떻게 평가되는지에 대해 잘못 이해하는 것을 줄임으로써 교사들도 이점을 얻을 수 있다.

많은 부모는 루브릭에 대해 강한 지지를 보이는데, 그것이 자녀의 수행과 산출물에 긍정적인 영향을 미치기 때문이다. 부모들은 특히 프로젝트나 보고서를 위한 루브릭의 사용을 좋아한다. 왜냐하면 그것을 통해 과제에 대한 교사의 특정 기대를 아동들이 이해하고 부합할 수 있도록 도와주기 때문이다. 〈표 11-2〉는 구술 발표를 위한 루브릭의 예다.

(3) 평가방법의 설계

수행평가의 세 번째 단계는 평가방법의 설계로 성취 행동을 평가할 수 있는 방법을 결정하고 평가 시행의 공고 여부와 수집할 평가 자료의 양을 결정한다.

첫째, 성취 행동을 가장 적절하게 평가할 수 있는 방법을 결정한다. 모든 학생에게 자신의 능력을 최대한 발휘할 기회가 공정하게 주어질 수 있는 방법을 선정하여야 하며, 경우에 따라 두 가지 이상의 평가방법을 사용할 수도 있다.

둘째, 평가 시행의 공고 여부를 결정한다. 학생들에게 공고하고 평가를 하는 경우와 그렇지 않은 경우로 구분하여 피험자의 동기유발과 시험 불안 정도를 비교할 수 있다.

셋째, 수집할 평가 자료의 양을 결정한다. 수행평가를 실시할 때에는 피험자수와 각 피험자에게서 수집할 평가 자료의 양을 고려해야 한다. 평가 자료는 한 번의 성취 행동에서 한 개의 자료를 수집하거나, 한 번의 성취 행동에서 여러 개의 자료를 수집하거나, 여러 번의 성취 행동에서 여러 개의 자료를 수집할 수 있다. 평가 자료의 수집방법은 평가 결과의 중요성, 수집된 자료의 대표성, 평가에 소요되는 시간과 비용에 따라 결정된다.

(4) 채점 계획 수립

수행평가의 마지막 단계는 성취 행동을 점검하고 평가 결과를 필요한 사람에게 알려 주는 채점 기록방법을 결정하는 것이다. 채점 계획에서는 어떤 형태의 점수가 필요하고, 누가 채점을 하며, 어떻게 채점 자료를 기록할 것인가를 결정해야 한다.

첫째, 채점방법을 결정한다. 채점방법은 총괄적 채점(holistic rating)과 분석적 채점(analytic rating)으로 구분된다. 총괄적 채점은 평가목적이 선발이나 배치, 순위를 필요로 하는 경우에, 분석적 채점은 개인 및 집단의 진단이나 최소한의 숙련 정도를 파악하는 경우에 적용된다. 그러나 실제로는 총괄적 채점과 분석적 채점이 함께 사용되는 경우가 많다.

둘째, 채점자를 결정한다. 채점자는 교사나 자격이 있는 전문가, 또는 피험자 자신도 자신의 수행 결과나 다른 피험자의 수행 결과를 채점할 수 있다. 전문적·기술적 지식과 경험이 필요하거나 경쟁이 심한 평가에서 공정한 채점이 필요한 경우에는 교사나 전문가 채점을 한다. 반면, 피험자가 평가기준을 적용할 수 있고, 평가기준표를 보고 채점 과정을 배울 수 있을 때, 채점 결과가 채점자 간에 약간의 차이가 있더라도 평가 결과에 큰 영향을 미치지 않을 때는 피험자도 평가에 참여할 수 있다.

셋째, 평가 결과의 기록방법을 명확히 밝힌다. 수행평가의 마지막 절차는 평가 결과의 표시방법을 결정하는 것이다. 예를 들어, 평가 결과를 점수로 기록하거나, 성취 행동의 유무를 체크리스트에 표시하거나, 숙련된 정도를 평정척도에 표시할 수 있다. 그리고 평소에 관찰한 사항을 기록하거나 포트폴리오로 보관할 수도 있다. 피험자가 많으면 성취 행동을 점수로 표시하거나 체크리스트에 표시하는 방법이 가장 적절하다.

3. 과정중심평가로서의 형성평가 활용

최근 평가에서는 학습결과보다 학습 과정을 중요하게 다루는 평가의 형성적 기능을 강조하면서 교수–학습 과정 전반에 걸쳐 그 개념 및 활용 범위가 확대되고 있다. **형성평가**는 학습을 극대화시키기 위해 교수–학습 장면에서 학생의 자료를 다각적으로 수집하고 교사는 이에 근거하여 학생에게 피드백하는 일련의 계획된 과정이다. 또한 학생은 교사의 형성평가(피드백)를 통해 스스로 성찰할 수 있는 기회를 갖게 된다. 교사는 형성평가를 통해 교수, 학습, 평가의 통합된 활동을 이룰 수 있다.

이 책의 8장 4절에서 이미 형성평가에 대해 간략히 살펴본 바가 있지만 수업 장면에서 형성평가를 적용할 때 유의할 특징과 수행평가에서 형성평가 적용을 좀 더 살펴보고자 한다.

수업 장면에서 강조되는 형성평가의 특징은 다음과 같다(김성숙 외, 2015).

첫째, 형성평가는 특정 시험이 아니라 일련의 과정이다.

둘째, 형성평가는 교사만 활용하는 것이 아니라 교사와 학생 모두가 활용한다.

셋째, 형성평가는 교수–학습 장면에서 발생한다.

넷째, 형성평가는 교사와 학생에게 제공되는 평가 기반 피드백이다.

다섯째, 형성평가는 추후 학습에 대한 정보제공을 그 목적으로 한다.

수행평가에서 형성평가의 주요 기능인 피드백 적용의 유의점은 다음과 같다.

첫째, 과정을 중시하는 수행평가의 피드백은 학생의 현재 수준과 학생이 도달해야 할 수행 수준 간의 차이를 자세하게 알려 줌으로써, 학생의 학습과 성장을 지원하고 교사의 수업과 평가의 질을 개선하는 과정이다.

둘째, 과정을 중시하는 수행평가에서 수행 결과에 대한 피드백뿐 아니라 수행 과정에 대한 피드백을 함께 제공해야 한다. 아울러 인지적 측면뿐만 아니라 정의적 측면에 대한 피드백도 실시하는 것이 중요하다.

셋째, 수행평가에서 수행의 결과에 영향을 미치는 요인들을 제대로 파악하고 학생의 추후 학습에 대한 피드백을 제공하여야 한다. 수행 과정에서 어떠한 문제가 있었는지, 발생한 문제점들에 대해서 학생이 문제를 적극적으로 해결하였는지, 동기나 효능감이 낮지는 않았는지 등 다면적인 측면에서 피드백을 제공하여야 한다.

수행평가에서의 피드백 방향 및 특징을 정리하면 〈표 11-3〉과 같다.

〈표 11-3〉 **수행평가에서의 피드백 방향 및 특징**

분류	방향	특징
과정에 대한 피드백	• 과제 수행 환경 또는 학생들 간의 관계 속에서 과제 수행 과정을 피드백	• 수행 과정에 대한 정보를 제공함으로써 원인 파악이 용이하며 결과에 대한 보정의 효과가 뛰어남 • 학생이 학습 전략을 수립하는 데 효과적일 수 있음
결과에 대한 피드백	• 과제를 얼마나 잘 수행했는지, 평가 결과 및 성취도에 대한 피드백	• 각각의 개별 과제의 구체적 내용에 대해 즉각적으로 피드백을 제공할 수 있음

참고문헌

국립교육평가원(1996). 수행평가의 이론과 실제. 서울: 대한교과서주식회사.
교육과정평가원(2018). 과정중심평가 적용에 따른 학교수준 학생평가 체제 개선 방안.
교육부, 한국교육과정평가원(2017). 과정을 중시하는 수행평가 어떻게 할까요? 중등.
김석우 외(2000). 포트폴리오 평가의 이론과 실제. 서울: 학지사.
김성숙 외(2015). 교수·학습과 하나되는 형성평가. 서울: 학지사.
남명호(1995). 수행평가의 타당성 연구. 고려대학교 대학원 박사학위논문.
백순근(1998). 수행평가의 이론과 실제. 서울: 원미사.
석문주 외(1997). 학습을 위한 수행평가. 서울: 교육과학사.

성태제(1998). 교육평가 방법의 변화와 결과타당도. 한국교육평가학회 창립 15주년학술세미나 발표논문집, 125-147.

지옥정 역(1995). 프로젝트 접근법: 교사를 위한 실행지침서. 서울: 학지사.

한국초등교육평가연구회(1997). 수행평가 이렇게 합시다. 서울: 교학사.

Bloom, B. S. (1956). *The taxonomy of educational objectives, Handbook I.* Cognitive domain. NY: David Mckay.

Gronlund, N. E. (1988). *How to construct achievement test.* New York: Macmillan.

Harlow, H. F. (1959). Love in infant monkeys. *Scientifion American, 202,* 68-74.

Herman, J. L., Aschbacher, P. R., & Winters, L. (1992). *A practical guide to alternative assessment.* Alexandria, VA: Association for Supervision and Curriculum Developement.

Klein, S. P., & Stecher, B. M. (1998). Analytic versus holistic scoring of science performance task. *Applied Measurement in Educaion, 2*(11), 121-137.

Krathwohl, D. R., Bloom, B. S., & Masia, B. B. (1964). *Taxonomy of educatinal objectives, handbook 2.* Affective Domain. NY: Mckcay.

Linn, R. L., & Baker, E. L. (1996). Can performance-based student assessments be psychometrically sound? In J. B. Babon, & D. P. Wolf (Eds.), *Performance-based student assessment: Challenge and possibilities* (pp. 32-83). Chicago, IL: University of Chicago Press.

Mclaughlin, M., & Vogt, M. (1996). *Portfolios in teacher education.* International Reading Association.

McTighe, J., & Ferrara, S. (1994). *Assessing learning in the classroom.* Washington DC: National Education Association.

Messick, S. (1989). Validity. In R. L. Linn (Ed.), *Educatonal measurement* (pp. 13-103). Washington D.C.: American Council on Education & National Council on Measurement in Education.

Panaritis, P. (1995). Beyond brainstorming: Planning a successful inter-disciplinary program. *Phi Delta Kappan, April,* 623-628.

Reckase, M. D. (1995). Portfolio assessment: A theocratical estimate of score reliability. *Educational Measurement: Issues and Practice, 14*(1), 12-14.

Simpson, E. J. (1966). The Classification of Educational objectives, psychomotor domain. *Illinois Teacher of Home Economics, 10,* 110-144.

Stetcher, B. M., & Klein, S. P. (1997). The cost of science performance assessments in large-scale testings programs. *Educational Evaluation and Policy Analysis*, *19*(1), 1-14.

Stiggins, R. (1994). *Student-centerd classroom assessment*. New York: Macmillan.

제12장
문항 제작, 유형 및 분석

　일반적으로 평가의 목적은 각종 선발, 학습동기의 고취, 교육의 질적 개선을 위한 정보 수집에 있다. 평가목적에 부합되지 않는 예를 살펴보면, 대학입학시험은 선발의 목적으로 제작되어야 한다. 그러나 몇 년 전 대입학력고사와 대학 성적 간의 상관관계를 조사한 어떤 연구 결과, 그 중앙치가 .27(r)로 매우 낮게 나왔다. 이는 대학 성적의 약 7.3% 정도만 예측해 줄 수 있고 92.7%는 다른 요인이 결정해 준다는 사실이다. 학생부의 교과 성적과 대학 성적과의 상관관계를 조사한 경우에도 10.2%밖에 예측하지 못한다는 보고가 있다.

　또한 문항분석을 통해 양질의 문항을 제작해야 평가의 목적을 제대로 달성할 수 있다. 그러나 제7차 교육과정을 바탕으로 한 수능시험의 경우 다양한 선택 과목으로 인하여 선택 과목별 표준점수화를 하기 때문에 수능 선택 과목 간 문항 난이도에 따라 원점수는 높게 받았으나 표준점수는 낮게 나오는 경우가 계속 발생하여 수험생들에게 악영향을 주고 있다. 이는 선택 과목 간 난이도 조절에 실패하였기 때문이라는 비판을 받고 있다. 이처럼 문항의 난이도나 문항 변별도의 중요성이 증가되고 있다.

　문항 제작자가 갖추어야 할 조건을 무시한 예로 아무개 교사가 학기말 학업성취도 평가문항을 시중의 학습지 문제를 그대로 출제하여 학부모에게 항의를 받고 재평가를 실시한 해프닝이 있다. 이처럼 오늘날 교육현장에서는 문항 제작이 졸속으로 이루어지고 있는 예가 많다. 또한 한 번 실시된 검사문항이 분석을 거치지 않고 폐기되는 일이 되풀이되면서, 문항 제작 및 분석의 중요성이 간과되는 경향이 있다. 성취하고자 의도하는 행동 특성이 다양하므로 평가문항의 형식도 다양하며, 채점의 관점에 따라서도 다양한 유형이 있다. 그러나 실제 학교현장에서 사용되는 평가문항의 유형은 5지 선다형, 단답형, 지필형 일변도로 매우 편협하다. 이는 평가의 목적에 맞는 평가문항을 만들지 못한 경우가 될 수 있다.

- 좋은 문항이 갖추어야 할 조건을 알아본다.
- 채점방법이나 피험자의 반응방식에 따른 문항 유형을 알아본다.
- 문항 난이도, 문항 변별도, 문항 반응 분포의 개념을 알아본다.
- 문항반응이론의 개념을 알고 고전검사이론과 비교해 본다.

일반적으로 인간의 잠재능력에 대한 평가는 검사에 의하여 실시되고 있다. 검사는 여러 개의 문항으로 구성되기 때문에 좋은 검사가 되기 위해서는 검사의 기본 단위인 문항이 잘 구성되어야 한다. 교육활동의 결과에 대한 가치판단은 평가 과정을 통해 이루어진다. 이러한 평가는 활동 과정을 제대로 판단할 수 있는 수단으로 평가문항이 필요한데, 이는 활동 과정을 정확하게 측정할 수 있는 준거가 되어야 한다. 따라서 좋은 문항이 되기 위해서는 여러 가지 조건을 충족해야 한다. 이 장에서는 좋은 문항이 갖추어야 할 일반적인 조건, 다양한 문항 유형 및 제작 원리, 그에 따른 장단점, 그리고 문항을 분석하는 과정을 다루고자 한다.

1. 좋은 문항의 조건

좋은 문항을 만들기 위해 검사제작자가 갖추어야 할 자질을 요약해 보면 다음과 같다.

첫째, 문항 제작자는 교육과정을 충분히 이해하고 있어야 한다. 즉, 학습자가 현재 무엇을 알고 있는지, 무엇을 더 알아야 하는지를 잘 파악하고 있어야 한다.

둘째, 피험자 집단의 심리적 · 교육학적 특성을 잘 알고 있어야 한다. 학습 발달 수준뿐만 아니라 사용하는 어휘 수준까지도 파악해야만 피험자 집단에게 적합한 복잡성이나 난이도를 가진 문항을 제작할 수 있다.

셋째, 자신의 생각을 정확하고 분명하게 표현할 수 있는 문장력을 갖추어야 한다. 아무리 좋은 생각을 가지고 있더라도 그 내용을 간결하고 명확하게 표현하지 못한다면 목표 달성도를 제대로 평가할 수 없다.

넷째, 문항의 좋고 나쁨을 평가하기 위해 검사 이론에 관해 해박한 지식을 지니고 있어야 한다. 문항분석을 통한 문항 난이도 및 문항 변별도의 조절방법을 알고, 이를 통해 출제된 문항이 좋은 문항인지 아닌지를 평가하며, 문항들의 집합체인 검사의 타당도 및 신뢰도를 검증할 수 있어야 한다.

Gronlund(1988)는 좋은 문항 제작의 장애 요인으로서 필요 이상의 어려운 단어, 불필요하게 복잡한 문장 구조, 모호한 문장, 너저분하게 기술된 문장, 불분명하게 제시된 그림, 혼돈스러운 지시문 등을 들고 있다. 이런 면에서 새로운 문항을 제작하는 일은 고도의 기술과 특별한 능력이 요구되는 창의적 활동임이 분명하다. 따라서 문항 제작에 가장 필수적인 요소는 교육목표에 대한 깊은 이해와 교수목표 혹은 학습 과제를 문항의 형식으로 번역해 내는 기술, 지식, 경험이라고 할 수 있다.

좋은 문항을 만들기 위해서는 다음과 같은 점을 고려해야 한다.

첫째, 문항 내용의 적절성을 고려해야 한다. 적절성이란 문항의 내용이 측정하고자 하는 내용을 얼마나 잘 측정하고 있는가를 의미하는 것이다. 적절성 정도는 문항의 내용이 교수목표의 구체적인 상태를 얼마나 잘 드러내 주고 있느냐로 결정한다. 따라서 문항들이 측정하고자 하는 내용을 제대로 담고 있을 때 그 검사는 타당도가 높다고 말할 수 있다.

둘째, 문항 내용의 복합성을 고려해야 한다. 복합성이란 개인이 부딪히는 요소 혹은 관계의 폭과 관련되는 문항의 특징을 말한다. 문항이 복합적이어야 한다는 것은 질문의 내용이 단순한 기억에 의한 사실보다는 분석, 종합, 평가 등의 고등정신능력을 측정할 수 있는 문항이어야 한다는 것이다.

셋째, 문항 내용은 일정한 추상성을 지니고 있어야 한다. 즉, 질문의 내용이 단순 사실을 열거하여 단편 지식을 평가하기보다는 구체적으로 열거한 사실들을 요약하고 일반화 및 추상화시킬 수 있는 내용을 포함해야 한다는 의미다.

넷째, 문항의 참신성을 고려하여야 한다. 참신한 문항이란 내용 및 형식의 측면에서 볼 때 이미 존재하는 진부한 형태가 아닌 새로운 형태임을 의미한다. 다시 말해, 참신성의 정도는 문항의 질문이 학습자에게 얼마나 새로운 경험을 주느냐로 결정된다. 참신한 문항의 제작이 쉽지는 않겠지만 가능하면 교과서나 교과목이 아닌 새로운 자료에서 문항을 제작하도록 노력해야 한다. 문항의 내용이 참신할 때 새로운 정신능력을 측정할 가능성도 커지게 된다.

다섯째, 문항은 구조화되어야 한다. 문항의 구조화 정도는 문항의 의미가 피험자에게 모호하지 않으면서 일반적인 의미를 주는 정도를 의미한다. 이는 문항의 체계성이라는 말과 유사하며, 문항의 질문이 모호하지 않고 구체적이어야 한다는 것과도 상통한다. 대체적으로 객관식 문항이나 선택형 문항은 서답형 문항이나 논문형 문항보다 구조화되어 있다고 할 수 있다.

여섯째, 문항의 난이도가 적절하여야 한다. 피험자 집단의 능력에 비추어 지나치게 어렵거나 쉬운 문항은 교수목표를 측정하는 데 적절하지 못하다.

일곱째, 문항은 학습동기를 유발해야 한다. 이는 평가문항에 대한 피험자의 반응 결과(성공 또는 실패)가 학업성적뿐 아니라 학습동기, 흥미, 태도, 자아개념 등 정의적 행동의 형성에 중요한 영향을 미칠 수 있다는 사실에 근거한다.

2. 문항 유형

문항의 유형은 채점방법에 따라 객관형과 주관형으로, 피험자의 반응방식에 따라 크게 선택형과 서답형으로 구분된다. 선택형 문항(Selection-type-item)은 주어진 답지 중 하나를 고르는 문항 형태를 말하며, 서답형 문항(Supply-type-item)은 피험자가 정답을 직접 써 넣는 형태의 문항을 말한다. 흔히 선택형 문항을 객관식 문항, 서답형 문항을 주관식 문항이라고도 한다.

1) 선택형 문항

(1) 진위형

진위형(true-false form) 문항은 객관식이고 고정 반응형으로서 흔히 양자택일식(alternative-response type)이라고도 한다. 다시 말해, 제시된 진술문에 피험자가 그 진술문의 진위, 즉 옳고 그름을 판단하는 형태다. 변형된 모형으로는 '예/

아니요' 또는 '찬성/반대'로 응답하는 문항 형태가 있다.

진위형 문항을 제작하고자 할 때 유의할 사항은 다음과 같다.

첫째, 질문, 즉 진술문에는 중요한 내용이 포함되어야 한다. 바꿔 말하면, 중요하지 않은 내용이 문항을 답하는 데 영향을 주어서는 안 된다. 이는 피험자가 문항의 정답을 알고 있음에도 불구하고 중요하지 않은 내용 때문에 오답을 할 가능성이 있기 때문이다.

둘째, 하나의 문항은 하나의 내용만을 포함하도록 한다. 하나의 문항에 많은 내용을 포함시킬 경우 측정에 어려움이 따르므로 하나의 진위형 진술문에는 옳거나 그른 내용이 하나만 들어가야 한다.

셋째, 부정문의 사용은 가능한 줄이고 이중부정은 피해야 한다. 진위형 문항에서 '아니다' 또는 '아닌' 등의 부정어 사용은 피험자를 혼란에 빠지게 하여 실수를 유발시킨다. 부득이 부정어를 사용해야 한다면 부정어 밑에 밑줄을 긋는 것이 바람직하다.

넷째, 가능한 한 단순한 문장으로 간단명료하게 질문한다. 조건이 많이 붙은 긴 문장은 한쪽이 옳고 다른 한쪽이 그를 가능성이 있다. 특히 겹문장이나 여러 개의 홑문장을 늘어놓은 형태의 문항은 질문의 내용을 불명확하게 한다.

다섯째, 답의 단서가 될 수 있는 절대적 어구나 일반적 어구는 사용하지 않는다. 예를 들어, '절대' '항상' '반드시' '결코' 등의 절대적 어구는 오답의 단서가 될 수 있는 반면에 '흔히' '때때로' '대체로' 등과 같은 일반적 어구는 정답을 암시할 수 있기 때문이다.

이러한 진위형 문항의 장점은 다음과 같다.

첫째, 문항 제작이 용이하기 때문에 짧은 시간 내에 많은 양의 문항을 출제할 수 있어 한 검사에 많은 학습목표를 포함시킬 수 있다.

둘째, 채점이 빠르고 신뢰할 수 있으며, 객관적으로 할 수 있다.

셋째, 읽기능력이나 언어능력이 부족한 피험자들, 예컨대 초등학교 저학년이 평가 대상인 경우에 적절하다.

　　그러나 진위형 문항의 단점 또한 간과할 수 없다. 이는 다음과 같이 요약할 수 있다.

　　첫째, 추측에 의하여 정답을 할 확률이 1/2이기 때문에 우연을 통제하기가 쉽지 않다. 따라서 이들 진위형으로만 구성된 검사의 신뢰도는 자연히 낮아지게 된다.

　　둘째, 고등정신능력보다는 별로 중요하지 않은 교수목표나 단순한 기억력을 요구하는 지식을 측정할 가능성이 높다.

　　셋째, 학습자의 학습동기를 감퇴시킬 우려가 있다. 평가가 진위형으로 출제된다고 하면 학습자들은 특별히 공부하지 않아도 되는 검사라는 인식을 가지기 쉽고, 극히 피상적인 학습을 하도록 만들 가능성이 크기 때문이다.

(2) 선다형

　　선다형(multiple choice form) 문항은 선택형 문항 유형 중 가장 많이 쓰이는 형태로 두 개 이상의 답지를 주고 그중 맞는 답지나 혹은 가장 알맞은 답지를 선택하는 문항이다. 선다형 문항은 문두와 그에 따른 두 개 이상의 답지로 구성되는데, 문두는 대체적으로 의문문이거나 불완전 문장으로 되어 있다.

　　선다형 문항은 선택형 문항의 다른 형식에 비해 내재적인 결점이 적기 때문에 가장 보편적으로 사용되고 있다. 일반적으로 선다형 문항은 여러 개의 답지 중에서 하나의 옳은 답을 선택하는 정답형(correct-answer type) 문항과 답지 중에 가장 맞는 답을 선택하는 최선답형(best-answer type) 문항으로 분류된다. 특히 최선답형은 정답형보다는 피험자에게 혼돈을 더 줄 수 있으므로 제작하기에 다소 어렵지만, 일단 좋은 문항으로 만들기만 하면 훨씬 유용하다는 이점이 있다.

　　선다형 문항을 제작하고자 할 때 유의할 사항은 다음과 같다.

　　첫째, 문두는 간결하고 단순하게 서술하여 질문의 내용이 모호하지 않아야 한다. 즉, 불필요하게 어렵고 복잡한 문항보다는 간단하고 명확하게 문두를 제시함으로써 질문이 무엇을 묻는지 명확하게 드러나야 한다.

둘째, 정답은 분명하고 오답은 매력적으로 만들어져야 한다. 답지 가운데 정답은 분명하고 명확해야 하며, 오답은 능력이 낮은 피험자에게는 그럴듯하고 정답인 듯하게 만들어져야 한다. 특히 오답의 경우 피험자가 질문에 대한 정확한 지식을 가지고 있지 않다면 매력적인 틀린 답지로 인하여 혼동이 생기도록 답지를 제작해야 한다.

셋째, 정답을 고를 수 있거나 오답을 제거할 수 있는 단서를 주지 말아야 한다. 만약 모든 피험자가 어떤 문항의 질문 내용에서 정답에 대한 단서를 찾았다면, 그 문항은 피험자의 능력을 변별할 수 없는 쓸모 없는 것이 된다.

넷째, 답지의 형태나 길이는 서로 비슷해야 하며, 다를 경우에는 짧은 답지부터 배열하는 것이 바람직하다. 대체로 정답의 길이는 길거나 자세하고 오답은 짧은 경향이 있으므로 답지의 길이를 유사하게 만들어야 한다. 따라서 문항을 제작할 때에는 오답도 정답만큼 길고 자세하게 의도적으로 진술해야 한다.

다섯째, 정답의 번호가 특정 번호에 치우치지 않도록 하며, 정답의 위치는 다양하게 배치되어야 한다. 선다형은 대부분 4~5개의 답지로 구성되는데, 전체적인 정답이 놓이는 순서로 정답을 추측하거나 정답이 특정한 번호에 몰리는 것은 바람직하지 않다. 그러므로 정답이 각 답지에 골고루 배치되고 어떤 규칙성도 드러나지 않도록 주의해야 한다.

선다형 문항의 장점으로는 다양성 및 포괄성, 즉 학습내용의 많은 영역을 측정할 수 있다는 점에서 여러 가지 문제 상태, 목적, 내용을 다양하게 다룰 수 있다. 주어진 시간 내에 많은 문항의 검사를 실시할 수 있고, 넓은 영역의 학업성취 수준을 측정할 수 있기 때문에 검사 내용의 타당도를 증진시킬 수 있다. 또한 채점이 용이하고 객관적이고 기계적으로 할 수 있어서 채점의 신뢰도를 높일 수 있다.

반면에 선다형 문항의 단점으로는 주어진 답지에서 하나를 선택하기 때문에 창의성, 분석력, 문제해결 능력 등 고등정신능력을 측정하는 데 한계가 있고, 그럴듯하고 매력적인 오답을 제작하기가 쉽지 않으며, 특히 좋은 문항을 제작하는 데 많은 시간이 소요된다. 따라서 좋은 문항을 만들기 위해서는 상당한 경험과 문항 제작에 관한 지식이 필요하다. 또한 진위형보다는 적지만 주어진 답지에서 정답을 선택하므로 추측에 의해 정답을 맞힐 확률을 완전히 배제할 수 없다.

(3) 연결형

연결형(matching form) 문항은 일련의 전제와 일련의 답지를 배열하여 전제에 대한 질문의 정답을 답지에서 찾아 연결하는 형태로서 배합형이라고도 한다. 가장 흔하게 쓰이고 있는 유형은 전제와 답지가 한 묶음으로 되어 있는 단순 연결형이다.

연결형 문항을 제작하고자 할 때 유의할 사항은 다음과 같다.

첫째, 전제나 답지는 고도의 동질성을 가진 것끼리 제시하도록 한다. 전제는 전제대로, 또 답지는 답지대로 같은 개념, 사실, 법칙 등에 속하는 유목으로 묶어야 한다. 동질성이 결여되면 피험자에게 정답의 단서를 주게 될 가능성이 커진다.

둘째, 전제보다 답지의 수가 많아야 한다. 전제의 문제 수보다 답지 수를 많게 하는 이유는 마지막으로 남은 답지가 자연적으로 정답이 되는 경우를 방지하기 위해서다. 일반적으로 답지 수는 전제 수보다 두세 개 정도 더 많이 제시하는 것이 바람직하다.

셋째, 전제와 답지의 각 문항은 최대한 계열성 있게 배열한다. 항목들 간에 논리적 순서나 시간적 · 공간적 계열성이 존재한다면 그에 따라 배열하는 것이 바람직하다. 예를 들어, 역사적 사건에 해당되는 연대를 연결한다면 전제는 글자 순으로, 답지는 시대 순으로 배열한다.

넷째, 전제나 답지 수를 적절히 제한하여야 한다. 이상적인 전제나 답지의 수는 전제는 5개, 답지는 7~8개가 적절하며, 특별한 경우를 제외하고는 10개를 넘지 않도록 하는 것이 바람직하다. 전제나 답지의 수가 너무 많으면 피험자가 혼란되고 싫증나게 되며, 이미 제시한 동질성을 유지하기 어렵게 된다.

연결형 문항의 장점으로는 문항 제작이 비교적 간편하고 다룰 수 있는 내용이 포괄적이어서 유사한 사실을 비교 · 분석하고 판단하는 고등정신능력을 측정할 수 있다. 또한 채점을 신뢰할 수 있고 객관적으로 하는 것이 용이하기 때문에 검사의 객관도 및 신뢰도를 높일 수 있다.

　연결형 문항의 단점으로는 좋은 문항을 만드는 데 많은 노력과 시간이 소요된다는 점이다. 따라서 정교하게 만들지 못하면 진위형처럼 단순한 사실의 기억을 측정하는 데 그치기 쉽다. 또한 연결이 진행되어 가면서 점차 연결 수가 줄어듦에 따라 추측 요인이 작용할 가능성이 커질 수 있다.

2) 서답형 문항

(1) 단답형

　간단한 단어, 어구, 수, 기호 등을 제한된 형태로 피험자가 써 넣는 문항 형식으로 용어의 정의나 의미를 측정할 때 자주 사용된다.

　단답형(short-answer form) 문항을 제작하고자 할 때 유의할 사항은 다음과 같다.

　첫째, 간단한 형태의 답이 나올 수 있도록 문항을 제작한다. 정확한 용어를 사용하여 질문의 내용이 명료할 때 비로소 여러 개의 정답이 나올 가능성은 적어져 간략한 답이 제시될 수 있다.

　둘째, 정답 수는 될 수 있는 대로 한 개 혹은 몇 개가 되도록 한정해야 한다. 단답형에서는 가능한 한 정답이 한 개인 것이 바람직하지만 부득이한 경우에는 문항의 내용상 2~3개도 무방하다.

　셋째, 수치나 계산문제에 관련된 문제에서는 기대하는 정확성의 정도 혹은 계산 절차의 수준을 명시하도록 한다. 예를 들어, 계산문제의 경우에는 지시를 아주 엄밀하게 함으로써 학습자들이 질문을 명료하게 이해할 수 있고, 한 문항을 해결하는 데 소요되는 시간을 줄일 수 있다. 따라서 정답에 대한 구체적인 단위를 지정해 주거나 계산 절차를 어느 수준까지 제시하라는 지시가 포함되면 채점하는 데 도움이 된다.

단답형 문항의 장점으로는 문항 제작이 용이하고 넓은 영역의 내용을 측정할 수 있기 때문에 짧은 시간 내에 광범위하게 검사하는 데 유용하며, 추측 요인에 의하여 정답을 맞힐 확률을 가능한 한 제거할 수 있다는 점이다.

반면에 단점으로는 짧은 답을 요구하는 문항의 특성상 단순 지식, 개념, 사실만을 평가할 가능성이 높으므로 기억력에 의존하는 학습을 조장할 수 있으며, 채점 시 선택형 문항과 비교하여 객관성을 확보하기가 어렵다.

(2) 완성형

완성형(completion form) 문항은 질문을 위한 문장에 여백을 두어 질문하는 형태를 의미한다. 즉, 진술문의 내용 가운데 한 부분을 비워 놓고 그 부분에 들어가야 할 적합한 단어나 부호를 적어 넣도록 하는 유형이다.

완성형 문항을 제작하고자 할 때 유의할 사항은 다음과 같다.

첫째, 중요한 내용을 여백으로 두고 여백의 수를 적절히 제한한다. 진술문 가운데 의미가 있고 중요하다고 생각되는 부분만 비워 놓음으로써 피험자가 지엽적이고 미세한 내용보다는 중요한 내용을 인지하고 있는지 확인할 수 있어야 한다. 이상적인 여백 수는 진술문의 내용과 길이에 따라 다르지만 일반적으로 3~4개가 적당하다.

둘째, 정답이 짧은 단어나 기호로 응답되도록 질문한다. 완성형 문항은 문장의 중간이나 끝에 여백을 두어 질문하는 유형이기 때문에 가능한 한 짧은 단어로 응답할 수 있도록 한다.

셋째, 진술문 가운데 답을 암시하는 내용이 없어야 한다. 진술문의 중간에 여백을 두어 질문을 할 때 조사(을/를, 이/가 등)가 정답을 암시하지 않도록 여백 뒤에 가능한 조사 모두를 사용하는 것이 바람직하다.

넷째, 여백은 질문의 후미에 두는 것이 바람직하다. 여백이 질문 안에 있는 문장은 읽기가 쉽지 않으며, 응답하는 데 많은 시간이 소요되므로 가능한 한 여백은 질문 뒤에 두어야 한다.

다섯째, 채점 시 여백 하나를 채점 단위로 한다. 채점의 정확성과 체계성을 위해 여백 각각을 채점 단위로 한다. 여러 개의 여백을 묶어서 점수를 부여하게 되면 여백을 하나씩 채점할 때보다는 채점의 일관성이 결여될 수 있다.

이러한 완성형 문항의 장점으로는 선택형 문항에서와 같은 단서가 없으므로 추측 요인을 배제할 수 있으며, 문항 제작이 선택형의 선다형 문항에 비하여 비교적 수월하다는 점이다. 이는 선다형 문항에서 답지를 제작하는 것보다 문장의 중요 부분에 여백을 남기는 것이 보다 수월한 데 기인한다. 또한 채점이 비교적 용이하고 채점의 객관성을 유지할 수 있다.

이에 반하여 단점으로는 단순한 지식, 개념, 사실 등을 측정할 가능성이 높다.

(3) 논술형

논술형(essay form) 문항은 주어진 질문에 제한 없이 여러 개의 문장으로 응답하는 형태로서 이론적으로는 피험자의 반응을 거의 무한하게 허용하는 자유 반응 유형이다. 특히 이 유형은 일정한 형식이 있는 것이 아니라 질문이나 지시에 따라 자유롭게 피험자가 능력을 발휘하도록 하므로 분석력, 비판력, 조직력, 종합력, 문제해결력 등의 고등정신능력을 측정할 수 있다.

논술형에서 허용되는 피험자의 반응은 매우 다양하지만 반응 범위의 제한 여부에 따라 제한반응형(restricted response form)과 확대반응형(extended response form)의 두 가지 유형으로 나눌 수 있다. 제한반응형은 논술의 범위를 지시문에서 축소하거나 글자 수를 제한하는 반면, 확대반응형은 글자 수뿐만 아니라 지시문에 의한 서술 범위도 제한하지 않는다.

논술형 문항을 제작할 때 유의할 사항은 다음과 같다.

첫째, 피험자 집단의 특성을 고려해야 한다. 논술형에서는 반응의 자유를 최대한 허용하므로 피험자들이 어떤 성질을 지닌 집단인지를 분명하게 파악하지 못하였을 때 질문에 대한 반응이 지나치게 다양해지기 쉽다.

둘째, 질문의 요지가 분명하고 구조화되어야 한다. 질문이 너무 모호하거나 일반적이 되면 출제자가 원하지 않았던 답이 제시되어 채점하는 데 어려움이 따르게 된다. 따라서 질문을 구조화하여 피험자가 해야 할 과제를 분명히 제시해야 채점도 용이하다.

셋째, 문항은 난이도 순으로 배열해야 한다. 검사 내의 문항을 배열할 때 쉬운 문항에서 어려운 문항의 순서로 배열한다. 피험자에게 있어 논술형은 선택형보다는 중압감을 주므로 피험자가 어려운 문항을 먼저 대하게 되면 검사 불안(test anxiety)이 높아져서 쉬운 문항도 틀리는 경우가 있기 때문이다.

넷째, 문항 점수를 제시한다. 문항 점수를 검사지에 제시해 줌으로써 피험자는 문항의 점수를 고려하여 어떻게 응답하는 것이 유리한지 그 전략을 세울 수 있다.

다섯째, 가능하면 채점기준을 미리 마련해야 한다. 동일한 답안지라도 채점자마다 다른 점수를 부여할 수 있는 가능성이 크기 때문에 구체적인 채점기준을 마련하여야 한다. 특히 채점기준은 가능한 모든 답안을 열거하여 해당 부분에 몇 점을 줄 것인가까지 결정하여야 한다.

이러한 논술형 문항의 장점으로는 피험자의 모든 정신능력을 측정하는 데 적절하다는 점이다. 즉, 전체적인 관련 속에서 전후가 논리성 있게 표현되는지를 평가할 수 있다. 또한 분석력, 조직력, 문제해결력, 작문능력 등 다양한 고등정신능력을 측정할 수 있으며, 선다형이나 단답형에 비하여 상대적으로 문항을 제작하기가 쉽다.

반면에 논술형 문항의 단점으로는 검사 내 출제 문항 수가 제한되기 때문에 교과 영역을 광범위하게 측정하기 어렵다는 점이다. 또한 문장력이 작용하여 채점에 영향을 줄 수 있다. 예컨대, 답안의 내용과는 관계없이 문장력이 뛰어난 답안은 상대적으로 높은 점수를 받을 가능성이 높다. 그리고 채점하는 데 노력과 시간이 많이 들며, 일관성의 문제가 있을 수 있다. 이는 가장 심각한 단점으로 하나의 답안을 여러 사람이 채점할 경우 각각의 점수가 달라질 가능성이 커지므로 채점자의 신뢰도가 낮아진다.

3. 문항분석

어떤 검사의 좋고 나쁨은 결국 그 검사를 구성하고 있는 문항의 질에 달려 있다. 즉, 문항은 검사를 구성하는 가장 기본적인 단위다. 따라서 그 검사 속에 담긴 문항들의 질이 나쁘면 검사 전체의 질도 나빠지게 된다. 그러므로 검사를 분석하기 위해서는 문항을 분석하는 작업이 선행되어야 한다. 각 문항의 좋고 나쁨, 즉 양호도를 알아보는 절차를 문항분석(item analysis)이라고 하는데, 이는 대체로 문항 난이도, 문항 변별도, 문항 반응 분포 등으로 나뉜다. 먼저, 고전검사이론의 입장에서 문항 난이도, 문항 변별도, 문항 반응 분포를 살펴보고, 최근에 교육학, 심리학 등에 적용되고 있는 문항반응이론을 설명하고자 한다.

1) 문항 난이도

문항 난이도(item difficulty)는 문항의 어렵고 쉬운 정도를 나타내는 지수(P)로서 총 피험자 중 정답을 한 피험자의 비율, 즉 정답률이 된다. 문항 난이도 지수는 정답의 백분율이기 때문에 난이도 지수가 높을수록 그 문항은 쉽다는 의미가된다.

일반적으로 문항 난이도를 계산할 때 다음과 같은 공식이 이용된다.

$$P = 100 \times \frac{R}{N}$$

P : 문항 난이도 지수
N : 전체 사례 수
R : 정답자 수

예를 들어, 어느 학교에서 300명의 학습자들이 국어 시험을 치른 결과, 어떤 문항에 정답을 한 학습자들이 150명이라면, 이때의 난이도 지수는 다음과 같다.

$$P = 100 \times \frac{150}{300} = 50\%$$

답지가 주어지는 선택형 문항에서는 정답을 한 피험자들 중에서 추측으로 정답을 한 피험자가 있을 수 있다. 이와 같은 추측 요인을 교정한 문항 난이도는 다음 공식에 의하여 산출된다.

$$P = 100 \times \left(\frac{R - \dfrac{W}{K-1}}{N} \right)$$

P : 문항 난이도 지수
N : 전체 사례 수
R : 정답자 수
K : 답지 수
W : 오답자 수

앞에서 예로 든 어떤 문항에 대하여 다음과 같은 반응 분포가 나왔을 때 추측 요인을 고려한 문항 난이도는 다음과 같다.

문항 분포
* ① 60
* ② 50
* ③ 150(정답)
* ④ 40
300

$$P = 100 \times \frac{\left(150 - \dfrac{60 + 50 + 40}{4 - 1} \right)}{300}$$

$$= 100 \times \frac{\left(150 - \dfrac{150}{3} \right)}{300} = 100 \times \frac{100}{300} \fallingdotseq 33.3\%$$

이상과 같이 추측 요인을 제거한 문항 난이도는 그렇지 않았을 때에 비해 낮다는 것을 알 수 있다.

또한 검사 전체에 대한 피험자의 점수를 계산할 때에는 시간이 모자라서 답을 하지 못한 문항들 혹은 미달항들(non-reached items)은 모두 틀린 것으로 간주하여 채점한다. 그러나 문항분석에서는 문항 난이도를 통하여 문항의 쉽고 어려운 정도를 알고자 하기 때문에 각 문항에 반응하지 않은 피험자는 제외시켜야 한다. 따라서 문항분석에서는 시간이 모자라서 반응하지 못한 문항들을 고려하여 문항 난이도를 산출하는 것이 바람직하다. 이에 관한 공식은 다음과 같다(Davis, 1951).

$$P = 100 \times \left(\frac{R - \dfrac{W}{K-1}}{N - NR} \right)$$

P : 문항 난이도 지수
R : 정답자 수
N : 전체 사례 수
NR : 미달 학습자 수
K : 답지의 수
W : 오답자 수

예컨대, 300명의 피험자를 대상으로 어떤 문항에 대하여 다음과 같은 반응 분포가 나왔을 때의 난이도 지수는 다음과 같다.

문항 분포
* ① 50
* ② 40
* ③ 150(정답)
* ④ 30(미달 학습자 수)
300

$$P = 100 \times \frac{\left(150 - \dfrac{50 + 40 + 30}{4 - 1} \right)}{300 - 30}$$

$$= 100 \times \frac{\left(150 - \dfrac{120}{3} \right)}{270} = 100 \times \frac{110}{270} \fallingdotseq 41\%$$

문항 난이도에 의하여 문항을 평가하는 절대적 기준은 없으나 .30 미만이면 매우 어려운 문항, .30 이상 .80 미만이면 적절한 문항, 그리고 .80 이상이면 매우 쉬운 문항이라 평가한다.

2) 문항 변별도

문항 변별도(item discrimination)란 문항이 피험자의 능력을 변별하는 정도를 나타내는 지수를 말한다. 즉, 한 검사에서 어떤 문항에 정답을 한 피험자의 검사 점수가 높고 답이 틀린 피험자의 검사 점수가 낮다면, 이는 피험자를 변별하는 기능을 가진 문항으로 볼 수 있다. 반대로 그 문항에 정답을 한 피험자의 점수가 낮고 답이 틀린 피험자의 점수가 높다면 이를 부적 변별력을 가진 문항이라 한다. 또 어떤 문항은 답을 맞히거나 틀린 피험자가 같은 점수를 얻는다면, 이는 변별력이 없는, 즉 변별도 지수가 0인 문항이 된다.

다시 말해, 검사 총점을 기준으로 총점이 높은 학습자(상위 능력 집단)와 총점이 낮은 학습자(하위 능력 집단)로 양분하였을 때, 상위 집단의 학습자가 각 문항에서 정답을 맞히는 비율은 하위 집단의 학습자가 정답을 맞히는 확률보다 의미 있게 높아야 바람직하다. 만약 이러한 비율의 차가 의미 없는 것으로 나왔다면 그 문항은 상하 능력 집단을 변별하는 데 아무런 역할을 못하는, 변별력이 없는 문항이라 할 수 있다. 일반적으로 문항 변별도는 검사 총점을 어떤 기준 혹은 준거에 따라 두세 집단으로 나누고 상위 능력 집단과 하위 능력 집단 간의 정답률의 차이로 산출한다.

Johnson(1951)이 제시한 문항 변별도 산출 공식은 다음과 같다.

$$D.I. = \frac{R_U - R_L}{f}$$

$D.I.$: 문항 변별도 지수(item discrimination index)
R_U : 상위 능력 집단의 정답자 수
R_L : 하위 능력 집단의 정답자 수
f : 각 집단의 피험자 수

예를 들어, 300명의 피험자를 대상으로 상위 능력 집단과 하위 능력 집단을 보편적으로 사용되고 있는 상위 27%와 하위 27%로 나누어, 어떤 문항에 대한 문항 상관표를 다음과 같이 제시할 경우 Johnson의 공식을 사용하여 변별도를 산출할 수 있다.

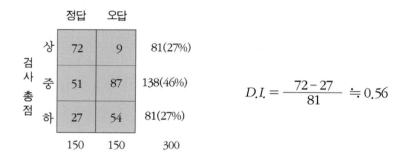

문항 변별도 지수에 의하여 문항을 평가하는 절대적 기준은 없다. 그러나 문항 변별도가 .40 이상이면 변별력이 좋은 문항이라 할 수 있고 .20 미만이면 변별력이 낮으므로 수정해야 한다. 특히 문항 변별도가 음수인 문항은 검사에서 반드시 제외시켜야 한다.

3) 문항 반응 분포

문항 반응 분포(item response distribution)란 피험자 집단의 학습자들이 문항의 각 답지에 어떻게 반응하는지를 기술하고, 이를 기초로 하여 분석하는 것을 의미한다. 문항 반응 분포에서는 분석의 대상이 문항 그 자체가 아니라 문항 속에 포함되어 있는 각각의 답지에 대한 반응이다. 이를 통하여 각 답지의 오답이 오답으로서 얼마나 매력 있는지, 정답은 얼마나 정답 구실을 하였는지, 상위 능력 집단과 하위 능력 집단 간의 반응 형태는 어떤 차이가 있는지 등을 알 수 있다.

〈문항 1〉		〈문항 2〉		〈문항 3〉	
답지	응답자 수	답지	응답자 수	답지	응답자 수
①	25	①	20	①	4
②	21	*②	15(정답)	②	20
③	19	③	73	*③	90(정답)
*④	55(정답)	④	12	④	6
	120		120		120

　120명의 피험자를 대상으로 세 개 문항에 대한 문항 반응 분포표의 예를 구체적으로 살펴봄으로써 문항 반응 분포의 과정을 알아보기로 한다.

　〈문항 1〉은 우리가 기대하는 바람직한 문항이라 할 수 있다. 우선, 많은 수의 피험자들이 정답에 반응하고 있고, 오답지에도 비교적 고르게 피험자의 반응이 분포되어 있어서 무난한 반응 분포를 보이는 문항이다.

　〈문항 2〉는 잘못된 문항이다. 정답인 ②번에는 15명의 피험자가 반응을 나타낸 반면에 오답인 ③번에는 73명이라는 많은 피험자가 반응하고 있는 것은 정답이 정답 구실을 제대로 못하였기 때문이다. 이런 경우에는 정답이 왜 제 구실을 못하였는지를 검토하여 정답 문항을 개선하거나 ③번 오답의 매력을 줄여야 한다.

　〈문항 3〉은 정답이 너무 뚜렷하고 오답의 매력이 너무 적어 이상한 반응 분포를 보이는 문항으로 실제로 사용하기에는 어려운 문항이다. 특히 오답인 ①, ④번은 전혀 매력이 없기 때문에 형식적으로는 4지 선다형이지만 실제로는 답지 ②, ③번 중 하나를 선택하는 진위형 문항이다. 이런 경우 오답지의 매력을 좀 더 늘릴 수 있도록 문항을 수정하든지 다른 문항으로 대체해야 한다.

4) 문항반응이론

　고전검사이론에 기초한 문항 난이도, 문항 변별도, 문항 반응 분포는 검사 총점에 의해 분석되고, 집단과 검사에 의하여 제한된다는 단점이 있다. 그 대안으로 제시된 문항반응이론(item response theory: IRT)은 검사 총점으로 문항을 분석하는 것이 아니라 문항은 각각 불변하는 고유한 속성을 지니고 있으므로 그 속성을 나타내는 문항특성곡선(item characteristic curve: ICC)에 의하여 문항을 분석하는 검사이론이다. 문항반응이론을 전개하기 위해서는 일차원성 가정(unidimensionality assumption)과 지역독립성 가정(local independence assumption)이 충족되어야 한다.

첫째, 일차원성 가정은 인간의 능력이 여러 종류의 잠재적 특성(latent trait)으로 나타난다는 가정이다. 그러나 이론적·실제적 제한점 때문에 하나의 검사로 인간의 다차원 특성을 측정하기란 쉽지가 않다. 이에 하나의 검사도구는 인간이 지닌 하나의 특성을 측정하여야 함을 전제로 한다.

둘째, 지역독립성 가정은 어떤 능력을 가진 피험자의 하나의 문항에 대한 응답은 다른 문항의 응답에 영향을 주지 않는다는 가정이다. 이는 어떤 문항과 다른 문항의 답을 맞힐 확률은 상호 독립적이라는 뜻이다. 또한 한 문항의 내용이 다른 문항의 정답의 단서가 되지 않아야 한다는 의미도 포함한다.

문항반응이론의 장점은 불변성 개념(invariance concept)으로, 문항 특성 불변성 및 피험자 능력 불변성 개념이 있다. 문항 특성 불변성은 문항의 특성인 문항 난이도, 문항 변별도, 문항 추측도가 피험자 집단의 특성에 따라 변화되지 않는다는 것이다. 예를 들어, 고전검사이론에서는 집단의 능력 특성에 따라 동일한 문항이 상위 집단에서는 쉬운 문항이 되고, 하위 집단에서는 어려운 문항으로 분석된다. 그러나 문항반응이론에서는 문항 특성이 피험자 집단의 특성에 따라 변하지 않는다.

피험자 능력 불변성은 피험자의 능력이 특정 검사나 문항에 따라 변하는 것이 아니라 고유한 능력 수준이 있다는 것이다. 즉, 고전검사이론에서는 동일 피험자 집단이라 하더라도 쉬운 검사에서는 피험자의 능력이 높아지고 어려운 검사에서는 능력이 낮게 나타난다. 그러나 문항반응이론에 의하면 검사의 쉽고 어려운 정도와 관계없이 피험자의 능력은 안정적으로 추정될 수 있다.

〈표 12-1〉 고전검사이론과 문항반응이론의 비교

평가이론	고전검사이론	문항반응이론
기본 개념 및 분석방법	• 출제된 문항의 양호도를 검증하기 위한 이론으로 시험에 적절한 난이도와 높은 변별도인 문항이 양질의 문항이다. • 피험자가 출제된 문항 중에 몇 문항을 맞추었는지, 출제된 문항에 응답한 사람 중 몇 사람이 정답을 하였는지를 분석한다.	• 문항의 특성이나 피험자의 능력은 고정되어 있는 것으로 인식하여 문항의 특성과 피험자의 능력을 상황에 구애받지 않는 수치로 산출해 내는 방법이다. • 고도의 수학적인 방법을 이용하여 산출하므로 고전검사의 방법보다 복잡하다.
피험자의 점수	• 문항 수를 합산하거나 조금 정밀한 점수를 위해서는 문항당 가산점을 부여하여 점수를 합산하는 방법을 사용하고 있다. • 검사를 구성하는 문항이 달라질 경우 점수는 변할 수 있다.	• 피험자의 능력은 어느 시점에서 고정되어 있는 것으로 파악하여 그 능력을 점수화하는 방법을 사용하고 있다. • 검사를 구성하는 문항이 달라지더라도 능력 점수는 변하지 않는다.
장점 및 단점	• 장점: 산출방법이 간단하고 쉽다. • 단점: 검사 시점에 따라 문항 난이도의 조절이 되지 않는다. 　- 일정한 점수를 획득하면 통과되는 자격증 시험의 경우 시험 응시자는 실시되는 시점에 따라 합격, 불합격이 결정될 수 있다.	• 장점: 정확한 측정이 가능하고 학생들의 변별이 보다 정밀하다. 　- 상황에 따라 문항의 특징이나 피험자의 능력 점수가 변하지 않아 자격증시험 등에 적절하다. • 단점: 고도의 수학적인 방법이 사용되므로 산출방법이 어렵다.

고전검사이론과 문항반응이론의 비교는 〈표 12-1〉에 나타나 있다.

(1) 문항특성곡선

어떤 문항에 반응하는 각 피험자는 어느 정도 기초 능력을 가지고 있으므로 능력 척도상에서 어떤 위치의 수치를 갖는다고 가정한다. 이때 피험자의 능력을 θ로 표기하고, 각 능력 수준에서 그 능력을 가진 피험자가 그 문항에 답을 맞힐 확률을 P로 표기한다. 이때 피험자 능력에 따라 문항의 답을 맞힐 확률을 나타내는 곡선을 문항특성곡선(ICC)이라 하는데, 이는 [그림 12-1]과 같다.

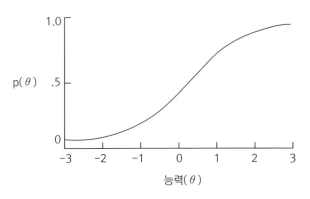

[그림 12-1] **문항특성곡선**

　문항특성곡선은 일반적으로 S자 형태를 나타내며, 피험자의 능력(θ)은 대략 -3.0에서 +3.0 사이에 위치한다. 문항특성곡선에서는 능력이 높을수록 문항의 답을 맞힐 확률이 증가하나 직선적으로 증가하지는 않는다. 문항특성곡선은 문항 난이도, 문항 변별도, 문항 추측도에 따라 다양한 곡선이 만들어진다.

　문항 난이도란 문항이 어느 능력 수준에서 기능하는가를 나타내는 지수로, 문항의 어려운 정도를 알려 준다. 문항특성곡선이 오른쪽에 위치할수록 문항이 어려움을 의미한다. 문항반응이론에서 문항 난이도란 문항의 답을 맞힐 확률이 .5에 대응하는 능력 수준을 말하며 b로 표기한다. 일반적으로 문항 난이도는 -2.0에서 +2.0 사이에 있으며 값이 커질수록 어려운 문항이 된다.

　문항 변별도란 문항이 피험자를 능력에 따라 변별하는 정도를 나타내는 지수로 변별력은 문항특성곡선의 기울기와 관계가 있다. 문항특성곡선의 기울기가 가파르면 문항 변별도가 높아지는 반면, 기울기가 완만하면 낮아지게 된다. 문항 변별도는 문항특성곡선상의 문항 난이도를 표시하는 점에서 기울기를 말하며 a로 표기한다. 문항 변별도는 일반적으로 0에서 +2.0까지의 값을 가지며, 높을수록 좋은 문항이 된다. 만약 문항 변별도가 음수 값을 지니면 그 문항은 검사에서 제외시켜야 한다. 왜냐하면 피험자의 능력이 높아질수록 그러한 문항은 답을 맞힐 확률이 낮아지기 때문이다.

문항 추측도(item guessing)는 능력이 전혀 없음에도 불구하고 문항의 답을 맞히는 확률을 말하며 c로 표기한다. 일반적으로 답지가 네 개인 문항에서 문항 추측도의 범위는 0에서 .20 사이다. 문항 추측도는 능력이 전혀 없는 피험자가 문항의 답을 맞힐 확률을 의미하므로 이 값이 높을수록 좋지 않은 문항으로 평가된다.

(2) 문항반응 모형

문항반응 모형(item response model)은 문항특성곡선의 특성을 수리적으로 표시한 것으로 문항 모수 및 피험자의 능력을 추정한다. 문항반응 모형을 함수관계로 설명하기 위해 정규 오자이브 모형(normal ogive model)과 로지스틱 모형(logistic model)을 사용할 수 있다. 정규 오자이브 모형은 정규분포를, 로지스틱 모형은 로지스틱 함수를 사용한다.

정규 오자이브 모형은 정규 오자이브 함수에 의하여 문항의 답을 맞힐 확률을 계산한다. 문항특성곡선을 추정하는 또 다른 모형은 정규 오자이브 모형이 지니고 있는 적분 계산의 어려움을 해결하기 위한 로지스틱 모형으로 로지스틱 함수를 사용한다. 로지스틱 모형은 정규 오자이브 모형에 비해 계산이 용이하고 문항반응이론의 전개에 문제가 없으므로 보편화되고 있다. 로지스틱 모형을 사용하여 문항특성곡선을 추정할 때 문항 난이도만 고려하는 경우를 1모수 로지스틱 모형 혹은 Rasch 모형이라 하고, 문항 난이도와 문항 변별도를 포함하는 경우를 2모수 로지스틱 모형이라 하며, 문항 난이도, 문항 변별도, 문항 추측도를 모두 포함하는 경우를 3모수 로지스틱 모형이라고 한다. 각각의 공식은 다음과 같다.

• 1모수 로지스틱 모형

$$P(\theta) = \frac{1}{1+e^{-1.7(\theta-b)}}$$

- 2모수 로지스틱 모형

$$P(\theta) = \frac{1}{1 + e^{-1.7a(\theta - b)}}$$

- 3모수 로지스틱 모형

$$P(\theta) = c + (1-c)\ \frac{1}{1 + e^{1.7a(\theta - b)}}$$

a : 문항 변별도
b : 문항 난이도
c : 문항 추측도
θ : 능력 수준
e : 지수(2.718······)

(3) 문항정보함수

문항정보함수(item information function)는 문항이 전체 능력 범위에 흩어져 있는 피험자의 능력을 얼마나 정확하게 추정하고 있는지를 말해 준다. 특정 문항을 사용하여 피험자의 능력을 측정함에 있어 측정의 오차가 상대적으로 작으면 문항 정보가 크고, 반대로 오차가 크면 문항정보는 작다. 문항 난이도가 피험자의 능력 수준과 같을 때 피험자의 능력을 가장 오차 없이 정확하게 추정할 수 있다.

그런데 문항정보함수는 검사의 각 문항에서 계산할 수 있지만 이렇게 사용하는 경우는 드물다. 한 문항에서 계산된 정보의 양은 매우 작기도 하지만 일반적으로 하나의 문항으로 피험자의 능력을 추정할 수는 거의 없기 때문이다. 특정 검사가 피험자의 능력을 얼마나 정확하게 추정하고 있는가는 검사정보함수(test information function)를 통해 알 수 있다. 하나의 검사는 문항들의 집합체이기 때문에 검사정보는 문항정보의 총합으로 계산된다. 그러므로 검사정보함수는 문항정보함수의 합이 된다(성태제, 2010).

참고문헌

강승호 외(1996). 현대교육평가의 이론과 실제. 서울: 양서원.
김재춘 외(2000). 교육과정과 교육평가. 서울: 교육과학사.

변창진 외(1996). 교육평가. 서울: 학지사.

성태제(1996). 문항 제작 및 분석의 이론과 실제. 서울: 학지사.

성태제(2010). 현대교육평가(3판). 서울: 학지사.

이종승, 허숙(2003). 시험, 왜 보나? 서울: 교육과학사.

정종진(1999). 학교학습의 극대화를 위한 교육평가의 이해. 서울: 양서원.

황정규(1998). 학교학습과 교육평가. 서울: 교육과학사.

황정규(2000). 한국 교육평가의 쟁점과 대안. 서울: 교육과학사.

Angoff, W. H., & Ford, S. F. (1973). Item-race interaction on a test of scholastic aptitude. *Journal of Educational Measurement, 10,* 95-96.

Baker, F. B. (1992). *Item response theory: Parameter estimation techniques.* NY: Marcel Dekker Inc.

Bormuth, J. R. (1970). *On the theory of achievement test items.* Chicago: University of Chicago Press.

Ebel, R. L., & Frisbie, D. A. (1991). *Essential of educational measurement* (5th Ed.). New Jersey: Prentice Hall.

Gronlund, N. E. (1988). *How to construct achievement test.* New York: Macmillan.

Haladyna, T. M. (1994). *Development and validating multiple-choice test item.* New Jersey: Lawrence Erlbaum Associates Publishers.

Hambleton, R. K., & Swaminarthan, H. (1980). *Item response theory: Principles and applications.* Boston: Kluwerm Nijhoff.

Johnson, A. P. (1951). Notes on a suggested index validation: The U-L Index. *Journal of Educational Psychology, 2,* 499-504.

Lord, F. M. (1980). *Application of item response theory to practical testing problem.* N. J.: Lawrence Associates Publishers.

Steven, S. S. (1951). Mathematics, measurement and psychoanalysis. In S. S. Stevens (Ed.), *Handbook of experimental psychology.* New York: John Wiley.

Wainer, H. (1990). *Computerized adaptive testing: A primer.* New Jersey: Lawrence Erlbaum Associates, Publishers.

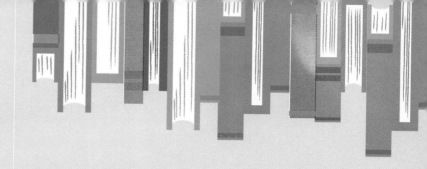

제13장
검사도구의 조건 및 유형

"서울 주요대학 입시에서 학생부 위주 전형으로 들어온 학생들이 수능 위주 전형 출신 학생보다 입학 후 학업성취도가 더 높다는 조사 결과가 나왔다."

이 내용은 '최근 3개년 서울 주요 10개 대학의 전형별 입학생 학업성취도 분석 보고서'의 내용을 요약한 '학생부종합전형 3년의 성과와 고교 교육의 변화' 심포지엄의 내용이다(연합뉴스, 2017. 03. 20. '학생부전형 입학생이 수능전형 입학생보다 학업성취도 더 높아').

대학수학능력시험, 즉 수능은 대학 교육에 필요한 수학능력을 측정하기 위하여 만든 시험이다. 즉, 대학수학 적격자의 선발기능을 위해 마련한 제도인데, 이러한 수능 성적이 사실상 대학 입학 후 학생들의 학업성취도에 미치는 영향이 거의 없다는 것은 수능이 대학 교육에 필요한 수학능력을 제대로 측정하지 못했다는 것을 의미한다. 수능에 포함된 문제는 대학수학능력을 측정할 수 있는 문제로 구성되지 않았을 수도 있다. 아니 대학수학능력과는 거리가 먼 엉뚱한 능력을 재고는 그것을 기준으로 학생을 선발하였을 수 있다. 이처럼 우리는 검사도구를 만들 때 검사도구가 알고자 하는 능력을 제대로 측정할 수 있도록 만들어졌는가를 알아보기 위해 '타당도'를 고려한다. 검사도구의 타당도가 낮은 경우 그 검사도구가 측정한 결과를 믿을 수 없게 된다. 즉, 키를 재려고 하면서 체중계에 올라간 아이가 얻은 측정치의 결과는 믿을 수 없는 것이다.

교육현장에서 평가활동을 수행할 때 어떠한 평가도구를 사용할 것인가의 문제는 매우 중요하다. 사용하는 평가도구가 좋은 것이 아니라면 그것으로 측정·평가한 결과는 의미가 없다. 좋은 측정·평가도구는 몇 가지 요건을 갖추어야 하는데, 이 중 필수적인 요건이 평가도구의 타당도, 신뢰도, 객관도, 실용도다. 일반적으로 평가도구는 누가 제작한 것이냐에 따라 자작검사와 표준화검사로 구별된다. 특히 교육현장에서는 한 검사도구에서 획득한 원점수(raw score) 자체만으로는 아무 의미가 없으며, 다른 검사 점수와 비교할 수 없다는 문제점이 있다. 따라서 개인의 검사 점수를 그 학습자가 속한 일정 집단에 비추어 해석하고 이해하기 위한 표준화검사가 필요하다. 표준화검사(standardized test)란 어떤 행동 특성을 측정하기 위하여 표준화된 절차를 거쳐 만들어지며, 일정한 규준을 가지고 있는 검사다. 이 장에서는 표준화검사의 의미, 제작 과정, 분류, 활용에 대해 살펴보고자 한다.

1. 타당도

타당도(validity)란 검사 또는 측정도구가 본래 측정하고자 하였던 것을 충실히 측정하고 있는가라는 문제와 관련된다. 즉, 타당도에 관한 질문은 '이 검사가 무엇을 재고 있느냐?'로 표현될 수 있다. 검사도구의 타당도를 알아보기 위해서는 반드시 준거(criterion)가 필요하다. 준거란 '무엇에 비추어 타당한가?'라는 질문에서 '무엇'에 해당하는 것으로 평가에 있어 틀의 역할을 한다. 예를 들어, 인간의 지능을 측정하기 위하여 지능검사를, 적성을 측정하기 위하여 적성검사를, 인성을 측정하기 위하여 인성검사를 사용할 때 이러한 검사는 타당한 검사라 할 수 있다.

Gronlund와 Linn(1990)은 타당도를 이해하기 위해 주의할 점으로 다음의 네 가지를 제시하고 있다.

첫째, 타당도는 피험자 집단에 사용된 측정도구나 검사에 의하여 얻은 검사 결과의 해석에 대한 적합성이지 검사 자체와 관련된 것은 아니다.

둘째, 타당도는 정도의 문제다. 따라서 타당도가 있다 없다가 아니라 낮다, 적절하다, 높다 등으로 표현해야 한다.

셋째, 타당도는 특별한 목적이나 해석에 제한된다. 즉, 한 검사가 모든 목적에 부합될 수 없으므로 '이 검사는 무엇을 측정하는 데 타당하다.'와 같이 표현해야 한다.

넷째, 타당도는 단일한 개념이다. 타당도 개념과 관계된 다양한 종류의 전통적 관점은 무시되고, 다양한 종류의 근거에 기초한 단일한 개념으로 해석되고 있다.

타당도는 여러 가지 방법에 의하여 확인할 수 있다. 교육 및 심리검사의 표준으로 French와 Michael(1966)이 제안한 바에 의하면 내용 타당도, 준거 관련 타당도, 구인 타당도로 나뉘고, 준거 관련 타당도에는 예언 타당도와 공인 타당도가 포함된다.

1) 내용 타당도

내용 타당도(content validity)는 논리적 사고에 입각하여 판단하는 주관적인 타당도를 의미한다. 즉, 검사가 측정하고자 하는 속성을 제대로 측정하였는지를 검사전문가가 주관적으로 판단한다. 그러므로 내용 타당도에 의한 검사도구의 타당성 입증은 논란이 따르게 마련이다. 내용 타당도란 검사의 문항들이 측정을 위하여 규정된 내용 영역이나 혹은 전체를 얼마나 잘 대표하느냐의 정도를 나타내는 것이다. 교육과정 측면에서의 내용 타당도는 한 검사가 교육과정의 목표들을 어느 정도 제대로, 그리고 적절하게 측정하고 있느냐를 의미한다. 학업성취도 검사의 내용 타당도는 검사 문항들이 검사 제작 전에 작성된 이원분류표에 의하여 제작되었는지를 확인함으로써 검증할 수 있다.

2) 준거 관련 타당도

준거 관련 타당도(criterion-related validity)는 한 검사의 점수와 어떤 준거의 상관계수로 검사도구의 타당도를 나타내는 방법으로 경험적 타당도(empirical validity)라고도 부른다. 준거 관련 타당도는 교육목표 및 내용을 준거로 하기 때문에 목표 지향 타당도라고 부르기도 한다. 준거 관련 타당도는 예언 타당도와 공인 타당도로 분류할 수 있다.

(1) 예언 타당도

예언 타당도(predictive validity)란 어떤 평가도구가 목적하는 준거를 얼마나 정확하게 예언하고 있는지를 의미한다. 이때 준거는 미래의 행동 특성이 된다. 즉, 검사 점수가 미래의 행동을 얼마나 잘 예측하느냐의 문제다. 예를 들어, 대학수학능력시험이라는 평가도구가 대학 입학 후 학습자들의 수학능력을 예언하는 타당도가 있다고 할 때, 여기서 사용된 준거는 대학 입학 후의 수학능력이 된다. 따라서 대학수학능력시험에서 높은 점수를 얻은 학습자가 대학에서 성공적으로 학업을 수행할 때, 대학수학능력시험의 예언 타당도는 높다고 할 수 있다. 예언 타당도의 추정방법은 검사 점수와 준거(미래 행동 특성의 측정치) 간의 상관계수로 나타내며, 이 상관계수가 클수록 예언의 정확성이 커지고 오차는 작아진다.

(2) 공인 타당도

공인 타당도(concurrent validity)는 예언 타당도와는 달리 검사 그 자체와 준거가 동시에 측정되면서 검증되는 타당도다. 즉, 준거의 시간 차원에서 예언 타당도와 차이가 나며, 준거의 성질 면에서 그 검사와 어느 정도로 일치하느냐 혹은 공통된 요인이 있느냐 하는 것이다.

첫째, 공인 타당도는 검사 X와 준거 Y가 동시에 측정된다. 즉, 한 행동 특성을 측정한 검사 X와 검사 밖에 존재하는 행동 준거 Y가 어느 정도로 잘 일치하느냐로 판단된다. 예언 타당도는 행동의 준거를 미래에 두지만 공인 타당도는 현재에 둔다.

둘째, 공인 타당도는 준거의 성질을 예언에 두지 않고 공통된 요인이 있느냐에 둔다. 즉, 검사 X를 검사 Y로 대체할 수 있느냐고 할 때 공인 타당도가 문제가 된다. 예컨대, 작문 검사를 독후감 과제로 대체할 수 있을지를 알아보기 위해 그 둘 간의 상관관계를 알아보는 경우는 공인 타당도에 해당한다.

3) 구인 타당도

구인 타당도(construct validity)란 그 검사가 측정하고자 하는 어떤 특성의 개념이나 이론과 관련된다. 구인(construct)이란 검사도구에 반영되어 있다고 가정하는 인간의 어떤 행동 특성을 의미한다. 이런 점에서 구인을 개념이라는 과학적 용어로 대체할 수 있다. 예를 들어, 창의력 검사에서 창의력 구인을 측정할 때, 창의력이 민감성·이해성·도전성·개방성·자발성·자신감으로 구성되어 있다면, 검사도구가 이들 구인을 제대로 측정하고 있는지를 밝히는 것이 구인 타당도를 검증하는 것이다. 따라서 구인 타당도는 측정하고자 하는 특성의 구성 요인을 얼마나 충실하게 이론적으로 설명하여 경험적으로 측정하느냐의 문제다.

또한 구인 타당도에서는 '이 특성을 가진 사람은 X의 상황에서 Y의 행동을 보일 것이다.'라는 법칙의 성립이 매우 중요하다. 예를 들어, 도덕성 발달 검사를 실시한다고 할 때 도덕성을 측정할 수 있는 구인은 한 개인의 도덕적 판단능력이라고 추정한다. 만일 이러한 추정이 옳다면 이 검사에서 점수가 높은 사람은 점수가 낮은 사람보다 실제로 도덕적 행동을 더 많이 보일 것이라는 추리가 가능하다.

Cronbach(1970)는 구인 타당도를 검증하기 위한 일반적 절차를 다음과 같이 제시하고 있다.

첫째, 검사 점수 혹은 검사 결과의 원인이 되는 구인이 무엇인지를 확인하는 과정이다. 이 같은 과정은 관찰 및 검사의 이론적 분석을 기초로 한 가상적 행위로 이루어진다.

둘째, 구인에 관련된 이론적 배경 연구와 이론에서 연역적으로 도출될 수 있는 가설을 설정하는 과정이다. 이는 순전히 논리적 사고 과정을 통하여 이루어진다.

셋째, 가설을 검증하기 위해 귀납적이고 경험적인 연구를 실행하는 과정이다. 여기에서 알 수 있듯이 구인 타당도는 이론을 종합·정리하고 새로운 가설을 설정하는 과학적 연구 과정이다.

구인 타당도를 검토하는 대표적인 방법으로는 집단 간 차이의 비교, 요인 분석(factor analysis), 측정검사의 내부구조 연구, 검사 과정의 분석 및 타 검사와의 상관 등이 있다.

2. 신뢰도

검사도구의 타당성이 입증되었다면 신뢰도를 고려하여야 한다. 앞서 타당도가 무엇(what)을 측정하느냐의 문제임에 반해, 신뢰도는 어떻게(how) 측정하느냐의 문제라고 할 수 있다. 검사도구가 인간의 어떤 행동 특성을 측정할 때마다 같은 점수를 얻는다면, 이는 신뢰할 만한 검사도구다. 신뢰도(reliability)란 측정하려는 것을 안정적이고 일관성 있게, 그리고 오차 없이 측정하는가의 문제다.

신뢰도를 검사하는 방법은 여러 가지가 있다. 그중 대표적인 것으로는 재검사 신뢰도, 동형검사 신뢰도, 반분검사 신뢰도, 문항 내적 합치도, Cronbach α계수를 들 수 있다.

1) 재검사 신뢰도

재검사 신뢰도(test-retest reliability)란 한 가지 측정도구를 동일 대상 집단에 두 번 실시한 다음, 첫 번째 점수와 두 번째 점수 간의 상관계수를 산출하여 얻는 신뢰도다. 그 측정도구가 얼마나 안정성 있게 측정하는가를 나타내기 때문에 안정성 계수(coefficient of stability)라고도 한다. 일반적으로 전후 검사의 실시 간격을 너무 짧게 잡으면 첫 번째 검사에서의 기억, 연습 효과 등이 두 번째 실시에 영향을 미칠 가능성이 크므로 신뢰도는 높아질 것이다. 반대로 전후 간격을 너무 길게 잡으면 측정하려는 행동 특성 자체가 그동안에 변화되었을 가능성이 커지므로 신뢰도가 낮아진다. 따라서 실시 간격은 검사의 목적에 따라 달라야 하겠지만 대개 2~4주가 적당하다.

2) 동형검사 신뢰도

동형검사 신뢰도(equivalent-form reliability)는 미리 두 개의 동형검사를 제작하고, 동일 집단을 대상으로 실시하여 얻은 두 점수 간의 상관을 산출하여 얻는 신뢰도로 흔히 동형성 계수(coefficient of equivalence)라고도 한다.

동형검사란 표면적인 내용은 서로 다르지만 측정 이론에서 볼 때 동질적이며 두 검사가 동일하다고 추정할 수 있는 문항들로 구성된 검사로, 문항의 난이도 및 변별도가 같거나 비슷하고 문항 내용도 같은 것으로 구성된 검사다. 동형검사 신뢰도는 재검사 신뢰도의 연습 효과 및 시험 간격 설정의 문제점을 해결할 수 있지만, 검사를 두 번 제작·시행해야 하는 어려움이 있고, 더 큰 단점은 그 제작이 쉽지 않다는 것이다.

3) 반분검사 신뢰도

반분검사 신뢰도(split-half reliability)는 한 개의 평가도구를 한 피험자 집단에게 실시한 다음, 그것을 적절한 방법에 의해 두 부분의 점수로 분할하고, 그 두 개의 반분된 검사 점수 간의 상관을 산출하여 얻는 신뢰도다. 이는 동질성 계수 (coefficient of homogeneity)라고도 한다.

　반분검사 신뢰도에서 두 부분으로 분할하는 방법은 여러 가지가 있다. 주로 앞뒤로 정확히 반이 되게 하거나 짝수 문항과 홀수 문항으로 나누는 방법을 많이 사용하고 있으나 검사의 문항 내용과 구성 면에서 양분된 두 부분이 서로 비슷하고 동질적이 되도록 계획하여야 한다.

　일반적으로 검사도구의 신뢰도는 검사의 길이와 밀접한 관계가 있다. 검사의 길이가 길어지면 신뢰도 계수도 증가하는데, 반분검사 신뢰도는 검사 전체의 신뢰도가 아니라 반분된 부분 검사의 신뢰도가 된다. 따라서 이 두 부분을 합쳤을 때 검사 전체의 신뢰도를 구하기 위해 Spearman-Brown 공식을 사용한다 (Spearman, 1910).

$$r_{tt} = \frac{2r_{hh}}{1+r_{hh}}$$

r_{tt}: 전체 검사의 교정된 신뢰도 계수
r_{hh}: 반분된 검사 점수 간의 상관계수

　예를 들어, 반분된 검사를 따로 채점하여 그 두 검사 점수 간의 상관계수 r_{tt}가 .80으로 나왔다면, 전체 검사의 교정된 신뢰도 계수는 다음과 같다.

$$r_{tt} = \frac{2(.80)}{1+.80} \fallingdotseq .89$$

4) 문항 내적 합치도

　재검사 신뢰도와 동형검사 신뢰도는 동일 피험자에게 검사를 두 번 실시해야 하는 번거로움이 따르며, 검사의 간격과 동형성 정도에 따라 신뢰도 계수가 변할 수 있는 문제가 있다. 이에 비하여 문항 내적 합치도(inter-item reliability)는 검사를 두 번 실시하지 않고 검사의 신뢰도를 추정할 수 있다는 장점을 지니고 있다.

문항 내적 합치도란 검사의 문항 하나하나를 모두 독립된 한 개의 검사 단위로 생각하고 그 합치도, 동질성, 일치성을 종합하는 신뢰도로 Kuder와 Richardson (1937)이 개발한 *K-R* 20과 K-R 21이 잘 알려져 있다. *K-R* 20은 문항 형식에서 문항의 반응이 맞으면 1, 틀리면 0으로 채점되는 양분 문항(dichotomous item)의 경우에 사용하고, *K-R* 21은 문항 점수가 1, 2, 3, 4, 5점 등의 연속 점수일 때 사용한다. *K-R* 20 및 *K-R* 21의 산출공식은 다음과 같다.

$$K\text{-}R \ 20: r_{xx'} = \frac{n}{n-1} \left[1 - \frac{\sum_{pq}}{S_x^2} \right]$$

$$K\text{-}R \ 21: r_{xx'} = \frac{n}{n-1} \left[1 - \frac{\overline{X}(n-\overline{X})}{nS_x^2} \right]$$

n: 검사의 문항 수
p: 각 문항에 정답을 한 학생의 비율
q: 각 문항에 오답을 한 학생의 비율($q = 1-p$)
S_x^2: 전체 검사 점수의 변량
$\overline{X}$: 전체 검사 점수의 평균

5) Cronbach α계수

한 개의 검사를 한 집단에게 실시하고 거기서 오차 변량을 제외한 진점수 변량을 추정해 보려는 노력이 시도되면서, Fisher가 개발한 변량분석에 기초하여 Cronbach α계수가 개발되었다(Stanley, 1971). 즉, 한 검사의 문항들 사이의 신뢰도 계수는 문항 간의 평균 공변량/문항 간 평균 변량의 비(ratio)로 나타내려는 개념이다.

Cronbach α계수는 문항 형식에서 문항의 반응이 맞으면 1, 틀리면 0으로 채점되는 양분 문항뿐만 아니라 한 개의 문항이 여러 단계의 점수로 채점되는 논문형 문항의 경우에도 사용할 수 있으므로 보편화할 수 있다. 이는 흔히 급내 상관(intraclass correlation)이라고도 한다. Cronbach α계수의 산출공식(Cronbach, 1963)은 다음과 같이 제시할 수 있다.

$$\alpha = \frac{n}{n-1}\left[1 - \frac{\sum S_i^2}{S_x^2}\right]$$

　　n: 검사의 문항 수
　　S_i^2: 각 단일 문항의 변량
　　S_x^2: 전체 검사 점수의 변량

　검사도구를 제작할 때 검사도구의 신뢰도를 높이기 위해서는 신뢰도에 영향을 주는 요인을 고려하여야 한다. 특히 신뢰도에 관련된 요인은 다음과 같다.
　첫째, 검사의 길이, 즉 문항 수가 많아야 한다. 즉, 문항 수가 적은 검사보다 많은 검사로 측정하는 것이 측정 오차를 줄일 수 있어 신뢰도를 높일 수 있다.
　둘째, 문항 난이도가 적절하여야 한다. 검사가 너무 어렵거나 쉬우면 피험자의 진짜 능력을 측정하기 어렵기 때문에 신뢰도는 낮아진다.
　셋째, 문항 변별도가 높아야 한다. 문항이 피험자를 능력에 따라 구분할 수 있는 변별력이 있어야 한다.
　넷째, 검사도구의 내용이 보다 구체적이고 좁은 범위의 내용이어야 한다.
　다섯째, 검사 시간이 충분하여야 한다. 충분한 시간이 주어졌을 때 문항반응의 안정성을 보장받을 수 있기 때문이다.

6) 타당도와 신뢰도의 관계

　타당도는 검사도구가 측정하고자 하는 내용을 얼마나 충실히 측정하였느냐 하는 검사목적에 따른 검사도구의 적합성이고, 신뢰도는 측정하고자 하는 내용을 얼마나 정확히 오차 없이 측정하였느냐 하는 검사도구의 일관성을 말한다. 타당도와 신뢰도가 다른 개념이라 할지라도 분리하기보다는 연관성을 두고 분석하는 것이 두 개념을 이해하는 데 도움이 된다.

검사 점수는 진점수와 오차점수로 구분되고, 진점수는 타당한 진점수와 타당하지 않은 진점수로 구분되는데, 이는 [그림 13-1]과 같다.

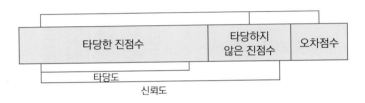

[그림 13-1] 관찰 점수의 구성요소

검사도구에 의한 관찰 점수는 크게 진점수와 오차점수로 구분되는데, 신뢰도는 진점수에 해당되는 부분을 말한다. 진점수는 검사도구의 특성상 측정하고자 하는 내용을 측정한 타당한 진점수와 다른 내용을 측정한 타당하지 않은 진점수로 구분된다. 전체 점수 중 타당한 점수 부분이 타당도가 된다. 그러므로 신뢰도는 타당도의 중요한 선 요건으로서 타당도가 높기 위해서는 신뢰도가 높아야 한다. 그러나 신뢰도가 높다고 반드시 타당도가 높은 것은 아니다(성태제, 2002).

3. 객관도

객관도(objectivity)란 평가자 신뢰도라고 할 수 있는데, 검사의 채점자가 편견 없이 얼마나 공정하게 채점하느냐의 문제다. 즉, 객관도 혹은 평가자 신뢰도는 채점자의 채점이 얼마나 신뢰도와 일관성이 있느냐로 규정할 수 있다. 일반적으로 객관도가 낮은 이유는 검사도구 자체가 불완전하거나 평가자의 소양이 부족하기 때문이다. 따라서 객관도를 높이기 위해서는 평가도구 및 평가기준을 객관화하여야 하고, 채점자의 평가에 대한 소양을 높여야 하며, 가능하면 여러 사람이 공동으로 평가하여 그 결과를 종합하는 것이 좋다.

4. 실용도

실용도(usability)란 검사도구를 사용함에 있어 시간과 비용, 노력을 적게 들이고도 목적을 달성할 수 있는 정도, 즉 실용성의 정도를 뜻한다. 어떤 검사가 타당도, 신뢰도, 객관도가 높아 필요한 결정을 내리는 데 아무리 좋은 정보를 제공해 준다고 해도 실제로 그 검사를 이용하는 데 비용이나 노력이 많이 든다면 활용하기 어렵다. 따라서 지시문이 분명하고 검사문항의 수가 적당하고 실시 절차가 간단해야 한다. 그리고 채점 및 결과 해석의 용이성, 검사 비용의 적절성 등이 고려되어야 한다.

5. 표준화검사

1) 표준화검사의 의미

표준화검사(standardized test)는 교사가 임의로 만든 검사와는 달리, 누가 사용하더라도 검사의 실시, 채점 및 결과의 해석이 동일하도록 절차와 방법을 일정하게 만들어 놓은 검사를 말한다. 즉, 절차, 도구, 채점방법이 일정하여 언제 어디서든 동일하게 실시할 수 있는 검사로서, 절차, 도구, 채점방법 등이 표준화되어 있다. 이렇듯 표준화검사란 표준화된 절차를 통해서 행동을 표집하고, 그것을 기초로 해서 두 사람 이상의 행동을 비교하는 체계적 절차다.

표준화란 모집단에 대한 평균치나 어떤 기준을 기초로 하여 척도화하는 것을 말한다. 이와 같은 표준화 집단에 대한 분포 혹은 표준화된 척도가 규준(norm)인데, 이는 어떤 검사에서 얻은 원점수를 의미 있게 비교하고 해석할 수 있도록 만든 일종의 척도라고 할 수 있다.

이런 측면에서 볼 때 표준화검사는 다음 조건을 충족하여야 한다.

첫째, 표준화검사에서는 표준화된 절차가 가장 중요하다. 여기서 표준화된 절차란 검사 제작 시 전문가에 의한 엄밀한 실험 절차를 뜻한다. 좀 더 구체적으로 말하자면, 표준화검사는 동일한 지시문에 의하여 제한된 시간 내에 실시되고, 동일한 표준에 따라 채점 · 해석이 이루어진다.

둘째, 표준화검사는 규준을 가지고 있어야 한다. 한 개인의 성취도나 특성이 비교하려는 집단에서 어떤 위치에 속하는가를 알기 위해서는 검사 규준이 필요하기 때문이다. 즉, 표준화검사는 규준이라는 준거에 비추어 검사 점수를 해석하거나 비교한다.

셋째, 표준화검사는 체계적인 절차로 만들어져야 하고, 신뢰도 · 타당도 · 객관도가 어떤 검사보다도 높아야 한다. 이는 표준화검사가 주로 선발, 예언, 진단, 배치, 진급 등 개인이나 집단을 분류하고 판단하는 데 활용되기 때문이다.

교사가 만드는 교사 자작검사와 표준화검사의 차이점은 다음과 같다.

첫째, 교사 자작검사는 대개 한 단원이나 한 학기의 내용을 다루는 반면에 표준화검사는 이보다 훨씬 많은 내용을 다루고 있다. 다시 말해, 표준화검사에서 다루는 내용이 교사 자작검사에 비하여 훨씬 광범위하다.

둘째, 표준화검사를 제작할 때에는 교육과정전문가, 교과전문가, 검사전문가 등 여러 사람의 도움이 필요하며, 다양한 교과서 및 프로그램을 분석하는 데에는 많은 시간, 노력, 비용이 요구된다. 이에 비하여 교사 자작검사는 제작이 용이하다.

셋째, 모든 표준화검사는 반드시 규준을 갖는 데 비하여 교사 자작검사는 일반적인 규준을 갖고 있지 않다.

2) 표준화검사의 제작 과정

표준화검사가 어떠한 절차와 과정을 거쳐 만들어지는가를 알아 두는 것은 표준화검사를 잘 이해하고 적절하게 활용하는 데 도움이 된다. 다음에 나오는 표준화검사의 단계별 제작 과정은 규준 작성을 제외하면 교사 자작검사에도 동일하게 적용된다.

(1) 제작 계획 수립

먼저, 검사의 목적, 내용, 대상, 방법 등을 구체적으로 확인하고 분석해야 한다. 이를 위해서 기존의 검사 및 문헌을 통해 자료를 수집하여 분석하고, 제작하려는 검사의 이론·형식과 수집된 자료 분석 결과 간의 논리적 타당도를 확인해야 한다. 또한 문항 형식과 유형, 하위 검사 수와 문항 수, 규준집단의 표집 계획 및 규준 작성 등을 어떻게 할 것인가를 치밀하게 계획해야 한다.

(2) 문항 작성

문항 작성 단계는 표준화검사의 제작 과정에서 가장 중요하며, 실제로 문항을 만드는 전문적인 단계에 해당한다. 따라서 이 단계에서는 문항 제작에 관한 전문적인 지식과 실제적인 경험이 필요하다. 검사의 목적이나 대상이 확인되면 여기에 가장 합당한 문항 형식을 선택해야 하며, 선택된 문항 형식에 따라 문항을 제작한다. 물론 이때 제작하는 문항은 검사 목적에 타당해야 하며, 문항 수는 실제 검사에 포함될 수의 두 배 이상이 되어야 한다.

(3) 예비 조사

앞서 제작된 문항들로 구성된 예비 검사지를 사용하여, 활용하려는 대상을 대표할 수 있는 표본을 정하여 예비 조사를 실시한다. 이를 통해 문항을 수정하고, 실시 시간 및 방법 그리고 실시 도중에 발생할 수 있는 제반 문제점을 사전에 검토하고, 문항분석을 위한 자료를 수집한다.

(4) 문항분석

검사 문항으로 적절한지를 통계적 방법을 이용하여 결정하는 절차를 문항분석이라 한다. 먼저, 문항별로 난이도를 조사하여 너무 쉽거나 어려운 문항을 제거한 후, 학습자 간 능력의 차이를 얼마나 잘 드러내는지를 나타내는 변별도를 분석한다. 문항분석에서는 각 문항에 대하여 난이도, 변별도, 동질도, 타당도, 선택지별 오답률 등을 충분히 검토하여 적절한 문항을 선정해야 한다.

(5) 표준화검사 제작

문항분석의 결과에 따라 선택된 문항들로 구성된 검사를 최종적인 형태의 표준화검사로 제작하고, 실시방법(특히 검사 시간, 지시문 등)과 채점방법을 결정한다. 개개의 문항이 적절하더라도 이들을 종합한 하나의 검사가 전체적으로 반드시 적절하다고 볼 수는 없으므로 경우에 따라 여러 번의 예비 조사와 문항분석이 필요하다.

(6) 규준 작성

최종적인 검사가 완성되면 평가 대상인 모집단을 가장 잘 대표할 수 있는 집단을 표집하여 표준화를 위한 검사를 실시하고, 그 결과에 의하여 규준을 작성한다. 일반적으로 규준은 분포의 모양, 평균치, 분산도, 백분위 점수, 표준 점수 등을 남녀별, 연령별, 지역별로 작성하여야 한다.

(7) 신뢰도와 타당도의 산출

마지막으로, 통계적 방법을 통하여 검사 자체의 신뢰도와 타당도를 산출하고 검증하여야 한다. 이러한 과정을 거쳐서 만들어진 표준화검사는 검사지와 검사 요강의 모양으로 판매가 된다. 검사 요강이란 검사의 실행·처리·해석의 지침서로, 검사 전반에 걸친 상세한 내용이 수록되어 있다. 검사 요강의 내용을 살펴보면, ① 검사의 목적과 특징, ② 검사의 문항 내용과 형식, ③ 하위 검사의 종류, ④ 검사의 실시방법, ⑤ 채점방법과 점수 표시, ⑥ 규준 집단과 규준, ⑦ 신뢰도와 타당도, ⑧ 해석 및 활용 방안, ⑨ 기타 주의사항 등이다.

3) 표준화검사의 종류

표준화검사는 검사의 목적, 문항 형식, 측정방법, 실시방법, 검사 내용에 따라 다음과 같이 분류될 수 있다.

(1) 검사 목적에 따른 분류

- 개관검사(survey test): 전체적인 측정목표를 개략적으로 측정
- 분석검사(analysis test): 주요 요인에 따라 분석적으로 측정
- 진단 검사(diagnostic test): 원인과 이유를 분석적으로 측정

(2) 문항 형식에 따른 분류

- 언어검사(verbal test): 언어와 문장의 형식으로 측정
- 비언어검사(nonverbal test): 숫자, 기호, 도형 등의 형태로 측정
- 수행검사(performance test): 실제 작업을 수행케 하여 측정

(3) 측정방법에 따른 분류

- 속도검사(speed test): 일정한 시간 내에 얼마나 빨리 그리고 정확하게 할 수 있는가를 측정
- 역량검사(power test): 능력의 수준을 측정

(4) 실시방법에 따른 분류

- 개인검사(individual test): 개인별로 실시
- 집단검사(group test): 집단적으로 실시

(5) 검사 내용에 따른 분류
- 지능검사
- 적성검사
- 학력검사
- 성격검사
- 흥미검사
- 태도 및 가치관검사
- 사회성 검사

4) 표준화검사의 활용

표준화검사는 측정 결과를 교육현장에 의미 있게 활용하는 데 목적이 있다. 표준화검사의 구체적 활용방법은 다음과 같다.

첫째, 학습지도에 필요한 정보를 제공함으로써 학력진단에 활용한다. 즉, 어떤 교과의 학력이 어느 정도인지를 다른 사람 또는 다른 학급과 비교할 수 있는 자료가 됨과 동시에 학업성취에서 결함을 알려 준다.

둘째, 학습자의 생활지도에 필요한 자료를 제공해 준다. 학교현장에서는 생활지도 또한 학습지도에 못지않게 중요하다. 적절한 생활지도를 위해서는 우선 학습자 개인을 이해하여야 하는데, 이를 위해 표준화검사가 필요하다.

셋째, 교육적 배치(educational placement)를 위한 자료를 제공한다. 능력별 동질 분단의 편성, 학습자 선발, 월반, 진학 등의 교육적 배치에 표준화검사는 아주 유용하다.

넷째, 교육연구와 교사의 자질 향상에 도움을 준다. 표준화검사는 교육문제를 연구할 때 객관적이고 신뢰할 수 있는 자료를 제공해 주며, 교사 자신에게는 학습지도 및 교수방법을 향상시킬 수 있는 개선점을 제시한다.

표준화검사에는 동일한 목적을 가진 것이라도 여러 종류가 있으므로 적절한

검사를 선택하여 사용하는 일이 매우 중요하다. 따라서 표준화검사를 선택할
때 특별히 고려해야 할 사항 및 선택 기준은 다음과 같다.

- 검사 대상자의 연령 수준이나 학년 수준에 알맞은가?
- 검사 내용이 본래 검사를 실시하는 목적에 적합한가?
- 검사의 실시 · 채점 · 해석에 있어서 전문적 소양이 필요하지는 않은가?

참고문헌

성태제(2002). 타당도와 신뢰도. 서울: 학지사.

송인섭(2002). 신뢰도. 서울: 학지사.

황정규(1984). 학교학습과 교육평가. 서울: 교육과학사.

Cronbach, L. J. (1963). Evaluation for course improvement. *Teachers College Record*, *64*, 672-683.

Cronbach, L. J. (1970). *Essentials of psychological testing* (3rd ed.). New York: Harper.

French, J. W., & Michael, W. B. (1966). *Standards for educational an psychological tests and manuals*. Washington, D.C.: American Psychological Association.

Gronlund, N. E., & Linn, R. L. (1990). *Measurement and evaluction in teaching* (7th ed.). NY.: Mamicllan.

Haladyna, T. M. (1994). *Developing and validating multiple-choice test items*. New Jersey: Lawrence Erlbaum Associates Publishers.

Kuder, G. F., & Richardson, M. W. (1937). The theory of estimation of test reliability. *Psychometrika*, *2*, 151-160.

Messick, S. (1989). Validity. In R. L. Linn (Ed.), *Educational measurement* (pp. 13-103). Washington D.C.: American Council on Education & National Council on Measurement in Education.

Spearman, C. (1910). Correlations calculated from faculty data. *British Journal of Psychology*, *3*, 271-295.

Stanley, J. C. (1971). Reliability. In R. L. Thorndike (Ed.), *Educational measurement* (2nd ed, pp. 356-442). Washington, D.C.: American Council on Education.

제14장
평가 결과의 분석

♣ '박사'라고요? 그럼 머리가 아주 좋겠네요……!!

오래전부터 지능과 학업성취도와는 어떤 관계가 있을까 궁금하였다. 이와 관련해서 학자들의 견해는 엇갈린다. 상관계수 '0'을 전혀 상관없는 것으로, '1'을 같은 것으로 할 때 IQ와 학업성적의 상관계수는 0.5 정도에 불과해 지능보다는 지구력과 집중력, 인내력 등 다른 요인과 더 관계가 있다는 의견이 있는 반면, IQ와 학업성적의 상관이 0.6~0.7 이상이라는 견해도 있다.*

일반적으로 나이가 어릴수록 IQ가 높으면 공부를 잘할 확률이 높은 것으로 알려져 있다. 다음 그림을 살펴보면 재미있는 결과를 알 수 있다. 우리는 보편적으로 대학 이상의 학벌을 가진 사람들의 IQ가 높을 것이라고 생각하고 있지만 실제로 대학과 대학원의 학업성취도와의 상관관계 결과는 초등학교나 중·고등학교의 학업성취도보다 더 낮은 결과를 나타내고 있다. 과연 왜 그럴까? 석사, 박사라고 하면 어려운 공부를 하는 사람들이고, 이들에게 지능지수인 IQ는 학업성취도와 큰 관계가 있을 것이라고 예상할 수 있다. 그러나 그렇지 않았다. 여기서 우리의 논의는 시작된다.

이렇게 우리는 관련 있다고 생각하는 변인들을 선택하여 서로 어떤 관계가 있는지 분석할 수 있다. 이러한 평가 결과, 즉 상관분석의 결과는 막연히 그럴 것이라는 가정을 뒤엎기도 하고, 때로 우리가 이론으로 주장한 내용의 근거 자료가 되기도 한다.

* 주간조선, 1996. 2. 22. ~ 1996. 2. 28., p. 46.

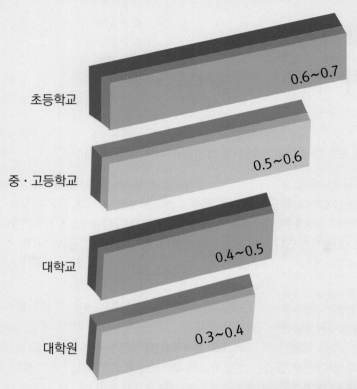

IQ와 학업성취도의 상관계수

초등학교   0.6~0.7

중·고등학교   0.5~0.6

대학교   0.4~0.5

대학원   0.3~0.4

* 상관계수 0은 '전혀 관련 없음', 1은 '일치'를 뜻함

학습목표

- 측정 단위의 종류를 알아본다.
- 점수 표시방법을 알아본다.
- 빈도분석을 알아본다.
- 상관분석을 알아본다.
- 단순회귀분석을 알아본다.

검사를 실시한 후 채점을 하고 그 결과를 숫자로 표시한 것을 측정치라고 한다. 측정이란 일정한 규칙에 따라 어떤 사물이나 대상에 수치를 배정하는 작업을 의미한다. 특히 교육현장에서 학생들의 학업성취를 측정할 때 가장 중요한 것은 어떤 수준의 척도를 사용할 것인지를 결정하는 것이며, 측정치를 분석하거나 해석할 때에도 어떤 척도를 통해 얻어진 것인지를 알아야 정확한 분석과 해석이 가능하다. 그리고 평가도구로 잰 측정치는 어떤 형태로든 해석되어야 한다. 따라서 이 장에서는 측정치의 성질을 알아보기 위하여 측정 단위의 종류, 점수 표시방법 및 기초적인 통계적 분석방법을 알아본다.

1. 측정 단위의 종류

어떤 사물이나 대상의 특성에 대한 측정치는 대개 숫자로 표시되지만, 어떤 척도로 측정하느냐에 따라 이들 측정치에 적용할 수 있는 통계적 방법이 달라진다. Stevens(1951)는 척도의 종류를 명명척도, 서열척도, 동간척도, 비율척도의 네 가지로 구분하고 있다.

1) 명명척도

명명척도(nominal scale)는 가장 낮은 수준의 척도로서 사물이나 사람을 구분·분류하기 위하여 사용되는 척도이며, 수열의 연속성이 없기 때문에 척도의 구실을 제대로 못할 때가 많다. 여기서 구분 혹은 분류란 어떤 요소를 어떤 계급에 할당하거나 쉽게 식별할 수 있도록 그 요소에 숫자를 부여하는 것이다. 명명척도의 예로는 성별, 인종 등이 있다. 성별을 표시할 때 남자나 여자라는 말 대신 각각 1과 2로 표시하는 것이 명명척도에 해당된다. 명명척도의 특징은 방향성이 없다는 점이다. 즉, 명명척도로 특성을 구분할 수는 있으나 이때의 특성은 크기나 순서를 의미하지 않는다. 따라서 이와 같은 명명척도로 매겨진 수치를 가지고 가감승제 등의 수리적 분석을 하는 것은 의미가 없다.

2) 서열척도

서열척도(ordinal scale)란 사물이나 사람의 상대적 서열을 표시하기 위하여 쓰이는 척도로 부여된 숫자 간에 순위나 대소를 결정하기 위해 사용된다. 서열척도의 예로는 학생들의 성적 등위, 키 순서 등을 들 수 있다. 다시 말해, 학업 성적에 따라 석차를 매기거나 한 학급의 학생들을 키 순서대로 일련번호를 부여하는 것이 서열척도에 해당한다.

서열척도의 특징은 각 수치 사이에 양적인 대소나 서열은 성립되지만, 서열 간의 간격이 달라 측정 단위의 간격 간에 동간성이 유지되지 않는다는 점이다. 예를 들어, 1등과 2등의 점수 차이와 7등과 8등의 점수 차이를 비교할 때 등위의 차이는 각각 1등급으로 같지만 점수의 차이는 같지 않다.

3) 동간척도

동간척도(interval scale)는 동일한 측정 단위 간격마다 동일한 차이를 부여하는 척도를 말하며 등간척도라고도 한다. 동간이란 척도상의 모든 단위 사이의 간격이 일정하다는 뜻인데, 이런 면에서 동간척도는 서열척도와 같이 수치 사이에 대소 서열이 유지될 뿐만 아니라 수치 사이의 간격도 같다. 동간척도의 예로는 온도를 나타내는 섭씨나 화씨, 달력의 날짜 등을 들 수 있다.

동간척도의 특징은 상대적인 의미만 지니는 임의 영점은 존재하지만 절대 영점은 존재하지 않는다는 점이다. 그래서 동간척도에서는 더하기, 빼기의 계산만 가능할 뿐 곱하기, 나누기의 법칙은 적용되지 않는다. 예를 들어, 온도를 측정하는 단위에서 '0'은 온도가 전혀 없음을 뜻하는 것이 아니라 물이 어는 점이라는 임의 영점이다. 또한 학력고사에서 80점을 받은 학생은 40점을 받은 학생보다 2배의 능력을 가졌다고 할 수 없으며, 0점을 받은 학생이라고 해서 학습능력이 전혀 없다고 할 수도 없다.

4) 비율척도

비율척도(ratio scale)란 서열성, 동간성을 지니는 동시에 절대 영점을 가지는 척도로 무게, 길이 등을 예로 들 수 있다. 그러므로 비율척도에서 어떤 특성이 영(零)이라는 것은 그 특성이 전혀 없는 아무것도 존재하지 않는 절대 영점을 의미한다. 따라서 비율척도는 사물의 분류, 서열, 동간성, 비율을 나타내는 절대 영점을 지니고 있다는 점에서 여러 척도 중 가장 완전하다. 그리고 비율척도에서는 더하기, 빼기, 곱하기, 나누기의 모든 수학적 계산이 가능하기 때문에 한 사물이 다른 사물의 몇 배라는 비율적 비교 판단도 가능하게 된다. 예를 들어, 무게 40kg은 20kg의 두 배라는 것으로 표시할 수 있으며, 길이 20cm와 10cm의 비율은 2 : 1로 나타낼 수 있다.

2. 점수 표시방법

검사 점수의 표시방법에는 여러 가지가 있다. 그중 간단한 것으로는 원점수, 백점만점점수, 등위점수가 있다. 가장 실용적이고 보편화되어 있는 것으로는 백분위점수, 표준점수 등이 있다.

1) 원점수

원점수(raw score)는 어떤 검사에서 피험자가 얻은 원래의 점수를 그대로 사용하는 방법이다. 예컨대, 어떤 학생이 한 문항당 1점씩 채점되는 학력고사에서 20문항 중 15문항을 맞혔다면 원점수는 15점이 된다. 따라서 원점수는 검사의 채점기준으로 채점하였을 때 그 검사에서 받은 개수가 된다. 원점수는 피험자의 검사에 대한 수행능력을 숫자로 요약해 주기는 하지만, 다른 정보가 없을 경우 그 자체만으로는 거의 무의미하다. 또한 여러 원점수를 해석할 수 있는 기준점(reference point)이 없어 단일 원점수의 상대적인 위치를 알 수 없다는 단점이 있다.

2) 백점만점점수

백점만점점수란 인위적으로 0점과 100점을 기준점으로 삼고 있는 점수 표시방법으로, 만점을 100점으로 고정해 두고 있기 때문에 편리하고 가장 흔하게 사용한다. 구체적으로 백점만점점수는 인위적인 기준점을 제외하고는 그 특성이 원점수 표시방법과 같고, 척도의 단위 면에서는 서열척도나 그 이상의 동간척도에 해당하는 표시방법이다. 그러나 백점만점점수 방법은 다음과 같은 단점을 지니고 있다.

첫째, 유의미한 준거점 또는 기준점이 없다. 예컨대, 관습적으로 100점 만점에서 90점 이상이면 우수, 60점 이상이면 기준 통과, 40점 이하이면 불합격으로 해석하는 식의 합의가 이루어져 있으나 그 점수들의 배점을 위한 준거나 규준의 근거가 약하다.

둘째, 점수의 안정성이 없어 객관성 및 일관성이 결여되어 있다. 즉, 검사도구의 내용이 어렵거나 쉬운 정도에 따라 점수가 크게 달라진다.

3) 등위점수

등위점수(rank-order score)란 원점수나 백점만점으로 표시된 점수들을 순서대로 배열해 놓고 점수가 제일 높은 것에서 제일 낮은 것까지 순위를 매겨 그 순위를 그대로 점수로 활용하는 방법을 의미한다. 일반적으로 등위점수는 순위/사례 수와 같은 분수 형태로 표시한다. 예를 들어, 50명의 피험자 집단에 대하여는 1/50, 10/50, 20/50 등으로 나타낼 수 있다. 이렇게 함으로써 집단 내에서 한 학생의 상대적 위치를 직접 비교해 볼 수 있으며, 다른 검사의 결과 역시 서로 비교해 볼 수 있다. 예컨대, 한 학생의 등위점수를 각각 국어 5/50, 수학 10/50이라고 한다면 국어를 수학보다 잘한다고 해석할 수 있다.

등위점수는 등위 차이와 능력 차이가 일치하지 않는다는 단점이 있다. 즉, 등위점수는 점수 간의 동간을 유지하지 못하는 서열척도의 성질을 지니고 있기 때문에 능력의 차이를 동간적으로 해석할 수 없다.

4) 백분위점수

백분위점수(percentile score)는 집단의 크기와 관계없이 집단을 100으로 잡아 등위를 매겨 성적을 표시하는 방법이다. 다시 말해, 어떤 점수 아래에 전체 사례 수의 몇 %가, 또는 어떤 점수 위에 전체 사례 수의 몇 %가 있느냐를 말해 준다. 예컨대, 어떤 검사에서 한 학생의 원점수가 60점으로 이에 해당되는 백분위점수가 40이라면, 이 학생보다 점수가 낮은 학생들은 전체 사례 중 40%가 된다는 뜻이다.

백분위점수는 100이라는 공통 기반이 있어 다른 집단의 점수 분포, 다른 검사 도구에 의한 점수 분포에서 나온 점수들 간의 비교가 가능하여 표준화된 검사에서 규준으로 자주 사용한다.

백분위점수의 장점은 다음과 같다.

첫째, 한 학생의 검사 점수가 집단 내에서 차지하는 상대적인 위치를 알 수 있다.

둘째, 등위점수는 집단이 다르면 직접 비교할 수 없지만 백분위점수는 같은 검사를 다른 집단에 실시하였을 때도 비교할 수 있다.

이에 반하여 백분위점수는 다음과 같은 단점이 있다.

첫째, 등위점수와 마찬가지로 동간성이 없기 때문에 백분위점수의 차이로 능력의 차이를 동간적으로 해석할 수 없다.

둘째, 원점수 분포를 백분위점수로 전환할 때 중간 점수는 과소평가하고 상하 극단의 점수는 과대평가하는 경향이 있다.

구체적인 백분위점수의 계산과정은 〈표 14-1〉을 통해 알아볼 수 있다.

〈표 14-1〉 백분위점수의 계산 예

점수	빈도(f)	누가빈도(cf)	백분위점수
75	1	50	100
72	1	49	98
63	2	48	96
58	4	46	92
49	2	42	84
⋮	⋮	⋮	⋮
35	2	3	6
27	1	1	2

① 전체 사례(N=50)에 대한 원점수를 높은 점수에서 낮은 점수 순으로 첫 번째 행에 기입한다.

② 각각의 원점수에 해당하는 빈도(frequency: f)를 두 번째 행에 기입한다.

③ 분포의 밑에서부터 각 원점수의 아래에 있는 빈도를 합한 누가빈도(cumulative frequency: cf)를 계산하여 세 번째 행에 기입한다.

④ 네 번째 행에는 누가빈도를 전체 사례 수로 나누어 100을 곱해 준 공식(cf/N)×100을 적용하여 각각의 원점수에 해당하는 백분위점수를 기입한다.

5) 표준점수

표준점수(standard score)는 앞에서 제안한 여러 방법의 단점을 보완한 성적 표시방법이다. 평균을 기준으로 평균과의 차이를 구하고, 이를 다시 표준편차로 나누어 점수를 표시한다.

표준편차를 단위로 하는 모든 변환점수 척도를 표준점수라고 부른다.

표준점수들이 가지는 공통적인 장점은 다음과 같다.

첫째, 원점수와는 달리 의미 있는 기준점이 있다.

둘째, 능력의 동간성을 지니고 있다.

셋째, 표준편차를 단위로 하기 때문에 능력의 상대적 수준을 비교할 수 있다.

넷째, 여러 검사에서 나온 결과를 의미 있게 비교할 수 있다.

표준점수에는 여러 종류가 있지만 여기서는 일반적으로 쓰이고 있는 Z점수, T점수에 대해 살펴본다.

(1) Z점수

가장 대표적인 표준점수로서 Z점수가 널리 이용되고 있는데, 이를 계산하는 공식은 다음과 같다.

$$Z = \frac{(X-\overline{X})}{SD} = \frac{d}{SD}$$

X : 각각의 원점수
$\overline{X}$: 집단의 평균
d : 편차점수
SD : 집단의 표준편차

이 공식에서 보듯이 Z점수는 평균에서의 편차점수를 그 분포의 표준편차로 나눈 것이다. 특히 어떤 분포의 원점수를 Z점수로 바꾸면 이 Z점수의 분포는 평균이 0, 표준편차가 1인 정상분포로 바뀌기 때문에 분포가 다른 점수들 간의 상대 비교가 가능하게 된다. Z점수를 계산하는 과정을 구체적으로 예를 들어 설명하면 다음과 같다.

어떤 학생이 국어 60점, 수학 60점을 각각 받았다면, 그 성적은 서로 비슷하게 보이지만 실제 원점수 간의 비교는 적절하지 못하다. 이때 이 학생이 속한 학급의 국어와 수학에 있어서 평균과 표준편차가 다음과 같다면, 이를 Z점수로 바꾸어 적절하게 비교해 볼 수 있다.

	평균	표준편차
국어	68	8
수학	56	4

$$Z점수_{국어} = \frac{(60-68)}{8} = -1.0$$

$$Z점수_{수학} = \frac{(60-56)}{4} = 1.0$$

이 학생의 국어 60점에 해당하는 Z점수는 −1.0, 수학 60점에 해당하는 Z점수는 1.0이므로 평균 0, 표준편차 1인 단위 정상분포상에서 보면 1.0이 −1.0보다 훨씬 상위에 있음을 알 수 있다. 따라서 이 학생은 국어보다는 수학을 훨씬 잘하였다고 볼 수 있다. 이와 같이 Z점수는 이론적으로 정교하고 유용한 척도임에는 분명하지만, 두 검사의 점수 분포가 서로 비슷한 모양을 이룰 때만 적절한 비교가 가능하다는 단점을 지니고 있다.

(2) T점수

T점수 또한 표준편차를 단위로 하고 있다는 점에서 Z점수와 마찬가지로 표준점수다. 그러나 Z점수는 원점수가 평균보다 작을 경우에는 모두 음수로 표시되며, 대부분의 점수가 소수점으로 표시되는 불편함이 있어 이를 평균 50, 표준편차 10으로 전환한 표준점수가 바로 T점수다.

T점수의 계산 공식은 다음과 같다.

$$T = 10Z + 50$$

이 공식에서 보듯이 평균을 50으로 설정하여 음수 부호가 없어지게 되고, 표준편차를 10으로 설정하여 소수점이 없어지게 되기 때문에 Z점수의 단점을 보완한다. 앞에서 제시한 Z점수의 예를 들어 T점수를 계산하면 다음과 같다.

$$T \, \text{점수}_{\,\text{국어}} = 10(-1.0) + 50 = 40$$
$$T \, \text{점수}_{\,\text{수학}} = 10(1.0) + 50 = 60$$

(3) 표준점수들 간의 비교

정상분포곡선을 기초로 하는 여러 표준점수 간의 관계를 나타내면 [그림 14-1]과 같다.

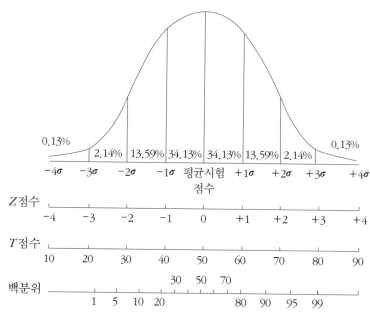

[그림 14-1] 정상분포곡선과 여러 표준점수

3. 빈도분포

빈도분포(frequency distribution)란 수집된 자료의 측정치를 크기 순서에 따라 나열한 다음, 각 측정치에 해당하는 대상의 수를 빈도로 나타낸 것을 말한다. 빈도분포는 자료의 유목 수를 어떻게 할 것인가, 어떻게 누가적으로 변화하고 있는가에 따라 단순빈도분포, 묶음빈도분포 및 누가빈도분포로 구분한다. 이와 같은 빈도분포표를 만들면 자료의 전체적인 분포를 쉽게 파악할 수 있다.

1) 단순빈도분포

단순빈도분포표를 작성하는 과정은, 먼저 가장 높은 점수에서 가장 낮은 점수까지 차례로 정리한 후, 그 점수와 관련된 빈도를 옆에 기록한다. 어떤 검사에서 학생 70명에 대한 단순빈도분포의 예는 〈표 14-2〉와 같다. 특히 단순빈도분포표를 작성할 때는 빈도가 하나도 없는 점수를 포함하여 최고점과 최하점 사이의 모든 점수를 순서대로 정리해야 한다. 단순빈도분포표는 최고점, 최하점, 가장 빈도가 많은 점수 등 학생 70명에 대한 점수 분포를 쉽게 파악할 수 있게 해준다. 그러나 각각의 점수만큼 유목 수가 많기 때문에 자료를 보다 간결하게 요약하기 위해서 유목 수를 줄인 묶음빈도분포를 많이 활용한다.

〈표 14-2〉 단순빈도분포의 예

점수	빈도(f)	점수	빈도(f)	점수	빈도(f)
30	1	20	4	10	4
29	2	19	1	9	2
28	1	18	2	8	1
27	3	17	1	7	2
26	3	16	3	6	3
25	0	15	4	5	0
24	4	14	5	4	4
23	2	13	2	3	2
22	3	12	0	2	0
21	7	11	3	1	1

2) 묶음빈도분포 및 누가빈도분포

묶음빈도분포에서는 여러 개의 점수가 포함되는 급간(class interval)을 사용하

여 자료를 축소한다. 묶음빈도분포표에서는 넓게 분포되어 있는 점수를 급간을
사용하여 묶음으로써 단순하게 요약한다. 특히 급간을 사용하여 묶음빈도분포
를 작성할 때는 급간의 크기와 수를 결정하는 것이 매우 중요한데, 이 둘은 상호
의존적인 관계에 있다. 즉, 급간의 크기가 늘어나면 급간의 수는 줄어들고 반대
로 급간의 크기가 줄어들면 급간의 수는 늘어나게 된다.

급간의 수를 결정하는 원칙은 없으나 대개 5~20개의 급간을 많이 사용하며,
급간의 크기는 홀수로 정하는 것이 바람직하다. 그 이유는 자료를 묶고 난 후의
통계적 분석은 모두 급간의 중간치를 사용하기 때문이다. 앞의 단순빈도분포의
자료를 사용하여 묶음빈도분포 및 누가빈도분포를 구성해 보면 〈표 14-3〉과
같다.

〈표 14-3〉 **묶음빈도분포 및 누가빈도분포의 예**

급간(i)	빈도(f)	백분율(p)	누가빈도(cf)	누가백분율(cp)
26~30	10	14	70	100
21~25	16	23	60	86
16~20	11	16	44	63
11~15	14	20	33	47
6~10	12	17	19	27
1~5	7	10	7	10

〈표 14-3〉에서 첫 번째 열과 두 번째 열은 전체 급간과 그 급간에 해당되는
빈도를 나타내며, 세 번째 열은 전체 사례에 대한 백분율을 나타낸다. 백분율의
계산은 특정 급간의 빈도를 전체 사례 수(N)로 나누고, 곱하기 100을 하여 계산
한다. 누가빈도는 제일 아래의 급간에서 시작하여 그 급간의 모든 빈도를 더하
여 구하며, 누가백분율(cumulative percentage: cp)은 각 급간의 누가빈도를 전체
사례 수로 나누고, 곱하기 100을 하여 구한다. 이는 표의 네 번째 열과 다섯 번
째 열에 각각 제시되어 있다.

3) 빈도분포의 특징

검사에서 얻은 점수의 결과들을 학교, 학년 혹은 학급별로 묶어 평가 결과를 쉽게 알 수 있도록 해 주는 빈도분포표의 특징은 집중경향치, 변산도, 편포도로 나누어 살펴볼 수 있다.

(1) 집중경향치

어떤 빈도분포의 대표적인 경향을 밝혀 주는 통계적 수치를 그 분포의 집중 경향치(central tendency)라고 한다. 집중경향치에는 여러 가지가 있지만 대표적인 것으로 최빈치(mode), 중앙치(median), 평균치(mean)가 있다. 최빈치는 빈도가 가장 많은 점수 혹은 급간의 중앙치를 말하는 것으로, 집중경향의 대체적인 경향을 짐작할 때 쓰인다. 그러나 최빈치는 연구 대상의 표집방법에 따라서 혹은 같은 분포에서도 급간의 크기에 따라서 변동이 심한 단점이 있다.

중앙치는 빈도분포에서 총 사례 수의 중간(N/2)에 해당하는 척도상의 수치다. 전체 사례 수가 홀수인 경우는 수치들을 크기 순으로 배열하였을 때 중앙에 위치한 사례의 수치가 중앙치가 되며, 짝수인 경우에는 가운데 위치하는 두 개의 수를 더하여 2로 나눈 수가 중앙치가 된다. 중앙치는 최빈치와 마찬가지로 간단한 계산 과정으로 어떤 분포의 집중경향을 추정하고 싶을 때 사용한다. 특히 분포가 극도로 편포되어 있어 극단치의 영향을 배제하고 싶은 경우에 사용한다.

평균치는 산술평균, 기하평균, 조화평균으로 나뉘는데, 이 중에서 가장 널리 사용하는 것이 산술평균이다. 산술평균은 모든 수치를 합한 값을 사례 수로 나눈 것으로, 가장 안정되고 신뢰할 수 있는 집중경향치다. 수리적인 조작이 간편하고 동간척도나 비율척도에 의한 측정으로 의미가 있다는 장점이 있지만 양극단의 점수에 따라 크게 영향을 받는다는 단점이 있다.

(2) 변산도

변산도(variability)란 어떤 빈도분포에서 측정치가 흩어져 있는 정도를 나타내 주는 통계적 방법 또는 지수다. 그 종류에는 범위(range: R), 사분편차(quartile deviation: Q), 변량(variance: V), 표준편차(standard deviation: SD)가 있다. 범위란 한 분포의 최저점과 최고점의 간격이나 차이를 말하는 것으로 다음 공식으로 표현할 수 있다.

$$범위(R) = 최고점수 - 최저점수 + 1$$

여기서 '1'의 의미는 범위의 계산에 최고점수와 최저점수의 정확한계를 포함시키기 때문이다. 계산이 간편하다는 장점이 있지만 어떤 분포의 최고점과 최저점, 즉 양극단의 수치만이 범위의 결정에 관련되고 나머지 점수들은 무시하게 되므로 전체 분포의 변산도를 적절하게 설명하지 못한다는 단점도 있다.

빈도분포에서 측정치들을 크기 순으로 배열하였을 때, 최저점에서 25%에 위치한 수치를 제1사분(Q_1)이라고 하고, 75%에 해당하는 수치를 제3사분(Q_3)이라고 한다. 이때 제3사분과 제1사분의 거리를 사분범위라 하고 사분범위의 1/2을 사분편차라고 한다. 사분편차를 공식으로 나타내면 다음과 같다.

$$사분편차(Q) = \frac{Q_3 - Q_1}{2}$$

사분편차는 양극단 값의 영향을 배제할 수 있어 극단적인 값이 있는 분포에서 사용할 수 있다는 장점이 있는 반면, 개별 점수 간의 실제 간격을 계산하지 못하므로 변산도를 정확하게 알려 주지 못한다는 단점이 있다.

변량이란 한 분포에 있는 모든 개개 측정치와 평균치의 차이를 각각 제곱해서 합한 것을 총 사례 수로 나눈 값으로, 분산이라고도 한다. 한 분포에서 각 점수와 평균치의 차이를 편차라고 하는데, 편차들을 모두 합해서 사례 수 N으로 나눈 평균편차는 항상 0이 된다. 평균편차 '0'은 변산도로 적합하지 못하므로 이를 해결하기 위해 편차를 제곱하여 모두 합한 다음, 사례 수 $n-1$로 나누게 되는데, 이것이 변량이다. 즉, 변량이란 편차제곱평균이다.

변량을 구하는 공식은 다음과 같다.

$$변량(V) = \frac{\sum(X-\overline{X})^2}{n-1} = \frac{\sum x^2}{n-1}$$

X : 측정치
$\overline{X}$: 평균
x : 편차
n : 사례 수

표준편차는 가장 흔히 사용되고 변산도의 가장 신뢰할 수 있는 통계치다. 표준편차는 앞에서 살펴본 변량의 제곱근으로 평균에서 평균 간격을 기술한 것이다. 용어 자체가 의미하듯이 표준편차는 표준 혹은 대표적인 편차를 측정하는 것이다.

표준편차를 공식으로 나타내면 다음과 같다.

$$표준편차(S) = \sqrt{변량} = \sqrt{\frac{\sum x^2}{n-1}}$$

(3) 편포도

어떤 분포가 좌우 대칭을 이루지 않고 왼쪽이나 오른쪽 어느 한쪽으로 기울어진 정도, 즉 비대칭의 정도를 편포도(skewness)라고 한다. 좌우 대칭인 경우를 정상분포라 하고, 분포의 꼬리가 오른쪽으로 늘어져 있는 경우를 '정적 편포'라 하며, 분포의 꼬리가 왼쪽으로 길게 늘어져 있는 경우를 '부적 편포'라 한다. 이를 그림으로 나타내면 [그림 14-2]와 같다.

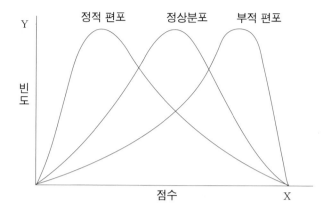

[그림 14-2] **편포도의 여러 형태**

4. 상관분석

상관분석은 상관관계를 추정하는 통계적 절차로 두 변수의 상대적 관계를 나타낸다. 이것은 한 변인이 변함에 따라 다른 변인이 어떻게 변하느냐의 정도를 상관계수(correlation coefficient)로 나타낸다.

1) 종류

상관계수의 종류에는 적률상관계수, 등위상관계수, 양분상관계수, 양류상관계수, 사분상관계수, 파이계수, 유관계수, 상관비 등이 있다. 이 중 가장 일반적이고 널리 사용되는 적률상관계수와 등위상관계수에 대해 구체적으로 살펴보자.

(1) 적률상관계수

Pearson(1896)이 제안한 것으로 Pearson의 적률상관계수(product-moment

correlation)라고 하며, 상관계수 중에서 가장 많이 사용하고 있다. 보통 r로 표시하며, 사용되는 변인의 측정 수준이 연속적인 동간변인이나 비율변인일 때 사용한다. 상관관계를 계산하는 방법에는 여러 가지가 있는데, 원점수를 이용한 Pearson의 적률상관계수를 구하는 공식은 다음과 같다.

$$r_{xy} = \frac{N\sum XY - (\sum X)(\sum Y)}{\sqrt{N\sum X^2 - (\sum X)^2}\sqrt{N\sum Y^2 - (\sum Y)^2}}$$

X, Y: 두 변인의 원점수

(2) 등위상관계수

Spearman(1904)이 발전시킨 것으로 사례 수가 30 이하로 적고, 사용되는 변인이 등위로 표시된 서열변인인 경우에 사용한다. 보통 ρ(rho)로 표시하는데, 산출공식은 다음과 같다.

$$\rho = 1 - \frac{6\sum D^2}{N(N^2-1)}$$

$\sum D^2$: 등위차의 제곱합
N: 사례 수

2) 해석

상관계수는 두 변인이 공변하는 방향과 수치를 나타내는 것으로 상관계수의 부호가 '+'면 X변인이 증가함에 따라 Y변인도 증가하고, 반대로 부호가 '−'면 X가 증가함에 따라 Y는 감소한다는 것을 의미한다. 두 변인의 상대적 관계는 [그림 14-3]과 같다.

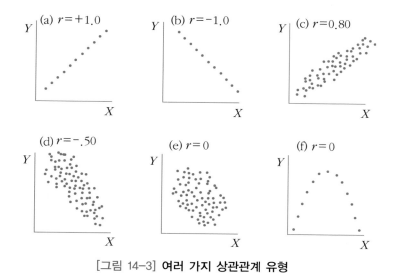

[그림 14-3] **여러 가지 상관관계 유형**

상관계수는 +1.00에서 −1.00까지의 값을 취한다. +와 −는 상관의 방향을 나타내고 0에서 1.00까지의 값은 상관의 크기를 나타낸다. 상관계수의 값이 +일 때는 정적 상관, −일 때는 부적 상관이라 하고, 상관계수의 값이 +1.00이면 완전 정적 상관, −1.00이면 완전 부적 상관, 0이면 무상관이라 한다.

5. 단순회귀분석

회귀분석(Regression Analysis)은 독립변수(independent variable)와 종속변수 (dependent variable) 간의 관계를 검증하여 독립변수가 종속변수에 미치는 영향력을 알아보거나 독립변수의 변화에 따라 종속변수의 변화를 예측하기 위해 사용하는 통계적 분석방법이다. 서로 인과관계를 가지고 있는 변수들 중에서 다른 변수에 영향을 주는 변수를 독립변수라고 하며, 독립변수에 의해 영향을 받는 변수를 종속변수라고 한다. 독립변수를 설명변수나 예측변수라고 하기도 하고, 종속변수를 피설명변수나 준거변수라고 하기도 한다.

상관분석은 단순히 두 변수 사이의 상관 정도만을 분석하는 것이지만, 회귀분석은 두 변수 사이의 인과관계를 알 수 있고, 이를 통해 한 변수에서 다른 변수의 변화를 예측할 수 있는 통계적 분석방법이다. 이러한 회귀분석은 독립변수의 개수에 따라서 독립변수가 하나인 경우는 단순회귀분석(Simple Regression Analysis), 둘 이상인 경우는 중다회귀분석(Multiple Regression Analysis)이라고 한다.

이러한 분석을 위한 기본 가정은 다음과 같다.

첫째, 두 변수 간의 관계가 직선관계에 있어야 한다. 이 가정은 산포도를 통해서 확인할 수 있다.

둘째, 독립변수의 값에 관계없이 오차의 분포가 정상분포를 가지고 있어야 한다.

셋째, 종속변수의 측정치 간, 오차들 간에는 서로 영향을 미치지 않아야 한다.

넷째, 독립변수의 값에 관계없이 종속변수의 흩어진 정도가 같아야 한다.

참고문헌

김석우, 윤명희(2001). 사회과학 연구를 위한 통계방법의 이해. 서울: 원미사.

김석우, 최용식(2001). 인과모형의 이해와 응용. 서울: 학지사.

김석우 외(2003). 사회과학을 위한 SPSS WIN 10.0 활용의 이론과 실제. 서울: 교육과학사.

성태제(2010). 현대기초통계학: 이해와 적용(6판). 서울: 학지사.

Bloomers, P. J., & Forsyth, R. A. (1977). *Elementary statistical methods in psychology and education* (2nd ed.). N.Y.: University Press of America.

Hays, W. L. (1988). *Statistics* (4th ed.). N.Y.: Holt, Rinehart & Winston.

Pearson, K. (1896). Mathematical contribution to the theory of evolution: III. *Regression, Heredity and Panmixa, Philosophical Transactions, 187*, 253-318.

Pedhazar, E. J. (1982). *Multiple regression in behavioral research: Explanation and prediction* (2nd ed.). N.Y.: Holt Rinehart & Winston.

Speraman, C. (1910). Correlations calculated from faculty data. *British Journal of Psychology, 3,* 271-295.

Stevens, S. S. (1951). Mathematic, mesurement and psychoanalysis. In S. S. Stevens (Ed.), *Handbook of experimental psychology.* New York: John Wiley.

찾아보기

인명

내용

저자 소개

김대현(Kim, Daehyun)
부산대학교 사범대학 교육학과 학부 및 대학원 졸업
부산대학교 교육학 박사
현 부산대학교 사범대학 교육학과 교수

김석우(Kim, Sukwoo)
고려대학교 사범대학 교육학과 졸업
미국 UCLA 철학 박사
현 부산대학교 사범대학 교육학과 교수

교육과정 및 교육평가 (5판)
Curriculum & Educational Evaluation (5th ed.)

1996년 8월 4일 1판 1쇄 발행
1999년 8월 10일 2판 1쇄 발행
2005년 3월 20일 2판 8쇄 발행
2005년 8월 10일 3판 1쇄 발행
2011년 2월 10일 3판 11쇄 발행
2011년 8월 30일 4판 1쇄 발행
2019년 3월 21일 4판 11쇄 발행
2020년 3월 20일 5판 1쇄 발행
2022년 8월 10일 5판 5쇄 발행

지은이 • 김대현 · 김석우
펴낸이 • 김진환
펴낸곳 • (주)학지사

04031 서울특별시 마포구 양화로 15길 20 마인드월드빌딩 5층
대표전화 • 02) 330-5114   팩스 • 02) 324-2345
등록번호 • 제313-2006-000265호
홈페이지 • http://www.hakjisa.co.kr
페이스북 • https://www.facebook.com/hakjisabook

ISBN 978-89-997-2084-0 93370

정가 20,000원

이 도서의 국립중앙도서관 출판시도서목록(CIP)은 서지정보유통지원시스템 홈페이지(http://seoji.nl.go.kr)와 국가자료공동목록시스템(http://www.nl.go.kr/kolisnet)에서 이용하실 수 있습니다.
(CIP제어번호: CIP2020008745)

출판미디어기업 학지사

간호보건의학출판 학지사메디컬 www.hakjisamd.co.kr
심리검사연구소 인싸이트 www.inpsyt.co.kr
학술논문서비스 뉴논문 www.newnonmun.com
원격교육연수원 카운피아 www.counpia.com